Zur Sache Sachunterricht
Begründung eines situations-, handlungs- und sachorientierten Unterrichts in der Grundschule

Studien zur Pädagogik der Schule

Hrsg. von Rudolf Biermann und Wilhelm Wittenbruch

Band 14

PETER LANG

Frankfurt am Main · Bern · New York · Paris

Michael Soostmeyer

Zur Sache Sachunterricht

Begründung eines situations-,
handlungs- und sachorientierten
Unterrichts in der Grundschule

2. Auflage

2.A.

Paul
M
30:
48 e

PETER LANG

Frankfurt am Main · Bern · New York · Paris

Die Deutsche Bibliothek - CIP-Einheitsaufnahme

Soostmeyer, Michael:

Zur Sache Sachunterricht : Begründung eines situations-,
handlungs- und sachorientierten Unterrichts in der
Grundschule / Michael Soostmeyer. - 2. Aufl. - Frankfurt am
Main ; Bern ; New York ; Paris : Lang, 1992
    (Studien zur Pädagogik der Schule ; Bd. 14)
    ISBN 3-8204-9716-1

NE: GT

ISSN 0721-4189
ISBN 3-8204-9716-1

© Verlag Peter Lang GmbH, Frankfurt am Main 1992
Alle Rechte vorbehalten.

Printed in Germany 1   3 4 5 6 7

Meiner Frau Monika,

meinen Töchtern

Stephanie und Cordelia

sowie

meiner Nichte Jutta

Gliederung

gute Überblick

Gliederung

0.0 Einführung

Die vorliegende Arbeit versucht, eine Theorie für den Sachunterricht zu erarbeiten, der kindliches Lernen in Situationen
der Lebenswirklichkeit auf handelnder Grundlage und unter dem
Anspruch des Ethos der Sachlichkeit verwirklicht. Es geht somit im wesentlichen um die Begründung eines **situations-**,
handlungs- und sachorientierten Unterrichts, wobei diese einzelnen Orientierungen als komplementär - als sich gegenseitig ergänzend und durchdringend - anzusehen sind, denn man
kann sich kindliches Lernen sinnvollerweise nur in lebensbe-
zogenen Lernsituationen, auf handelnder Grundlage und im Bemühen um Sachlichkeit, die hier in einem umfassenden Sinne
verstanden wird, vorstellen.

Der Versuch einer theoretischen Begründung überzeugt nur
dann, wenn ihre Umsetzung in die Praxis gezeigt wird oder
wenn konkrete didaktische Hinweise erfolgen. Aus diesem Grunde sind zu den zentralen Elementen dieser Arbeit konkrete
Unterrichtsbeispiele dargestellt, so z.B. zur pädagogischen
Interpretation des Begriffes der Lebenswirklichkeit, zur
Frage des Unterrichts aus den Lebenserfahrungen der Kinder

heraus, zu den Begriffen "grundlegendes Wissen und elementare Verfahren" sowie zum "kindlichen Lernen und kindgemäßen Lehren". Ferner werden in den Kapiteln, die auf die praktische Umsetzung zielen, didaktische Vorschläge unterbreitet.

0.1 Das erste Kapitel setzt sich mit den bedeutsamsten didaktischen und curricularen Ansätzen zum Sachunterricht der letzten 20 Jahre auseinander und dient der Explikation derjenigen Prinzipien und Organisationsformen des Sachunterrichts, die entdeckendes, forschendes, zunehmend selbstgesteuertes und wisssenschaftsverständiges Lernen beim Kind fördern.

0.2 Im zweiten Kapitel werden die Kriterien für die Analyse und Darstellung von didaktischen und curricularen Ansätzen gebündelt dargestellt. Hier werden unter Rückgriff auf die Darlegungen im ersten Teil Analysekriterien erarbeitet, die die pädagogischen Intentionen, die didaktischen Schwerpunkte, die Methoden im Sachunterricht, die angestrebten Lehr- und Lernprozesse, die Medien und die pädagogischen und psychologischen Grundlagen der jeweiligen Konzeption betreffen.

0.3 Das dritte Kapitel der Arbeit stellt eine synoptische Übersicht von unterschiedlichen Konzeptionen zum Sachunterricht dar. Es bearbeitet unter den genannten Kriterien heimatkundliche Ansätze, den Ansatz des "Grundlegenden Sachunterrichts", die Ansätze fachorientierten Sachunterrichts, die Wissenschaftsorientierung des Sachunterrichts durch die Konzept- und die Verfahrensorientierung sowie die Wissenschaftsorientierung in dem englischen Curriculum Science 5/13. Weiterhin werden die beiden deutschen Ansätze: "Kinder in ihrer natürlichen Umwelt" und "Mehrperspektivischer Unterricht" diskutiert.

Hauptziel dieses Kapitels ist es, eine kurzgefaßte Übersicht über die Unterschiede und Gemeinsamkeiten wirksamer didaktischer Ansätze zu erhalten. Jede dieser Konzeptionen stellt im historisch-systematischen Zusammenhang einen wichtigen Beitrag dar, der die Entwicklung der Didaktik des doch sehr jungen Faches Sachunterricht vorangebracht hat. Dies gilt auch dann, wenn wir heute manche Theorie oder manche praktische Umsetzung unter einer kritischeren Perspektive sehen als zur Zeit der Bildungsreform 1969/70 und der ihr folgenden Curriculumentwicklungen.

0.4 Das vierte Kapitel des Buches versucht, eine umfassende anthropologische Begründung für eine Theorie des "situations-, handlungs- und sachorientierten" Unterrichts in der Grundschule zu leisten. Für einen Unterricht, der in der kindlichen Lebenswirklichkeit arbeiten will, ist es wichtig, wie Kinder "Welt" konstituieren bzw. wie sie ihr Weltbild aufbauen. Demzufolge behandelt dieses Kapitel zu Beginn Fragen der individuellen und gesellschaftlichen Lebensbedingungen und widmet sich den entwicklungspsychologischen Befunden und deren Bedeutung für didaktische und pädagogische Entscheidungen.

Diese münden in der zentralen Aufgabe des Sachunterrichts, die hier darin gesehen wird, dem Kind bei der Erschließung seiner Lebenswirklichkeit zu helfen, seine Lebenspraxis zu verbessern, dabei sein Dasein zu bereichern und seine Fähigkeiten und Fertigkeiten umfassend zu fördern und in jedweder Hinsicht auszudifferenzieren. Dieser Aufgabe gerecht zu werden bedeutet dann, sich dem Problem des Begriffes der Lebenswirklichkeit zu stellen. Dies geschieht in einer historisch - systematischen Untersuchung und in dem Versuch, den Versuch den Bergriff der Lebenswirklichkeit in verschiedenen Kontexte hineinzustellen mit dem Ziel, eine Interpretationsgrundlage zu schaffen.

Neben den theoretischen Erörterungen zu den wichtigen Bezügen des Begriffes und den Modi der Wirklichkeitsdarstellung existieren in der unterrichtlichen Praxis von Grundschullehrerinnen und -lehrern pädagogische Erschließungsweisen,

die den Sachunterricht wesentlich bestimmen. An mehreren Beispielen aus der Praxis an verschiedenen Schulen werden Elemente der pädagogischen Perspektive auf die Lebenswirklichkeit der Kinder dargestellt. Wichtig sind in diesem Zusammenhang die Fragen: "Wie kann ein Lehrer die Lebenswirklichkeit
seiner Schülerinnen und Schüler erschließen? Welche Hilfen
bieten hier systematische Erwägungen zum Begriff der Lebenswirklichkeit?" "Wie muß ein kindgerechter, wissenschaftlich
legitimierter Sachunterricht beschaffen sein, der jedes Kind
fördert?"

Pädagogisches Handeln ist also zielbezogen, es hebt auf die
Erziehung zur Sachlichkeit und Mitmenschlichkeit ab und lei-
tet das Kind an, grundlegendes Wissen und elementare Verfahren zu erwerben und anzuwenden. Dieser Teil des vierten Kapitels setzt sich mit Zieldimensionen des Sachunterrichts auseinander und bemüht sich um die Klärung der soeben dargestellten Ziele. Hierbei geht es insbesondere um eine Interpretation der Ziele vor dem Hintergrund der modernen Handlungstheorie. Diese Interpretationsgrundlagen bieten auch die
Möglichkeit, den Begriff des "grundlegenden Lernens" darzustellen und das komplementäre Verhältnis des kindlichen Lernens zum kindgemäßen Lehren als mögliche Begründung für den
Sachunterricht zu formulieren. In unmittelbarem Kontext dazu
werden die Bedingungen hierfür erörtert. Sie liegen in der
**Situations- und Handlungsorientierung sowie in der Orientie-
rung des Unterrichts an dem Ethos der Sachlichkeit, die als
Konstitutienten eines humanen und damit wissenschaftlich begründeten Begriffs von Lernen zu sehen sind.**

0.5 Das fünfte Kapitel stellt einen Fragenkatalog dar, mit dessen Hilfe der Lehrer wesentliche Planungs- und Durchfüh-
rungselemente ansprechen und klären kann.

0.6 Das sechste Kapitel behandelt Prinzipien für die praktische
Verwirklichung eines offenen Sachunterrichts, der humanes
Lernen in **Formen** des **entdeckenden, dialogischen, gestalten-**

den, verstehenden und sichernden Lernens als konstitutiv für kindliches Lernen anerkennt. Ferner werden die Differenzierung, das fächerübergreifende und außerschulische Lernen, die Spracherziehung sowie die Frage nach den Medien - teils unter Auswertung von Unterrichtsbeispielen aus dem Sachunterricht - dargestellt.

0.7 Das siebte Kapitel stellt den didaktischen Zuschnitt eines Sachunterrichts dar, der durch die Wahl und Formulierung seiner Lernfelder auf den Lebenserfahrungen der Kinder aufbaut und damit grundlegende Bildungsarbeit leistet. Zugleich zeigen die knappen inhaltlichen Akzentuierungen die didaktischen Zielrichtungen, die auf weiterführendes Lernen verweisen.

0.8 Das achte Kapitel ist eine Kurzinterpretation des situations-, handlungs- und sachorientierten Ansatzes. Diese Darstellung entspricht den Kriterien zur Analyse von Curricula und didaktischen Ansätzen des zweiten und dem formalen Aufbau des dritten Kapitels dieser Arbeit. Damit wird dieser Ansatz in die Diskussion um die Grundlagenfragen zum Sachunterricht hineingestellt.

0.9 Das neunte Kapitel ist eine umfassende Studie über die didaktischen und pädagogischen Intentionen des Arbeitens und Lernens in Ausschnitten in der Lebenswirklichkeit der Kinder. Diese Studie soll an konkreten Hinweisen und Vorschlägen Verwirklichungsmöglichkeiten für den hier entwickelten Ansatz zeigen.

Es folgen ein Literaturverzeichnis, ein Personen- und ein Sachregister.

1.0 Analyse von Unterrichtskonzeptionen und Curricula für den Sachunterricht

1.1 Problemstellung

In einem grundlegenden Aufsatz, der die Situation der Sachunterrichtsdidaktik zu Beginn der siebziger Jahre darstellt, arbeitete
Walter POPP folgende Ansätze heraus, die die Reform des Sachunterrichts getragen haben:

"1. Die reformierte Heimatkunde,
2. Der Sachunterricht als gelenkte Umgangserfahrung,
3. Der Sachunterricht als Erhellung anthropologischer
   Grundphänomene,
4. Der Sachunterricht als gesellschaftlich orientierte
   Umweltkunde,
5. Der Sachunterricht als wissenschaftliche Propädeutik"
   (POPP, W. 1971, S. 26ff).

Seit dieser Charakterisierung sind viele neue Unterrichtskonzeptionen für den Sachunterricht entwickelt worden. Dabei haben sich
im Lauf der Zeit Akzentverschiebungen eingestellt, und manche
Curricula sind unter teils anderen Perspektiven neu entwickelt
oder aus dem Ausland übernommen worden.
Es bleibt aber festzuhalten, daß es nicht mehr möglich ist, sich
auf Anhieb einen Überblick über das Angebot an didaktischen Theorien und Konzepten zu verschaffen. Es bedarf schon einiger Mühe,
um einen Einblick in die Vielfalt der Konzeptionen zu gewinnen.

Als Repräsentanten für die Entwicklung im Bereich der Didaktik des
Sachunterrichts können in Anlehnung an die jüngste geschichtliche
Entwicklung seit ca. Mitte der sechziger Jahre folgende Ansätze,
Modelle oder Unterrichtskonzeptionen genannt werden:

- die Kunden und Lehren: Heimatkunde, Naturkunde, Naturlehre,
  Gesellschaftslehre (z.B. FIEGE, H. 1969, HANSEN, W. 1968),
- der grundlegende Sachunterricht (z.B. RABENSTEIN, R. 1969,

ROTHER, I. 1954, 1969, 1985, GÄRTNER, F. 1958, JEZIORSKY, W. 1965, 1972),
- der fachorientierte Sachunterricht (z.B. MÜCKE, R. 1967, KULTUSMINISTER NW 1969/73, GRAEB, G. 1972, KILLERMANN, W. 1976),
- der wissenschaftsbereichsdidaktische, integrierende Ansatz (ACKERMANN, P. 1979, SOOSTMEYER, M. 1978),
- der genetische Sachunterricht (THIEHL, S. 1973, KÖHNLEIN, W. 1984),
- der struktur- oder konzeptorientierte Sachunterricht (SPRECKELSEN, K. 1970),
- der verfahrensorientierte Ansatz (ARBEITSGRUPPE für UNTER-RICHTSFORSCHUNG Göttingen, 1971),
- der mehrperspektivische Sachunterricht (CIEL- FORSCHUNGSGRUP-PE Reutlingen 1976, NESTLE, W. 1974, HILLER - KETTERER, I. 1973),
- der projektorientierte, erfahrungsbezogene und handlungs-orientierte Sachunterricht (z.B. CLAUSSEN, C. 1983 und SCHREIER, H. 1982).

1.2 Ziele des Kapitels

Angesichts der nur noch auf methodischem Wege zu bewältigenden Vielfalt von Ansätzen zum Sachunterricht soll im folgenden ein **kriterienbezogenes Analyseinstrumentarium** entwickelt werden. Mit seiner Hilfe soll es möglich sein, Curricula und didaktische Ansätze miteinander zu vergleichen sowie ihre jeweiligen Vorzüge und Nachteile gegeneinander abzuwägen. Dies erscheint mir ange-sichts der Fülle an Konzeptionen unterschiedlichen Zuschnitts für den Studenten, aber auch für den Lehrer, der sich um didaktische Fragestellungen kümmern muß, wichtig.

Sorgen macht, daß der von BECK und CLAUSSEN dargestellte Konformi-tätsdruck auf die Studenten sich verstärkt hat (BECK, G., CLAUS-SEN, C. 1976, S. 7ff). So entartet das Studium des Sachunterrichts in manchen Fällen beinahe zu einer "Meisterlehre", in der die Studenten lediglich die Lehrmeinung des betreffenden Dozenten kennenlernen, diese unkritisch nachvollziehen und nicht wissen, wie sie zu relativieren ist.

Leider gehen neuerdings auch namhafte Wissenschaftler diesen Weg. Horst RUMPF (1987) hat auf einem Symposium über die Pädagogik Martin WAGENSCHEINs an der Ecole d' humanite in der Schweiz ebenfalls die Forderung nach einer "Meisterlehre" im Sinne des exemplarischen Prinzips aufgestellt. So wichtig die Pädagogik Martin WAGENSCHEINs auch ist - sie verdient breiteste Stützung und weiteste Verbreitung - so problematisch ist jedoch eine solche "Meisterlehre", denn ihr fehlt in der Regel die Dimension des "Kritischen", mit deren Hilfe die "Werkzeuge und Methoden" einer Unterrichtspraxis hinterfragt werden. Von einem wissenschaftlichen Studium kann in solchen Fällen kaum noch die Rede sein, weil das abwägende, hypothetische Denken und die konstruktive Auseinandersetzung mit anderen didaktischen Positionen nicht erlernt bzw. gefördert werden.

Die folgende Arbeit soll daher auch eine Einführung in das Studium der allgemeinpädagogischen Grundlagen für die Didaktik des Sachunterrichts und in ausgewählte Teile der Literatur sein. Dabei ist die Auswahl so bestimmt, daß wichtige und auch gegensätzliche Positionen skizziert werden. Dadurch wird die Vielfalt deutlich, die die Diskussion innerhalb der Didaktik des Sachunterrichts auszeichnet. Es werden aber auch Alternativen für pädagogisches Handeln dargestellt. Daher bietet diese Einführung auch die Möglichkeit, selbständig Gesichtspunkte für die Auswahl zu finden und eigene unterrichtliche Entscheidungen zu begründen.

Man kann davon ausgehen, daß allen Unterrichtskonzeptionen zum Sachunterricht immer - wenn auch in unterschiedlichem Grade bewußt - ein Verhältnis von gegenseitiger Abhängigkeit zwischen den Zielen, Unterrichtsmethoden, Lern- und Lehrstrategien sowie dem Medieneinsatz zugrundeliegt. Ebenso ist jede dieser Konzeptionen geprägt durch ganz bestimmte Lerntheorien oder durch psychologische, methodologische oder philosophische Vorgaben (vgl. hierzu z.B. die Analyse von BÄUML-ROSSNAGL, M.A. 1979, S. 44ff).

In jeweils spezifischer Form stellt damit ein didaktischer Ansatz oder eine curriculare Theorie den Versuch dar,

- **Befunde über das kindliche Lernen,**
- **fachwissenschaftliche und gesellschaftliche Anforderungen an die Schule**
und
- **pädagogische Intentionen sowie psychologische Theorien über das Lernen**

miteinander in Beziehung zu setzen und erzieherisches Handeln zu ermöglichen.

Dieser Klassifikationsversuch macht deutlich, daß die Charakterisierung eines Aussagensystemes ausschließlich nach einem Kriterium, z.B. die Klassifikation nach "wissenschaftsorientiert" oder "kindbestimmt", nach "monodisziplinär" oder "gesellschaftsbezogen", "methodenorientiert" oder "begriffsbestimmt", nicht möglich ist (vgl. z.B. HAUPT, W., PETERS, D. 1982, die ausschließlich zwei Kriterien zur Unterscheidung heranziehen). Solche einseitigen Klassifikationen treffen weit an der Realität eines Aussagensystemes vorbei und setzen es mit jeweils einer seiner Dimensionen gleich, die sicherlich bedeutsam sein kann. Ein solches Vorgehen verkürzt jedoch die Sicht und wird dem jeweiligen Curriculum und seinen Urhebern nicht gerecht.

1.3 Methodenfragen

Natürlich lenkt diese Besinnung den Blick auf Methodenprobleme. Bei der Herleitung der Analysekriterien wird im folgenden eine Methode benutzt, die jeweils an **ausgewählten, repräsentativen Fällen** ein Kriterium bzw. eine Gruppe von Kriterien verdeutlicht, die zur Analyse didaktischer bzw. curricularer Aussagensysteme wichtig sind. Notwendigerweise muß dabei auf wesentliche Gesichtspunkte abgehoben werden. In diesem Sinne wird eine **"exemplarisch-reduktive Methode"** angewandt.

Methoden können nur dann sinnvoll sein, wenn sie flexibel genug
sind, unterschiedliche Positionen darzustellen. Aus diesem Grund
muß das exemplarisch-reduktive Verfahren auch durch **Kontrastbil-
dung** und **Vergleich** erweitert werden, damit bei der Herleitung der
Kriterien die mögliche Vielfalt der didaktischen Konzeptionen in
das Blickfeld geraten kann. Es besteht also offensichtlich eine
Spannung zwischen dem Beurteilungskriterium als dem wesentlichen
Referenzpunkt und den Besonderheiten der Einzelkonzeption, die es
zu analysieren gilt.

Bei der Diskussion einiger curricularer Ansätze wird deshalb
gleichzeitig eine jeweils entgegengesetzte oder sehr ähnliche
Konzeption analysiert. Dies geschieht mit dem Ziel, die Überlap-
pungen bzw. das Trennende scharf herauszuarbeiten.

Dennoch muß man bedenken, daß die Klassifikationen angesichts
solch unterschiedlicher Aussagensysteme notwendigerweise nicht
trennscharf sind, weil z.B. die Anordnung der Inhalte eines Curriculums mit seinen pädagogischen Absichten, mit psychologischen und
lerntheoretischen Grundlegungen und mit der Frage nach der Lernzielkontrolle zusammenhängt.

Diese Verfahrensaspekte reichen jedoch noch nicht aus. Während die
modernen Konzeptionen zum Sachunterricht sich dadurch auszeichnen,
daß sie die psychologischen Grundlagen, die wissenschaftstheoretischen Erwägungen und methodologischen Entscheidungen, teils sogar
ihren eigenen Werdegang ausdrücklich darlegen, ist dies bei älteren Konzeptionen nicht immer der Fall. Das stellt eine Analyse
natürlich vor Schwierigkeiten, weil sie einige Fragen nicht unmittelbar bearbeiten kann. Aus diesem Grunde muß eine Analyse auch im
historischen Kontext versuchen, die Konstruktionsprinzipien für
didaktische Entwürfe nachzuvollziehen. **Symmetrieüberlegungen,
Nachkonstruktion und die Suche nach Konvergenzen** sind deshalb
wesentliche Elemente dieser Analyse.

Eine Analyse wichtiger Curricula, die in den letzen 20 Jahren den
Sachunterricht in Theorie und Praxis mitbestimmt haben, ist einge-
denk der methodischen Probleme eine **Horizonterweiterung**, weil sie
eine Fülle von Möglichkeiten zur Sprache bringt, Sachunterricht zu
konzipieren: z.b. als eine Propädeutik für das tägliche Leben, für
wissenschaftliche Begriffe und Grundideen, für die Schulfächer und
für die wissenschaftlichen Methoden oder als Vermittlung von Handlungsfähigkeiten, um nur einige der möglichen Eckpunkte eines
Vieleckes zu nennen, das die Didaktik des Sachunterrichts - sinn-
bildlich gesprochen - ausmacht.

Zugleich ist eine solche Analyse auch immer **engagiertes Nachdenken**, weil sie versucht, die Vor- und Nachteile einzelner Konzeptionen - bezogen auf das Zentrum aller Bemühungen: **die Kinder
in ihren Beziehungen zu Personen, anderen Lebewesen, Sachen und
Sachverhalten** - abzuwägen. Dieser Gedanke bringt es mit sich, daß
die Analyse auch Elemente einer persönlichen Stellungnahme und
Wertung des Verfassers zu den einzelnen Curricula enthält.

1.4 Diskussion wichtiger Ansätze im Sachunterricht

Jeder Unterrichtskonzeption oder jedem dieser Ansätze liegen ganz
bestimmte und typische Bildungsabsichten sowie pädagogische und
didaktische Vorstellungen zugrunde. So zeigen Rainer RABENSTEIN
und Maria-Anna BÄUML-ROSSNAGL in eindrucksvollen Studien, die
allerdings anderen Analysegesichtspunkten folgen, wie unterschiedlich sich grundlegende Bildungsvorstellungen in den verschiedenen
Ansätzen darstellen   (vgl. BÄUML-ROSSNAGL, M.A. 1979 u. RABEN-
STEIN, R. 1985, S. 9 - 24).

Anthropologisch gewendet kann man in allen Ansätzen ein bestimmtes
Menschenbild ausfindig machen, das sowohl in der pädagogischen
Zielsetzung als auch in den lerntheoretischen Grundlagen seinen
Ausdruck findet. Als Beispiele können hier die Grundaussagen von
Ilse LICHTENSTEIN-ROTHER (1955) im Vergleich zum Curriculum der
GRUPPE FÜR UNTERRICHTSFORSCHUNG Göttingen (1971) genannt werden:
Ilse LICHTENSTEIN-ROTHER versteht die Schule als eine Lebensstät-

te und als pädagogischen Ort grundlegenden Lernens. Sie entwickelt
ein Konzept, das das Kind als ganze Person (vgl. LICHTENSTEIN-
ROTHER, I., RÖBE, E. 1982) zu erfassen sucht, und sie nennt folgende Kriterien für das Kindsein:

"- Dynamik des Lebensvollzuges;
 - Ursprünglichkeit des Denkens und der Phantasie;
 - Konkretheit des Weltumganges;
 - Spontaneität des Gestaltens, Improvisierens und Reagierens;
 - große Erlebnis und Begeisterungsfähigkeit, aber auch Em-
   pfindsamkeit und Verletzlichkeit;
 - Unmittelbarkeit des Fragens und Explorierens;
 - Bedeutung der Bewegungs- und Tätigkeitsfreude, des Spiels
   und der Motorik;
 - bedingungsloses Vertrauen, das das Kind dem Erwachsenen
   entgegenbringt (wodurch es Gefahr läuft, mißbraucht zu
   werden);
 - Angewiesensein auf verläßliche Zuwendung und Geborgenheit
   in der gleichbleibenden Liebe und Fürsorge, unabhängig von
   Aussehen, Begabung und Leistung um seiner selbst willen,
   als Grundlage für die körperliche, seelische und geistige
   Entwicklung."

Kindorientierung bedeutet aber auch in der deutschen Bildungs-
tradition: "in jedem Kind das Individuelle sehen" (BUBER, M. 1953,
S. 44), das Kind in seinem individuellen Entwicklungsstand, mit
seiner Lebensgeschichte und seinen Lebensproblemen, seinen Möglichkeiten und Schwierigkeiten, seiner Eigenart.

Das erfordert wiederum, dem Kind beim Ich-Aufbau zu helfen, d.h.
seine Selbstwahrnehmung, Selbstverwirklichung und Selbstgestaltung
aktiv zu stützen, wobei diese Hilfestellungen auf Sach- und So-
ziallernprozessen beruhen.

Das Curriculum der GÖTTINGER FORSCHUNGSGRUPPE reduziert dagegen
das Kind auf den "Lerner und auf den Probanden", der ganz bestimmte Verhaltenspartikel trainiert, wie Horst RUMPF (1973) kritisie-

rend herausarbeitet. Dies wird deutlich erkennbar an der engen Anlehnung der Lernsituationen dieses Curriculums an das Forschungsdesign empirisch-analytischer Untersuchungen.

Bereits der Zuschnitt der Lernprozesse innerhalb einer curricularen Konzeption zeigt, ob umfassende pädagogische Zielsetzungen angestrebt werden oder ob die Schule nur als Unterrichtsanstalt verstanden wird (vgl. hierzu auch MUTSCHLER, E., OTT, E. 1977). Ferner zeigen die Zuschnitte der Lernsituationen, ob das Kind als Wesen betrachtet wird, das einsichtsvoll und sinnerschließend lernen kann oder ob es als ein Wesen verstanden wird, das lediglich im Sinne einer Reiz-Reaktionsverknüpfung reagiert und entsprechend konditioniert wird (vgl. z.B. BERNSTEIN, B. 1975).

Es ist nun unmittelbar einsichtig, daß angesichts solch grundlegender Unterschiede die Frage nach den **pädagogischen Intentionen** zur Charakterisierung eines Ansatzes wichtig ist. Hierzu lassen sich im Vorgriff auf die nachstehenden Darlegungen folgende Absichten darstellen, mit denen zugleich die Programmatik des jeweiligen Ansatzes umrissen wird:

- Volkstümliche Bildung,
- Grundlegende Bildung,
- Wissenschaftliche Bildung durch Modernisierung der Inhalte und Methoden des Sachunterrichts,
- Wissenschaftsorientierung durch die Befähigung, das Lernen zu lernen,
- Wissenschaftsorientierung als Partizipation des Individuums an wissenschaftlichen Erkenntnissen und Methoden,
- Wissenschaftsorientierung durch Orientierung an wissenschaftlichen Interpretationsmustern,
- Wissenschaftsorientierung durch Orientierung an wissenschaftlichen Verfahren,
- Wissenschaftsorientierung durch Fachorientierung,
- Wissenschaftsorientierung durch Lernzielorientierung,
- Wissenschaftsorientierung durch Mehrperspektivität,
- Wissenschaftsorientierung durch genetische Ansätze,

Curriculumanalyse   Heimatkunde

- Wissenschaftsorientierung durch Handlungsorientierung.

Hiermit ist auch der Rahmen abgesteckt, in dem sich die folgenden Erörterungen und die Analyse der Curricula bewegen werden.

1.4.1 Volkstümliche Bildung

Die Entwicklung der Didaktik des Sachunterrichts ist vor allem durch ihre jüngste Geschichte geprägt, die sich in ihrer ersten Phase als Emanzipation des Sachunterrichts von der **Heimatkunde** und von der "**Theorie der volkstümlichen Bildung**" darstellt.

An dieser Stelle erscheint eine Diskussion der einzelnen Ansätze innerhalb der Heimatkunde nicht angezeigt. Gleichwohl sei die These gewagt, daß die Heimatkunde dem **eigenem Verständnis nach** "**wissenschaftsorientiert**" ist. Eduard SPRANGER (vgl. 1923/52, S. 32) versteht sie als das reinste Beispiel einer **totalisierenden Wissenschaft**, die den Menschen in allen seinen Beziehungen und Bindungen innerhalb seiner Lebenswelt aufsucht und interpretiert. Die Kunde klärt das wirklich gelebte Leben auf. Sie ist vorwissenschaftlich und erfahrungsbezogen und bedarf deshalb nicht der wissenschaftlichen Verfahren und Begriffe. Der Unterricht muß jederzeit erfahrungsbezogen und anschaulich bleiben und von Erfahrung zu Erfahrung und von Anschauung zu Anschauung fortschreiten. Bei diesem Fortschreiten werden am Besonderen das Allgemeine, das Prinzip oder das Gesetz transparent. Offen bleibt hierbei, ob diese in begriffliche Form gebracht und an den Schüler vermittelt werden, denn die sachliche Bedeutung des Inhaltes ist mit den subjektiv-individuellen Interessen vermittelt, wie HESS - KRUG 1934 feststellt. Die Heimatkunde hat die Aufgabe, die "**im Leben gegebene Lebensform des Erfahrens und Ordnens systematisch zu pflegen und fortzubilden**" Dabei bedient sie sich der folgenden methodischen Schritte:

"1. geleitetes Erfahren
2. Festlegung und Mitteilen der Erfahrung
3. denkendes Durchdringen der Erfahrung"
   (vgl. BLÄTTNER, F. 1937, S. 243).

Die tägliche Lebenserfahrung wird also strukturiert, nicht aber vom Leben abgehoben.

Die didaktische Grundfigur für den Heimatkundeunterricht kann wie folgt dargestellt werden:

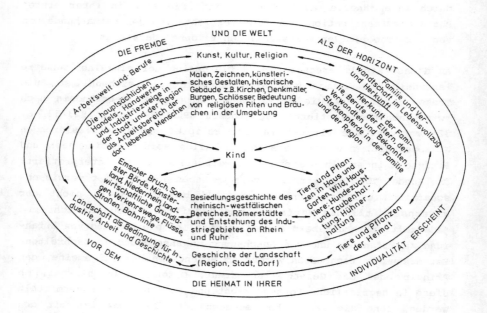

Analysiert man diese Darstellung, dann stellt man fest: Der Heimatkundeunterricht ist trotz gegenteiliger Programmatik eine Theorie des Besonderen (nicht des Allgemeinen). Er stellt die Besonderheiten und die Einzigartigkeit der heimatlichen Lebensformen vor dem Horizont des Fremden und Anderen dar. Dies machte seine Anfälligkeit für ideologisches Gedankengut und nationalistische Überspanntheiten aus.

Curriculumanalyse   Heimatkunde

Die Heimatkunde geriet zunehmend in die Kritik und wurde nicht
mehr als Wissenschaft akzeptiert, sondern durch neue Vorstellungen
abgelöst.

Sehr problematisch ist der eigentümlich statische Begriff der
volkstümlichen Bildung, der offensichtlich schichtenspezifisch
bestimmte kognitive Fähigkeiten festlegte. Hierbei wurde die "wissenschaftliche Kompetenz" eben als nicht dem Volke angemessen
anerkannt, sondern nur bestimmten Gruppen der Gesellschaft zugesprochen. Noch im Rahmenplan (vgl. DEUTSCHER AUSSCHUSS 1959, S. 9)
wird zwischen drei "Bildungen" unterschieden: der "theoretischen",
"praktischen" und "theoretisch-praktischen" Bildung. Hierbei geht
der DEUTSCHE AUSSCHUSS von entsprechenden "Begabungen" aus und
ordnet diesen "Bildungen" das Gymnasium, die Volksschule und die
Realschule zu. Bereits diese Differenzierung des Bildungsbegriffes
ist hochproblematisch, weil es weder eine "rein praktische" noch
eine "rein theoretische" Bildung gibt. Ferner folgt diese Differenzierung einem Schichtenmodell unserer Gesellschaft, das einer
Kritik nicht mehr standhält.

In die Kritik geriet dann auch das Prinzip der Kindgemäßheit,
insbesondere der mit ihm verbundene Anlagebegriff. Vor dem Hintergrund der neuen Begabungsforschung war der Anlagebegriff nicht
mehr haltbar, weil die endogenen Faktoren der Reifung in der
volkstümlichen Bildung zu sehr hervorgehoben wurden. Die neue
Begabungsforschung stellt im klaren Unterschied dazu einen dynamischen Begabungsbegriff heraus, der die Einwirkungen des gesellschaftlichen Umfeldes auf das Kind betont und somit große erziehe-
rische Hoffnungen zu begründen scheint.

Die Diskussion um das Verhältnis von Anlage, Reifung, Begabung und
Lernen ist auch zur Zeit noch nicht endgültig abgeschlossen, da
die Auseinandersetzung um die jeweiligen Anteile von endogenen und
exogenen Faktoren bei der menschlichen Entwicklung kaum mit exakten statistischen Werten beendet werden kann, wie es die beiden
unterschiedlichen Positionen bei Hartmut von HENTIG (1971) und
Arthur JENSEN (1971) sehr deutlich machen.

Der dynamische Begriff der Begabung förderte eine Entwicklung, die teilweise dazu führte, das "Kind mit der Wissenschaftsorientierung (aus dem Unterricht) auszuschütten". Die entsprechende Rezeption erweckte Hoffnungen, die, wie wir heute sehen, nicht gerechtfertigt sind. So folgte der Großteil einer Didaktikergeneration der fehlerhaften Rezeption einer Aussage von Jerome Saul BRUNER, die besagt, daß es - entwicklungs- und lernpsychologisch begründet - möglich sei, jedem Individuum in jeder Altersstufe seiner Entwicklung jeden Inhalt zu vermitteln. BRUNER schreibt wörtlich:

"Wir setzen die Hypothese voran, daß jeder Stoff jedem Kind in jedem Stadium der Entwicklung in intellektuell redlicher Weise wirksam vermittelt werden kann. Das ist eine kühne Hypothese und - wenn man darüber reflektiert, wie ein Lehrplan sein soll - zugleich eine wichtige Hypothese. Es gibt keine Befunde, die dieser Hypothese widersprechen, jedoch eine Reihe von Befunden, die sie unterstützen" (BRUNER, J.S. 1974, S. 105).

Während BRUNER hier nur eine provozierende These kommentierte, erkannten andere darin einen wissenschaftlich ausformulierten Befund und versuchten, didaktische Konsequenzen zu ziehen. Sie vernachlässigten dabei offensichtlich, daß BRUNER selbst diese These an einer anderen Stelle desselben Werkes folgendermaßen einschränkt:

"Was in diesem Stadium der Entwicklung prinzipiell fehlt, ist das, was die Genfer Schule das Konzept der Reversibilität genannt hat. Damit ist folgendes gemeint: Wenn die Form eines Gegenstandes verändert wird, wenn man z.B. die Form eines Plastilinballes ändert, dann kann das Kind im voroperationalen Stadium nicht begreifen, daß die neue Form ohne weiteres in die alte zurückverwandelt werden kann. Wegen dieses fundamentalen Mangels kann das Kind gewisse grundlegende Gedanken, die der Mathematik und Physik zugrunde liegen, nicht verstehen - den mathematischen Gedanken, daß

die Menge erhalten bleibt, selbst wenn sie in eine Anzahl
von Untermengen geteilt wird, oder die physikalische Idee,
daß Masse und Gewicht erhalten bleiben, selbst wenn die
Form eines Gegenstandes geändert wird" (BRUNER, J.S. 1974,
S. 106).

Eine bedachtsamere Umsetzung der BRUNER'schen These auf didaktische Fragestellungen wäre also angezeigt gewesen.

Zumindest für die reformierte Heimatkunde kann man feststellen,
daß ihre pädagogische Absicht darin besteht, dem Kind die Bedeutung der heimatlichen Umgebung zu entschlüsseln. Hierbei sollte
das Kind mit nützlichem Wissen und Können versorgt werden. Es
sollte die Heimat kennen-, in ihrer Einmaligkeit begreifen und
lieben lernen. Indes ist es verkehrt, die Ziele des reformierten
heimatkundlichen Unterrichts ausschließlich auf die Begriffe **Heimat und Vaterland** festzulegen, obgleich manche Methodiken dies
anstreben (vgl. hierzu auch RABENSTEIN, R. 1985). Es gibt Ansätze,
die die Heimatkunde ganz im Sinne einer **elementaren "Weltkunde"**
verstehen. Diese Weltkunde hat dann durchaus jenen kosmopoliti-
schen Impetus, der die nationalistische Einengung überwindet und
allgemein menschliche Phänomene anspricht und erhellt.

Wichtige Prinzipien, die die Heimatkunde als "Wissenschaft" verwirklichen will, sind:

- Das Prinzip der Anschauung und Selbsttätigkeit

Das Prinzip der Anschauung geht auf die Philosophie des Empirismus
zurück, die annimmt, daß Erkenntnisse nur durch unmittelbaren
Sachkontakt und mit Hilfe möglichst vieler Sinne gemacht werden
können. Der Weg der Anschauung geht vom Konkreten zum Abstrakten.
Es ist der Weg der Induktion, die von der Erfahrung an Einzelfäl-
len zu allgemeinen Aussagen, Gesetzen, Regeln und Begriffen voran-
schreitet. COMENIUS fordert: **"Alles möglichst mit allen Sinnen"**
und PESTALOZZI sieht in der Anschauung das absolute Fundament aller Erkenntnis. Echte Anschauung wird durch manuelle Eigentätig-

keit des Kindes erreicht. Aus diesem Grunde wendet sich das Prinzip der Eigentätigkeit gegen eine "Buchschule", die z.B. lediglich
an anschaulichen Bildern Lernprozesse imitiert. Damit wird die
rein empiristische Sicht der Erkenntnisgewinnung überwunden.

- Das Prinzip vom Nahen zum Entfernten

Der heimatkundliche Unterricht geht von dem räumlich Nahen in der
engen Heimat des Kindes aus und schreitet dann zum Entfernteren
voran. Man kann dieses Prinzip auch als ein Modell der konzentri-
schen Kreise verstehen, in deren Mittelpunkt das Kind steht. Durch
schrittweise Ausweitung der Erfahrungen werden die Radien der
Kreise ständig vergrößert.

Während man früher den Begriff des Nahen vorrangig geographisch
interpretierte und damit auch die kindlichen Erfahrungen an der
Heimat und den dort befindlichen Gegebenheiten festzumachen such-
te, muß man heute davon ausgehen, daß auch das psychisch Nahe, das
geographisch weit entfernt sein kann, dem Kind bedeutsamer erscheinen kann als das, was ihm in der heimatlichen Umgebung begegnet. Dieser Tatsache ist verstärkt Rechnung zu tragen angesichts
der Fülle an Informationen, die heute auf das Kind einwirken.

- Das Prinzip "Alles vom Kinde aus"

Die Heimatkunde sucht nach Möglichkeiten, immer von den Erfahrungen und Erlebnissen der Kinder auszugehen, um allgemeine Sätze
über geographisch Entferntes und neue Einsichten zu gewinnen. Die
Erlebniswelt der Kinder wird zur Grundlage des Unterrichts
schlechthin. Fachwissenschaftliche Anforderungen und Strukturen
spielen ein untergeordnete Rolle.

- Das Prinzip der Ganzheit

Dises Prinzip unterstellt, daß Kinder Ganzheiten besser erfassen
als Einzelheiten. Wenn der Unterricht von den ganzheitlichen Erlebnissen der Kinder ausgeht, wird er also dem Kinde gerecht.

Diese Überlegung führt dazu, daß die Heimatkunde mit bedeutungs-
haltigen Ganzheiten beginnen muß und daß möglichst viele Sachbe-
züge bei der Behandlung einer Thematik angesprochen werden. Heimatkunde wird dann zum Gesamtunterricht, dessen Mittelpunkt der
heimatkundliche Anschauungsunterricht ist. SPRANGER schreibt dazu:

"Der glücklichste Ansatzpunkt für diese Denkweise ist die
Heimatkunde" (1963, S. 46) ... "Eben deshalb müssen wir
Disziplinen wie der Heimat- und Landeskunde dankbar sein,
daß sie uns durch die eigentümliche Natur ihrer Fragestellung zu einer Zusammenschau nötigen, die sonst nicht mehr
gelingen will. In ihnen lebt wirklich noch das Ganze"
(1963, S. 39).

Heimatkunde ist ferner

"das geordnete Wissen um das Verbundensein des Menschen in
allen naturhaften und geistigen Lebensbeziehungen mit einem
besonderen Fleck Erde, der für ihn Geburtsort oder mindestens Wohnplatz ist" (1923, S. 9).

Die Beschäftigung hiermit führt zu einer Einheit des Geistes, die
keine disziplinspezifischen Vereinseitigungen kennt:

"Die leblose Systematik, die Isolierung des Wissens werden
hier aufgehoben." Heimatkunde ist demnach auf "Totalität
und Verknüpfung des geistigen Lebens" ausgerichtet (1923,
S. 26).

5. Das Prinzip der Gesinnungs- und Gemütsbildung

Für SPRANGER ist Heimat "Mutterboden starker Gefühle und geistiges
Wurzelgefühl". Zusammen mit dem Prinzip der Ganzheit wird dem
Unterricht Gesinnungs- und Gemütsbildung auferlegt; er soll z.B.
die Liebe zur Heimat und eine positive Gesinnung gegenüber der
heimatlichen Kultur begründen.

"Heimat ist erlebbare und erlebte Totalverbundenheit mit dem Boden" (SPRANGER, E. 1967, S. 14). "Im Heimaterlebnis schwingt etwas Religiöses mit ..." (1967, S. 14). "So mannigfaltig die Sinnrichtungen sind, in denen der Mensch zu erleben vermag, so mannigfaltig sind die Bänder, die uns an die Heimat knüpfen. Sie alle laufen zusammen in einen letzten Gesamtsinn, der religiös genannt werden muß" (1967, S. 22).

Für Aloys FISCHER gehört die

"Muttersprache mit ihrem vertrauten und von Kind auf an verständlichen Klang, mit den in sie eingebetteten Kategorien der Betrachtung und Bezeichnung aller Dinge" zur Heimat. Ferner zählen dazu der "Geistesinhalt des Schrifttums, die heimische Bau- und Kunstweise, die bestimmte Art des Glaubens und der Frömmigkeit, des Rechtsgefühls und der sozialen Beziehungen, kurz die ganze Welt der angestammten Kultur" (zitiert nach BECHER, H. 1980, S. 78).

VOIGT und HEYER dagegen formulieren in klarer Abgrenzung dazu die Ziele des Heimatkundeunterrichts folgendermaßen:

Ziele Heimatkunde

"1. Theoreme der Kinder über die Welt (d.h. Theoreme, die außerhalb der Schule gelernt worden sind) zu exponieren, sie zu bestätigen oder zu berichtigen - und so zwischen den individuellen Erfahrungen zu vermitteln,

2. intersubjektiv verfügbare Bezugssysteme (z.B. nördlich - südlich, Sekunden - Minuten - Tage) zu lehren und ihre Anwendung zu üben,

3. viele konkrete Erfahrungen zu vermitteln (z.B. Anziehen und Abstoßen von Magneten, Tätigkeiten eines Tankstellenwärters und Funktion des Kompressors); Umgangs- und Erfahrungswissen sowie Materialkenntnisse" (VOIGT, E., HEYER, P. 1965, S. 59 - 78).

Zur Erreichung dieser Ziele unterscheiden die Verfasser:

"1. Konfrontation mit einem vieldeutigen, durch menschliche
    Entscheidungen beeinflußbaren Wirklichkeitsausschnitt ...
 2. Konfrontation mit einem Wirklichkeitsausschnitt, über den
    ein relativ geschlossenes System eindeutiger Aussagen
    besteht ...
 3. Konfrontation mit einem Wirklichkeitsausschnitt, und zwar
    über die Identifikation mit einer Person. Jugendbuch und
    Spielfilm gehen diesen Weg ... über Identifikation er-
    schließen sich den Kindern sogar fremde Sozialsysteme.
 4. Schließlich kann der Schüler in einen Handlungsbezug ...
    zu einem Wirklichkeitsausschnitt gesetzt werden ..."
 (VOIGT, E., HEYER, P. 1965, S. 60f).

Deutlich wird an diesen Aussagen, daß der Unterricht auf intersubjektiv austauschbare Theoreme der Kinder über die Welt abhebt,
keineswegs aber wissenschaftliche Theoreme an die Kinder vermitteln soll. Die Kinder werden in sprachlich verfaßte Bezugssysteme
eingewiesen und mit Erfahrungs- und Umgangswissen ausgestattet,
wobei dieses Wissen nicht weiter begründet und analysiert wird.

Inhaltlich schälen sich vier Bereiche heraus:

1. der Bereich der alltäglichen Lebenspraxis,
2. der Bereich, der wissenschaftlich beschreibbar ist,
3. die sozialen Fragen und Systeme,
4. Handlungen an technischen sowie handwerklichen Geräten.

1.4.2 Grundlegende Bildung

Die Entwicklung des Konzepts der grundlegenden Bildung beginnt
etwa in der Mitte der fünfziger Jahre und verläuft natürlich
parallel zur Kritik am heimatkundlichen Unterricht. Die Heimatkunde, die teilweise auch als heimatkundlicher Gesamtunterricht konzipiert wurde, kam in die Kritik, weil sie offensichtlich modernen
wissenschaftlichen und gesellschaftlichen Anforderungen sowie den

psychologischen Erkenntnissen über die kognitive Entwicklung der
Kinder nicht mehr genügte. Das besondere Problem der älteren
Konzeptionen zur Heimatkunde ist ihr Holismus, d.h. sie belassen
die Phänomene und Ereignisse oftmals in einer undifferenzierten
Ganzheitlichkeit. Sie sind unanalytisch und bevorzugen eine tota-
lisierende Gesamtschau im Gegensatz zum wissenschaftlichen Denken,
das analytisch vorgeht und die Phänomene und Ereignisse auf methodisch handhabbare Forschungsobjekte reduziert. Die Darlegungen bei
VOIGT und HEYER zeigen in aller Deutlichkeit das Zerbrechen dieser
didaktischen Grundhaltung.

Der grundlegende Sachunterricht versucht nun auf der Grundlage der
kindlichen Gegenstandsbetrachtung Sachvorstellungen und Sachzusammenhänge zu entwickeln und durch planmäßiges Vorgehen die kindlichen Erfahrungen zu ordnen und zu klären (vgl. z.B. LICHTENSTEIN-
ROTHER, I. 1954, 1982, 1985). Dadurch gewinnt der Sachunterricht
zunehmend auch fachspezifische Akzente wie z.B. erdkundliche,
biologische, technologische, warenkundliche, sozialkundliche oder
verkehrserzieherische und geschichtliche Aspekte. Er nimmt also
Elemente einer differenzierenden Sichtweise auf, sofern sie dem
Kind zugemutet werden können (vgl. hierzu z.B. KARNIK, R. 1958,
GÄRTNER, F. 1963, JEZIORSKY, W. 1972, FIEGE, H. 1969 und RABEN-
STEIN, R. 1969). Allerdings wird der grundlegende Sachunterricht
nicht als ein vorgezogener Fachunterricht verstanden, der Inhalte
und Methoden des Unterrichts der weiterführenden Schulen vorweg-
nimmt und nur noch fachpropädeutische Funktionen übernimmt.

Wenn Hartmut FIEGE (1976) z.B. im Sinne der kategorialen Bildungstheorie herausarbeitet, daß der Unterricht grundlegende Kategorien an das Kind zu vermitteln habe und auf "sachbezogene"
Methoden des Heimatkundeunterrichts abhebt, mit denen z.B. technische Gebilde auf analytischen und konstruktiven Wegen erschlossen
werden sollen, dann ist mit Sicherheit die alte Idee des heimatkundlichen Gesamtunterrichts mit ihren ganzheitlichen Ansätzen
transzendiert. Ebenso wird in den Darstellungen der reformierten
Heimatkunde deutlich, daß der Unterricht sich nicht allein auf die
engere Region der kindlichen Umwelt bezieht. Die Auseinanderset-

zung mit der Heimat dient dann nicht mehr nur dem Kennen-, Verste-
hen- und Liebenlernen der heimatlichen Region, sondern vielmehr
dazu, allgemeine menschliche Grundbefindlichkeiten und Grunddaseinsfunktionen herauszuarbeiten (vgl. hierzu die modernisierte
Form bei MAYER, W.G. 1985). Damit löst sich die Heimatkunde von
jenen Bindungen an das geographisch Nahe und von ihrem engen Bezug
auf das Völkische, der ihr in der Zeit der Nazidiktatur so abträglich war. Sie öffnet sich der Auseinandersetzung mit den grundlegenden anthropologischen Phänomenen, wie POPP herausstellt (1971).

Mit diesen Bestrebungen treten folgende Veränderungen ein:

- die Übernahme des dynamischen Begabungsbegriffes,
- die Abkehr von der Idee einer gesamtunterrichtlichen Anordnung der Inhalte,
- eine allmähliche Loslösung des Sachunterrichts aus dem
  heimatkundlichen Ansatz,
- die Hinwendung zu einer elementaren Weltkunde, die den
  Blick auch für andere Lebensformen öffnen soll,
- die allmähliche Einführung fachlicher Blickrichtungen und
  fachspezifischer Sicht- und Arbeitsweisen,
- die allmähliche Abhebung des Unterrichts vom Prinzip der
  Anschauung und des unmittelbaren Erfahrungsbezuges
  (vgl. hierzu BÄUML-ROSSNAGL, A.M. 1985).

1.4.3 Wissenschaftliche Bildung durch Modernisierung der Inhalte und Methoden des Sachunterrichts

Eine weitere Phase der Reform des Sachunterrichts beginnt zu
Anfang der siebziger Jahre. In dieser Zeit wurden Reformvorstel-
lungen wie Demokratisierung, Modernisierung, Chancengleichheit,
Durchlässigkeit und soziale Koedukation gebildet, die bis heute
das gesamte Bildungswesen entscheidend beeinflussen.

Dies führte zur Forderung nach naturwissenschaftlichen und technischen Inhalten im Sachunterricht ebenso wie zu dem Ruf, soziologische, wirtschaftswissenschaftliche und politologische Erkenntnisse

in den Unterricht einzubringen (vgl. z.B. HÄNSEL, D. 1980, S. 78ff).

Der Rückgriff auf die geographischen und kulturellen Besonderheiten des Nahraumes, auf seine geschichtlichen und gewerblichen Bedingungen allein reicht also nicht mehr aus, denn die Lebenswirklichkeit der Kinder hat sich inzwischen verändert. Kinder werden verstärkt mit technischen, naturwissenschaftlichen (vgl. BAUER, H.F. 1972, S. 127 - 168) und auch politischen Problemen konfrontiert. Die zunehmende Mobilität in der Gesellschaft sowie die neuen Medien bringen die Idee des heimatkundlichen Unterrichts mehr und mehr ins Schwanken. Außerdem sind wohl auch die großen Bevölkerungsbewegungen während der Kriegszeit und danach verantwortlich für das allmähliche Absterben des Regionalismus, der die Heimatkunde auszeichnete. Natürlich spielt ebenfalls die Zuwanderung von Ausländern nach Deutschland eine entscheidende Rolle und erschwert die Benutzung des Heimatbegriffes in seiner herkömmlichen Bedeutung.

Darüberhinaus waren die Reformbemühungen der beginnenden siebziger Jahre durch das soziale Engagement getragen, jedem Kind in der Grundschule dieselben Lern- und Lebenschancen einzuräumen, was zwangsläufig zu Maßnahmen im Hinblick auf die kompensatorische Erziehung führte. Nicht Selektion, sondern Förderung aller Kinder, besonders derjenigen, die aus "sozial schwächeren Schichten" des Volkes stammen, war die Forderung der damaligen Zeit. Hierbei ist allerdings unklar, welche Schichten eigentlich angesprochen sind und welche Kinder besonders gefördert werden sollten.

Die Grundschule sollte auch Leistungsschule sein, die durch altersangemessene Lernanforderungen Begabungen und Fähigkeiten fördert und weiterentwickelt. Die Ergänzung des traditionellen Anlagebegriffes durch den dynamischen Begabungsbegriff diente zur Formulierung neuer Anforderungsprofile in der Grundschule (vgl. hierzu MUTH, J. 1974). Weltweit war allerdings noch ein weiterer Reformimpuls von großer Bedeutung. Durch den sog. "Sputnik-Schock" hatte sich in der westlichen Welt die Furcht verstärkt, die Sow-

jetunion sei auf technologischem Gebiet überlegen. Der technologische Vorsprung könne nur auf eine Überlegenheit im Bildungssystem
und auf die Behandlung naturwissenschaftlicher und technischer
Phänomene zurückgeführt werden, so wurde seinerzeit argumentiert.

Psychologische Forschungen besagten außerdem, daß Kinder im Grundschulalter großes Interesse an naturwissenschaftlichen Fragen
haben. Ferner weisen Forschungen nach, daß Kinder in gewissen
Altersphasen bestimmte Sachverhalte und Methoden besser erlernen
als später. Beide Argumente verbinden sich zur Forderung nach
Modernisierung und der Einführung naturwissenschaftlicher Inhalte
im Sachunterricht.

1.4.4 Wissenschaftsorientierung durch die Befähigung, das Lernen zu lernen

Unter pädagogischer Sicht muß der Befähigung des Kindes, selbständig Informationen zu erwerben, durchzuarbeiten und anzuwenden,
grundlegende Bedeutung zugemessen werden (BRUNER, J.S. 1974, 1973,
S. 57). Ein Mensch, der dies kann, ist kognitiv, aber auch emotional und motorisch leistungsfähig. Diese drei aufeinanderbezogenen
Elemente bedeuten in der kognitiven Strukturtheorie "Lernen". In
der psychologisch begründeten Gestaltung der Lernprozesse kann man
daher das Kriterium für die Verwissenschaftlichung des Lernens
sehen. Wenn der Unterricht in der Grundschule also die Besonderheiten der kindlichen Entwicklung in Rechnung stellt und lerntheoretisch begründete sowie altersangemessene Lehr- und Lernprozesse gestaltet, dann erfüllt er das Kriterium der Wissenschaftsorientierung.

Das tragende Element ist hier also erziehungswissenschaftlich begründet und zieht eine gründliche Besinnung auf das Lernen nach
sich.

Pädagogisches Handeln ist immer auch intentional zu verstehen. Die
Befähigung, das "Lernen zu lernen", also die Befähigung, sich
"Informationen zu beschaffen, zu verarbeiten, sie bewerten und

anwenden zu können", ist ein wichtiges Ziel für den wissenschaftsorientierten Unterricht. Gerade dieses Ziel bietet die Anbindung
des Lernens an den emanzipatorischen Charakter wissenschaftlicher
Forschung und an den dynamischen Begabungsbegriff. NEITHARDT formuliert daher sehr eindringlich wie folgt:

"Das **Lernen** des **Lernens** beinhaltet Vermittlung von
Offenheit und selbstkritischem Bewußtsein, von Techniken
der Systematisierung und des Findens (mehr als des Be-
haltens von Problemlösungen). Es impliziert aber auch die
Annahme der Fähigkeit und Bereitschaft zu vergessen" (NEIT-
HARDT, F. 1971, S. 13, zitiert nach LICHTENSTEIN-ROTHER, I.
1980, S. 188).

Schule wird dann zum Ort, an dem die optimale Organisation von
Lernprozessen angestrebt werden muß. Die Beziehungen von Schule
und Alltagswirklichkeit, von Lernen und Leben müssen realistisch
bleiben und "Qualifikationen für Lebenssituationen" (ROBINSOHN,
S.B. 1973) vermitteln. Die Schule ist den folgenden übergeordneten
Zielen verpflichtet:

- das Lernen lernen,
- Kreativität,
- Sozialkompetenz,
- Fachkompetenz,
- Selbstbestimmung in Mitbestimmung,
- Kommunikation (vgl. ROTH, H. 1969).

Bezeichnenderweise sieht diese Gruppe von Erziehungswissenschaft-
lern das Postulat von der Wissenschaftsorientierung des Unterrichts in der Grundschule darin erfüllt, daß der Unterricht an
sog. **Wissenschaftsbereichen** orientiert wird. Das heißt, sie bevor-
zugt eher einen fächerverbindenden als einen monodisziplinären Unterricht in der Grundschule.

Solche Bemühungen stehen in der verdienstvollen Tradition der
geisteswissenschaftlichen Didaktik, die interdisziplinärem Denken
Vorschub leisten will. Wichtig erscheint unter der heutigen Perspektive, daß seinerzeit ganz im Einklang mit der deutschen Bil-
dungstradition die Methodenschulung (vgl. hierzu FIEGE, H. 1969
und SCHEUERL, H. 1958) ein Ziel darstellte, das die Reformer im
Sinne der kategorialen Bildungstheorie verfolgten. In diesem Sinne
spricht sich Heinrich ROTH (1971) aus, wenn er auf das "Wissenschaftsmethodische" hinweist, das den Bereich der affinen Wissenschaften ausmacht.

**1.4.5 Wissenschaftsorientierung als Partizipation des Individuums
an wissenschaftlichen Erkenntnissen und Methoden**

Nach Heinrich ROTH stellen die drei Wissenschaftsbereiche Naturwissenschaften, Gesellschafts- und Wirtschaftswissenschaften sowie
die Geisteswissenschaften die **drei großen Horizonte des Weltverstehens und der Menscheninterpretation** dar, die die Grundlagen für
das heutige "**In der Welt sein**" bieten (ROTH, H. 1971).

Sind es nicht gerade in dieser Sicht die Wissenschaften, die
die emanzipatorische Kraft und Wirkung besitzen, mit deren
Hilfe Unmündigkeit, Vorurteile und Unwissenheit überwunden
werden können?
Sind die Wissenschaften nicht durch ihre Erkenntnisse gerade
dazu prädestiniert zu bestimmen, was die richtigen Inhalte
sind?
Verfügen die Wissenschaften nicht auch über das erkenntnis-
theoretisch gesicherte Instrumentarium und über Methoden, mit
denen man erkennen kann, wie am besten und effektivsten gelernt wird?
Bietet nicht gerade die Partizipation aller gesellschaftlichen Schichten an den wissenschaftlichen Prozessen die Ge-
währ für kulturellen, technischen und sozialen Fortschritt
und für die Befreiung von unnötigen Zwängen?
Sind es nicht gerade die Wissenschaften, die das Dasein erweitern und bewältigen helfen?

Offensichtlich in diesem Bewußtsein der Bedeutung von Wissenschaft
formulierte das damals entscheidende Gremium - der DEUTSCHE BIL-
DUNGSRAT - das Postulat: Der Lernende soll sich in abgestuften
Graden der "**Wissenschaftsbedingtheit und Wissenschaftsbestimmtheit**" der Lerninhalte bewußt werden. Er soll dieses Bewußtsein
allmählich kritisch in den eigenen Lebensvollzug einbeziehen (vgl.
ROTH, H. 1970).

Dieser Impuls führte im Bereich des Sachunterrichts zur Fortsetzung der Bestrebungen, den grundlegenden Sachunterricht von dem
reformpädagogischen Konzept "Heimatkunde und Gesamtunterricht"
abzuheben sowie die Idee der "volkstümlichen Bildung" zu überwinden.

Allerdings, so unterschiedliche Formen wissenschaftlichen Arbeitens es gibt, so unterschiedlich wurde dann das Postulat der
Wissenschaftsorientierung auch ausgedeutet und in die Praxis umgesetzt.

Im folgenden werden mehrere Möglichkeiten der Wissenschaftsorientierung des Sachunterrichts dargestellt.

1.4.5.1 Wissenschaftsorientierung durch Ausrichtung an wissen-schaftlichen Interpretationsmustern

In völliger Übereinstimmung mit der Forderung, daß Kinder mit
kognitiven Fähigkeiten zur Informationserarbeitung, -bewertung und
-anwendung ausgestattet werden sollten, sieht Kay SPRECKELSEN in
der Bearbeitung von Elementen der amerikanischen Science Curriculum Improvement Study für die deutschen Verhältnisse eine Möglichkeit, den Sachunterricht unter völlig neuen Gesichtspunkten zu
gestalten. Er nimmt dabei besonderen Bezug auf die beiden Fachperspektiven Physik und Chemie und fordert die Orientierung des
Sachunterrichts an sog. Strukturen oder Grundkonzepten (basic-
oder fundamental-ideas), Schlüsselideen (key-concepts) oder tragenden Begriffen der Wissenschaften. Die Gründe hierfür lassen
sich mit Hilfe von Forschungsergebnissen der kognitiven Struktur-

theorie bei BRUNER (1971, S. 67 - 77) wie folgt skizzieren: *Begründg*

- grundlegende Einsichten machen Gegenstände und Sachverhalte leichter verständlich,
- strukturell gesichertes Wissen wird besser im Gedächtnis gespeichert und auch leichter erinnerbar,
- grundlegende Prinzipien und Interpretationsmöglichkeiten sind transferwirksam,
- die fundamentalen Schlüsselideen einer Disziplin oder einer Wissenschaftsgruppe veralten nicht so schnell.

Damit leistet dieser Ansatz die Orientierung des Sachunterrichts an das **Kategoriale der Wissenschaften**, an das, was für die Art und Weise der jeweiligen Disziplin typisch und grundlegend ist (vgl. hierzu die Analyse bei SOOSTMEYER, M. 1978, S. 183 u. S. 251).

Kognitive Strukturtheorie des Lernens

In der deutschen bildungstheoretischen Didaktik sind dieselben didaktischen Grundgedanken nachweisbar. Josef DERBOLAV, Wolfgang KLAFKI und insbesondere Martin WAGENSCHEIN haben stets auf zentrale Begriffe und Aussagen der Wissenschaften, auf ihre Modellbildungen und tragenden Theorieansätze verwiesen und dabei auch den Aspekt des Fächerübergreifenden herausgearbeitet. Im Kapitel 1.4.5.7.1 dieser Arbeit wird hierauf eingegangen.

Für den naturwissenschaftlichen Unterricht hat Kay SPRECKELSEN drei tragende Konzepte herausgearbeitet:

- **Teilchenstrukturkonzept:** Es beinhaltet die Sichtweise, materielle Dinge (feste Körper, Flüssigkeiten und Gase) sich aus isolierbaren, einzelnen "Bausteinen - eben Teilchen" - vorzustellen und diese Vorstellung gezielt zur Deutung physikalischer und chemischer Phänomene einsetzen zu können.

SPRECKELSEN schreibt dazu:

" Aus naturwissenschaftlicher Sicht kann damit ein hierar-
chischer Aufbau der Umwelt unterstellt werden: Elementar-
teilchen – Atom – Molekül – Zellbaustein – Zelle – Organ
– Organismus. Auch unsere Sprache kennt übrigens einen
ähnlichen Aufbau: Buchstabe – Silbe – Wort – Satz – Satz-
verband (z.B. Erzählung)" (SPRECKELSEN, K. 1979, S. 64).

– Wechselwirkungs- (oder Interaktions-)konzept: Es beinhaltet die Auffassung physikalischer und chemischer Vorgänge
als "gegenseitiges Aufeinandereinwirken" von Interak-
tionspartnern.

Hierzu stellt SPRECKELSEN fest:

" Es ist das Prinzip von Ursache und Wirkung, dessen all-
tagssprachliches Korrelat in der "Täter – Tat – Struktur" unserer Sprache, d.h. in dem Aufbau unserer Sätze
nach dem allgemeinen Schema: Subjekt – Prädikat – Objekt
zu sehen ist" (SPRECKELSEN, K. 1979, S. 64).

– Erhaltungskonzept: Es beinhaltet die Erschließung physikalischer und chemischer Vorgänge unter dem Aspekt des
"Unverändert-Bleibens" bestimmter, bei diesen Vorgängen
beobachtbarer Größen.

SPRECKELSENs Interpretation lautet:

" In der Naturwissenschaft dienen sog. Erhaltungssätze als
wesentliche erkenntnisleitende Prinzipien von außerge-
wöhnlicher Reichweite (z.B. "Energieerhaltungssatz"), die
uns das Verständnis von Naturvorgängen ungewöhnlich
transparent werden lassen. Unsere Sprache kennt in
Konjugation, Deklination und Syntax Verwandtes, nämlich

mit vergleichsweise geringem Aufwand (begrenzte Anzahl
von Elementen) eine außerordentliche Ausdrucksvielfalt zu
ermöglichen, d.h. Erhalten-Bleibendes und Sich-Verän-
derndes geschickt zu kombinieren" (SPRECKELSEN, K. 1979,
S. 64f).

Diese Deutungsmuster, die innerhalb der Wissenschaften eine große
Rolle spielen, besitzen für den Unterricht zwei Funktionen:

- Sie helfen dem Kind, alltägliche Erfahrungen unter Oberbegriffe zu subsumieren. Sie organisieren Wissen in bezug auf
mögliche Interpretationen von Phänomenen. Dadurch werden die
Erfahrungs- und Wissensbestände stabilisiert und dauerhaft
gesichert. Es liegt also ein positives Argument der kognitiven Strukturtheorie des Lernens vor, das für den Ansatz der
Konzeptorientierung spricht (vgl. hierzu die Darstellung bei
AUSUBEL, D.P. 1974, Bd. 2, Kapitel 15, zugleich aber auch
die Grenzen dieser Aussagen, die AUSUBEL zum Begriff des
"analogen Vergessens" innerhalb der Vergessenstheorie darlegt, Bd. 1, Kapitel 3).

- Sie eröffnen dem Kind Zugänge zu wissenschaftlichen Grunderfahrungen und zu Ideen, Begriffen, Modellen und Theorien.
Sie haben somit eine wissenschaftspropädeutische Funktion,
die sich jedoch von derjenigen der Fachorientierung im o.g.
Sinne unterscheidet, weil die Konzepte von vornherein phäno-
men- und fächerübergreifend angelegt sind und nicht die
additiven fachlichen Gliederungsaspekte einer Wissenschaft
im Auge haben wie z.B. die klassische Einteilung der Physik
in Mechanik, Optik, Wärmelehre, Elektrizitätslehre, Lehre
vom Magnetismus und Atomistik.

Auf den Unterricht angewendet ergeben sich folgende Perspektiven
bzw. Aufteilungsmöglichkeiten:

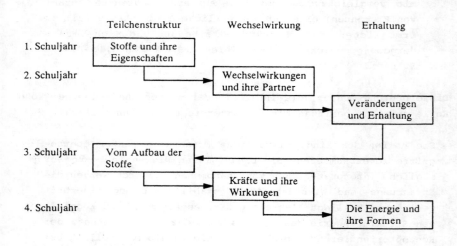

(vgl. hierzu SPRECKELSEN, K., 1975).

Diese **Basiskonzepte** können auch im Sinne eines <u>genetischen</u> <u>An-</u>
<u>satzes</u> verstanden werden. Weil man mit ihnen sowohl den alltäg-
lichen als auch den wissenschaftlichen Fall erfassen und interpretieren kann, bilden sie das Grundgerüst für einen genetischen
Ansatz **sprachstrukturellen Lernens**. Dieser kommt dem kindlichen
Wunsch nach Ordnung und Sicherung seiner Aussagen über die Wirklichkeit entgegen und ist in der Lage, die Vielfalt der Erscheinungen mit Hilfe weniger Interpretationsmuster zu deuten. Die oben
dargestellte Sequenzabfolge zeigt deutlich, wie die Gedanken BRU-
NERs zum <u>spiraligen Aufbau</u> eines begriffs- bzw. konzeptorientier-
ten Curriculums (vgl. BRUNER, J.S. 1961, S. 105 - 107) hier in die
Praxis umgesetzt worden sind.

Diese Interpretationsmuster sind unter wissenschaftlichen und
didaktischen Perspektiven sorgsam ausgesucht und besitzen
neben ihren erfahrungsorganisierenden zugleich auch weiterführende Funktionen. Sie sollen "beziehungsvolles Lernen"

ermöglichen (SPRECKELSEN, K. 1979, S. 57 - 84). Die Fülle des
Wissens und der Phänomene soll mit ihrer Hilfe auf kognitiv sinnvolle Weise geordnet werden. In diesem Sinne sind sie auch repräsentativ und fundamental für die jeweilige Bezugswissenschaft, für
die sie erarbeitet wurden.

Die soeben dargestellte Orientierung des Unterrichts an wissenschaftlichen Deutungsmustern darf nicht so verstanden werden, daß
diese Begriffe, Konzepte oder sprachlichen Interpretationsmuster
gleichsam ohne jeden Bezug zu den Methoden und Verfahren gedacht
werden, mit deren Hilfe sie gewonnen wurden. Diese Fehlinterpreta-
tion des Ansatzes ist immer wieder zu finden. Begriffe und Strukturen, basic concepts oder fundamentale Ideen sind nicht apriori
gegeben, sondern - wie alles Wissen - Ergebnis unserer Aktivitäten.

SPRECKELSEN sieht zum allmählichen Aufbau der Konzepte eine drei-
teilige Arbeitsweise vor, die naturwissenschaftlichen Erkenntnismethoden entspricht:

- **Exploration**: Gewinn von Erfahrungen im Umgang mit bereit-
                 gestellten experimentellen Medien,
- **Invention**:   Einführung in solche Begriffe, die die Er-
                 fahrungen erklären, die im Verlaufe der
                 Exploration gemacht wurden und die Möglich-
                 keiten zur Weiterführung zu den Konzepten
                 bieten,
- **Discovery**:   die Schüler entdecken vom Lehrer angeleitet
                 dasselbe Konzept an anderen Beispielen und
                 in ähnlichen Erfahrungsbereichen.

So koppelt SPRECKELSEN die fundamentalen Ideen eindeutig an Erfahrungen und an ihren Gewinn durch Methoden, um ihnen erst dann die
Funktion von inklusiven Ideen, sog. "Subsumern", zu geben. Phänomen, Erfahrung und Begriff gehören also in dieser Weise zusammen
und machen eben in ihrer Zusammengehörigkeit die Interpretations-
mächtigkeit einer inklusiven Idee aus.

Im Zuge der damaligen Arbeit an den Konzepten und den darauf bezogenen Curricula blieb die Entwicklung jedoch im wesentlichen bei
den beiden Wissenschaften Chemie und Physik stehen, obgleich die
Konzepte sich auch für die Interpretation biologischer und gesellschaftlicher Erfahrungen eignen könnten (vgl. z.B. BUCK, P. 1973
und SCHOOF, J. 1973).

1.4.5.2 Wissenschaftsorientierung durch Orientierung an Verfahren

Verfahrensorientiert ist das amerikanische Curriculum Science - A
Process Approach, das von der Arbeitsgruppe für Unterrichtsforschung in Göttingen (1971) für den Unterricht in der Grundschule
adaptiert wurde. Hier ist nicht das Kategoriale entscheidend,
sondern das wissenschaftliche Vorgehen - das Procedere und die
heuristische Komponente (vgl. TÜTKEN, H. 1974). Dieser Orientierung liegt die Idee zugrunde, angesichts der Fülle und der Vielfalt des Wissens und der Erscheinungen die Kinder mit einem Ver-
haltensrepertoire auszustatten, mit dessen Hilfe sie Kenntnisse
selbsttätig erwerben können, so daß sich das Problem der Vermittlung von Inhalten nicht so stellt wie in einem inhaltsbezo-
nen Unterricht. Interessant ist dabei die Tendenz, einem übermäßi-
gen Enzyklopädismus entgegenzuwirken und nachdrücklich den Schwerpunkt auf die Bildung formaler Fähigkeiten beim Kind zu legen.
Dies geschieht durch die Einübung bestimmter Verhaltensmuster,
durch die das Kind zunehmend in die Lage versetzt wird, selbst
wissenschaftliche Hypothesen aufzustellen, sie zu überprüfen und
zu sichern. In der deutschen Adaption des verfahrensorientierten
Curriculums Science - A Process Approach (vgl. hierzu GAGNE', R.M.
et al 1973, S. 111 - 124): "Weg in die Naturwissenschaft" (AR-
BEITSGRUPPE GÖTTINGEN, 1971) wird das Grundschulkind daher in
erste Techniken und Verhaltensweisen eingewiesen, die unter der
Perspektive einer neobehaviouristischen Lerntheorie als Elemente
der wissenschaftlichen Erkenntnismethoden angesehen werden (vgl.
hierzu GAGNE', R.M. 1970/1973, zur Kritik daran vgl. RUMPF, H.
1973, S. 391 - 416, eine grundlegende Kritik am behaviouristischen
Verständnis menschlichen Lernens legt in eindrucksvoller Weise

Curriculumanalyse   Verfahrensorientierung

Karl POPPER (1982, S. 157ff) dar). Dieser curriculare Ansatz zeigt
deutlich das Bemühen, in zweifacher Hinsicht wissenschaftsorientiert zu sein, und zwar bezogen auf die **Verfahren** und auf eine
Lerntheorie. Ohne Zweifel stellen die Verfahren wichtige wissenschaftliche Verhaltensweisen dar, die im Sinne einer Methodenschulung an das Kind bzw. an den Schüler vermittelt werden sollten.

Als Grundlage dient für dieses Curriculum die Lerntheorie von
GAGNE' (vgl. 1970), die Grundfertigkeiten und integrierende Fertigkeiten komplexer Art unterscheidet: Bestimmte, weiter unten ge-
nannte Verhaltenselemente wurden in Anlehnung an diese Lerntheorie
als Verfahren bezeichnet und streng hierarchisch angeordnet.

Jede ranghöhere Verhaltensweise setzt die Beherrschung aller vor-
angehenden unbedingt voraus; nur das vollständige Beherrschen der
grundlegenden Fertigkeiten ermöglicht Fortschritte in Richtung auf
alle höheren Verhaltenselemente.

1. **Beobachten**
2. **Klassifizieren**
3. **Mit Zahlen umgehen**   8 Grund-
4. **Messen**   fertigkeiten
5. **Raumzeitliche Beziehungen benutzen**
6. **Kommunizieren**
7. **Vorhersagen**
8. **Schlußfolgern**
9. **Operational definieren**
10. **Hypothesen formulieren**   5 integrierende
11. **Daten interpretieren**   Fertigkeiten
12. **Variablen kontrollieren**
13. **Experimentieren**

(vgl.hierzu ARBEITSGRUPPE FÜR UNTERRICHTSFORSCHUNG GÖTTINGEN, 1971)

Das folgende Schema gibt den Komponentenaufriß der Verfahrens-
struktur wieder, der für das Curriculum entwickelt worden ist.

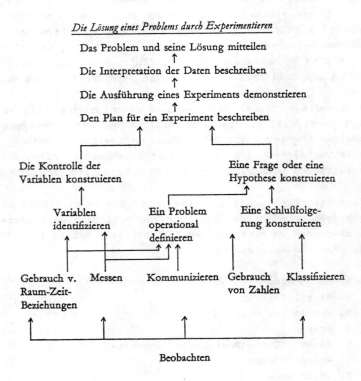

Die Lösung eines Problems durch Experimentieren

Das Problem und seine Lösung mitteilen
↑
Die Interpretation der Daten beschreiben
↑
Die Ausführung eines Experiments demonstrieren
↑
Den Plan für ein Experiment beschreiben

Die Kontrolle der   Eine Frage oder eine
Variablen konstruieren   Hypothese konstruieren

Variablen   Ein Problem   Eine Schlußfolge-
identifizieren   operational   rung konstruieren
                   definieren

Gebrauch v.   Messen   Kommunizieren   Gebrauch   Klassifizieren
Raum-Zeit-   von Zahlen
Beziehungen

Beobachten

(Quelle GRIEBEL, M. (Hrsg.) 1971, S. 12)

Die Linearität der Konzeption wird auch an der Abfolge der Unterrichtseinheiten für das erste Schuljahr deutlich:

Wahrnehmen von Farben,
Erkennen von zweidimensionalen Figuren,
Beobachten von Farbe, Form, Größe und Oberflächenbeschaffenheit,
Klassifizieren von Blättern,
Beobachten der Temperatur,

Curriculumanalyse   Verfahrensorientierung

Erkennen von Richtungen und Bewegungen,
Wahrnehmen von Tönen und Geräuschen,
Vergleichen von Längen,
Anordnungen im Raum,
Ebene und räumliche Figuren,
Beobachten von Schmelz- und Erstarrungsvorgängen,
Geruchswahrnehmung,
Beobachten von Farbveränderungen,
Klassifizieren nach beobachtbaren oder ableitbaren Merkmalen,
Erkennen von Zeitintervallen,
Messen von Längen,
Beobachten des Wetters,
Informieren und Identifizieren.

Die Anordnung der Verfahren und Unterrichtseinheiten läßt erkennen, daß das Problem der Vermittlung von Inhalten als sekundär
angesehen wird. Die formalen Fähigkeiten sollen so entwickelt
werden, daß das Kind selbst wissenschaftliche Hypothesen aufstellen, überprüfen und sichern kann. Die **epistemischen und prozessualen Elemente der Wissenschaften** sind bei dieser didaktischen Konzeption zentral.

Zusammenfassend kann festgestellt werden: Der Ansatz der Verfahrensorientierung nennt im wesentlichen folgende Argumente für
seine wissenschaftliche Begründung:

- er ist lerntheoretisch begründet, da er im wesentlichen der
  Taxonomie der Lernarten und -typen der GAGNE'schen Lerntheorie entspricht;
- er ist methodologisch begründet, weil er formal den Gesichtspunkten und Elementen moderner Wissenschaftslogik und
  wissenschaftlicher Methodenlehre entspricht;
- er stützt sein Unterrichtskonzept auf empirisch-analytische
  Forschungen, die gezeigt haben sollen, daß auch ein Lehrer,
  der naturwissenschaftlich wenig beschlagen ist, erfolgreich
  mit diesem Curriculum arbeiten kann, so daß ca. 90% aller
  Schüler 90% aller Lernziele erreichen können

(vgl. GAGNE', R.M. et al 1973, S. 126).

Krik Allerdings präfigurieren diese Argumente einen Unterricht, der in
weiten Teilen pädagogischen und didaktischen Argumenten widerspricht: Er stellt die Frage nach den Inhalten nicht mehr ausdrücklich, sondern würdigt die Lerngegenstände zum Trainingsmate-
rial für Verfahren herab. Ferner kann gezeigt werden, daß Verfahren ohne inhaltlichen Bezug zu fehlerhaften und wissenschaftlich
sehr fragwürdigen Ergebnissen führen können (vgl. SCHREIER, H.
1974, S. 425ff). Die Verfahrensorientierung nötigt Kindern Methoden zur Problemlösung auf, ohne daß sie Probleme haben oder ihnen
Probleme bewußt werden.

Dieser Unterricht läßt auch die pädagogische Begründung vermissen,
die z.B. in der Personen-, Sach-, und Situationsbezogenheit des
Lernens zu sehen ist. Der Unterricht ist blind gegenüber den
Lebenserfahrungen der Kinder, läßt keinen oder nur sehr wenig Raum
für eigenes und autonomes Handeln und widerspricht einem freiheit-
lichen Verständnis von Erziehung (vgl. hierzu z.B. die eindrucksvollen Überlegungen zur Freiheitlichkeit in der Erziehung bei
LICHTENSTEIN-ROTHER, I. 1980 und die Kritiken bei FLÜGGE, J.
1970, die pädagogische Absagen an inhaltsneutrale, personen- und
situationsunabhängige Unterrichtsmodellierungen darstellen).
Außerdem widersprechen die stark formalistischen und inhaltsneu-
tralen Züge eines solchen Unterrichts der kindlichen Motivations-
struktur, da spannende, problemgeladene und konkrete Objekte fehlen. Zusätzlich müssen wegen der Auswirkungen des formalistischen
Ansatzes inhaltliche Defizite und - wie SCHREIER feststellt - didaktisch problematische Entscheidung bzw. Folgerungen gesehen werden (vgl. SCHREIER, H. 1974 und AEBLI, H. 1983, S. 384f).

Wie sehr diese Position sich auch auf die erzieherischen Intentionen auswirkt, kann durch einen Vergleich des verfahrensorientierten Konzeptes mit dem Prinzip des exemplarischen Lehrens und
Lernens dargestellt werden.

1.4.5.2.1 Die exemplarische Lehre im Vergleich zur Verfahrens-
orientierung

Grundlegende Übereinstimmung zwischen beiden Konzeptionen besteht
darin, daß der Schüler mit den naturwissenschaftlichen Erkenntnisverfahren vertraut gemacht werden soll. Martin WAGENSCHEIN hat
dies z.B. eindeutig in seinen Funktionszielen des Physikunter-
richts (1971, S. 232 - 239) herausgearbeitet (vgl. hierzu auch
Kapitel 1.4.5.7.1 dieser Arbeit). Diese haben allerdings einen
gänzlich anderen Hintergrund als die Verhaltensziele des Curriculums "Weg in die Naturwissenschaft".

Immer legt WAGENSCHEIN in seinen Unterrichtsskizzen Wert darauf,
daß der lebensgeschichtliche Hintergrund der Schüler eruiert oder
zumindest reflektiert und der situative Kontext, in dem sich die
Kinder befinden, berücksichtigt wird. Es geht ihm bei der Aufar-
beitung der Kindererfahrungen darum, die naturwissenschaftliche
Sichtweise der Wirklichkeit allmählich aus den alltäglichen, kindlichen Erfahrungen der Wirklichkeit zu entwickeln. Daher spricht
WAGENSCHEIN von der "Einwurzelung" (1970, S. 464) der wissenschaftlichen Weltinterpretation in die primären Erfahrungen und
das ursprüngliche Verstehen des Kindes.

Dieser Prozeß der Einwurzelung kann auch als ein "verwandeltes
Bewahren" (1969) verstanden werden. Das bedeutet, die ursprünglichen, spontanen Meinungen der Kinder werden nicht ausgemerzt und
als unreif abqualifiziert, sondern ernstgenommen und auf diejenigen Elemente hin untersucht, die eine Entwicklung naturwissenschaftlicher Erklärungsmuster ermöglichen. Dieser Prozeß geht
vorsichtig, unter Anwendung alltagssprachlicher Elemente, durch
Entdecken, Forschen, unterschiedlichste Formen des Denkens und
Handelns vor sich, wobei in der Deutung kognitiver Lerntheorien in
der Regel bedeutungsvolles und sinnerschließendes Lernen stattfin-
det - eben weil der Schüler das Neue und Unbekannte mit seinen
Erfahrungen und Kenntnissen in Beziehung zu setzen lernt (vgl.
hierzu die Charakterisierung sinnvollen Lernens bei AUSUBEL, D.P.

1974 oder BRUNER, J.S. 1959). Dabei wird versucht, die kindlichen
Lernaktivitäten an solchen problemhaltigen Gegenständen zu vollziehen, die alle Kräfte - motorische, emotionale und kognitive -
des Kindes herausfordern. Das "ganze Kind" (vgl. hierzu Kapitel
1.4.5.7.1 dieser Arbeit) ist bei der Sache. Es selbst versucht,
Naturphänomene zu erklären, "Einzelkristalle des Verstehens" (vgl.
WAGENSCHEIN, M. 1971, S. 209ff) zu bilden und dabei Neues durch
bereits Bekanntes zu erklären. Ich komme zu einem späteren Zeitpunkt hierauf zurück.

Man kann diese Position treffend als **pädagogisch anthropologisch**
kennzeichnen. Sie basiert auf der Frage: **"Wie sind das Wesen des
Menschen und seine Grundbefindlichkeiten des 'In der Welt Seins'
beschaffen, die ihn dazu führen, Naturwissenschaften zu betreiben
und sich mit der Natur in dieser spezifischen Weise auseinanderzusetzen?"** Wissenschaftlichkeit wird damit als ein anthropologisches
Grundphänomen angesehen.

Ganz anders ist das Bild des Kindes in dem Curriculum der GÖTTIN-
GER FORSCHUNGSGRUPPE Diesem Curriculum liegt ein behaviouristi-
sches Menschenbild zugrunde, das nicht versucht, innere Motive der
Sach- und Weltauseinandersetzung der Person zu verstehen, sondern
lediglich ihr Verhalten beachtet und manipuliert. Hier wird der
Unterricht von den lebensgeschichtlichen Hintergründen isoliert.
Die Kinder können und sollen nicht auf eigenes Erklärungswissen
zurückgreifen, sondern nach der Maßgabe der Lerntheorie die o.g.
Verfahren in Form von Verhaltenszielen nacheinander erwerben.

Das bedeutet, daß der Unterricht in festgelegten Schritten die
einzelnen Verhaltenselemente für sich trainiert, sichert und ab-
prüft, um dann erst zu den nächsthöheren überzugehen. Eng damit
verbunden ist auch die Art und Weise der Problemstellung im Unterricht. Nicht das mehrdeutige, das breite Spektrum kindlicher Reak-
tionsweisen herausfordernde Problem wird gewählt, sondern es wird
ein bestimmter Impuls gesetzt, der nur wenige Reaktionen oder
sogar nur eine Reaktion auslöst. Der Impuls impliziert aufgrund
seiner Begleitung durch Medien, durch die Sprachregelung und durch

die anderen Lenkungsmethoden des Lehrers den gesamten Entdeckungs-
weg. (Eine interessante und auch vom methodischen her aufschluß-
reiche Untersuchung legen KLEWITZ, E., MITZKAT, H. 1976 zu diesem
curricularen Ansatz und zum Nuffield Junior Science Project vor.)

1.4.5.2.2 Verfahrens- und Konzeptorientierung unter der Perspektive der Interdisziplinarität

Der verfahrens- sowie der konzeptorientierte Ansatz sind deutlich
interdisziplinär ausgerichtet. Die von SPRECKELSEN dargestellten
Interpretationsmuster - Konzepte - lassen sich relativ leicht über
die Fächergrenzen von Physik und Chemie erweitern, z.b. in den
Bereich der Biologie, wo Anpassungserscheinungen als Wechselwir-
kungsphänomene interpretiert werden können (vgl. hierzu z.b. THOM-
SON, B.S., VOELKER, A.M. 1973, S. 61 - 79). Sogar im Bereich der
sozialen Studien kann z.b. das Aufeinandereinwirken von Gesprächs-
partnern in Diskussionen als Interaktionsphänomen verstanden werden. Dasselbe gilt für die Verfahrensorientierung, denn sie ist,
sofern sie den Bedürfnissen der sachangemessenen Problemlösung
angepaßt wird, ebenfalls über Fächergrenzen hinweg anwendbar.

1.4.5.3 Wissenschaftsorientierung durch Ausrichtung an Fachdisziplinen

Im klaren Unterschied zu den auf Integration und "beziehungsvolles
Lernen" (SPRECKELSEN, K. 1979, S. 57 - 83) zielenden Ansätzen
steht die Ausrichtung des Sachunterrichts auf die Fächer. Das
Postulat nach Wissenschaftsbestimmtheit und -bedingtheit in der
Orientierung an Einzeldisziplinen, deren traditionellen Gliederungsaspekten und Systembildungen, kommt wohl am meisten in den
Lehrplänen einzelner Bundesländer zum Ausdruck (vgl. hierzu BOL-
SCHO, D. 1978). Die grundlegende Idee der Fach- oder Disziplinorientierung besteht darin, den Sachunterricht auf die Schulfächer
der weiterführenden Schulen hin auszurichten und dem Unterricht in
der Grundschule eine fast ausschließlich fachpropädeutische Funktion zuzuweisen.

Diese Fächer haben eine hinreichend lange Tradition, die auch ihre
Dignität für den Sachunterricht zu sichern scheint. Sie sind
Grundlage des einzelfachdidaktischen Strukturtyps für den Sachunterricht (vgl. HÄNSEL, D. 1980, S. 59ff). Da mit den Schulfächern
gleichzeitig auch wissenschaftliche Disziplinen korrespondieren,
die an den Hochschulen gelehrt werden, erscheint die Forderung
nach Wissenschaftsorientierung mit der Fachpropädeutik eingelöst.
Deshalb weisen alte Lehrpläne für den Sachunterricht eine Fülle
fachlicher Inhalte und Gliederungselemente auf, die von den Be-
zugswissenschaften bestimmt werden (vgl. hierzu die Übersicht bei
HÄNSEL, D., KLEMM, K. 1977, S. 7ff).

Eine Analyse zeigt, daß die oben genannten Orientierungen z.B. in
die Konzeption der Lehrpläne zum Sachunterricht von Bayern (1975),
Berlin (1970), Hamburg (1973), Nordrhein-Westfalen (1973), Rhein-
land-Pfalz (1971), Schleswig-Holstein (1975) und vom Saarland
(1971) in unterschiedlicher Weise eingeflossen sind. Allerdings
wird in einigen Lehrplänen, z.B. in der Präambel des nordrhein-
westfälischen Lehrplans, auch das Bemühen deutlich, den beiden
o.g. fächerübergreifenden Orientierungen einen positiven Stellenwert dadurch zuzuweisen, daß die erfahrungsorganisierende Kraft
problemlösenden und verfahrensorientierten Lernens dargestellt
wird. Textteile in einigen Lernbereichen verweisen auf die Bedeutung des Konzeptlernens und auf die fachpropädeutische Funktion
der Methodenschulung (vgl. KM. NW. 1973, S. 2 - 7).

Analysiert man fachorientierte Ansätze zum Sachunterricht, so
stellt man fest, daß einige Konzeptionen die Bezugswissenschaft,
der sie sich verpflichtet fühlen, als ein **Kulturgut begreifen, das
gleichsam als Selbstzweck** gilt. Dagmar HÄNSEL und Klaus KLEMM
haben herausgearbeitet, daß das Motiv der Fachpropädeutik dazu
benutzt worden ist, stoffliche Entlastungen für den Unterricht der
Sekundarstufenschulen zu bringen (1977, S. 32).

Werner NESTLE hat in einer kritischen Analyse der Literatur zum
Thema Magnetismus dargestellt, daß fachpropädeutische Ansätze sehr
leicht auf pure Wissensanhäufung, ahistorische Naturbetrachtung

und Verabsolutierung von Naturphänomenen hinauslaufen. Der Magnetismus wird in der Regel durch folgendes Faktenwissen sichergestellt:

"- das Magnetfeld (Wirkung auf Gegenstände aus verschiedenen Stoffen)
- Wirkungsweise verschiedenartiger Magnete (Stab-, Scheiben-, Hufeisenmagnet)
- Wechselwirkungsgesetz der Magnetpole (gleichnamige Pole stoßen sich ab, ungleichnamige ziehen sich an)
- Magnetisieren und Entmagnetisieren
- Erdmagnetismus und Kompaßnadel
- Denkmodell der Elementarmagnete" (NESTLE, W. 1979, S. 116f).

Auf der Grundstufe wird der Magnetismus somit als ein selbständiges, absolutes Naturphänomen behandelt. Der Magnetismus ist in der Vorstellung der Kinder eine besondere Naturkraft, die nichts mit anderen Naturerscheinungen zu tun hat. So läßt sich aus dieser Vorstellung heraus nur sehr schwer entwickeln, daß dieses Phänomen auf elektrische Ströme zurückgeführt werden kann. Bereits das Verständnis der Funktionsweise eines Fahrraddynamos wird erschwert, falls im Sachunterricht überhaupt der Magnetismus auf mögliche Anwendungen hin untersucht wird.

Eine solche Behandlung und die dadurch geprägte Vorstellung beim Schüler verhindern eine Vereinheitlichung und Vereinfachung des physikalischen Weltbildes, weil die Phänomene isoliert abgehandelt werden. Ferner werden weitere Gesichtspunkte nicht erkannt, so z.B. die Fragen nach dem Verwendungszweck, der möglichen Funktion und der Verwertung naturwissenschaftlicher Erkenntnisse in der Technik. Ausgeblendet bleiben bei einer rein fachpropädeutischen Abhandlung auch geschichtliche Aspekte wie die Verbreitung des Kompasses und damit einhergehend das Norden der Welt- und Landkarten.

Mit diesen Beschränkungen und der Reduktion auf die Darstellung des Magnetismus als ein Laborphänomen verarmt der Sachunterricht.

Er isoliert Phänomene und die Kenntnisse darüber genau dort, wo
sie im Sinne einer grundlegenden Bildungsarbeit miteinander verknüpft werden müssen. Der vordergründige Anspruch auf die Umsetzung einer traditionellen Fachsystematik z.B. Mechanik, Optik,
Magnetismus und Elektrizitätslehre steht im Widerspruch zur
Begründung eines brauchbaren physikalischen Weltbildes.

Allerdings bedarf die oftmals sehr harsche Kritik an den Fachori-
entierungen einer Korrektur: **Konkretes Problemlösen im Sachunterricht ereignet sich u.a. in fachlichen Kontexten.** So kann die
Reparatur einer Taschenlampe oder die Beleuchtung eines Puppen-
hauses nur in physikalischen Sachzusammenhängen geschehen, in die
materialkundliche und zweckhafte Überlegungen hineinwirken. Kindern macht das Spielen und Arbeiten in solchen Kontexten Freude,
wie die Forschungen WAGENSCHEINs und anderer deutlich zeigen. Hier
liegt ohne jeden Zweifel ein entscheidendes Argument dafür, fachliche Aspekte im Sachunterricht aufzugreifen und an ihnen zu
arbeiten.

Bei der Fachorientierung bleibt aber in der Praxis und mehr noch
in der Theorie die wichtige Frage nach dem fächerübergreifenden
Lernen häufig unberücksichtigt. Brückenschläge zu den Nachbarwis-
senschaften oder sogar zu Disziplinen anderer Wissenschaftsbereiche werden infolgedessen nicht oder nur kaum gesucht, obgleich
vorab zugestanden wird, daß der Sachunterricht es mit den Lebenssituationen der Kinder zu tun hat (vgl. hierzu LÖFFLER, G. 1985,
S. 43). Solche didaktischen Theoriebildungen hinken der Praxis auf
mehr oder minder hilflose Art hinterher.

In vielen Lehrplänen dominiert jedoch auch heute noch die Fachorientierung mit all ihren Erscheinungen. Sie wird dann als Zersplitterung von Gedankenzusammenhängen, Entfernung von der kindlichen Geistesverfassung, Überfülle an speziellen Lernzielen, Überforderung sowie als kognitive Überfrachtung im Sinne der puren
Wissensanhäufung kritisiert.

1.4.5.4 Wissenschaftsorientierung durch Lernzielorientierung des Sachunterrichts

Mit der Erörterung dieser Konzeption verlasse ich die Diskussion der Frage nach den Inhalten des Sachunterrichts und nach seinem methodischen Zuschnitt. Im Kapitel 1.4.5.5 wird dieser Fragenkomplex erneut diskutiert.

Dennoch befinden wir uns auch jetzt in der Diskussion um das Problem der Wissenschaftsorientierung des Sachunterrichts, denn die Frage nach diesem Kriterium kann sich nicht allein auf die Beziehungen erstrecken, die der Sachunterricht zu einem oder zu mehreren Fächern haben oder nicht haben sollte. Vielmehr sind gerade auch die nicht unmittelbar inhaltlich tragenden Elemente Variablen des Unterrichts, die seine wissenschaftliche Dignität oder Minderwertigkeit ausmachen. Wissenschaftsorientierung ist also nicht nur als Kriterium für Inhalte und Methoden des Unterrichts aufzufasssen, sondern als didaktisches Prinzip, das zugleich auch unterrichts- und schulorganisatorische Aspekte umfaßt (vgl. hierzu LICHTENSTEIN-ROTHER, I. 1980, S. 188).

Es wurde bereits dargestellt, daß ein Curriculum immer ein komplexes Gebilde aus Inhalten, Lehrerimpulsen, Lernzeiten, Medien, Methoden und Lernzielen ist. Ein entscheidender Punkt ist die Frage, wie sich die pädagogische Intention konkret in den Zielen des Unterrichts niederschlägt. Hierzu sind unterschiedliche Modelle entworfen worden, den Unterricht auf die Erreichung bestimmter, genau definierter Lernziele zu verpflichten. In dem verfahrensorientierten Curriculum nimmt dieses Bestreben sogar in individuellen und gruppenspezifischen Leistungstests Gestalt an, die eher psychologischen Forschungsinteressen als pädagogischen Förderungsabsichten entsprechen. Die bisher diskutierten curricularen Ansätze: die Orientierung an grundlegenden Interpretationsmustern der Wissenschaften, an wissenschaftlichen Verfahren und an den Fächern werden durchdrungen von dem Paradigma des lernzielorientierten Unterrichts.

Dieses Planungs- und Durchführungsparadigma wurde als "wissenschaftlich begründet" angesehen. Vordergründig gesehen bietet es nämlich Ansätze, um das Interdependenzverhältnis von Lernabsicht, Lernprozeß, Lehrprozeß, Medien und Unterrichtsorganisation in ein theoretisch abgesichertes Gesamtkonzept einzubergen, das auch sehr gut in der Praxis zu überprüfen ist. Es entsteht ein "konsistenter Zusammenhang" zwischen wichtigen Variablen des Unterrichtsgeschehens, dessen wissenschaftliche Dignität kaum bezweifelt wurde, wie seine weite Verbreitung zeigt. RUMPF spricht kritisch sogar von einem "Monopol" (1971, S. 393 - 411) dieser technokratischen Unterrichtsmodellierung, die er auch als inhaltsneutral und personenunabhängig kritisiert.

Das Modell der Lernzielorientierung, das alle inhaltlichen, methodischen und unterrichtsorganisatorischen Entscheidungen der Erreichung operationalisierter Lernziele unterordnet, führt zusammen mit der scientifischen und enzyklopädischen Struktur von Sachunterrichtsplänen aus den Anfängen der siebziger Jahre zu den hinlänglich beklagten Erscheinungen, die hier in Ergänzung zu den o.g. Kritikpunkten noch einmal thesenartig dargestellt werden sollen (vgl. hierzu SOOSTMEYER, M. 1985a, Teil I, S. 40ff):

- Bevorzugung eines sowohl thematisch als auch methodisch geschlossenen Unterrichts, der weder die individuellen Erfahrungen der Kinder noch die spezifischen Interessen des Lehrers berücksichtigt,

- Atomisierung des Lernstoffes, damit teils Verkürzung der Inhalte auf Triviales, Assoziativ-Additives und lediglich unmittelbar im Zuge der Lernzielkontrolle zu Reproduzierendes,

- dauernde Verwechselung von Zielen des Unterrichts mit seinen Inhalten und Methoden, indem ständig so getan wird, als ob die Summe aller operationalisierten Lernziele identisch mit dem sei, was das Kind inhaltlich gelernt haben soll,

- Überbetonung des Erwerbs von Einzelwissen und exakt abge-
grenzten Verhaltenspartikeln bei gleichzeitiger Vernachlässigung der Verarbeitung, Bewertung und Anwendung von Wissen
und Können in sinnvollen Gedanken- oder Handlungszusammen-
hängen,

- Bevorzugung eindimensionaler - hier verhaltensrelevanter -
Lernformen bei gleichzeitiger Vernachlässigung kognitiv
anspruchsvollerer Lernformen wie des sinnerschließenden,
kreativen, entdeckenden und problemlösenden Denkenlernens
sowie des Sammelns und Auswertens kommunikativer Erfahrungen,

- perfekte Fremdbestimmung des Lernens durch die Vorgabe
streng definierter Verhaltensziele, festgelegter Lernwege
und Lernzeiten, somit Aufgabe von Möglichkeiten freier Arbeit und eigenständigen Lernens,

- Bevorzugung der sachfremden, extrinsischen - d.h. auf Lohn
und Strafe bezogenen Lernmotivation zuungunsten des sach-
bezogenen, intrinsisch motivierten Lernens, damit einhergehend langfristige Schädigung der kindlichen Motivstruktur
und des Anspruchsniveaus,

- Standardisierung der Lernvoraussetzungen, damit verbunden
Vernachlässigung der individuellen Lernbedürfnisse des einzelnen Kindes oder bestimmter Lerngruppen,

- Reduktion aller denkbaren Lehr- und Lernprozesse auf beob-
achtbares und reproduzierbares Verhalten sowie auf solche
Prozesse, die unmittelbar, d.h. ohne produktive Irrtümer und
Umwege zu den Zielen führen,

- Eliminierung solcher Formen des Lernens, die als interpretative Verarbeitung von Erfahrungen, als Deutung, als
Meinungsbildung und Erfahrungsaustausch oder als Problemfindung verstanden werden können, bei gleichzeitiger Bevorzu-

gung von Standardtechniken des Problemlösens und sog. "Normalverfahren",

- Unterbewertung der sozialen Lernprozesse und des Lernens in
  der Gruppe, da diese zu Ergebnissen führen, die nicht im
  Sinne eines operationalisierten Lernzielkonzeptes als
  Leistung bewertet werden können, damit einhergehend zunehmende Isolierung des Schülers und Anwachsen des Konkurrenz-
  druckes.

Dieser Katalog enthält hinreichendes Konfliktpotential im Vergleich mit den Formen kindlichen Lernens und neuen erziehungswissenschaftlichen Forschungen. Wenn man zur individuellen Förderung
des Kindes, zur Differenzierung und zur Entwicklung der Handlungs-
und Orientierungsfähigkeit der Kinder verpflichtet ist, kann man
nicht strikt lernzielfixiert vorgehen. Solche Grundsätze und Ziele
widersprechen einer Lernzieldeterminierung herkömmlicher Art:
diese dürfte sich sogar hinderlich auf die Verwirklichung der
Ergebnisse moderner, erziehungswissenschaftlicher Forschungen im
Unterricht auswirken (vgl. SOOSTMEYER, M. 1985, S. 36ff). Die
modernen Forschungen begreifen **Schule als Lern-, Erfahrungs- und
Lebensraum für Kinder** (vgl. hierzu z.B. LICHTENSTEIN-ROTHER, I.,
RÖBE, E. 1982) und bezeugen deutlich, daß grundlegende Bildungsarbeit in der Primarstufe nur dann geleistet werden kann, wenn das
Konzept einer Schule als bloße Unterrichtsanstalt transzendiert
wird. Zugleich muß sich auch die Einschätzung des Unterrichts in
der Schule verändern: Geschlossene Konzepte, die sich den Lebenserfahrungen der Kinder verschließen, müssen zugunsten solcher Unterrichtsformen verlassen werden, die eine Vielzahl unterschiedlicher Lern- und Verarbeitungsformen zulassen, persönliche Motive
aller Beteiligten aufnehmen und thematisch offen sind.

Die Planungs- und Durchführungsmodi des lernzielorientierten Unterrichts erscheinen nur auf den ersten Blick unabhängig vom didaktischen Grundverständnis des Sachunterrichts. Bezogen auf die
o.g. Möglichkeiten zur Wissenschaftsorientierung durch Konzept-
und Verfahrensorientierung kann festgestellt werden, daß die Lern-

zielorientierung möglicherweise positive Entwicklungen verhindert
hat, weil sie den Kindern den Austausch von Interpretationen und
die Entwicklung eigener Konzepte, die mit den curricularen Vorgaben hätten verglichen werden können, durch engstirnige Lernziel-
vorgaben und noch rigidere praktische Anwendungen versagte.

So habe ich Unterrichtsstunden erlebt und entsprechende Vorberei-
tungen gelesen, die zwar als mustergültig galten, in denen aber
unerbittlich und ohne Umschweife, ohne diskursive Elemente oder
Erfahrungsaustausch unter den Kindern auf das Teilchensystem-,
Erhaltungs- und Wechselwirkungskonzept zugesteuert wurde. Die
erfahrungsorganisierende Kraft dieser Konzepte - gerade auch in
bezug auf die Alltagserfahrungen der Kinder - kam nicht zum Zuge,
sie verlor sich in den Lernzielen. Diese Ausprägung der Konzeptorientierung liegt sicherlich nicht in der Absicht ihrer Urheber
und Vertreter in Deutschland. Entsprechendes gilt auch für die
Verfahrensorientierung, die wegen des formalen Charakters ihres
Ansatzes und der Inhaltsneutralität des lernzielorientierten Un-
terrichtsmodelles ebenfalls in engmaschige Lernsequenzen verfiel.

Es besteht aber auch die Möglichkeit, die positiven Aspekte der
Lernzielorientierung beizubehalten, denn es geht mir nicht darum,
die Lernzielorientierung zu verketzern und abzuschaffen. Dies wäre
vor dem Hintergrund der Entwicklung der Didaktik und Methodik der
letzten 10 bis 15 Jahre schlichtweg unmöglich und keineswegs
vertretbar. Es kommt vielmehr darauf an, den Stellenwert der
Lernziele im Unterricht anders zu kennzeichnen.

Die Curriculumentwicklung für den Sachunterricht in England bedient sich ebenso wie das lernzielorientierte Unterrichtsmodell
operationalisierter Lernziele. Dabei klammert sie allerdings nicht
diejenigen Lernzieldimensionen aus, die mit den kommunikativen,
sinn- und bedeutungserschließenden Lernprozessen korrespondieren.
Sie macht diese Zielsetzungen eindeutig zu einem zentralen Anliegen der Lernzielanalyse. Damit bannt diese Curriculumentwick-
lungsstrategie die Gefahr der Vereinseitigung des Unterrichts auf
nur behaviouristisch feststellbare Lernprozesse und die damit ver-

bundene Zerstückelung und Atomisierung der Unterrichtsinhalte.

Die Lernziele dienen in dem Curriculum "Science 5-13" nicht der
Leistungskontrolle und -bewertung. Sie werden vielmehr als **heuristische Suchmuster** verstanden, mit deren Hilfe der Lehrer versucht, Aktivitäten und Handlungen der Kinder zu identifizieren,
ihr jeweiliges kognitives Niveau zu kennzeichnen und darauf aufbauend dem einzelnen Kind konkrete Hilfestellungen zu geben. Die
englische Wendung **"with objectives in mind"** (mit den Zielen im
Hinterkopf) legt die Bedeutung der Ziele treffend fest. Die Ziele
des Unterrichts dürfen sich nicht wie eine Folie zwischen die
Kinder und den Lehrer schieben und den Blick auf die Unterrichts-
wirklichkeit verstellen. Der Lehrer ist nicht Kontrolleur oder
Testleiter. Er ist zur individuellen Förderung eines jeden Kindes
und damit auch zu Hilfestellungen verpflichtet. Er muß den Kindern
helfen, selbst den Weg von den ursprünglichen Formen des kindlichen Verstehens zu den kognitiv anspruchsvolleren Formen des Denkens zu finden und zu begehen.

1.4.5.4.1 Auswirkungen der angesprochenen Curricula

Faßt man einmal die Veränderungen zusammen, die mit den bisher
besprochenen Curricula im Sachunterricht eingetreten sind, dann
stellt man fest:

- Fachinhalte, wissenschaftliche Interpretationsmuster und
  Verfahren werden zu Inhalten des Unterrichts,
- die Grundlagen für die Konstruktion der Curricula stammen
  aus wohldefinierten, lerntheoretischen Aussagensystemen,
  z.B. der neobehaviouristisch akzentuierten Lerntheorie bei
  GAGNE' oder der kognitiven Strukturtheorien bei AUSUBEL und
  BRUNER,
- die Lernziele werden engmaschig hierarchisch angeordnet und
  operationalisiert, dabei entsteht ein Schwergewicht auf
  verhaltensrelevante Formen des Lernens,
- es ist fraglich, ob solche Lernzieloperationalisierungen
  wirklich kognitive Elemente des Lernens erfassen oder - wenn

sie als Planungshilfen verstanden werden - diese auch wirklich präfigurieren, denn bedeutsame Formen kognitiven Lernens wie Bedeutungserschließung, individuelle Meinungsbildung, noch nicht verbalisierbares Wissen und interpretative
Verarbeitung von Erfahrung sind nicht gefragt,

- die Medienausstattung und die Lehreraktivitäten sind zumeist
perfekt auf die Inhalte, Konzepte oder Verfahren bezogen;
Impulse, die mehrere Reaktionen bei Kindern auslösen können,
sind nicht gewünscht.

1.4.5.5 Wissenschaftsorientierung durch Mehrperspektivität

Bereits zu Beginn der Reform gab es Bedenken gegen den einseitigen
Zuschnitt auf die Fächer. Heinrich ROTH beispielsweise forderte,
daß der Unterricht in der Grundschule sich auf die drei großen
Wissenschaftsbereiche "Sozial-, Geistes- und Naturwissenschaften"
hin orientieren solle. Diese drei Wissenschaftsbereiche, denen jeweils insbesondere das "Wissenschaftsmethodische" als das verbin-
dende Element zukommt, werden von ROTH als die "drei großen Horizonte" begiffen, vor denen wir Welt und Menschen erforschen und
interpretieren. Als Horizonte des Weltverstehens sind sie nicht
gegeneinander austauschbar und als kultureller Grundbestand nur in
ihrer Gesamtheit tragfähig (vgl. ROTH, H. 1969, S. 10ff). Die
Grundschule hat demzufolge die Aufgabe einer "Vororientierung" des
Unterrichts auf die Wissenschaftsbereiche, nicht aber die der
Ausrichtung auf Einzeldisziplinen.

Ich habe versucht zu zeigen (vgl. SOOSTMEYER, M. 1978/79 u. 1983),
daß der Rekurs auf die Wissenschaften allein nicht ausreicht, da
andere wichtige Interpretationen von Welt und Menschen fehlen: die
künstlerische, religiöse, weltanschauliche und philosophische
Sichtweise sowie die Darstellung der Realität im Dialog, in der
Alltagssprache und in der Narration (vgl. Kapitel 4.2.7.4 dieser
Arbeit). Diese müssen als Orientierungsgrößen für den Sachunterricht berücksichtigt werden, wenn er sich ohne Verkürzungen mit
den Lebenserfahrungen der Kinder auseinandersetzen will.

Dabei ist zu bedenken, daß alle angeführten Interpretationsweisen
sich gegenseitig ergänzen, einander stützen und durchdringen. Sie
sind komplementär.

Man denke etwa an die Betroffenheit der Menschen angesichts der
Auswirkungen technischer Entwicklungen auf die Natur und Kultur,
an die dadurch entstehenden philosophischen und ethischen Fragestellungen, die ihrerseits wiederum in naturphilosophische und
erkenntnistheoretische Fragen hineinwirken (vgl. HEITLER, W.
1966/70). Ähnliche Wechselwirkungen können auch zwischen ästhetischen Gesichtspunkten und physikalischen Theoriebildungen gezeigt
werden (vgl. hierzu z.B. HEISENBERG, W. 1971, S. 288 - 305 und die
Aussagen von POPPER, K. 1982, S. 61 über die Wechselwirkungen der
geistigen und künstlerischen Konstrukte innerhalb der POPPERschen
"Welt 3").

Der Sachunterricht kann sich deshalb nicht allein auf die im
Studium des Lehrers verankerten Wissenschaftsbereiche: "Naturwissenschaften und Gesellschaftslehre" konzentrieren. Er muß auch
ästhetische und politische Probleme ansprechen und bedenken.

Einen entsprechenden Versuch, Perspektiven der Weltsicht jenseits
der Fächer in den Unterricht einzubringen, macht die CIEL-FOR-
SCHUNGSGRUPPE Reutlingen mit dem Konzept des mehrperspektivischen
Unterrichts. Dieser Ansatz will eine Wissenschaftsorientierung,
die auf einem soziologisch-handlungstheoretischen und struktu-
ralistischen Wissenschaftsbegriff (vgl. HILLER, G.G. 1973) aufbaut, die Fächergrenzen transzendiert und eine handlungsbezogene
Bildung, die auf Handlungsfähigkeit des Individuums in der Wirklichkeit abzielt, ermöglicht. In der Interpretation von GÜMBEL und
THIEL strebt das Curriculum folgende Ziele an:

"1. Die 'Sachkompetenz': Diese bedeutet, 'Fakten kennen, In-
    formationen beschaffen und aufnehmen, Wirklichkeit in
    Begriffen, einfachen Aussagen und Sätzen erfassen und
    darstellen zu können und größere Zusammenhänge mit Hilfe
    von Gesetzen und Regeln oder Vermutungen und Modellen

erklären zu können'.
2. Die 'Soziale Kompetenz': Diese bedeutet die Fähigkeit, ...
'Erscheinungen und Prozesse der Lebenswirklichkeit im
sozialen und politischen Bezugsrahmen zu erfassen, zu
beurteilen und in sozialen Fragen bewußt zu entscheiden.'
3. Die 'Kommunikative Kompetenz': Diese bedeutet die Fähigkeit, ... 'sich in Situationen der Lebenswirklichkeit
verständigen und die durch Medien übermittelten Nachrich-
ten entziffern und interpretieren zu können.'
4. Die 'Kulturelle Kompetenz': Diese bedeutet die Fähigkeit,
... 'Erscheinungen und Zusammenhänge der Lebenswirklichkeit in übergreifenden gesellschaftlichen, interkulturel-
len und geschichtlichen Zusammenhängen sehen und deuten zu
können'" (1975, S. 188f).

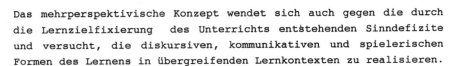

Das mehrperspektivische Konzept wendet sich auch gegen die durch
die Lernzielfixierung des Unterrichts entstehenden Sinndefizite
und versucht, die diskursiven, kommunikativen und spielerischen
Formen des Lernens in übergreifenden Lernkontexten zu realisieren.

Die Wirklichkeit wird dabei in zwei Bereiche gegliedert: den
gesellschaftlich akzentuierten Handlungsbereich und den naturwissenschaftlich akzentuierten Erfahrungsbereich. Hier liegt eindeutig die Gefahr der Spaltung der kindlichen Lebenswirklichkeit in
zwei auseinanderklaffende Bereiche sowie das Problem der Vernachlässigung der Ich-Identität und Personalisierung.

Zur Sicherung der Handlungsfähigkeit der Kinder werden Erfahrungen
durchgearbeitet und die Alltagssprache geklärt. Die Kinder sollen
lernen, welche Gründe und Motive es für bestimmte Einrichtungen
der Gesellschaft gibt. Sie sollen gesellschaftliche Zwänge aufdecken können und sich von ihnen lösen. Sozio-politische Institutionen werden auf ihre Zwecke hin untersucht. Hierzu bedient sich
der Unterricht vier Rekonstruktionstypen, die als Perspektiven auf
die Wirklichkeit verstanden werden können: die erlebnis-erfah-
rungsbezogene, szenische, öffentlich-politische und scientische
Perspektive. Jede dieser Sichtweisen soll dabei einen ganz be-

stimmten Aspekt aufdecken:

1. Die **erlebnis- und erfahrungsbezogene Perspektive** soll ein
   Handlungsfeld zeigen, das persönliche Erlebnisse ermöglicht
   und beansprucht. Der Perspektive liegt ausdrücklich ein
   "entsubstanzialisierter" Wirklichkeitsbegriff zugrunde. Die
   Wirklichkeit wird nicht in ihren konkret sinnlich wahrnehmbaren Phänomenen vorgeführt, sondern über Verfremdungen,
   die zu einer Neustrukturierung der Erfahrungen führen.
2. Die **szenische Perspektive** soll ein Handlungsfeld in der
   Weise rekonstruieren, daß die Rollenspiele und Rollenträger
   in Gesellschaft und sozio-politischen Institutionen deutlich werden. Die szenische Perspektive soll die "Wirklichkeit" versinnlichen, d.h. "den Sinn alltäglicher, institu-
   tionalisierter Interaktionsformen und Kommunikationen durch
   spezifische Zeichensysteme (Sprache, Gestik, Mimik, Kulissen) darstellen. Hierbei wird möglichst mit Verfremdungsef-
   fekten gearbeitet, damit die Szene als teilanaloge Struktur
   eines konkreten Handlungsmusters erkennbar wird."
3. Die **öffentlich-politische Perspektive** soll ein Handlungsfeld zeigen, in dem die Interessen einzelner Personen,
   gesellschaftlicher Gruppen und politischer Parteien ausge-
   tragen werden. Hier werden die Normen und Sinngebungen der
   Gesellschaft als Übereinkünfte herausgestellt.
4. Die **scientische Perspektive** soll ein Handlungsfeld als
   einen in wissenschaftlichen Aussagen, Hypothesen, Problemen
   und Interessen gefaßten und damit weitgehend geordneten und
   intersubjektiv nachprüfbaren Zusammenhang sichtbar machen.

Inhalte, denen sich der Unterricht zuwendet, sind: **Wohnen, Dienstleistungen, Erziehung, Produktion, Freizeit, Handel, Gewerbe,
Kommunikation, Politik und Feier.** Hierbei werden alle zur
Konstruktion dieser Wirklichkeitsfelder notwendigen Perspektiven
verwendet.

Die Wissenschaften haben eine **realitätskonstituierende Funktion;**
sie dienen dazu, Sätze der Alltagswirklichkeit zu begründen und

ihre Bedeutung zu entschlüsseln. Dabei werden die Methoden, die Konstruktionsregeln wissenschaftlicher Aussagen verdeutlicht. Ein schönes Beispiel ist hierfür die Aussage: "Bad Herrenalb ist ein heilklimatischer Kurort" - eine Alltagsaussage, die ganz bestimmte klimatische, organisatorische und rechtliche Voraussetzungen hat. Diese Voraussetzungen, die die o.g. Aussage über den Ort Herrenalb rechtfertigen, werden in den vier genannten Rekonstruktionstypen erarbeitet. Das heißt, der Schüler kann die Wirklichkeit konstituieren mit Hilfe wissenschaftlicher, rechtlicher und politischer Aussagen, die er auf seine persönlichen Erlebnisse bezieht.

Die generative Semiotik ist hierzu die grundlegende Methode: Sätze über die Alltagswirklichkeit, in der Alltagssprache ausgesprochen, werden nach den Maßgaben der Wissenschaften abgeklärt. Dieses Verfahren macht das Curriculum hochgradig logotrop - und nicht, wie HAUPT und PETERS glauben, kindbestimmt (1983, S. 12). Die kindliche Sichtweise wird nämlich unmittelbar überformt durch das Aufdecken von Zwängen in der Gesellschaft, von Zwecken und Funktionen sozio-politischer Institutionen und Gebilden der Wirtschaftswelt sowie durch den Nachvollzug der Konstruktionsregeln, die die Wissenschaften beim Zustandekommen ihrer Aussagen anwenden. Dadurch hebt sich dieser Ansatz bewußt von der Alltagsrealität ab.

Wichtig ist aber festzuhalten, daß diesem Unterricht eine Absage an ein behaviouristisches Lernkonzept zugrunde liegt. Er strebt bedeutungserschließende und strukturierende Prozesse an und will Kritikfähigkeit beim Kind grundlegen (vgl. hierzu Untersuchungen zur Entwicklung von Modellvorstellungen bei HILLER, G.G. 1976 u. GIEL, K. 1976). Dabei ist er zwar thematisch offen, da die Alltagsrealität aufgegriffen wird, indes aber keineswegs kindbestimmt. Er ist vom Ansatz her ungenetisch, da ein Bruch zwischen den Alltagserfahrungen und der wissenschaftlichen Sichtweise postuliert wird.

Es stellt sich weiterhin die Frage: "Was bedeuten die Termini "Erfahrungs- und Handlungsbereiche?" Werden nicht Erfahrungen durch Handlungen gemacht, auch dann, wenn wir äußerlich scheinbar passiv sind, innerlich aber hochaktive Mitvollzüge und Wahrnehmungen durchleben - also Handlungen durchführen?

Kritik

Das Konzept des mehrperspektivischen Unterrichts postuliert hier lediglich einen "naturwissenschaftlich-technischen" Erfahrungsbereich und einen "sozialwissenschaftlich-gesellschaftsbezogenen" Handlungsbereich, ohne daß dieses Postulat einsichtig begründet wird. Der Mensch macht jedoch im Bereich von Natur und Technik nicht nur Erfahrungen, er handelt auch; und umgekehrt handelt er im sozio-politischen Bereich nicht nur, sondern macht auch Erfahrungen mit seinen Mitmenschen.

Die didaktische Diskussion um diese Begriffe hat gezeigt, daß die Erfahrungen und Handlungen der Kinder unter dichotomisierende und unkonkrete Kategorien subsumiert und dadurch zerstückelt werden. Die Unterscheidung nach Erfahrungs- und Handlungsbereichen ist somit höchst fragwürdig. Nach Maßgabe der modernen Handlungstheorie bei Hans AEBLI und der neueren Untersuchungen von Karl POPPER ist sie obsolet.

Didaktisch bedeutsam ist allerdings, daß mit dem mehrperspektivischen Curriculum die Grenzen zwischen den Fächern überwunden werden; so kommen in diesem Ansatz naturwissenschaftliche, rechtliche, soziologische und wirtschaftswissenschaftliche Gesichtspunkte ebenso zum Tragen wie die subjektive Betroffenheit der Kinder von gesellschaftlichen Zwängen. Damit verwirklicht dieses Konzept ein wichtiges Anliegen einer grundlegenden Bildungsarbeit, nämlich die Befähigung des Kindes, einen Gegenstand, einen Sachverhalt, ein Lebewesen und Ideen aus verschiedenen Blickwinkeln zu betrachten und zu analysieren. Die einzelnen Perspektiven bilden in ihrem Gefüge einen gemeinsamen Rekonstruktionszusammenhang, der erlebnisbezogene, künstlerisch-ästhetische, politisch-gesellschaftliche und wissenschaftliche Aspekte aufweist.

In der Theorie liegt hier einer der wichtigsten Ansätze vor, der sich der Lebenswirklichkeit der Kinder umfassend zuwendet. Sieg-

fried THIEL (1987) hat in einem bedenkenswerten Vortrag in Freiburg die Wiederbelebung dieses curricularen Ansatzes gefordert.
Vielleicht bestünde im Zuge einer solchen Reaktivierung die Möglichkeit, bestehende Defizite des Ansatzes zu beseitigen.

1.4.5.6 Zwischenbemerkung zu den Curricula in der Nachfolge der Bildungsreform

Die Partizipation des Individuums an den gesellschaftlichen Prozessen, die auch und gerade im Konzept des mehrperspektivischen
Unterrichts angestrebt wird, seine Beteiligung an den Wissenschaften durch Fachorientierung und durch wissenschaftliche Prozesse
sowie seine Einführung in entsprechende Interpretationsmuster sind
m.E. in Kontraposition zur reformpädagogischen Idee des "vom Kinde   *Kritik*
aus" und zur Theorie der volkstümlichen Bildung entwickelt worden.
Ausgangspunkte didaktischen Denkens sind hier die kognitiv hoch-
entwickelten Aussagensysteme der Fachwissenschaften, ihre Methoden
und Begriffe oder das elaborierte System der aufeinander bezogenen
Perspektiven, nicht aber das Kind. Aus dieser Tatsache folgt, daß
die Curricula geschlossen gegenüber den kindlichen Denk- und Hand-
lungsgewohnheiten sind. Sie wenden sich in der Regel theoretischen
Konstrukten statt der kindlichen Lebenswirklichkeit zu.

Das ist durchaus diskussionswürdig, und die mit solchen Curricula
gemachten Erfahrungen sind wertvoll. Sie zeigen jeweils wichtige
Entscheidungsgrößen für unterrichtliches Handeln auf. Niemand wird
beispielsweise die Wichtigkeit fachlich akzentuierten und strukturellen Lernens bezweifeln oder die Konzeptualisierung von Erfahrungen völlig negativ bewerten. Ebensowenig könnte jemand eine
Methodisierung der Handlungen radikal ablehnen. Dasselbe gilt auch
für den mehrperspektivischen Unterricht, denn die Idee, einen
lebenspraktischen Zusammenhang nach Maßgaben der jeweiligen
Sichtweisen zu erarbeiten und dadurch unterschiedliche Perspektiven auf die Realität zu eröffnen, bietet viele Möglichkeiten. Sie
überwindet bestehende Fächergrenzen, hebt die Isolierung von
Fächern auf und versucht eine approximative Annäherung an die
Wirklichkeit. Daß dies nicht gelingt, liegt an der komplizierten

Ausführung des Curriculums, die manchmal zum Metaunterricht führt.

Die wichtigsten Veränderungen, die die bislang behandelten Curricula für den Sachunterricht mit sich gebracht haben, sind im folgenden zusammenfassend aufgelistet:

- Herausnahme der schulischen Lernerfahrungen aus dem Lebenskontext der Kinder,
- Überwindung des Eklektizismus der durch die Lebensvollzüge aufgeworfenen Erfahrungen durch didaktische Ordnungskriterien wie Konzepte und Verfahren sowie Rekonstruktionstypen,
- Konstruktion eines Zweck-Mittel-Verbandes im lernzielorientierten Unterricht und damit eine "Verobjektivierung" der Leistungsmessung,
- Konzentration auf die Prozesse im Unterricht und in Teilen der Reformanstrengungen, die nicht dem Paradigma der Fachorientierung folgen, Überwindung einer materialen Didaktik, die hauptsächlich inhaltsbezogen ist,
- Modernisierung der Inhalte insbesondere bei naturwissenschaftlichen und technischen Problemstellungen,
- in diesem Zusammenhang mehr Kindgemäßheit, da nun den handelnden, probierenden, experimentierenden, herstellenden und konstruierenden Lernformen mehr Bedeutung zugemessen wird,
- geschlossene Konzepte, die eher bestimmten Kontrollmechanismen entsprechen als pädagogisch erzieherischen Zielen,
- erhöhte Partizipation an wissenschaftlichen Methoden und Erkenntnissen, dadurch auch mehr Emanzipation des Individuums.

1.4.5.7 Die genetischen Ansätze zum Sachunterricht

Die genetischen Ansätze vermeiden einen reinen Fächerunterricht. Als anthropologische Grundidee dient die Vorstellung vom Menschen, der in der Lage ist, die wissenschaftlichen Disziplinen in ihrer gegenseitigen Ergänzung zu sehen. Die Wissenschaften selbst haben hierbei "Aspektcharakter", d.h. sie legen nicht die "Sache an sich" offen, sondern zeigen lediglich einige ihrer Aspekte. In der

Curriculumanalyse   exemplarisch-genetisch-sokratisch

Grundschule bedeutet das die Anbahnung von Perspektiven auf die
Welt in allerersten Ansätzen, wobei die Perspektiven die wissenschaftlichen Disziplinen darstellen, die als Fächer bekannt sind.

**1.4.5.7.1 Der exemplarisch - genetisch - sokratische   Ansatz zum
Sachunterricht**

Martin WAGENSCHEIN ist einer der Begründer und vielleicht der
wichtigste Vertreter des genetischen Unterrichts. Wenngleich auch
seine Schriften sich im wesentlichen auf den Gymnasialunterricht
beziehen, sind die darin enthaltenen Gedanken hochbedeutsam für
den Unterricht in der Grundschule.

"Ich sehe ..., daß ich einen ganz bestimmten Auftrag habe.
Er kommt unmittelbar aus dem praktischen Unterricht, und
zwar aus dem physikalischen. Sein Ziel ist aber nicht
fachlich im engeren Sinne. Er gilt der Humanisierung der
mathematischen Naturwissenschaft, ihrer In - Eins - Setzung
mit den künstlerischen und religiösen Grundkräften des
Menschen."

So beschreibt Martin WAGENSCHEIN im Jahre 1953 (vgl. 1983, S. 74)
die Programmatik und Ziele seiner Lebensarbeit. Diese "In - Eins -
Setzung" der Physik mit den künstlerischen und religiösen Grund-
kräften des Menschen kann auch als Einwurzelung wissenschaftlichen
Handelns und Denkens eben in diese menschlichen Grundkräfte und
Grunderfahrungen verstanden werden.

Konsequent will WAGENSCHEIN Wissenschaftsverständigkeit über solche Erfahrungen und Grundkräfte im Unterricht sichern. Diese Erfahrungen sind ästhetischer Natur wie Stutzen, Staunen und Freude
empfinden sowie aktive Partizipation am Prozeß der Wissenschaft
durch Beobachten, Begriffe bilden und Experimentieren. Erfahrungen beginnen im Bereich der Auseinandersetzung mit den Phänomenen
in der Natur. Von ihnen ausgehend will WAGENSCHEIN Wege in die
Wissenschaft legen, mit dem Ziel, das Lernen in die primären
Lebenserfahrungen des Menschen einzuwurzeln und dabei Findigkeit,

Produktivität und Freude am Problemlösen zu fördern. Erfahrung ist der Zentralbegriff für den naturwissenschaftlichen Unterricht. WAGENSCHEIN hat für den physikalischen Unterricht acht Funktionsziele formuliert, die grundsätzlich nur im Sinne des exemplarischen, sokratischen und genetischen Lernens einzulösen sind:

"1. erfahren, was in der exakten Naturwissenschaft heißt: eine erstaunliche Einzelerscheinung verstehen, erklären, eine Ursache finden,

2. erfahren, wie man ein Experiment als eine Frage an die Natur ausdenkt, ausführt, auswertet und wie man daraus eine mathematische Funktion gewinnt,

3. erfahren, wie ein Teilgebiet der Physik mit einem anderen in Verbindung tritt,

4. erfahren, was in der Physik ein Modell ist,

5. erfahren, wie schließlich der physikalische Forschungsweg selber zum Gegenstand der Betrachtung wird,

6. an einigen Begriffsbildungen erfahren, wie die physikalische Art, Natur zu lichten, geistesgeschichtlich geworden ist,

7. erfahren, was das technische Denken vom forschenden Denken unterscheidet,

8. erfahren, wie ohne verfrühte Mathematisierung und ohne Modellvorstellung ein phänomenologischer und qualitativer Zusammenhang herzustellen ist, der das Grundgefüge der Physik gliedert " (WAGENSCHEIN, M. 1970, S. 251 - 262).

Diese Zielüberlegungen müssen auf das entwicklungspsychologisch und pädagogisch richtige Maß reduziert werden, damit sie im Sachunterricht angewendet werden können.

Es bleibt aber festzuhalten: Aus den Erfahrungen der Kinder heraus sollen methodische Bewußtheit, kognitiv gesichertes Wissen und Perspektiven auf die Welt entstehen. Dies geschieht an exemplarischen Fällen, die spannend sind und Überraschung, Staunen und Stutzen auslösen sowie zu weiteren Forschungen anregen. Die Erfah-

rungen mit den Phänomenen werden zum Weg in die Wissenschaft. Angestrebt wird entdeckendes und gründliches Lernen. WAGENSCHEIN
fordert hierzu: "Von der Sache aus, die Sache des Kindes ist!"

Wie Martin WAGENSCHEIN sich das phänomenologische Vorgehen vor-
stellt, hat er in einem seiner vielleicht schönsten Beiträge zur
Didaktik der Naturwissenschaften verdeutlicht. Es geht hierbei um
das Ausgehen von den Phänomenen und das ursprüngliche Verstehen,
die wissenschaftstheoretische Besinnung und die sprachliche Beschreibung von Naturphänomenen:

"Ein Stein, eine polierte Metallfläche, ein stehendes Ge-
wässer, das Wasser im Glas, die eingeschlossene Luft des
Zimmers, sie alle machen den Eindruck völliger Ruhe. Wenn
Nichts und Niemand eingreift, kein Wind, keine Wärme, kein
Stoß, dann blickt man auf eine tote, eine passive Szenerie.
- Mit einer Ausnahme: das Wasser, wenn man ihm Zeit läßt,
verschwindet es heimlich aus dem Glas, "verdunstet", er-
obert den Raum, wenn auch langsam. - Ist es nun von der
Luft entführt, oder ist es selber schuld, will es flüchten?
- Wir können die Luft ja wegnehmen: Stellen wir das Glas
mit dem Wasser unter eine dichte Glocke und pumpen aus ihr
die Luft heraus. Dann erleben wir einen überraschenden
Ausbruch: Das Wasser, das kalte Wasser beginnt in großen
Blasen zu kochen, zu verkochen. Es hat also offenbar nur
darauf gewartet, die Luftlast loszuwerden: es will kochen.
Wenn wir ihm den Luftdruck wegnehmen, helfen wir ihm zu
dem, was es von sich aus anstrebt. - Die Ruhe des Teiches
ist Täuschung.
Da das Wasser nun bekanntlich auch unter der Last des Luft-
druckes, trotz ihm, zum Kochen zu bringen ist, nämlich
durch Erhitzung, so können wir sagen: Es sieht so aus, als
werde ein innerer Drang zum Sieden durch Wärme nur unterstützt. Das Wasser hat, fassen wir alles zusammen, allein
in sich selber die Tendenz, zu Dampf zu werden.

Aufmerksam geworden suchen wir nach Ähnlichem: Zucker löst
sich im Wasser selbsttätig auf. Verschiedene Flüssigkeiten,
übereinander geschichtet, vermischen sich in tagelanger
Heimlichkeit von selber. - Dasselbe finden wir bei Gasen. -
Schließlich gibt es auch die unglaubhafte Diffusion fester
Stoffe ineinander: Gold, angepreßt an Blei jahrelang, wan-
dert allmählich in feinsten Vorposten von selbst ins Blei
hinein. Schließlich, und das ist ja am bekanntesten: Luft,
Dampf, alle Gase sind immer auf dem Sprung, jeden Raum zu
erobern, den man ihnen öffnet, sei er leer oder von einem
anderen Gas besetzt. Sie sind in ständiger Aggression, und
wo kein Ausbruch möglich ist, drücken sie gegen die Wand.

Folgt jetzt, als Höhepunkt, noch die Vorführung der
Brownschen Bewegung, dann merkt man vielleicht, wie gut
dahinein paßt, daß heftiges Reiben und Rühren alle Dinge
wärmer macht: Der innere Aufruhr kommt von außen.

Dieser rein phänomenologische Lehrgang könnte zeigen:

1. Recht tiefgehende, wenn auch nur vorbereitende Zusammenhänge sind, ohne von Molekülen zu reden, einsichtig zu
machen.
2. Schon gewöhnliche Materie zeigt sich hier von einer
neuen, einer drohenden Seite. Wir können noch von Glück
sagen. Vorsicht ist geboten" (WAGENSCHEIN, M. 1983, S. 145).

"WAGENSCHEIN verzichtet bewußt auf alles, was die soge-
nannte moderne Physik ausmacht, insbesondere auf die ganze
atomare Welt. Er hält sich ganz an die aus dem Alltagsleben
vertraute Welt des "Offenbaren", des Sichtbaren, Hörbaren,
Fühlbaren und   macht in dieser Welt den Zusammenhang
zwischen den einzelnen Naturerscheinungen deutlich. Er
vereinfacht dabei aufs äußerste, verzichtet auf alles nur
Entbehrliche, aber dafür wird jetzt zwischen den so geblie-
benen einfachsten Erscheinungen der physikalische Zusammenhang mit letzter strenger Folgerichtigkeit aufgebaut, so

daß man bei jedem Schritt einsieht, daß er notwendig ist
und nicht anders sein kann. Das verlangt ... ein Mitdenken
eines jeden einzelnen Schrittes, aber der Gewinn ist dann
auch überraschend und beglückend. Wer wirklich dem Gang
gefolgt ist, dem öffnet sich ... ein tiefer Blick ... und
die Freude an der Sauberkeit und lückenlosen Klarheit einer
solchen Erkenntnis, die wahrhaft erzieherisch ist" (BOLL-
NOW, O.F. zitiert nach WAGENSCHEIN, M. 1984, S. 45).

Klarheit, Lückenlosigkeit im Verstehen und Gründlichkeit sind
entscheidende Elemente des Lernens oder der produktiven Auseinandersetzung mit Naturphänomenen. Einsichtsvolles und sinnerschließendes Lernen sind also verlangt. Damit zeigt der genetische
Ansatz einen Zug von Humanität, der im Lernenden einen prinzipiell
Gleichberechtigten zum Lehrenden erkennt. Deutlich wird diese
Grundhaltung auch an einer Erzählung von GALILEO GALILEI, der
weithin als Begründer der Physik gilt. Er bemerkt:

"Wenn man mich glauben machen möchte, daß die Babylonier
Eier kochten, indem sie sie in einer Schlinge herumwirbel-
ten, so will ich das glauben, aber ich muß betonen, daß die
Ursache weit von dem entfernt liegt, was sie meinen: um die
wirkliche Ursache herauszufinden argumentiere ich folgendermaßen: Wenn eine Wirkung, die zu anderer Zeit gelungen
ist, bei uns nicht eintritt, so folgt daraus mit Notwendigkeit, daß unserem Experiment etwas fehlt, was die Ursache für das Gelingen des früheren Versuches war, und wenn
es nur eine einzige Sache fehlt, was die Ursache , ist sie
die allein die wirkliche Ursache. Nun fehlt es uns nicht an
Eiern, auch nicht an Schlingen und an starken Burschen, die
sie im Kreise herumschwingen können. Dennoch wollen die
Eier nicht kochen, und wenn sie zuvor heiß waren, so kühl-
ten sie umso schneller ab. Nichts fehlt uns als das Eine:
daß wir Babylonier sind; daraus folgt, daß die Tastache ,
Babylonier zu sein, die Ursache der hartgekochten Eier ist
und nicht die Reibung der Luft. Das ist, was ich beweisen
wollte" (zitiert nach PIETSCHMANN, W. 1984, S. 102).

Curriculumanalyse   exemplarisch-genetisch-sokratisch

GALILEI bezeichnet Erscheinungen, die intersubjektiv nicht wieder-
holbar sind, nicht als unglaubwürdig. Er verurteilt denjenigen,
der darüber berichtet, auch nicht als Dummkopf oder Lügner, sondern erkennt lediglich, daß er nicht nach den Prinzipien seiner
neuen Wissenschaft vorgeht. GALILEI will nicht belehren, indem er
z.B. "das Richtige" sagt, er vertraut auf die Überzeugungskraft
des Phänomens und der sachlichen Argumente bzw. der sachlich
begründeten Schlußfolgerungen. Wissenschaftliche Begriffe und
Einsichten werden nicht als Dogma verkündet, sondern als Bemühung
um eine geregelte Aktivität begriffen. Hierbei kann ein jeder
diese Aktivität nachvollziehen und, ohne auf Autoritäten hören zu
müssen, selbst Einsichten erzielen.

Im WAGENSCHEINschen Ansatz ist das genetische Verfahren streng
gekoppelt mit dem sokratischen Dialog, der sich an exemplarischen
Fällen entzündet.

Wissenschaftsverständiges Lernen ist somit nicht nur ein dialog-
ähnlicher Vorgang zwischen dem angeschauten Naturphänomen und dem
konzentrierten Beobachter. Es ist auch nicht nur Geschehen beim
Betrachter, der sich von aller Gelehrsamkeit befreit hat und sich
kritisch auf seine eigenen Erfahrungen und sein eigenes Denken
beruft. Mit Sicherheit ist es auch nicht der Dialog zwischen dem
Schüler und dem Lehrer - es ist soziales Geschehen, an dem alle
teilhaben. Dieses Geschehen entzündet sich an der Beobachtung
naturwissenschaftlicher Phänomene, ruft Freude hervor und erfordert den Mut zur eigenen Problemlösung. Der Beobachtende trägt
gleichzeitig aber auch die **Verantwortung** dafür, daß er das Verstehen beim anderen sichert durch eine klare, anschauliche, verständliche Sprache. **Die Entdeckung muß nacherlebbar sein.**

Man muß hier ein wenig innehalten, um dem wissenschaftstheoretischen und pädagogischen Reiz dieses Gedankenganges nachzuspüren.
Physikalische und naturwissenschaftliche Erkenntnisse tragen weithin anerkannt die Merkmale der "objektiven" Wahrheit und Gültigkeit, der Exaktheit, Wiederholbarkeit und prognostischen Verwendbarkeit. Sie gelten daher als "hart" und gesichert; sie sind

unabhängig von Ort, Zeit und Personen. Gerade aber ihr **Entste-hungszusammenhang** ist - folgt man WAGENSCHEIN - ganz anders. Er ist **kommunikativer und sozial verantworteter Prozeß, in dem alle Beteiligten** sich mit Naturphänomenen auseinandersetzen und dabei um **Einsichten, Verstehen und Verständlichkeit** ihrer Aussagen ringen.

Der soziale Prozeß bedeutet zugleich auch **"wissenschaftsverständiges"** Lernen. Das wissenschaftsverständige Lernen sichert wichtige Kriterien wissenschaftlicher Aussagen: **Einfachheit, Klarheit, Kritisierbarkeit und Intersubjektivität in mitmenschlicher Verantwortlichkeit.** M.a.W. die Trias: Subjekt - Methode - Objekt, die Theodor LITT (1968) als typisches Kennzeichen naturwissenschaftlichen Forschens herausarbeitet, wird durch die Dimensionen des hermeneutischen Verstehens und Erklärens und der sozialen Verantwortung ergänzt. Genau diese Merkmale des Entstehungszusammenhanges sog. exakten Wissens machen die pädagogische Bedeutung des wissenschaftsverständigen Lernens aus.

Der wohl für die Grundschuldidaktik wichtigste Gedanke im WAGEN-SCHEINschen Werk ist die Vorstellung vom **"Einzelkristall des Verstehens"** (1971, S. 206). WAGENSCHEIN versteht darunter, daß Kinder angesichts von überraschenden Naturphänomenen den **"Urakt aller Naturforschung"** vollziehen: **Sie wollen das Unbekannte oder Neue mit bereits Bekanntem verbinden.**

Als Beispiel nennt WAGENSCHEIN den Fall, daß aus einem Eimer, den man über den Kopf schleudert, kein Wasser ausfließt. Das Kind wird sicherlich zunächst glauben, einem Irrtum zu unterliegen. Treffend macht WAGENSCHEIN dann an der sog. Todesspirale - einer Jahrmarktsattraktion - klar, daß Worte wie "Anziehungskraft der Erde" oder "Zentrifugalkraft" das Kind nur "verdummen". Das Kind sucht von selbst nach Verstehensmöglichkeiten, z.B. mit Hilfe der Vermutung: "einfach keine Zeit zum Fallen" (1971, S. 209).

Wir müssen solche Aussagen wirklich so behandeln, wie Kinder es selbst tun, oder wie Wissenschaftler ihre Hypothesen ansehen:

Beide geben ihre Hypothesen auf, wenn sie sich als unzulänglich
oder als falsch erwiesen haben.

Ein weiteres Beispiel:
Ein in Wasser getauchter Pflanzenstengel erscheint geknickt. Wenn
man aber mit dem Finger an ihm entlangfährt, entpuppt sich diese
Wahrnehmung als falsch. Ein Mädchen - 12 Jahre alt - bemerkt:

> "Der ist krumm, aber nicht richtig. Der sieht bloß so
> aus... ", so zitiert WAGENSCHEIN aus einer Arbeit Agnes
> BANHOLZERs, und das Kind fährt fort: "Der Grund täuscht
> auch, und durch das täuscht das auch. Da meint man, das
> wäre gar nicht tief. Weil der Grund weiter oben ist, dann
> kommt auch der Stab auch weiter rauf, dann meint man, er
> müsse abbrechen."

WAGENSCHEINS Interpretation ist nun wichtig, er schreibt:

> "Das ist ein vorbildliches "Verstehen", nicht bis zum letz-
> ten aber doch ein Stück weit. Ein Elementarakt, der das
> Seltsame des geknickten Stabes nun als dasselbe erkennt,
> was auch den Grund zu heben scheint. Zunächst ist ein
> "Knick" etwas ganz anderes als eine "Hebung". Aber hier hat
> das Mädchen "erkannt", daß eine (mit der Tiefe zunehmende)
> Hebung einen Knick bewirken muß. "Durch das (eine) täuscht
> das (andere) auch!" Damit ist zwar nur ein Kettenglied
> gefunden, aber es ist eins. Es ist unvergleichlich vielmehr
> wert als der Satz: "Das kommt von der Brechung (die wir
> später mal behandeln werden)" (1971, S. 209).

Dieses Zitat zeigt zumindest, was unter dem ersten Funktionsziel
zu verstehen ist, und wie man möglicherweise die weiteren Funktionsziele im Sachunterricht sehen sollte. Wichtig ist in diesem
Zusammenhang, daß solche "Einzelkristalle des Verstehens" bei
Kindern in situationsgebundenem Unterricht anzusiedeln sind, in
einem Unterricht also, der im Sinne des o.g. wissenschaftsverständigen Lernens an den Problemen und Fragen der Kinder arbeitet und,

modern gesprochen, "situationsorientiert" ist (vgl. hierzu Kapitel 4.4.2 dieser Arbeit).

Walter KÖHNLEIN formuliert die Prinzipien eines genetischen Sachunterrichts wie folgt:

"Das Lernen eines Kindes unterliegt Störungen, Widerständen und Krisen. Die curriculare Führung aber muß auf ausgleichende Flexibilität und schülerbezogene Stetigkeit angelegt sein, damit der Lernprozeß nicht zu äußerlichen Anlagerungen verkommt, sondern neue Inhalte integriert und produktiv in das Bewußtsein aufgenommen werden" (1985, S. 49).

Ein deutlicher Beleg für eine Genese "rationalen Wissens als Vollzug zunehmender Differenzierung" (MEYER-DRAWE, K. 1984, S. 94) liegt bei Friedrich COPEI vor: "Das Kind begreift die Begriffs- und Bedeutungsgehalte unmittelbar im Anschaulichen und Konkreten in der Form der Bewußtheit, ohne in abstrakter Form davon Rechenschaft abgegeben zu können" (COPEI, F. 1939, S. 201, gesehen bei MEYER-DRAWE, K. 1984, S. 95). "Lehren heißt, die lebendigen Erfahrungen der Kinder zu mobilisieren, ohne sie zu präformieren", stellt MEYER-DRAWE (1984, S. 95) heraus und zitiert COPEI wie folgt:

"Der lebendige Denkprozeß vollzieht sich ja durchaus nicht, wie eine logistische Psychologie glauben machte, im systematischen Aufsteigen von der breiten Basis des Konkreten, Anschaulichen zu überragenden abstrakten Erkenntnissen und Begriffsordnungen oder umgekehrt im Herabsteigen von den Höhen des Abstrakten zur Mannigfaltigkeit einer noch ungeordneten Welt der Einzeldinge. Vielmehr ist das ursprüngliche Denken ein dynamischer Prozeß, der aus einem noch Ungestalteten, undeutlich Vorschwebenden allmählich vorwärts drängt zu immer größerer Deutlichkeit, bis der neue Gedanke zuletzt im lösenden und erlösenden Bilde aufleuchtet und Gestalt gewinnt" (COPEI, F. 1939, S. 207, gesehen

Curriculumanalyse   exemplarisch-genetisch-sokratisch

bei MEYER-DRAWE, K. 1984, S. 95).

Schöner kann man die von WAGENSCHEIN gemeinte "Kontinuität des
Erkenntnisprozesses zwischen dem Erlebnis und Abstraktion" oder
"Kristallbildung von Einzelkristallen des Verstehens" (1971, S.
206ff) nicht illustrieren.

Im Zuge der Untersuchungen zur Entwicklung des Verständnisses
physischer Prozesse bei Kindern wird auf das Beispiel von WAGEN-
SCHEIN und auf die PIAGETschen Untersuchungen zur Denkform der
sog. "Transduktion" eingegangen. Diese Untersuchungen zeigen sehr
schön, wie die "Kristallbildungen" verlaufen (vgl. hierzu Kapitel
4.1.7.3 dieser Arbeit).

KÖHNLEIN hat in einer m.E. brillanten Ausdeutung diese Grundidee
bei WAGENSCHEIN mit folgendem Apercu belegt: "Science is self-
conscious common sense" (1986, S. 119). Kindlicher Sachverstand
ist von gleicher Qualität wie der self-conscious common sense.
Unterrichtsbeispiele - aber nicht nur solche - zeigen, daß Kinder
unsinnigen Hypothesen ihre besseren entgegensetzen können und vorhandene Aussagensysteme, die sie selbst entwickelt haben, auf eine
optimalere Wirklichkeitsinterpretation hin modifizieren.

KÖHNLEIN verwendet bei seiner Ausdeutung der WAGENSCHEINschen Konzeption den Begriff der Episode, der von J.S. BRUNER dazu benutzt
wird, die kindlichen Formen des Erfahrungssammelns zu kennzeichnen
(vgl. BRUNER, J.S. 1971, S. 21 - 96 und Kapitel 4.1.6 dieser Arbeit). Phänomene, so KÖHNLEIN, fungieren als Episoden, die Ansatzpunkte von Lernprozessen sind. Episoden haben situativen Charakter, sie fallen aber immer wieder auf. Mit ihnen zusammen
bildet sich der "Begriff zum Phänomen", wie JUNG feststellt (vgl.
JUNG, W. 1970, S. 84, gesehen bei KÖHNLEIN, W. 1986, S. 122), und
sie bieten Zugang zu wissenschaftlichem Denken, wenn sie mit "dem
ganzen Organismus erfahren werden können" (1986, S. 122). Drei
pädagogische Intentionen sind hierbei von tragender Bedeutung für
genetisches Lehren und Lernen im Sachunterricht:

Curriculumanalyse   exemplarisch-genetisch-sokratisch

1. "Auf Tatsachen und Zusammenhänge, die der Art nach von
   jedermann erfahren werden können, muß großer Wert gelegt
   werden."

2. "Jedermann den notwendigen, bescheidenen Anteil an wissenschaftlicher Produktion ermöglichen, der Voraussetzung für
   den wissenschaftlichen Konsum ist, d.h. für die Aufnahme
   und Verarbeitung der wissenschaftlichen Informationen, die
   nicht auf eigener Arbeit, sondern auf der Übertragung
   durch Sprache und Bild beruhen" (JUNG, W. 1970, S. 13,
   zitiert nach KÖHNLEIN, W. 1986, S. 122f).

JUNG interpretiert hier nun weiter und kommt dem Begriff der
Sachlichkeit bei HENGSTENBERG (1966) sehr nahe:

3. "Der Geist, in dem Naturwissenschaft betrieben wird, ist in
   einer ganz bestimmten Weise auszulegen: Nicht einfach nur
   als Neugierverhalten und nicht als Ausbeutung, sondern als
   sympathetisches Hinhören auf die Natur, als teilnehmendes
   Erkennen, das bereit ist, die Dinge der Natur zu lassen,
   statt sie zu vergewaltigen. Eine solche Einstellung ist
   nicht notwendig religiös. Aber sie beschränkt Sympathie
   nicht allein auf menschliche Wesen und Absichten, und sie
   unterstellt nicht, daß Natur ein bloßes Mittel zu menschlichen Zwecken sei; sie könnte sehr wohl einen Zweck in sich
   selbst tragen, und der leichtfertige Verlust der Bereitschaft, eine solche Möglichkeit zumindest zu erwägen, könnte schwerwiegende Folgen für die Entwicklung der Menschen-
   welt selbst haben" (JUNG, W. 1970, S. 16, zitiert nach
   KÖHNLEIN, W. 1986, S. 123).

Wie nahe liegen diese Gedanken doch an den berühmten Aussagen von
Carl Friedrich von WEIZSÄCKER zum Wesen des Experimentes (1948, S.
3 - 9), in denen er feststellt, daß ein Experiment Ausdruck der
Liebe des Forschers zum Gegenstand seiner Forschung ist (WEIZ-
SÄCKER, C.F. v. 1948). Und wie nahe kommt dies den naturphiloso-
phischen Reflexionen von Walter HEITLER (1966/1970) oder auch der

Curriculumanalyse   exemplarisch-genetisch-sokratisch

Idee der **Konspiration mit dem Seienden oder der ontologischen Affirmation** bei HENGSTENBERG (vgl. HENGSTENBERG, H.E. 1966 bzw. KUHN, H. 1954).

Im Kapitel 4.4.4 dieser Arbeit wird das Ethos der Sachlichkeit als eines der grundlegenden Elemente des Bildungsdenkens angesprochen und für den Sachunterricht aufgearbeitet.

Im Kontext mit der hier dargestellten Konzeption des genetischen Sachunterrichts wird erkennbar, daß er einer der wichtigsten anthropologisch begründeten Unterrichtsansätze schlechthin ist. Dies wird insbesondere auch an WAGENSCHEINs diesbezüglichen Äußerungen deutlich.

WAGENSCHEIN wendet sich gegen eine - wie er sagt - "falsche" Anthropologie des Kindes, die behauptet:

> **"Kinder müssen zum Lernen gezwungen oder verführt werden. Diese Behauptung dient dazu, folgendes zu rechtfertigen. Wahnhafte Stoffhuberei, verwirrende Zeitzerstückelung, selbsttäuschende Quantifizierung schnell verfliegender Scheinleistungen. Damit: Zerstörung der ursprünglichen Lust am sachlichen Verstehen und gemeinschaftlicher Verständigung; statt dessen Erregung egoistischen Wettstreites"** (1983, S. 54).

Mir erscheint hier das oben angeführte Beispiel von GALILEI bedeutsam, und zwar die Art, wie GALILEI Menschen behandelt, die noch unwissend sind. Kinder haben hin und wieder "babylonische" Vorstellungen. Wir müssen die Kinder in unsere wissenschaftlichen Formen der Welterkenntnis hineinholen, ohne Verängstigungen und ohne Desavourierung der kindlichen Vorstellungen, die ja sehr häufig als Wege zur Wissenschaft aufzufassen sind. Wissenschaftsorientiertes Lernen geschieht dann auch ohne jenes "Machtgefälle" zwischen Lehrer und Kind. Dem Kind werden nicht Kenntnisse aus der Naturwissenschaft in Form von "Glaubensinhalten" aufoktroyiert. Kenntnisse und Einsichten, Aussagen über die Wirklichkeit

Curriculumanalyse   exemplarisch-genetisch-sokratisch

werden also im sozialen Geschehen ausgehandelt.

Wie er durch die Methode des streng am Phänomen arbeitenden Gesprächs das Verstehen physikalischer Sachzusammenhänge in seinen
Seminaren erreicht, hat Martin WAGENSCHEIN in einem Interview
dargestellt, das er Hildegard BUSSMANN gab:

> "Wenn man wirklich verstehen will, dann muß man auf den
> Boden verstehen, man muß auf dem Grund verstehen. Das
> gelingt nicht, das kommt kaum vor. Deswegen mach ich mit
> ihnen Übungen, bei denen ich ihnen sage: "Ihr müßt versu-
> chen, alles zu vergessen." Ich sage ihnen: "Es handelt sich
> hier um ein Gespräch, nicht um eine Diskussion, also kein
> Streitgespräch. Es handelt sich um eine anhaltende gemein-
> same Verständigung der ganzen Gruppe über ein gewisses
> Problem, über die Klärung eines Problems, über die Ent-
> deckung der Lösung dieses Problems."

(Niederschrift (des Verfassers) aus einem Interview, das WAGEN-
SCHEIN Hildegard BUSSMANN gegeben hat.)

WAGENSCHEIN vermag in seinen Sammlungen von Kinderaussagen zu zeigen, daß Kinder auf dem Wege zur Physik sind. Er schreibt angesichts von Kindern, die die Ausbreitung des Schalls untersuchen,
und seine Freude an den kindlichen Forschungen ist in der Redewendung: "Was die für Sachen sagen!", lebendig spürbar:

> "Neunjährige sprechen miteinander über befremdende Natur-
> vorgänge, die sie vor sich haben und an denen sie herumpro-
> bieren (etwa jene Schallverspätung): munter, unbefangen,
> intelligent, sachlich diszipliniert und in ihrer eigenen
> Sprache. Was die für Sachen sagen! "Der (Schall) geht über-
> all rum, nicht nur von mir zum Richard." - "Das zittert so
> kitzlich" (Hand an der Trommel) - "Und, wer hilft dem
> Schall zu uns zu kommen?", fragt der wortkarge Lehrer: -
> "Der Schall hat keine Augen, und deshalb fliegt er hin, er
> prallt so hin und braust so dran, wie der Wind im Kreis,

und überall prallt er dran. Dem braucht niemand zu helfen,
der fliegt so allein" (1983, S. 105). WAGENSCHEIN fährt nun
interpretierend fort: "Zum ungeschmälerten Vergnügen an
solchen springbrunnenhaften, unerwarteten Wendungen fehlt
es Physikstudenten leider an "Sprache" und Pädagogikstu-
denten an Physik, schön wär's, wenn Deutschlehrer und Phy-
siklehrer sich an solchen Reden entzückt vereinigen könnten! Aber sie sind nicht so!" (1983, S. 105)

Nun liegt oben ein gelungenes Beispiel kindlichen Forschens vor.
Was sind die möglichen Bedingungen dafür? WAGENSCHEIN macht ernst
- auch bei Kindern - mit dem Programm wissenschaftsverständigen
Lernens: "Jeder darf alles sagen, was er selbst denkt und von dem
er weiß, das verstehen alle anderen auch." Die Zurücknahme der
eigenen Person und besonders der Autorität ist hier also eine der
Bedingungen, die der Lehrer erfüllen muß, damit Kinder frei und
offen sowie mit Aussicht auf Verstehen arbeiten können.

Der Skeptiker wird einwenden, daß solche Kinderaussagen seltene
Juwele seien und sozio-kulturelle Bedingtheiten vermuten. Aber
auch dann, wenn keine "Juwele" vorliegen, der Prozeß Kindern
schwerer fällt, gerade dann liegt die entscheidende Tugend des
Lehrers darin, die Bereitschaft, die schier unendliche Geduld und
die Offenheit aufzubringen, sich solchen Kinderaussagen zu widmen,
ihren Reiz und ihren Reichtum zu erkennen und didaktische Folgerungen zu ziehen.

Die Erfahrungen der Kinder werden also unbedingt akzeptiert und
ernstgenommen - auch und besonders diejenigen Erfahrungen, die die
Kinder aufgrund der Korrumpierung des Naturverstehens erleiden,
denn sie können nichts dazu, daß gesellschaftliche Bedingungen
auch Fehlentwicklungen so unerbittlich fördern.

WAGENSCHEIN fordert: "Von der Sache aus, die Sache des Kindes
ist!" Der genetische Ansatz ist somit entscheidend charakterisiert
durch den unbedingten Respekt vor den individuellen Vorstellungen
der Kinder, aber nicht nach dem Grundsatz "errare humanum est"

Curriculumanalyse   exemplarisch-genetisch-sokratisch

(das sicherlich auch). Erforderlich ist vielmehr der Respekt vor
den Erkenntnissen anderer, anderswo gemacht.

Wie sehr WAGENSCHEIN auf das ursprüngliche Verstehen in diesem
sozialen Prozeß bedacht ist, und welchen unbedingten Respekt er
den persönlichen Erfahrungen des einzelnen sowie auch den kulturell gewachsenen Überzeugungen zollt, wird an dem Bericht über ein
Fortbildungsprojekt in Mittelamerika deutlich.

Ein Bauarbeiter hatte gehört, die Erde drehe sich um sich selbst.

"Wenn das wahr wäre, so müsse er das merken: Oben auf
seinem Bau sitzend, und die Wasserwaage horizontal auf den
Knien (in Ost - Westrichtung versteht sich, in der ja die
Rundreise gehen solle), müßte dann nicht schon in recht
kurzer Zeit die Waage schräg liegen und das anzeigen.
Nichts davon!" (1980, S. 65)

Wie sehr versagen hier die in Lehrbüchern abgebildeten Globen mit
ihren gelehrig angebrachten Pfeilen und fachterminologisch vollge-
pfropften Texten! Sollten wir nicht lernen, wesentlich vorsichti-
ger im Sprachgebrauch und im handgreiflichen Umgang mit "Modellen"
zu sein?

Auch der Umgang mit Mythen und alten Wahrheiten ist in diesen
Respekt eingeschlossen, den Martin WAGENSCHEIN fordert.

"Ihr habt uns gesagt, wie die Erdbeben entstehen. Aber
unsere Alten sagen, das sei das Zucken der Großen Schlange,
auf der die Erde ruht." Die Antwort: "Von der großen
Schlange wissen wir nichts mehr. Was wir euch sagen ist die
Überzeugung der Gelehrten in Europa." "Diese weise Aus-
kunft ist nicht ausweichend," stellt WAGENSCHEIN fest.
"Das indianische Bild kann nicht in eine naturwissenschaftliche Sprache übersetzt werden ohne Verflachung. Jene
"Große Schlange" trägt die ganze Erde und symbolisiert
damit die ungewisse Grundlage unserer irdischen Existenz"

Curriculumanalyse   exemplarisch-genetisch-sokratisch

(1980, S. 65f).

Immer sucht WAGENSCHEIN die Anfänge des naturwissenschaftlichen
Denkens und dies im Kontext mit den künstlerischen und religiösen
Befähigungen des Menschen, hier wie auch in der Geistesgeschichte
in Europa und besonders in den Anfängen der Physik, z.B. in Ita-
lien. Er ist bemüht, die ursprünglichen Motive dynamischen Forschens der Physik für den Unterricht zu erhalten. Diese Motive -
häufig finden wir sie in der Anfangszeit der Physik - zeigen
Humanität und Liebe zum Mitmenschen, die den anderen nicht im
vorhinein als hohlköpfig, unreif und dumm abstempeln, sondern ihn
in seiner Existenz und ohne Attributierung anerkennen. Die Anfangszeit der Naturwissenschaften verdeutlicht sogar den Kampf
gegen Bevormundung und Vorurteile (vgl hierzu PITSCHMANN, H. 1984,
S. 104). In seinem Essener Vortrag spricht WAGENSCHEIN dieses Motiv an und bezieht sich auf PASCAL:

"Was PASCAL schreibt in den Abhandlungen über die "Kunst zu
überzeugen", da steht, daß man das, wovon man auch überzeugen wolle, man die Person achten muß, die man überzeugen
will, daß man ihren Geist und ihr Herz kennen muß und
wissen, welche Prinzipien sie anerkennt, welche Dinge sie
liebt, sagt PASCAL."

(aus der Niederschrift der Tonbandaufzeichnung des Vortrags an
der Universität in Essen.)

Eine unmittelbare Übertragung dieser Idee von PASCAL auf grund-
schulpädagogische und -didaktische Fragestellungen sowie auf konkretes Lehren ist mehr als nur wünschenswert. In Verbindung mit
dem oben dargestellten Begriff des **wissenschaftsverständigen Lernens"** würde sie zur Zurückweisung der von WAGENSCHEIN zu Recht
kritisierten falschen Anthroplogie des Kindes führen.

1.4.5.7.2 Das Curriculum Science 5/13

Diesem anthropologischen Ansatz entspricht das englische
Curriculum Science 5/13, dessen Leitmotiv lautet:

> "in general children work best when trying to find answers
> to problems, that they have themselves chosen to investi-
> gate."

Oberstes _Ziel_ dieses Curriculums ist der

**_Mensch_, der gewohnt ist, _mit naturwissenschaftlichen Metho-
den an Probleme heranzugehen._**

Bereits in der Mitte der sechziger Jahre wurde in England das
"Nuffield Junior Science" Projekt entwickelt. Dieses Projekt hat
folgende Zielsetzungen:

- Die Kinder sollen früh mit vielfältigen Erfahrungen versorgt werden, die Anlaß zu naturwissenschaftlichen Betrachtungen sind.
- Das Ziel des Unterrichts besteht nicht im Erwerb von Stoff-
  kenntnissen, sondern primär in der Förderung naturwissenschaftlicher Denk- und Forschungsweisen.

Das Nuffield Junior Science Projekt hat außerdem als Ziel, möglichst viel über die motivationalen und kognitiven Gegebenheiten
und über Lernprozesse der Kinder in weitgehend natürlichen Lernsituationen zu erfahren. Aus diesem Forschungsvorhaben entwickelte
sich in den Jahren von 1968 bis 1973 das Science 5/13 Projekt.
Dieses will Kindern im Alter von 5 bis 13 Jahren helfen, sich
durch unmittelbare Erfahrungen und unterschiedliche Methoden naturwissenschaftliche Erkenntnisse anzueignen.

Curriculumanalyse   Science 5/13

Die Grundthesen dieses Projektes lauten:

- Im allgemeinen arbeiten Kinder dann am besten, wenn sie
  solche Probleme zu lösen versuchen, die sie sich selbst
  gestellt haben.
- Am besten wählt man diese Probleme aus der unmittelbaren
  Umgebung der Kinder und läßt sie weitgehend in praktischen
  Untersuchungen bearbeiten.
- Die Lehrer sind dafür verantwortlich, die Arbeit in ihren
  Klassen zu planen, Arbeitsvorhaben anzuregen und in die
  Unterrichtspraxis umzusetzen. Die Kinder müssen Hilfe und
  Unterstützung finden können, wenn sie sie brauchen.

Die Beschäftigung mit den Naturwissenschaften hat drei grundlegende Fragestellungen aufgeworfen:

- Welche Naturwissenschaften eignen sich für Kinder?
- Was sollen Kinder durch die Beschäftigung mit den Naturwissenschaften lernen?
- Wie kann man ihnen am besten helfen, dieses Ziel zu erreichen?

Die Position der Curriculumplaner lautet wie folgt:

- Naturwissenschaftliche Arbeit, die auf logischen Gesetzen
  beruht, stellt man am besten solange zurück, bis die Kinder
  einigermaßen die Fähigkeit entwickelt haben, abstrakt zu
  denken.
- Bis dieses Stadium erreicht ist, kann man den Kindern
  anhand von Untersuchungen helfen, Erfahrungen über ihre
  Umwelt zu sammeln. Wo es angebracht erscheint, kann man
  diese in kleinere Einheiten gliedern, um sie später zu
  verbinden.
- Es ist möglich, ein solches Lehrangebot, das geeignete
  Lernziele enthält, mit Gewinn zu unterrichten, und zwar so,
  daß die Kinder einzeln und in Gruppen ihrem Fähigkeitsni-

veau und ihrem Lerntempo angepaßt arbeiten können.
- Eine Fragehaltung, objektives Urteil, persönliche Verantwortlichkeit, die Fähigkeit zu arbeiten und die eigene
Arbeit selbst zu organisieren, all das können Kinder im
frühen Alter lernen. Dabei müssen die Unterrichtsinhalte,
durch die diese Haltung entwickelt werden soll, vom Lehrer
nicht in einzelne vorgefertigte Schritte aufgegliedert
werden.

Da das Science 5/13 Curriculum auf der Unterrichtsmethode des
Discovery-Learning aufbaut, legt es Wert auf:

- direkte, sofortige und konkrete Erfahrungen als Voraussetzung für genuines Verstehen,
- auf Problemlöseverhalten und eine naturwissenschaftliche
Fragehaltung,
- informelles Lernen und Lehren in natürlichen und unver-
stellten Situationen.

In manchen Situationen nimmt das Science 5/13 Projekt einen Mit-
telweg zwischen dem Discovery-Learning (ohne direkte Manipulation)
und dem Guided Discovery (durch den Lehrer gelenkt). Der Lehrer
greift nur ein, um die Aktivitäten der Schüler mit größtmöglicher
Effektivität unter dem Aspekt bestimmter Lernziele zu gestalten,
d.h. die Untersuchungen der Kinder werden aufgrund des Wissens um
die Lernziele gelenkt.

In der Idealform kann entdeckendes Lernen ohne die Mitwirkung des
Lehrers geschehen. Ein schülerzentrierter Unterricht mit möglichst
freier Lernumgebung, der die Möglichkeit einer weitgehend freien
Entfaltung und Entwicklung bietet, kann durch die Autonomie der
Kinder erreicht werden. Die Schüler sollten in diesem Fall durch
eine autonome Zielsetzung Einsichten erreichen. Die Freiheit in
der Auswahl und Handhabung der Ziele ist charakteristisch für
Autonomie gewährenden Unterricht, womit günstige Bedingungen für
selbständiges Entdecken geschaffen werden. Zwischen autonomem
Verhalten und entdeckendem Lernen scheint also ein enger Zusammen-

hang zu bestehen.

Durch die Autonomie der Schüler werden nicht ausschließlich fachliche und stoffliche Ziele erreicht; angestrebt ist auch, daß die Kinder Selbstvertrauen in die eigenen Fähigkeiten gewinnen. Die Erfahrungen, die dabei gemacht werden, sind aber nicht zweitrangig gegenüber dem eigentlichen naturwissenschaftlichen Wissen, sondern stellen einen Wert in sich dar. Außerdem kommt mit dieser Unterrichtsmethode der affektive Bereich im naturwissenschaftlichen Unterricht zu seinem Recht; den eigenen Interessen kann nachgegangen werden, Assoziationsketten werden nicht abgebrochen, die Phantasie darf mitspielen.

Über das Erreichen von inhaltlichen Zielen werden intellektuelle Fähigkeiten und affektiv-motivationale Verhaltensweisen gefördert. Ein selbständiger Wissenserwerb führt zur Ausbildung von intellektuellen sowie manuellen Fähigkeiten und hilft den Kindern, das Lernen zu lernen (vgl. hierzu das Kapitel 4.4.2 dieser Arbeit).

Die Schüler erhalten die Chance, Strategien der Problembewältigung zu entwickeln, zu verbessern und zu verfeinern.

Entdeckendes Lernen führt nicht geradlinig zum Ziel; Umwege, Irrwege und Mißerfolge bleiben nicht aus. Deshalb ist das Science 5/13 Projekt unter inhaltlichen Gesichtspunkten und Zielsetzungen betrachtet ein zeitaufwendiges Unterrichtsverfahren. Das entdeckende Lernen ist nicht nur Unterrichtsmethode, sondern ein umfassendes, den gesamten Unterricht durchwaltendes Prinzip.

Im Unterricht werden alle Formen des experimentell-induktiven Vorgehens und der heuristischen Methoden wie Dialog, Experiment, Fragen, logisches Denken, Beobachten, kritische Interpretation, Begriffsbildung, Zeichnungen, Freihandversuche und Explorationen angewendet.

Die Formulierung der konkreten Unterrichtsziele geschieht mit Bezug auf diese acht Dimensionen, in denen sowohl kognitive,

affektive und emotionale als auch motorische Aspekte in ihrer
gegenseitigen Verschränkung klar erkennbar werden. Die Funktion
der Lernziele dieses Curriculums wurde bereits im Kontext mit der
Kritik an den operationalisierten Lernzielen dargestellt: Die
Ziele sind operationalisiert, sie werden jedoch im o.g. Sinne
mehrdimensional gefaßt und nach Erkenntnissen der Entwicklungspsychologie differenziert für bestimmte Entwicklungsniveaus formuliert.

Das Zielgefüge kann graphisch wie folgt dargestellt werden:

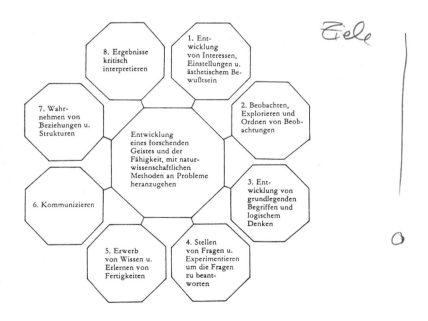

(entnommen aus SOOSTMEYER, M. 1987, S. 68)

Das Curriculum nennt streng genommen 4 Stadien der kognitiven
Entwicklung:

 Nach PIAGET entwickelt sich im Alter von ca. 7 Jahren das konkret-operative Denken aus der einfachen, bildhaften Anschauung
heraus. Dieses Stadium reicht bis in das Alter von 11 bis 12
Jahren hinein, bis zu dem Zeitpunkt, an dem sich das konkret-
operative zum formal-operativen Denken wandelt.

Während das konkret-operative Denken sich ausweist durch das Erkennen von Invarianzeigenschaften (Invarianz der Substanz, Invarianz der Länge bei Verschiebungen, Invarianz der Mächtigkeit
einer Menge beim Umgruppieren ihrer Elemente, Invarianz des Gewichts oder des Volumens bei bestimmten Transformationen), läßt
sich das formale Denken kennzeichnen durch die Möglichkeit zu
hypothetisch-deduktiven Schlüssen, zur operativen Verknüpfung von
reinen Aussagen, die nun ohne Bezug zu konkreten Handlungen am
Denkobjekt rein formal bewältigt werden können.

Dies weist auf eine sowohl zeitliche als auch logische Hierarchie
von Wahrnehmungen und Operationen hin. Verbunden mit dem Erreichen
eines Stadiums ist immer das Durchlaufen des vorangestellten.
Zudem schließt das Übergehen in eine höhere Stufe immer eine
gleichzeitige Neukoordinierung sowie eine Differenzierung der
Systeme, die die Einheiten der vorherigen Stufe bildeten, ein.

Die Unterscheidung von konkretem und formalem Denken ist auf das
größere gedankliche Differenzierungsvermögen zurückzuführen; es
ist ein quantitativer und kein qualitativer Unterschied des Denkens.

Während also der konkrete Denker noch nicht fähig ist, sich eine
hinreichend differenzierte Elementarhandlung vorzustellen, verfügt
der formale Denker über die Möglichkeit, im Falle des Versagens
die betrachteten Handlungen noch weiter zu differenzieren. Die
Vorstellungen und Fähigkeiten der Kinder ändern sich im Alter
zwischen 5 und 13 Jahren außerordentlich stark. Dabei erfolgen die

Veränderungen allmählich und kontinuierlich, aber nicht immer in
einer streng nach vorn gerichteten Weise.

Nach PIAGET durchläuft jedes Kind diese Stadien in der angegebenen
Reihenfolge, aber mit unterschiedlicher Geschwindigkeit, d.h. die
Entwicklungsstränge variieren von einem Kind zum anderen. Die
Gesetzmäßigkeiten sind bei verschiedenen Individuen unterschied-
lich erkennbar, aber immer verschmelzen einzelne Gedanken zu all-
gemeinen Vorstellungen, und diese werden ständig differenzierter.

Kinder integrieren neue Erfahrungen so lange in ihre Denkgewohn-
heiten, bis sich die Notwendigkeit der Umstrukturierung ihres
Denkens ergibt (Akkomodation).

Den Übergang von einem Stadium zum nächsten kann man sich am
besten als einen kumulativen Prozeß vorstellen. Dabei bleiben die
Lernziele der vorangegangenen Stadien für die nachfolgenden gültig.

Stadium 1a: Übergang vom Stadium des intuitiven Denkens zum Sta-
            dium der konkreten Operationen

Das Denken von Kindern im vorschulischen Alter unterscheidet sich
wesentlich vom Denken der Kinder, die älter als etwa 7 Jahre sind.
Das Denken der Kinder im vorschulischen Alter wird von PIAGET als
"intuitiv" bezeichnet. Es ist eng mit Handlungen verbunden und
wird von der unmittelbaren Wahrnehmung bestimmt. Im allgemeinen
ist das Kind im vorschulischen Alter nicht in der Lage, über die
Folgen einer Aktion nachzudenken oder sie sich vorzustellen, wenn
es sie nicht tatsächlich ausgeführt hat. Es wird wahrscheinlich
auch noch keine logischen Schlüsse aus seinen Erfahrungen ziehen.
Kinder dieser frühen Altersstufe sind vor allem daran interessiert, ihre unmittelbare Umwelt zu erforschen und den kommunikativen Gebrauch der Sprache zu entwickeln. Die Lernziele entsprechen
dieser Interessenslage, insbesondere beziehen sie sich auf eine
Einführung in verschiedene Methoden des Forschens und Ordnens von
Beobachtungen.

Stadium 1b: Frühes Stadium der konkreten Operationen

In diesem Stadium entwickeln die Kinder die Fähigkeit, in der
Vorstellung mit Gegenständen zu operieren. Zunächst ist diese
Fähigkeit auf Objekte und Materialien beschränkt, die sie auch
konkret handhaben können, und selbst das nur begrenzt. Die Lernziele dieses Stadiums beabsichtigen, daß aufgrund des Umgangs mit
konkreten Objekten und Materialien solche gedanklichen Operationen
ausgebildet werden. Die dazu benutzten Objekte und Materialien
müssen für das Kind reale Bedeutung besitzen. Da auch ältere
Kinder und selbst Erwachsene in neue Sachverhalte und Probleme am
besten durch konkrete Beispiele eingeführt werden, sind diese
Ziele für Kinder aller Altersstufen angemessen, die zum erstmalig
mit naturwissenschaftlichen Sachverhalten in Berührung kommen.

Stadium 2: Fortgeschrittenes Stadium der konkreten Operationen

In diesem Stadium - einer Fortführung des von PIAGET so bezeichneten Stadiums der konkreten Operationen - werden die gedanklichen
Manipulationen vielfältiger und leistungsfähiger. Die zunehmende
Fähigkeit, mit Variablen umzugehen - z.B. bei der Beschäftigung
mit mehrfachen Klassifikationen - bedeutet, daß Probleme von den
Kindern systematischer und stärker quantitativ gelöst werden können. Die Lernziele beziehen sich mehr auf die Erforschung der
naturwissenschaftlichen Aspekte der Umwelt und weniger als vorher
auf Erfahrungen allgemeiner Art. Diese Lernziele entwickeln sich
aus den Lernzielen des Stadiums 1 und bauen auf ihnen auf. Sie
werden nicht nur für Kinder zwischen neun und elf Jahren als
geeignet betrachtet, sondern für alle Kinder, die das Stadium 1
hinter sich gelassen haben.

Stadium 3: Übergang zum Stadium des abstrakten Denkens

In diesem Stadium entwickelt sich bei einigen Kindern die Fähigkeit, abstrakt zu denken. Wenn dieser Entwicklungsvorgang abgeschlossen ist, kann sich ihr Denken auch mit dem Möglichen und

Hypothetischen beschäftigen. Es ist nicht länger an konkret greif-
bare Gegenstände und an das Hier und Jetzt gebunden.

Einige begabte Kinder werden dieses Stadium etwa zwischen dem
elften und dreizehnten Jahr erreichen, andere Kinder vollziehen
diesen Schritt später, und wieder andere erreichen dieses Stadium
nie. Die Lernziele für dieses Stadium beziehen die Entwicklung der
Fähigkeit ein, hypothetisch zu denken und in systematischer Weise
Variablen zu isolieren und zu kombinieren. Sie eignen sich für
Kinder, die die meisten Lernziele des Stadiums 2 erreicht haben
und nun Anzeichen erkennen lassen, daß sie mit Ideen und Behauptungen in Gedanken operieren können (vgl. hierzu KLEWITZ, E.,
MITZKAT, H. 1973 und SOOSTMEYER, M. 1978, S. 68).

Im folgenden wird das Ziel "Kommunizieren" durch diese Stadien
hinweg verdeutlicht. Das Curriculum hat insgesamt 175 Lernziele,
die in vergleichbarer Weise dargestellt sind (vgl. hierzu
SCHWEDES, H. 1976):

"Stadium 1a:
1. Die Fähigkeit, neue Wörter angemessen zu verwenden.
2. Die Fähigkeit, Ereignisse in ihrer Abfolge festzuhalten.
3. Die Fähigkeit, Eindrücke aus der Umgebung zu diskutieren
   und aufzuschreiben.
4. Die Fähigkeit, bildliche Symbole zu verwenden, um Informationen auf Karten und Tabellen festzuhalten.

Stadium 1b:
5. Die Fähigkeit, Informationen tabellarisch zu ordnen und
   Tabellen zu verwenden.
6. Vertrautheit mit Namen von Tieren, Pflanzen usw.
7. Die Fähigkeit, Eindrücke durch Modelle und Zeichnungen
   wiederzugeben.

Stadium 2:
1. Die Fähigkeit, abstrakte Symbole in Plänen, Karten usw. zu
   verwenden.

2. Die Fähigkeit, Beobachtungen unter Berücksichtigung von Trends und Veränderungen zu interpretieren.
3. Die Fähigkeit, Histogramme und andere einfache Darstellungsmöglichkeiten zu verwenden, um Daten mitzuteilen.
4. Die Fähigkeit, Modelle zu konstruieren als Mittel, um Beobachtungen wiederzugeben.

Stadium 3:
1. Die Fähigkeit, die graphische Form zu wählen, die der jeweiligen Information angemessen ist.
2. Die Fähigkeit, dreidimensionale Modelle oder Diagramme zu verwenden, um Ergebnisse aufzuzeichnen.
3. Die Fähigkeit, Informationen aus Diagrammen abzuleiten: anhand der Neigung, der Fläche und eines Abschnittes.
4. Die Fähigkeit, Analogien zu benutzen, um naturwissenschaftliche Begriffe und Theorien darzustellen"
(entnommen aus SOOSTMEYER, M. 1978, S. 69f).

Die Ziele, die auf diese Niveaus bezogen werden, gelten ausschließlich als Such- und Erkennungsmuster für die Identifikation von Aktivitäten und haben nur **heuristischen Wert**. Dadurch gelingt es diesem Curriculum trotz der Lernzieloperationalisierung, **verfahrensorientiert und inhaltsbezogen** zu sein sowie den kindlichen Lernbedürfnissen unmittelbar zu entsprechen. Der heuristische Wert wird durch die Abbildung auf der folgenden Seite deutlich.

Das Curriculum besteht aus 17 Büchern und umfaßt folgende Inhalte: Zeit (time), Naturwissenschaften ausgehend von Modellen und Spielzeugen (science from models and toys), Löcher, Lücken und Höhlungen (holes, gaps and cavities), Farbige Sachen und Gegenstände (coloured things), Veränderungen (change), Wir und unsere Körper (ourselves), Holzarbeiten (working with wood), Metalle (metals), Plastik (children and plastics), Kleine Tiere (minibeasts), Bäume (trees), Ähnlich und anders (like and unlike), Strukturen und Kräfte (structures and forces). Ein letzter Band faßt die didaktischen und bildungstheoretischen Grundlagen des Curriculums zusammen (vgl. hierzu MACDONALD EDUCATIONAL 1976 -1981).

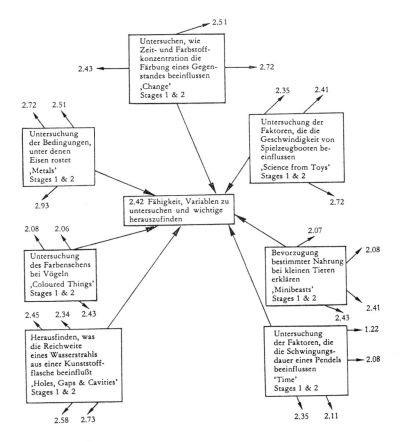

(entnommen aus SOOSTMEYER, M. 1978, S. 72)

Die Unterrichtseinheit "Metalle" verdeutlicht die Struktur des
Science 5/13 Projektes besonders eindrucksvoll. Sie beginnt mit
einer Auflistung möglicher Inhalte und Ziele:

- Namen, Härte, Dicke von Metallen unterscheiden lernen
- Bearbeiten und Sammeln von Metallen
- Gebrauch verschiedener Metalle
- Wo und wann kommt der Schüler im alltäglichen Leben mit

Metall in Berührung?
- Metallarbeiten in einem Museum
- Formen und Eigenschaften verschiedener Metalle
- dekorativer Gebrauch von Metallen
- Unterscheidung der Metalle durch beschreibendes Ausprobieren und Klassifizieren
- Welche Gegenstände bestehen aus welchen Metallen?
- Polieren von Metallen (verschiedene Möglichkeiten)
- spiegelnde Metalle (Löffel, Spiegel, Reflektoren etc.)
- Zerkratzbarkeit von Metallen mit Nägeln
- Unterscheidung zwischen Markierung und Zerkratzen
- Metalle sind hämmerbar, dehnbar, geschmeidig
- Welches Metall ist am leichtesten, welches am schwersten zu bearbeiten?
- Biegsamkeit verschiedener Metalle
- Stärke und Länge - Einfluß auf die Biegsamkeit
- Brechen von Metallen durch Hin- und Herbiegen
- Gewicht von Metallen
- Welches Metall ist schwerer / leichter als Wasser?
- Klänge von Metallen
- Erstellen eines Glockenspiels aus Metallröhren
- Wie funktionieren Musikinstrumente aus oder mit Metallen?
- Erstellen eines Stromkreislaufes
- Verwendung von zwei Batterien
- Einbau eines Schalters
- Magnetismus von Metallen
- Durch welche Materialien hindurch funktioniert der Magnetismus (Wasser, Holz, Glas)?
- Kompaß, magnetischer Türschließer
- Magnetisieren von Nadeln
- Vorsichtsmaßnahmen vor Entmagnetisierung
- Materialien aufteilen in Metalle, Hölzer, Plastik (Überschneidungen)
- Klassifizierung - Katalogisierungsversuche
- unterschiedliche Tabellen erstellen - Metalle nach Farbe, Verwendungsart etc. unterscheiden
- Korrosion von Metallen durch Wechselbeziehungen Metall/

Umwelteinflüsse (Rosten, Anlaufen, Verfärben, Glanzlosigkeit)
- Wo entsteht Rost am schnellsten?
- Rostschutzmittel ausprobieren
- funktionale Metallgegenstände in sich bewegende und statio-
  näre aufteilen
- Fallenlassen von Gegenständen auf Metalle (Abhängigkeit vom
  Boden, Untergrund)
- ein Spiegel reflektiert Sonnenlicht und auch Wärme (Küchen-
  folie)
- Metalle fühlen sich oft kalt an und sind gute Wärmeleiter
- Metall nimmt die Temperatur der Luft an
- Variablen gleich halten
- Verhalten von Metallkabeln unter Last
- Sprung- (Spring-)federn und ihre Anwendungsgebiete,
  Gewichtstabellen - Messen von Gewichten, die an Federn
  hängen
- Zugfestigkeit verschiedener Metalle; Kräfte, die aufgebracht
  werden müssen, um Metallkabel zu dehnen
- Gewicht - wieviel Gewicht kann ein Metalldraht halten?
- Metallbearbeitung - Platten hämmern, Verzierungen
- Ausdehnung von Metallen bei Wärmezufuhr
- Bimetalle für Türschellen oder Licht, Zentralheizungssystem,
  Thermostate
- Thermostat - Kühlschränke, elektrische Öfen, Heißwasserbe-
  hälter, Aquariumheizung
- Metalle, die zur Herstellung einer Batterie benutzt werden:
  Isolierungsmaterial, Messingkappe, Kohlenstoffstab, Gemisch
  aus Kohlenstoff, Mangan, Dioxiden + Wasser (schwarze Masse),
  Gemisch aus Stärke, Ammoniumchloriden + Wasser (weiße Mas-
  se), Hülle aus Zink
- Batterie zu Ende benutzen - nicht ununterbrochen benutzen,
  sondern regelmäßige Intervalle einhalten
- Erarbeiten einer einfachen Zelle
- Stromspannungspaare aus verschiedenen Metallen
- ein großer Nagel vor dem elektrischen Aufladen und danach -
  Aufnahmekapazität
- Andeutung des chemischen Prozesses bei Erhitzung von Metal-

len unter Luft
- Erhitzen von Metallen - Schmelzen, Metallfarbveränderung,
  Flammenfarbveränderung, Farbe + Form des Metalls nach Been-
  digung des Vorgangs; Funken und Metallstücke beim Brennen
  von Metallen
- beim Schweißen reagieren die kleinen geschmolzenen Eisen-
  teile mit dem Sauerstoff in der Luft und werden zu Eisen-
  oxiden
- Bestimmte Metalle mit bestimmten Eigenschaften sind für
  bestimmte Zwecke günstig zu verwenden
- Arbeit des Schmieds
- kurzer historischer Rückblick
- gebräuchliche metallische Mineralien kennenlernen
- Möglichkeiten der physikalischen Umwelt, die durch
  menschliche Aktivitäten entdeckt wurden
- Kristalle
- elementare Studien zu Fels, Stein und Fossilien (Geologie)
- metallherstellende und -verarbeitende Industrie

An den Themen und an ihrer Behandlung wird deutlich, daß dieses
Curriculum jenseits der Grenzen wohldefinierter Disziplinen an-
setzt an den täglichen Phänomenen, denen die Kinder begegnen und
die ihnen zum Problem werden. Entdeckendes Lernen ist somit das
zentrale Anliegen des Curriculums.

Die Strukturen entdeckenden Lernens werden an den folgenden Ver-
netzungsschemata deutlich, die bei der Behandlung des Themas "Metalle" vorgeschlagen werden.

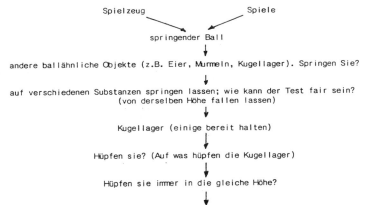

Spielzeug   Spiele

springender Ball

andere ballähnliche Objekte (z.B. Eier, Murmeln, Kugellager). Springen Sie?

auf verschiedenen Substanzen springen lassen; wie kann der Test fair sein?
(von derselben Höhe fallen lassen)

Kugellager (einige bereit halten)

Hüpfen sie? (Auf was hüpfen die Kugellager)

Hüpfen sie immer in die gleiche Höhe?

Welche Variablen beeinflussen die Höhe des Sprungs?
Substanzen anschauen, auf denen Kugellager hüpfen; Größe der Beulen beobachten.
Gibt es eine Relation zwischen der Härte des Materials und der Größe der Beulen?

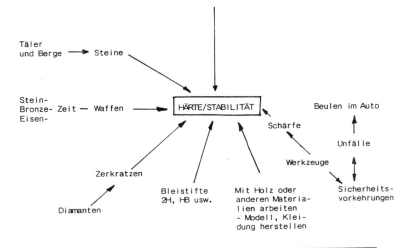

Täler
und Berge ——▶ Steine

Stein-
Bronze- Zeit — Waffen ————▶ HÄRTE/STABILITÄT   Beulen im Auto
Eisen-
                                          Schärfe   ▲
                                                            Unfälle
                                              Werkzeuge   ▲
        Zerkratzen
                    Bleistifte   Mit Holz oder   Sicherheits-
                    2H, HB usw.   anderen Materia- vorkehrungen
        Diamanten   lien arbeiten
                                  - Modell, Klei-
                                  dung herstellen

(vgl. SCIENCE 5/13, MACDONALD EDUCATIONAL 1980, METALS, STAGES 1 + 2, S. s0)

Curriculumanalyse

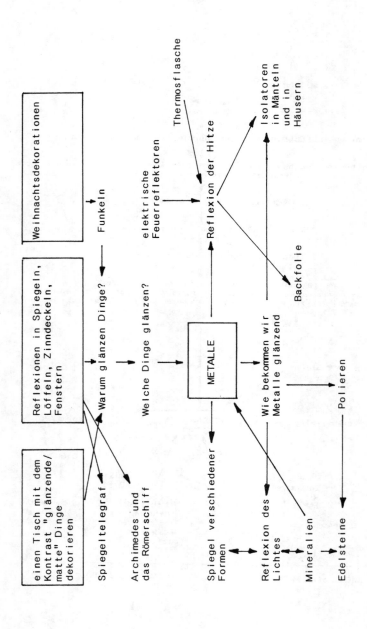

(vgl. SCIENCE 5/13, MACDONALD EDUCATIONAL 1980, METALS, STAGES 1 + 2, S. 34)

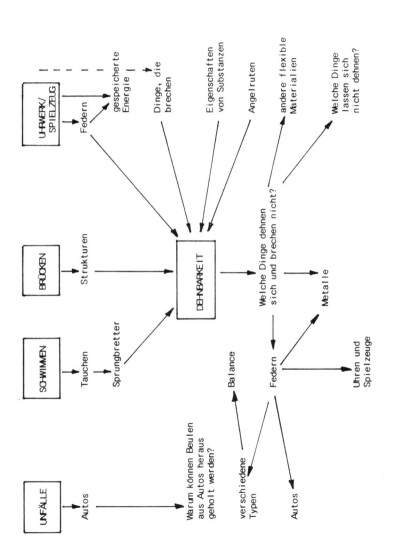

(vgl. SCIENCE 5/13, MACDONALD EDUCATIONAL 1980, METALS, STAGES 1 + 2, S. 37)

Curriculumanalyse

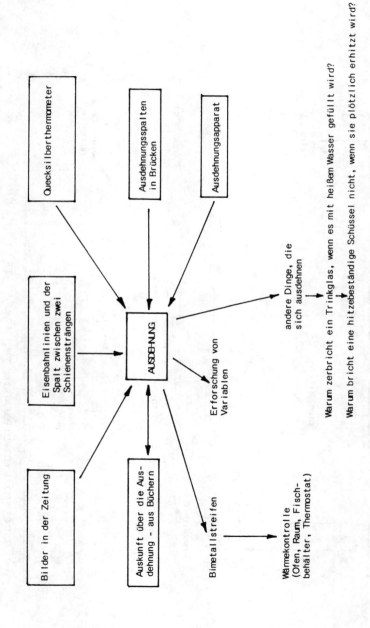

(vgl. SCIENCE 5/13, MACDONALD EDUCATIONAL 1980, METALS, STAGES 1 + 2, S. 44)

Der Effekt von Hitze auf Metall

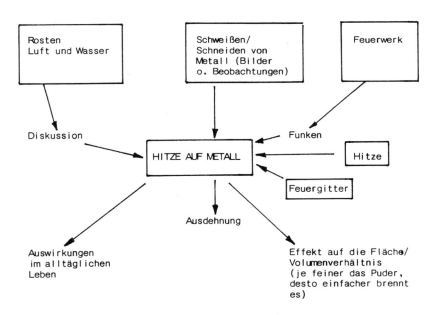

Curriculumanalyse

KORROSION DURCH LUFT UND WASSER

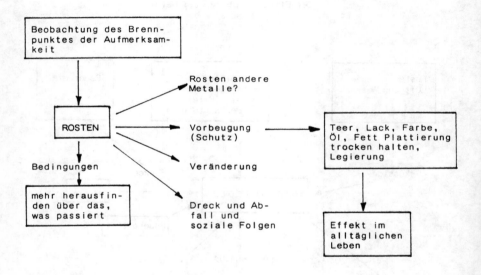

(vgl. SCIENCE 5/13, MACDONALD EDUCATIONAL 1980, METALS,
STAGES 1 + 2, S. 50)

WOHER STAMMEN DIE METALLE?

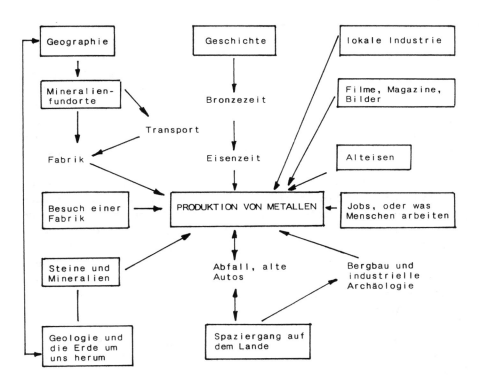

(vgl. SCIENCE 5/13, MACDONALD EDUCATIONAL 1980, METALS,
STAGES 1 + 2, S. 50)

1.4.5.7.3 Kinder in ihrer natürlichen Umwelt

Zu den genetischen Konzeptionen, die den Versuch machen, von den
Kindern auszugehen, zählt auch das Curriculum "Kinder in ihrer
natürlichen Umwelt" (vgl. hierzu ARBEITSGRUPPE GÖTTINGEN 1977).
Ausgehend von den Erfahrungen der Schüler werden fachlich orientierte Ziele angestrebt, die jedoch auch mehrdimensional gefaßt
sind und soziale, kognitive sowie motorische Elemente umfassen.
Das Curriculum strebt die Entwicklung von Sachkompetenz gegenüber
der natürlichen Umwelt an. Es will den Kindern neue Erfahrungen
vermitteln und sie zu angemessenen Begriffen und Deutungsmustern
bringen. Dabei nimmt dieser Ansatz Inhalte aus der Natur, die
fächerübergreifend erarbeitet werden. Wissen, Einsichten, Fähigkeiten und Fertigkeiten sind nicht nur Selbstzweck, sondern auch
durch ihre situations- und umweltbezogene Anwendung wichtig. Um
sie zu vermitteln, geht dieses Curriculum induktiv vor. Es beab-
sichtigt, fünf Prinzipien - Handeln, Selbständigkeit, Entdecken,
Kooperation und Kommunikation - zu verwirklichen. Dabei wird auch
eine genetische Vorgehensweise sichtbar, die in deutlicher Korres-
pondenz zu den bisher genannten, genetisch akzentuierten Konzeptionen steht.

Das Themenraster dieses Curriculums sieht fünf Lernjahre vor, die
thematisch gegliedert sind, so wie es das Schaubild auf der folgenden Seite zeigt:

Die Darstellung der Unterrichtseinheiten folgt einem spezifischen
Schema:

Curriculumanalyse   natürliche Umwelt

Thema der Aktivität	es macht das Thema der Handlung im Unterricht deutlich
Ziele der Aktivität Materialien, Zeitdauer, Vorbemerkungen	zu den Intentionen, den Materialien und zum Unterrichtsverlauf
Vorschlag für eine randlungsfolge, Hinweise für deren Durchführung, zusätzliche Anregungen	es werden mögliche Erweiterungen oder Verbindungen zu anderen Fächern aufgewiesen

(nach NOWACK, I. 1980, S. 43)

Die folgendes Übersicht zeigt die Aufteilung der Themen über die ersten fünf Lernjahre.

Übersicht zu den Unterrichtseinheiten des Curriculum „Kinder und ihre natürliche Umwelt"

	Vorschule (1. Lernjahr)	1. Schuljahr (2. Lernjahr)	2. Schuljahr (3. Lernjahr)	3. Schuljahr (4. Lernjahr)	4. Schuljahr (5. Lernjahr)
1. Halbband	– Stoffe und ihre Eigenschaften – Früchte und Samen	– Länge und Entfernung – Gewicht und Gleichgewicht – Schmelzen und Erstarren	– Mehlkäfer – Verdampfen und Verflüssigen – Töne und Geräusche	– Entwicklung und Vermehrung der Fruchtfliege – Kraft und Kraftmessung – Elektrizität und elektrischer Strom	– Arbeit und Energie – Ernährung und Verdauung
2. Halbband	– Gewicht und Waage – Meerschweinchen im Klassenzimmer – Wir ziehen Pflanzen in der Schule – Der menschliche Körper	– Behälter und Volumen – Geburt und erste Lebensjahre des Menschen – Die Entwicklung der Bohne	– Temperatur und Thermometer – Zeit und Zeitmessung – Amaryllis	– Geburt und vorgeburtliche Entwicklung – Baustoffe und Kunststoffe – Maus	– Wasser und Abwasser – Lebensraum Aquarium
	1977	Februar 1979	September 1980	1980	1980

Erscheinungsdatum:

Verlag Moritz Diesterweg
Frankfurt a.M.

1.4.5.7.4 Die Aktualgenese der Alltagswirklichkeit

Einen Versuch in Anlehnung an klassische Ordnungskriterien stellt
der Ansatz der aktualgenetischen Umweltkunde oder der Aktualgenese
der Alltagswirklichkeit dar. Dieser Ansatz ist fächervermeidend
und erkennt im mehrperspektivischen Projektunterricht den entscheidenden didaktischen und methodischen Zugriff im Sachunterricht (vgl. MAYER, W.G. 1983 u. 1985). Es handelt sich allerdings
nicht um denselben Begriff der Mehrperspektivität, der im Kapitel
1.4.5.5 abgehandelt wurde.

Als Ansatzpunkte dienen vielmehr **Daseinsgrundfunktionen**:

1. **Versorgen**: mit Nahrung, Kleidung, Wohnung, Wasser,
   Energie und Informationen,
2. **Entsorgen**: Entsorgen von Müll, Abwasser ect., Umweltschutz,
3. **Arbeiten**: Waren herstellen und verteilen, Dienste
   leisten,
4. **Am Verkehr teilnehmen**: Straße, Schiene, Wasser, Luft,
5. **In privaten und politischen Gruppen leben,**
6. **Pflegen - erholen - spielen - feiern,**
7. **Forschen - lernen - sich bilden.**

Diese Daseinsgrundfunktionen umfassen die wesentlichen Lebensvollzüge des Kindes, unabhängig von möglichen Zuordnungen wie z.B.
"Kind und Zeit, Kind und Raum, Kind und Technik, Kind und Natur"
und lassen somit ein Lernen zu, das die Fächer nicht wesentlich
tangiert. Vielmehr geschieht Lernen in den Handlungsfeldern, die
die Daseinsgrundfunktionen konstituieren. Dabei versucht der Unterricht einen Erkenntnisweg zu beschreiten, der von der anfänglich **diffusen** zur **durchschauten** Ganzheit führt. Der Weg führt - so
MAYER - von der Phänomenologie zum objektiven Realismus.

Das bedeutet, die subjektiven, emotionalen Anmutungsqualitäten in
der Eigenwelt der Kinder werden verobjektiviert, durch handlungs-
orientierte Lernformen begrifflich gefaßt, geordnet und ihrer Zu-

fälligkeit entkleidet. Sie werden also reproduzierbar, kategorial und geordnet dargestellt, wobei die Ordnungskriterien in den Daseinsgrundfunktionen liegen. Grundlage für die aktualgenetische Umweltkunde ist neben dem bereits genannten handelnden Lernen auch das sinnstiftende Lernen, das in fächerübergreifenden Zusammenhängen stattfinden soll. Dabei werden alle Formen des experimentellinduktiven Lernens einschließlich der Versuch-Irrtum-Aktivität gezielt gefördert, und der Sachunterricht wird mit seinen benachbarten Fächern: Sprache, Kunst und Mathematik in Beziehung gesetzt. Grundlage eines solchen Verständnisses von Unterricht können nur Elemente der Kognitionspsychologie sein, die u.a. darauf abzielen, die Forschungsalgorithmen der Naturwissenschaften auf Unterrichtsprojekte zu übertragen. Werner Guido MAYER koppelt die aktualgenetische Umweltkunde an den Begriff des erziehenden Unterrichts und an ethische Fragestellungen: Der Unterricht soll zu Handlungsfähigkeit und Handlungsbereitschaft in sozialer Verantwortung führen. Zugleich ist dieses Konzept - gerade weil es auf sinnstiftende Lernprozesse, auf die interpretative Verarbeitung der Lebenserfahrungen sowie die Explikation mehrerer Perspektiven abhebt - nicht mit Hilfe operationalisierter Lernziele und lediglich in kognitiver Akzentuierung zu verwirklichen, sondern nur unter der Gewährung von Lernformen, die umfassend und persönlichkeitsbildend sind.

1.4.5.7.5 Der komplementäre naturwissenschaftlich-technische Lernbereich

Vor dem Hintergrund des bisherigen Forschungsstandes muß eine lernbereichsdidaktische Gliederung des Unterrichts als ungelöstes Problem erscheinen, da die Verbindung des Prinzips der Kindgemäßheit mit dem Prinzip der Wissenschaftsorientierung noch aussteht. Gerade durch die Vermittlung dieser beiden Prinzipien ist die Erarbeitung eines Legitimationszusammenhanges für den naturwissenschaftlich-technischen Sachunterricht möglich. Im folgenden wird versucht, mit Hilfe psychologischer, sozialisationstheoretischer, didaktischer und wissenschaftstheoretischer Überlegungen eine Vermittlung der beiden Prinzipien zu erarbeiten. Aus diesem Grunde muß eine pädagogische Theorie der kindlichen Entwicklung gefordert werden, die sich nicht auf die bloße Beschreibung der Sozialisationsprozesse beschränkt, sondern bei der Umsetzung auf den Unterricht einen Beitrag für die "sinnerfüllte" Gegenwart des Kindes leisten kann (vgl. hierzu BURK, K.H 1977, SOOSTMEYER, M. 1978).

Eine Theorie der Kindheit würde für den Unterricht der Fächergruppe Naturwissenschaften und Technik bedeuten, daß der entsprechende Lernbereich als ein pädagogisch-didaktischer Interpretationsversuch der kindlichen Lebenserfahrungen verstanden werden kann. Der Interpretationsversuch geschieht vorrangig unter naturwissenschaftlich-technischem Aspekt, wobei dieser durch eine differenzierte Herausarbeitung der Unterschiede, der Gemeinsamkeiten und der sich gegenseitig ergänzenden Momente der beteiligten Fachperspektiven gebildet werden kann.

Dieser Interpretationsversuch wird den kindlichen Lernbedürfnissen und den pädagogisch legitimierbaren Zielen des schulischen Lernens nur dann gerecht, wenn er die affektiv-emotionalen, sozialen und kognitiven Elemente des kindlichen Lernens gemeinsam aufgreift und mit dem Ziel realisiert, die **personale, sachliche, kommunikative und kulturelle Kompetenz des Kindes** zu differenzieren und auszuweiten.

Diese Erwägungen müssen durch weitere Aussagen ergänzt werden, um die konstitutiven Elemente einer "Konzeption der Kindheit" in Relation zum naturwissenschaftlich-technischen Lernbereich herauszuarbeiten.

Die konstitutiven Elemente, von denen zugleich auch die Kriterien zur Gestaltung des Unterrichts bestimmt werden, sind:

- die entwicklungspsychologischen Erkenntnisse, die zur Bestimmung und zur Revision des Begriffes der Kindgemäßheit geführt haben,
- die frühkindlichen und außerschulischen Lebenserfahrungen der Lernenden,

- die ungefächerte <u>Umwelt- und Naturbetrachtung</u> des Kindes,
- die Frage nach der <u>Bedeutung der Dinge</u> und die Tendenz zur Herstellung sinnvoller Beziehungen,
- das kindliche Spiel und die kindlichen Formen der Informationssuche und - verarbeitung.

Kinder im Grundschulalter haben <u>natürlicherweise keine gefächerte Sichtweise der Dinge, Vorgänge und Phänome</u> in ihrer Umwelt. Diese Feststellung gilt nicht nur für die ungefächerte Umweltbetrachtung des hier angesprochenen Lernbereiches, sondern generell. Kinder können nicht zwischen den drei Horizonten "Geistes-, Gesellschafts- und Naturwissenschaften" unterscheiden, von denen ROTH herausstellt, daß sie die Interpretationsgrundlagen darstellen, mit deren Hilfe wir die Welt und die Menschen verstehen.

Diese Perspektiven muß das Kind erst noch lernen. Das bedeutet, der naturwissenschaftlich-technische Lernbereich kann nur dann in einer pädagogisch sinnvollen Weise auf die emotionale und kognitive Struktur des Kindes bezogen werden, wenn er im Zusammenhang mit den anderen Lernbereichen - "pädagogischen Interpretationsversuchen" - aus den umfassenden Lebenserfahrungen der Kinder abgeleitet und auf sie bezogen wird.

Kinder haben zwar eine ungefächerte Sichtweise der Dinge und Phänomene in der Umwelt, sie ist aber nicht gestaltlos oder gar primitiv. Berichte über Erfahrungen mit Kindern in offenen Lernsituationen und psychologische Untersuchungen zeigen eine differenzierte Sichtweise der Kinder, die sich in Fragen und Feststellungen zu den Objekten der Umwelt niederschlägt, in denen der Sinn, der Zweck und die Funktion dieser Objekte angesprochen bzw. erfragt werden. <u>Kinder fragen</u> - diese Feststellung wird insbesondere für das entdeckende und forschende Lernen wichtig - <u>nach der Bedeutung, dem Zweck und dem Sinn, den die Dinge für die eigene, für eine andere Person oder für ein anderes Lebewesen haben</u>. Diese Fragen und die entsprechenden Antworten sind die ersten Vergleiche und führen zu den <u>ersten Äquivalenzbildungen</u> beim Kind. Mit diesen Äquivalenzbildungen versucht das Kind, die Objekte seiner Umwelt

nach Mustern zu ordnen und miteinander in Beziehungen zu setzen,
die als subjektiv sinnvoll und als kognitiv befriedigend erlebt
bzw. begriffen werden. Diese Tendenz kindlichen Denkens darf nicht
als Mangelerscheinung verstanden werden, die lediglich die unzureichende Fähigkeit des Kindes zu objektivem Denken dokumentiert.

Sie stellt vielmehr einen Teil der Strategien zur produktiven und
konstruktiven Sachauseinandersetzung dar, die in der kognitiven
Struktur des Kindes verankert sind und auf die sich der Unterricht
beziehen muß. Die folgenden Schüleraussagen und -feststellungen
zeigen beispielhaft, daß dieser Ansatzpunkt möglich ist.

In einer Einführungsstunde in einem zweiten Schuljahr, die eine
für die Klasse neue Themenwahl brachte, wurde besprochen, welche
Dinge, Materialien und Geräte zur Einrichtung eines Aquariums
notwendig sind. Unter der Fragestellung: "Was brauchen wir für
unser Aquarium?" wurden von den Kindern alle für die Einrichtung
und für den Betrieb notwendigen Einzelteile genannt. Interessant
ist nicht allein die Vollständigkeit der Einrichtungsgegenstände,
sondern die Tatsache, daß die Kinder, ohne dazu aufgefordert zu
sein, von sich aus jeweils den Einsatz der Materialien und Einzelteile sinnvoll begründeten, indem sie deren Funktion und Zweck
herausstellten. Im folgenden werden einige Materialien und Geräte
sowie die dazugehörigen Kinderäußerungen genannt:

1. "Kies und feinen Sand brauchen wir als Boden." "Die Pflanzen haben Wurzeln und die brauchen Boden, sonst schwimmen
   die Pflanzen oben." "Die Pflanzen müssen Wurzeln schlagen
   können."

2. "Wir brauchen ein Stück Holz, das so aussieht wie eine
   Höhle, damit die Fische ein Versteck haben, wenn sie schlafen wollen." "Das kann man auch mit Steinen machen, die
   kann man ja wie eine Höhle bauen." "Die Höhle muß einen
   kleinen Eingang haben, durch den die kleinen Fische durch-
   passen, die großen aber nicht. Die Kleinen schwimmen, wenn
   die Großen hinter ihnen her sind, in die Höhle. Die Großen

passen da nicht hinein, und die Kleinen sind gerettet."
"Bei uns zu Hause hält eine Fischmutter die Kleinen in
einer Höhle fest. Sie schwimmt immer vor der Höhle hin und
her, damit die anderen nicht daran können. Die Fischmutter
verteidigt und schützt ihre Kinder. Wir brauchen schöne und
bunte Steine, damit unser Aquarium auch schön aussieht."

3. "Die Heizung braucht man nur bei Warmwasserfischen, die
gehen tot, wenn sie frieren und keine Wärme mehr haben."
"Die Heizung muß das Wasser warm halten." "Die Kaltwasserfische brauchen keine Heizung, die frieren auch nicht, wenn
das Wasser kalt ist, das sind ja Kaltwasserfische." "Denen
wird es ja sogar im warmen Wasser zu warm, die sterben in
zu warmem Wasser."

4. "Wir brauchen Licht, damit wir die Fische besser sehen
können, wenn sie in der Höhle sind oder unter dem Holz."
Gegenstimmen: "Das stimmt nicht ganz; die Fische brauchen
auch Licht, die müssen auch sehen können, wenn sie das
Futter oder ihre Freunde suchen." "Die Fische brauchen
sogar besonderes Licht. Mein Vater hat den Fischen ein lila
Licht gemacht." (Gemeint ist die Spezialbeleuchtung für die
Wasserpflanzen.)

5. "Der Filter muß das Wasser sauber machen." "Ohne Filter
wird das Wasser ganz dreckig und schäbig." "Man kann die
Fische dann gar nicht mehr sehen und die uns dann auch
nicht mehr." "Das Wasser bei unserem Aquarium zu Hause war
giftig geworden, weil wir keinen Filter hatten. Die Fische
gingen ein. Jetzt haben wir einen Filter, mein Papa hat den
eingebaut, damit das nicht noch einmal passiert."

Diese Aussagen sind repräsentativ, sie wurden in anderen Jahr-
gangsklassen in ähnlicher Weise von den Kindern gemacht. Ich gehe
im Kapitel 4.4.4 noch einmal auf diese Kinderaussagen ein. An
dieser Stelle lassen sie folgende Interpretationen zu:

- Die Sch ler finden den Sinnzusammenhang bei komplexeren Phänomenen ihrer Erfahrungswelt selbst heraus. Dieser Sinnzusammenhang
besteht bei diesem Beispiel einmal in der Freude darauf, ein
Aquarium im Klassenzimmer zu haben und zum anderen darin, einen
gut funktionierenden künstlichen Lebensraum für die Fische einzurichten.

- Durch die Benennung der Funktionen und Zwecke der Geräte und
Materialien und auch durch die Nennung von Materialien, die die
ästhetischen Dimensionen betreffen, ordnen die Schüler ihre
Beiträge dem Sinnzusammenhang unter. Die Schülerbeiträge sind
daher miteinander verknüpft, sie erhalten ihrerseits durch den
Sinnzusammenhang eine für jeden Schüler erkennbare Bedeutung,
auf der im Unterricht aufgebaut werden kann.

Das Finden eines Begründungszusammenhanges für den Einsatz der
Materialien und Geräte und die Argumentationen der Schüler müssen
eindeutig - es handelt sich hier um die Aussagen siebenjähriger
Mädchen und Jungen - als differenziert, gestalthaft und anspruchsvoll bezeichnet werden.

Die Aussagen der Kinder und die hier getroffenen Feststellungen
verdeutlichen, daß die kindliche Frage nach der Bedeutung der
Dinge und die Tendenzen zur Herstellung sinnvoller Beziehungen der
Dinge zueinander oder der Dinge zu Menschen und Tieren als konstitutive Elemente der kindlichen Geistesverfassung angesehen werden
müssen.

Die Inhalte müssen diesen konstitutiven Elementen des kindlichen
Denkens entsprechen. Es müssen also Sinnganzheiten sein, die einer
Strukturierung durch die Schüler zugänglich sind und einen kogni-
tiven Zusammenhang bilden. Die konstruktive Auswertung der eigenen
Erfahrungen ist dem Schüler an eklektizistisch zusammengestellten
Inhalten nicht möglich, da bei einer solchen Anordnung der Gedan-
ken- und Vorstellungskomplex, der einsichtige Verknüpfungen der
Denkakte erfordert und erlaubt, gar nicht vorhanden ist.

Die Kinderaussagen zeigen ferner, daß die Schüler bei der Konfrontation mit einem umfassenden Problem aus ihrer Erfahrungswelt in
die Lage versetzt werden, denkergiebige, sinn- und bedeutungserschließende, problemhaltige sowie zum Denken und Handeln herausfordernde Beiträge zum Unterricht zu leisten. Die didaktische
Auswahl derartiger Inhalte erlaubt dann die Planung, Gestaltung
und Durchführung offener Lernsituationen, in denen die Kinder
ihre Lernansprüche artikulieren können, ohne daß der Zusammenhang
mit dem Thema verloren geht und der Unterricht in chaotischer
Spontaneität endet. In der thematischen Konzentration des Unterrichts auf umfassende Phänomene der Wirklichkeit liegt eine Möglichkeit, auf pädagogisch sinnvolle Weise zwischen den spontan
auftretenden kindlichen Lernbedürfnissen und der notwendigen Vor-
ausplanung des Unterrichts durch den Lehrer zu vermitteln. Vor dem
Hintergrund dieser Darlegungen kann der sicherlich falsche Eindruck entstehen, das Kind könne und wolle eine gleichsam "taten-
lose" Phänomenologie der Dinge und Sachen betreiben, indem es deren Sinn und Bedeutung nachspürt. Eine derartige Interpretation
des kindlichen Verhaltens ist unbrauchbar, weil sie den für diese
Altersstufe bedeutsamen Bereich der produktiven Sachauseinandersetzung des Kindes im Spiel und im handelnden Umgang mit den
Sachen in seiner Umwelt unberücksichtigt läßt.

Die Schüler begnügen sich beispielsweise bei der Behandlung des
Aquariums nicht allein mit der Identifikation des Zweckes oder der
Funktion der Geräte und Einzelteile, sondern gehen dazu über,
diese Dinge auszuprobieren und zu erkunden, wie sie funktionieren.
Die aus diesen Aktivitäten resultierenden Fragen setzen weitere
Lern- und Denkprozesse in Gang, die als Informationserwerb,
- verarbeitung und -bewertung zu bezeichnen sind. Im Falle der Geräte beantworten die Kinder im Unterricht die Fragen, die sie in
bezug auf die Funktionsweise haben, durch Zerlegung.

Die hier dargestellten Elemente einer pädagogischen Konzeption der
Kindheit lassen eine Auswahl von Kriterien zu, die bestimmte
Inhalte nahelegen: Sie müssen aus der Lebenswelt des Kindes stam-

men, eine strukturierende Tätigkeit der Kinder erfordern und zu
Problemfindungen und Problemlösungen sowie zur Kommunikation herausfordern. Es stellt sich nur die Frage, inwieweit die Auswahl
dieser Inhalte, die fächerübergreifend und integrativ bearbeitet
werden müssen, durch das Prinzip der Wissenschaftsorientierung
legitimiert werden kann.

Dieses Legitimationsproblem kann nicht durch die Einführung außer-
wissenschaftlicher, z.B. politischer oder handlungspraktischer
Problemlösungen erfolgen, sondern nur auf der Grundlage wissenschaftstheoretischer, methodologischer, naturphilosophischer und
fachlich-didaktischer Überlegungen.

Hierzu sind folgende Befunde in bezug auf die zur Diskussion
stehenden Wissenschaften wichtig:

1. Der Aspekt der Substantivität

Er wird deutlich in der Forschung um der Erkenntnis willen. Ziel
der Forschung ist die Entwicklung intersubjektiv mitteilbarer, auf
die Objekte der Realität bezogener Theorien mit exakter Aussagekraft und prognostischem Wert, der durch Experiment, Beobachtung
oder Ereignisse erwiesen werden kann.

2. Der Aspekt der Operativität

Dieser wird erkennbar in der Forschung zum Zweck der Verwirklichung von Projekten. Die Ziele dieser Forschung sind unter zwei
Kategorien faßbar:

- Entscheidungssteuerung: Alternative Theorien oder Aussagensysteme, die von den Wissenschaften angeboten werden, werden gezielt
zur Entscheidung entweder für oder wider die Verwirklichung eines
Projektes herangezogen. Hierbei werden alle Alternativen auf ihre
Folge- und Nebenwirkungen, z.B. auf die Gesellschaft, Wirtschaft
und Umwelt untersucht und in die Entscheidung einbezogen; sie
steuern gleichsam diese Entscheidung.

- Optimierung: Die sich für die Realisierung eines Projektes an-
bietenden Alternativen werden miteinander verglichen und die technisch sinnvollste Lösung wird herausgegriffen und realisiert.
Wissenschaftliche Forschung, hier im engeren Sinne technologische
Forschung, zeigt sich als die Suche nach Lösungen von Problemen,
die sich bei der Verwirklichung von Projekten unter dem Gesichtspunkt der optimalen gesellschaftlichen, wirtschaftlichen und technischen Durchführbarkeit stellen.

Besonders bedeutsam im Hinblick auf die Entwicklung von Auswahlkriterien für fächerübergreifende und integrative Lerninhalte ist
das Zusammenspiel der hier angesprochenen Fachperspektiven bei der
Inangriffnahme von komplexen Problemen, deren Lösung nicht von
einer Fachperspektive allein geleistet werden kann.

3. Der Aspekt der Komplementarität

Dieser Aspekt kann seinerseits in verschiedene konstitutive Elemente differenziert werden, in denen die Gemeinsamkeiten und Unterschiede der am Lernbereich beteiligten Wissenschaften deutlich
werden und positiv für die Didaktik und Methodik des Lernbereichs
verfügbar gemacht werden können. Diese konstitutiven Elemente
sind:

a) die Eigenständigkeit der Fachperspektiven als wissenschaftliche
   Disziplinen,

b) die Unersetzbarkeit und Nichtaustauschbarkeit der am Lernbereich beteiligten Wissenschaften im Lernbereich sowie bei der
   Lösung komplexer Probleme in der Forschung und in der Alltagswelt,

c) das gemeinsame Vorgehen, durch Reduktion komplexer Phänomene
   einen Realitätsausschnitt zu schaffen, über den exakte, objektivierbare und nachprüfbare Aussagen mit prognostischem Wert
   getroffen werden können,

d) die Spezialisierung des jeweiligen Faches auf eine bestimmte, für dieses Fach typische Fragestellung,

e) die gegenseitige Abhängigkeit und Ergänzung dieser Fragestellungen und der daraus resultierenden Sichtweisen der Probleme,

f) die partielle Übereinstimmung bei den Prozessen der Erkenntnisgewinnung in den unterschiedlichen, fachlich akzentuierten Ausformungen der Disziplinen.

Es erscheint an dieser Stelle sinnvoll im Rahmen einer kurzen Analyse des Verfahrens der naturwissenschaftlichen Reduktion der Gegenstände, den für die Gewinnung der Kriterien sehr bedeutsamen Gesichtspunkt der Komplementarität umrißartig darzustellen. Hierbei muß aber herausgestellt werden, daß diese kurze Analyse keinen Anspruch auf Vollständigkeit und Lückenlosigkeit erhebt, sondern lediglich einen Abriß der Gedankenführung geben kann. Eine detaillierte Begründung jedoch erscheint im Rahmen dieser Arbeit nicht angezeigt, da sie nur mit Hilfe der modernen Wissenschaftsforschung möglich ist und mit Sicherheit den Rahmen dieser Arbeit sprengen würde.

Der Forschungsbereich der Naturwissenschaften und der Technik ist die natürliche oder die gestaltete Umwelt, insofern sie die Objekte der äußeren Wirklichkeit umfaßt. Jede der Wissenschaften nimmt Reduktionen an den Gegenständen ihres Forschungsbereiches vor, d.h. sie klammert beispielsweise die ökonomischen, sozialen, ästhetischen, politischen, individuellen oder kollektiv bedeutsamen und wertbezogenen Komponenten der Gegenstände aus ihrer spezifischen wissenschaftlichen Betrachtung aus. Durch diese Ausklammerung entstehen "Objekte" der Wissenschaft, über die Aussagen gemacht werden können und die den Kriterien der Exaktheit, Überprüfbarkeit und Objektivierbarkeit entsprechen. Diese Entsprechung bedeutet im Fall der Naturwissenschaft und der Technik, daß die in den Aussagen benutzten Begriffe eindeutig, mengenmäßig erfaßbar oder zumindest komparativ sein müssen, daß die Aussagen in sich

logisch konsistent sind, mit dem etablierten Begriffssystem der
Wissenschaften kompatibel sind, auf die Objekte der äußeren Wirklichkeit zutreffen sowie Prognosen erlauben, die intersubjektiv
durch Beobachtung, Test, Probe, Experiment oder durch systemati-
sches Schlußfolgern nachprüfbar sind. Ferner müssen diese Aussagen
unabhängig von der Person, vom Ort, von der Zeit und invariant
gegenüber Maßeinheiten und Koordinationssystemen sein.

Mit der Reduktion der komplexen Gegenstände der Umwelt auf Objekte, über die Aussagen gemacht werden können, die den genannten
Kriterien entsprechen und die dem experimentell-induktiv-deduktiven Verfahren unterworfen werden können, ist eine wichtige Gemeinsamkeit der Naturwissenschaften und der Technik angesprochen, die
einerseits den für die einzelnen Wissenschaftsgruppen charakteristischen Zugriff auf die Forschungsobjekte verdeutlicht, andererseits aber auch die Wissenschaften dieser Gruppe vergleichbar
erscheinen läßt.

Bekanntlich bleiben die Wissenschaften nicht auf dieser Reduk-
tionsstufe stehen, sondern gehen zu weiteren Reduktionen der Objekte und zu spezifischen Fragestellungen zu den Objekten über,
die eine Gliederung der Umwelt erlauben. Die unbelebte Umwelt läßt
sich in drei Inhaltsbereiche gliedern: "Stoff, Energie und Information", die gemeinsam Forschungsobjekte der Physik, Chemie und
Technik sind. Anhand wissenschaftsgeschichtlicher Überlegungen ist
es möglich zu zeigen, daß die fortgesetzten Reduktionen und die
Spezialisierung der Forschung auf bestimmte Aspekte eines Gegenstandes zur Herausbildung unterschiedlicher Fragestellungen geführt haben, die für die Wissenschaften - sieht man einmal von
ihren Randzonen ab - repräsentativ und zentral sind. Die Bereiche
"Stoff, Energie, Information" werden von der Physik unter der zentralen Fragestellung nach den "Wechselwirkungen", von der Chemie
unter der zentralen Fragestellung nach der "Veränderung" und von
der Technik unter der zentralen Fragestellung nach der "finalen
Gestaltung" der Umwelt untersucht. Forschungsgegenstand der Biologie ist die belebte Umwelt, wobei diese unter den gleichen Fragestellungen untersucht wird wie die unbelebte Natur, jedoch mit

Curriculumanalyse   komplementärer Sachunterricht

Akzentverschiebungen, die aus erkenntnistheoretischen und naturphilosophischen Überlegungen für einen adäquaten wissenschaftlichen Zugriff auf diesen Bereich der Umwelt notwendig sind. Die
zentrale Fragestellung der Biologie ist die Frage nach der "Entwicklung". Die folgenden Darstellungen zeigen deutlich den Zusammenhang zwischen den zentralen Fragestellungen und den jeweiligen
Gegenstandsbereichen der Wissenschaften:

		Wechselwirkung (Physik)	Veränderung (Chemie)	Finale Gestaltung der Umwelt (Technik)	Entwicklung
Unbelebte Natur	Stoff	Arten der Stoffe z. B. fest, flüssig, gas-förmig Differenzierung in viskös, elastisch, hart, spröde physikalische Eigen-schaften, Leitfähigkeit, Kohäsion, Adhäsion	Eigenschaften als Er-kennungs- und Ord-nungskriterien Änderung der stoff-lichen Zusammen-setzung (Mischen, Trennen, Lösen) (chemische Umwand-lung)	Umwandeln z. B. Formumwandlung, Materialeigenschaften Transport z. B. Kraft-wagen, Eisenbahn, Pipeline Speicher: Tank, Lager	
	Energie	Energiearten: mecha-nische, elektrische und Wärmeenergie Energie — Kraft — Arbeit Kraft und Kraftarten, Energiespeicherung, Batterie, Akku Umwandlung von Energie, z. B. elektr. Wärme	Wärmeentwicklung (Verbrennung) Aktivierungsenergie (Entzündungstempera-tur) Energieänderung (chem. Vorgang)	Umwandeln: verschie-dener Energiearten ineinander, z. B. Wasser in elektrische Energie mechanische Energie in Wärme elektrische Energie in Wärme Transport: Leitungen Speichern z. B. Batterie, Stausee	
	Information	Maßsysteme Längen-, Gewichts-, Zeitmessung Meßgeräte: Waage, Barometer, Hygro-meter, Thermometer, Uhr Graphische Darstellung Schall, Ton, Sprache	Indikatorpapier und -lösungen Farb-, Trüb- und Schaumbildungen	Umwandeln: Sprache — Schrift Codealphabet, elek-trische Zeichen Transport z. B. elek-trische Leitungen, visuell Speichern: z. B. Zeich-nung, Bild, Schrift, Platte, Magnetband, Film	

Gegenstandsbereiche \ Problemfelder der Biologie	Ethologie Ökologie	Physiologie	Funktion und Struktur	Wachstum Fortpflanzung Evolution
Belebte Natur — Pflanzen / Tiere / Menschen	Lebensräume Pflanzen passen sich an (Modifikation) Einführung zu ökologischen Zusammenhängen: Zusammenleben von Pflanze und Tier Abhängigkeit voneinander an einem überschaubaren Beispiel Standortlehre und im Sinne von Tarnung Pflanzen sind ihrem Standort angepaßt (Baueigentümlichkeiten bei Pflanzen extremer Standorte) Lebensweise bei Tieren (Bewegung, Nahrungserwerb) Angeborenes und erlerntes Verhalten (im Sinne von Dressur)	Nahrung, Ernährung, Nahrungs- und Nährstoffe einschl. Nachweis Zuordnung der Nahrungsmittel in Nährstoffgruppen Zusammensetzung der Nahrung Stoffwechsel: Abbau der Nahrung (Verdauung) Baustoffwechsel — Betriebsstoffwechsel	Formenvielfalt bei Tier, Pflanze Anpassung im Sinne von Bau-Funktion, der Fisch ist dem Leben im Wasser angepaßt Sinnesorgane und ihre Funktion Benennung der menschlichen Organe	Embryonalentwicklung Embryonalentwicklung nur bei pflanzlichen Objekten, z. B. von der Blüte zur Frucht (Bestäubung, Befruchtung, Fruchtentwicklung) Organentwicklung Organentwicklung z. B. bei Vögeln (Entwicklung des Kükens im Ei) Jugendentwicklung z. B. Samenkeimung, Metamorphosen-Probleme der Brutfürsorge usw. Wachstum einschl. pflanzlicher Wachstumsbewegungen, z. B. Lichtwendigkeit bei Pflanzen, Rankenbewegungen, Laubfärbung, Laubfall

(Quelle: SOOSTMEYER, M. 1978, S. 95 u. 96)

Die zentralen Fragestellungen der Wissenschaften werden durch
zielgerichtete Reduktionen erreicht, wobei durch diese Reduktionen
diejenigen Aspekte eines Objektes aus der wissenschaftlichen Betrachtung eliminiert werden, mit denen sich die benachbarten Wissenschaften auseinandersetzen. Konkret auf eine der Wissenschaften
des Lernbereichs bezogen heißt das: Abgesehen von Grenzgebieten

und Grenzfragen - z.B. der Physik - blendet diese diejenigen Fragen und naturwissenschaftlichen sowie technischen Aspekte der Forschungsobjekte aus ihren Forschungen aus, die die Chemie, Biologie
oder Technik eben an diesen Objekten erforschen. Die jeweils
typische Sichtweise einer Wissenschaft wird somit durch Verzicht
auf diejenigen Forschungsmöglichkeiten gewonnen, die die anderen
Wissenschaften ergreifen und mit Nachdruck verfolgen. Die Wissenschaften reduzieren hierbei ständig zielgerichtet Gegenstände der
Umwelt, sie präzisieren die zentralen Fragestellungen, sie modifizieren und verfeinern die Forschungsmethoden und gelangen zu
neuen, exakten, logisch konsistenten, prognostisch verwendbaren
und nachprüfbaren Aussagen über die Forschungsobjekte. Die fortschreitenden Reduktionen an den Objekten des Forschungsbereiches
und die Präzisierung der Fragen und der Antworten auf diese Fragen
stellen einen wesentlichen Gesichtspunkt des Fortschrittes einer
wissenschaftlichen Disziplin dar. In den jeweils inhaltlichen
Konkretisierungen dessen, worauf ein Forschungsgegenstand zielgerichtet reduziert wird, nachdem er seiner nicht-naturwissenschaft-
lichen und nicht-technischen Aspekte entkleidet ist, und durch die
Beantwortung einer der zentralen Fragestellungen kommen die typisch biologischen, chemischen, physikalischen oder technischen
Sichtweisen auch in ihrer gegenseitigen Abgrenzung, Ergänzung,
Abhängigkeit und partiellen Gemeinsamkeit zum Ausdruck.

M.a.W., wenn eine wissenschaftliche Aussage über ein Objekt der
Umwelt getroffen werden soll, das nicht nur von einer der hier
genannten Wissenschaften hinreichend analysiert und behandelt
werden kann, weil es Aspekte aufweist, die sowohl die Frage nach
der Wechselwirkung, der Entwicklung und der Veränderung als auch
die Frage nach der finalen Gestaltung der Umwelt berühren, dann
ist die Forschung zu einem interdisziplinären Zugriff gezwungen.
Bei einem derartigen Zugriff leistet jede der hier zur Diskussion
stehenden Wissenschaften aufgrund ihrer jeweils spezifischen
Sichtweise des Forschungsbereiches im allgemeinen und des konkreten Forschungsobjektes im besonderen einen eigenständigen,
unersetzlichen, nicht austauschbaren, jedoch auf die Nachbarwis-
senschaften bezogenen Beitrag zur Analyse und zur Lösung des

Problems, das ein solches Objekt der Umwelt in seiner Komplexität
darstellt.

An dieser Stelle erscheint es nun möglich, das Kriterium der
Wissenschaftsorientierung zur Auswahl fächerübergreifender und
integrativer Inhalte vom Aspekt der Komplementarität her zu bestimmen. Hierbei wird im folgenden in einem ersten Gedankengang
der Legitimationszusammenhang für die Auswahl der genannten Inhalte in einem engeren Sinn auf das Prinzip der Wissenschaftsorientierung bezogen dargestellt und in einem zweiten Gedankengang die
Vermittlung dieses Prinzips mit den Kriterien angestrebt, die im
Zusammenhang mit der Konzeption der Kindheit dargestellt worden
sind.

Die Bildungsinhalte im Unterricht sind durch die Naturwissenschaften und durch die Technik definiert; sie sind auf Objekte der
äußeren Wirklichkeit, auf das Exakte, Prüfbare und Objektivierbare
sowie auf diejenigen Aspekte reduziert, die im wesentlichen den
zentralen Fragestellungen der Naturwissenschaften und der Technik
entsprechen. Wenn der Lernende das Ziel des wissenschaftsorientierten Lernens erreichen soll, dann bedarf er der Einsicht in die
Bedeutung, Tragweite und Grenzen der fortgesetzten Reduktionen für
die Gewinnung wissenschaftlicher Objekte, wissenschaftlicher Fragestellungen und entsprechender Antworten, die den genannten Kriterien und den Gesichtspunkten der Substantivität und der Operativität entsprechen. Nur über die Einsicht, daß die Bildungsinhalte,
sofern sie der Biologie, Chemie, Physik und Technik zugeordnet
werden können, durch Reduktionen auf die den Fragestellungen entsprechenden Aspekte bedingt und bestimmt sind, ist ihre wissenschaftliche Herkunft überhaupt erkennbar. Diese Einsicht ist an
mehrere hier nicht vollständig darstellbare Voraussetzungen gebunden. Wenn der Lernende erfahren und erkennen soll, wie die Reduktion des Gegenstandes auf die naturwissenschaftlich und technisch
erfaßbaren Aspekte durchgeführt wird, dann muß er die ursprüngliche Sichtweise des Gegenstandes kennen. Das Kind muß außerdem die
Reduktion auf das Naturwissenschaftlich-Technische selbst durchführen und sie sich bewußt machen. Diese Reduktionen sind nämlich

notwendige Bestandteile wissenschaftlichen Arbeitens (vgl. hierzu
PIETSCHMANN, H. 1981) . Für das Verständnis der jeweils disziplinspezifischen Sichtweise der Biologie, Chemie, Physik und Technik
sind weitere Überlegungen und Einsichten notwendig. Die Reduktion
auf das "Exakte, Nachprüfbare und Objektivierbare" und auf das mit
dem experimentell-induktiv-deduktiven Verfahren Faßbare ist - wie
bereits dargestellt - eine der Gemeinsamkeiten der Wissenschaften
des naturwissenschaftlich-technischen Lernbereichs, die den für
diese Wissenschaftsgruppe charakteristischen Zugriff auf die Umwelt verdeutlicht. Da diese Reduktion zugleich den Vergleichsgrund
für die hier diskutierten Wissenschaften bildet, ist sie auch die
Bedingung dafür, daß die jeweils spezifischen Sichtweisen der Einzelwissenschaften erkannt werden können. Diese Erkenntnis vollzieht sich dann durch den Vergleich und durch die Unterscheidung
einer Disziplin mit bzw. von den übrigen Disziplinen des Lernbereichs.

Für die Auswahl von Bildungsinhalten im naturwissenschaftlich-
technischen Unterricht aller Schulstufen folgt aus den Begriffen
der Komplementarität und der Wissenschaftsorientierung des Lernens, daß die Bildungsinhalte möglichst Probleme darstellen sollten, zu deren Analyse und Lösung alle hier zur Diskussion stehenden Wissenschaften notwendig sind. Es geht also um Inhalte, die
den Aspekten der biologischen Fragestellung nach der Entwicklung,
der physikalischen Frage nach den Wechselwirkungen, der chemischen
Frage nach der Veränderung sowie der technischen Frage nach der
finalen Gestaltung von Stoff, Energie und Information entsprechen.
Solche Inhalte findet man als wissenschaftliche Forschungsprojek-
te z.B. bei Problemen der Architektur, der Städte- und Land-
schaftsplanung, der Ökologie und der Beseitigung bzw. Wiedergutma-
chung von Umweltschäden.

Zusammengefaßt und bezogen auf die Vermittlung mit den Kriterien
der Konzeption der Kindheit kann die hier nur kurz unter dem
Gesichtspunkt der Wissenschaftsorientierung   dargestellte Legiti-
mationsebene wie folgt beschrieben werden: Der in sich differenzierte Aspekt der Komplementarität legt eine Auswahl integrativer,
fächerübergreifender Inhalte und ein problemorientiertes Verfahren

im Unterricht der Naturwissenschaften und der Technik nahe. Die Fächer dürfen jedoch nicht als eigenständige Disziplinen aufgelöst werden.

Der Begriff der Komplementarität ermöglicht die Darstellung eines genetischen Aufbaus der naturwissenschaftlich-technischen Sichtweise im Verlaufe langfristiger Lernerfahrungen und deren Reflexion im Unterricht:

1. Eine Sichtweise der Umwelt im Sinne einer allgemein naturwissenschaftlich-technischen Umweltbetrachtung, die auf eine mögliche Fächerung hinweist, diese aber nur im Sinne erster Annäherung betreibt.
   Dieser Sichtweise entspricht die Reduktion der Gegenstände aus der Umwelt auf die Aspekte des Exakten, Prüfbaren, Objektivierbaren und mit Hilfe des experimentell-induktiv-deduktiven Verfahrens Erfaßbaren. Diese Sichtweise kann möglicherweise auch als naturwissenschaftlich-technische Gesamtschau der Umwelt bezeichnet werden, die erfahrungsgemäß im Individuum verankert wird, die Bezüge zu den umfassenderen Lebenserfahrungen aber nicht verliert, sondern ausdrücklich aufsucht und thematisiert. Die zweite Differenzierungsstufe baut auf einer halbabstrakten und intuitiven Ebene auf.
2. Eine in die einzelnen Fachdisziplinen und deren Perspektiven differenzierte naturwissenschaftlich-technische Umweltbetrachtung.
   Dieser Sichtweise entsprechen die Reduktionen der Gegenstände der Umwelt auf die naturwissenschaftlich-technischen Aspekte, die unter den zentralen Fragestellungen der Biologie, Physik, Chemie und Technik und deren jeweiligen Spezialisierungen erforscht werden. Diese Sichtweise stellt eine Differenzierung der ganzheitlichen, auf Umwelterfahrungen bezogenen Ausgangsbasis dar. Sie strebt ausdrücklich die Grundlegung der Sach- und Fachkompetenzen in den Einzelfächern an und versucht, im Sinne des hier dargelegten Begriffs der Komplementarität durch rationale Verarbeitung

an konkreten Fällen die Bezüge der Wissenschaften zueinander aufzuzeigen. Hierbei ist es möglich, in einer ersten
Annäherung an wissenschaftstheoretische Reflexionen die
genannten Bezüge exemplarisch zu zeigen. Die dritte Differenzierungsstufe der naturwissenschaftlich-technischen
Sichtweise geht wiederum durch Ausdifferenzierung aus der
zweiten Ebene hervor.

3. Eine Sichtweise der Umwelt und der Wissenschaften, die die
   für eine differenzierte, substantiv wie operativ akzentuierte Auseinandersetzung mit der Umwelt notwendigen Sach-
   und Fachkompetenzen beinhaltet. Darüberhinaus kann sie die
   Naturwissenschaften und die Technik mit ihren Zielsetzungen, Fragestellungen, Ergebnissen, Voraussetzungen sowie
   mit ihrer gegenseitigen Bedingtheit, Abhängigkeit und Ergänzung zum Gegenstand abstandnehmender, wissenschaftstheoretischer und kritischer Reflexionen nehmen.
   Dieser Sichtweise entsprechen die gefestigten und kritisch
   reflektierten Fach- und Sachkompetenzen, die Einsicht in
   die Bedeutung der Reduktionen für die Wissenschaften sowie
   das Bewußtsein der Komplementarität der Wissenschaften im
   hier besprochenen Lernbereich. Diese Sichtweise ist in dem
   hier dargestellten Sinne integrativ. Sie ist in der modernen Wissenschaftsforschung begründet und auf eine gestalt-
   haft-differenzierte Umweltbetrachtung, die die Fachperspektiven in ihrer Eigenständigkeit und -wertigkeit akzeptiert,
   angelegt. Da sie die Reflexion über die Wissenschaften
   dieses Wissenschaftsbereiches beinhaltet, ermöglicht sie
   einerseits eine kritische Distanz zu diesen Wissenschaften,
   die nicht auf Unwissenheit oder gar naiver Ablehnung beruht, sondern die Kenntnisse und Kompetenzen in den Wissenschaften einschließt. Aufgrund dieser Reflexionen, die die
   Selbstinterpretation des Individuums, das Wissenschaft
   lernt oder betreibt, einschließen, ist sich diese differenzierte naturwissenschaftlich-technische Sichtweise der
   Grenzen ihrer Möglichkeiten, die Welt zu interpretieren,
   bewußt. Sie ist damit auch offen für die geistes- und

naturwissenschaftlichen sowie künstlerischen und philosophischen Interpretationsversuche und die damit angesprochenen Lernbereiche. Im Sinne der übergeordneten Bildungsziele
- der Vermittlung personaler, kommunikativer, fachlicher
und kultureller Kompetenzen und der Befähigung zur Selbstinterpretation des Individuums - ist die in abgestuften
Graden dargestellte, komplementäre naturwissenschaftlich-
technische Sichtweise in den Lebensvollzug des Individuums
einbeziehbar und vermag einen Beitrag für die genannten
Kompetenzen zu leisten.

Diese Darstellung zeigt die sukzessive Ausdifferenzierung der
anfänglich ganzheitlich akzentuierten naturwissenschaftlich-technischen Umweltbetrachtung zu einer kritisch distanzierten und
rationalen Sichtweise der Umwelt und der Wissenschaften, die auch
die Befähigung zur Selbstinterpretation des Individuums beinhaltet. Diese Ausdifferenzierung kann unter Berücksichtigung der
Erkenntnisse der Lern-, Entwicklungs- und Denkpsychologie und
unter erziehungswissenschaftlichen Gesichtspunkten als genetischer
Aufbau der letztgenannten Differenzierungsstufe verstanden werden,
der jedoch mit den Erfahrungen und den Formen der produktiven
Sachauseinandersetzung bei Kindern beginnt. Dabei sind die jeweiligen Differenzierungsstufen offen für die fachlichen Sichtweisen
der einzelnen Naturwissenschaften und der Technik, andererseits
aber auch offen für die Interpretationsversuche der Umwelt und
Menschen, die die anderen Wissenschaftsgruppen, die Philosophie
und die Kunst darstellen.

Das Ergänzungsverhältnis zwischen dem Prinzip der Wissenschaftsorientierung und der Kindgemäßheit kann am besten aus den Folgerungen hergeleitet werden, die aus der Komplementarität von
Biologie, Chemie, Physik und Technik und aus der pädagogischen
Konzeption der Kindheit zu ziehen sind.

Die Inhalte und das gesamte Unterrichtsdesign sollten in ersten
Ansätzen die Disziplinen des Wissenschaftsbereiches zur Repräsen-
tanz bringen und die möglichen Verbindungslinien zwischen ihnen

darstellbar machen. Das bedeutet in diesem Kontext, daß die Inhalte dem Kind Erfahrungen ermöglichen sollen, welche als genetische Vorläufer von Biologie, Chemie, Physik und Technik verstanden werden können, wobei diese Erfahrungen natürlich in solchen thematischen Bezügen gemacht werden sollen, die oben beschrieben wurden.
Die Inhalte müssen also fächerübergreifend und interdisziplinär sein. Die Erkenntnismotive substantiver und operativer Art und die Reduktion der Wirklichkeit auf das sog. "Naturwissenschaftlich-Technische" sowie der Gewinn von spezifischen, invariant erscheinenden Fragestellungen sollten den Kindern verdeutlicht werden. Wissenschaftliche Erkenntnise sind nicht bloße Abbildungen der Realität, sondern Antworten auf bestimmte Fragen, wobei das Antwortgeben und -suchen geregelt ist und bestimmten kritischen Bewertungen unterworfen ist. Der Unterricht muß daher die naturwissenschaftlichen und technischen Verfahren in ihrer Bedeutung als intersubjektiv nachprüfbare Methoden der Erkenntnisgewinnung herausstellen. HEITLER und mit ihm andere bedeutende Naturwissenschaftler haben stets unter naturphilosophischen und ethischen Gesichtspunkten darauf hingewiesen, daß wissenschaftliches Denken - eben weil es auch kritisches Denken ist - den Unterschied zwischen belebter und unbelebter Natur zu beachten hat (vgl. HEITLER, W., 1970, S. 12 - 22). Der Unterricht in einem Lernbereich, der darauf abzielt, die Wissenschaften Biologie, Chemie, Physik und Technik unter dem o.g. Komplementaritätsgedanken zu verknüpfen, muß daher die Wissenschaftsbestimmtheit und -bedingtheit der Lerninhalte in ihren seinsmäßig gegebenen Unterschieden von belebter und unbelebter Natur explizieren.

Aus den Darlegungen zur pädagogischen Konzeption der Kindheit können folgende Folgerungen für die Beschaffenheit der Inhalte und der Lernsituationen gezogen werden. Die Unterrichtinhalte und die Lernsituationen müssen aus der Lebenswelt des Kindes stammen und fächerübergreifende Sinnganzheiten darstellen. Der Unterricht muß den kindlichen Wunsch, zu wissen und zu können, aktiv stützen bzw. entwickeln. Die komplexen, fächerübergreifend ausgelegten Lernausgangssituationen sollen dem Kind seine eigenen Reduktionen und

Problemfindungen erlauben, diese ggf. ausdifferenzieren und erfahrbar machen, daß es vom Kind durchgeführte Reduktionen gibt,
die es wert sind, zusammengefaßt und weiter verfolgt zu werden,
weil sie zu Kenntnissen führen, die wissenswert, ansichtig und in
Kooperation mit anderen überprüfbar sind. Hierdurch gelingt es dem
Unterricht, den Kindern ausdifferenzierbare Erfahrungen durch Reduktionen an der Wirklichkeit zu vermitteln, die zugleich auch
eine Konzentration der Lernmotive auf bestimmte Aspekte einer
Sache ermöglichen, so z.B. auf die Aspekte der Ursache - Wirkungs-
relation, der Veränderung, Zwecksetzung und Gestaltung sowie dem
Aspekt des Lebendigen. Dem Kind werden Erfahrungen vermittelt, die
auf den Gewinn solcher Fragen hin ausdifferenziert sind, die mit
Hilfe explorativer Spielhandlungen, mit Hilfe von Tests, Probehandlungen und kleinen Experimenten beantwortbar sind. Zugleich
aber muß der Unterricht den kindlichen Wünschen entsprechend Erfahrungen in der Pflege und der Sorge für Pflanzen vermitteln. Zur
Darstellung des Ergänzungsverhältnisses von kindlicher Motivstruktur und Wissenschaftsorientierung in der hier gebotenen Kürze soll
auf die Ziele des Unterrichts eingegangen werden.

Angesichts neuerer Diskussionen über die Bildungsziele kann davon
ausgegangen werden, daß der Unterricht in der Grundschule die
Entwicklung der "Ich-Identität" bzw. die "personale Kompetenz" des
Kindes aktiv unterstützen soll (vgl. SOOSTMEYER, M., 1979, S. 1 -
36). Das Ziel ist aber nur dann erreichbar, wenn der Unterricht
nicht am Kind vorbei auf die Vermittlung dem Kind als fremd und
unbedeutend erscheinender Inhalte und Methoden abzielt, sondern
wenn er als Beitrag zur sinnerfüllten Gegenwart des Kindes fun-
giert, indem er die Bedeutung wissenschaftlicher Erkenntnisse und
Lösungsansätze für die Lösung von Problemen aus der Alltagswirklichkeit herausstellt. Hierbei bedingen "Wissenschaftsorientierung
und Lebenspropädeutik" (vgl. EINSIEDLER, W., 1979, S. 511ff) einander und ergänzen sich dahingehend, daß der Unterricht interpretierend, ordnend, ausweitend auf die Lebenserfahrungen des
Kindes eingeht und dadurch die Vermittlung sachlicher, kommunikativer, kultureller und handlungspraktischer Kompetenzen an das
Kind leistet. Hierbei werden diese Kompetenzen als konstitutive

Elemente der o.g. Ich-Identität angesprochen, denn diese kann sich
nur dann erweisen, wenn das Individuum über die o.g. Kompetenz
verfügt, und die sie dann auch in individueller Weise ausleben
kann. In dieser Absicht kann man das Ergänzungsverhältnis von Wissenschaftsorientierung und Kindgemäßheit so explizieren, daß die
Auswahl solcher Inhalte möglich wird, die dem Kind einen sinnvollen Zugang zu den Naturwissenschaften und zur Technik ermöglichen
und zugleich zur Handlungs- und Kommunikationskompetenz führen,
weil diese Inhalte aus dem Erfahrungsbereich der Kinder stammen
und das Unterrichtsdesign darauf bedacht ist, die genuin kindlichen Problemfinde- und -lösekompetenzen aufzugreifen und auszudifferenzieren.

Der Zusammenhang der angesprochenen Prinzipien kann mit Hilfe der
Folgerungen, die aus dem Komplementaritätsgedanken und aus der pädagogischen Konzeption der Kindheit gezogen wurde. In einem Schaubild, das auf der folgenden Seite zu sehen ist, werden die Grund-
züge der didaktischen Theorie des komplementären naturwissenschaftlich-technischen Lernbereiches darstellt.

Vor dem Hintergrund der gesamten Darlegung kann der Sachunterricht
im Sinne des hier dargestellten Komplementaritätsgedankens als ein
aspekthafter, weil im Horizont von Naturwissenschaften und Technik
betriebener, pädagogisch-didaktischer Interpretations- und Auswei-
tungsversuch der kindlichen Lebenserfahrungen verstanden werden.
Dieser Interpretationsversuch muß hierbei einen Beitrag zur sinnerfüllten Gegenwart des Kindes leisten, welche zur Identitätsfindung des Kindes und zur Stärkung der Persönlichkeit über die
Vermittlung sachlicher, kommunikativer, handlungsorientierter und
kultureller Kompetenzen führt.

Curriculumanalyse   komplementärer Sachunterricht

Der Zusammenhang von

Komplementarität
der Naturwissenschaften   mit der   pädagogischen Konzeption
und der Technik   der Kindkeit

Interdisziplinarität ◄─────► sinnganzheitliche Erfahrung

substantive und opera-
tive Erkenntnis-   ◄─────► der Wunsch zu wissen und zu können
interessen

Reduktion der Wirklich-   ausdifferenzierbare Erfahrungen
keit auf das Natur-   ◄─────► durch dem Kind individuell bedeutsam
wissenschaftlich-   erscheinende Reduktion
Technische

gezieltes Fragenstellen ◄─────► Fragenstellen der Kinder

experimentell-induktiv-   experimentell-induktiv geleitete
deduktives Verfahren   ◄─────► Erfahrungen

Wissenschaftlichkeit in ◄─────► Erfahrungen in belebter und unbe-
ontologischer   lebter Umwelt
Differenz

┌─────────────────────────────────────┐
│ Sachliche Kompetenz   │
│ kommunikative (soziale) Kompetenz   │
│ handlungspraktische Kompetenz   │
│ kulturelle Kompetenz   │
└─────────────────────────────────────┘

Ich-Identität / personale Kompetenz

Die Komplementarität ist somit eine grundlegende und durchgängige
Bestimmungsgröße für das Prinzip der Wissenschaftsorientierung. Im
Hinblick auf die Vermittlung der beiden zur Diskussion stehenden
Prinzipien "Kindgemäßheit" und "Wissenschaftsorientierung" kann
festgestellt werden, daß in Relation zu den Zielsetzungen des
Unterrichts bei einer pädagogisch sinnvollen Interpretation der
Elemente einer Konzeption der Kindheit und der Komplementarität
der angesprochenen Wissenschaften die Auswahl von fächerübergreifenden, interdisziplinären und integrativen Lerninhalten im Sachunterricht angezeigt ist. Sie ermöglicht eine thematische Konzentration des Unterrichts und den Aufbau eines fortschreitenden
Lernkontextes, indem der Schüler aktiv tätig wird, zugleich aber
auch kumulativ Lernfortschritte verzeichnen kann.

Hierbei müssen die Lerninhalte aus der Erfahrungswelt des Kindes
stammen und als Probleme im Unterricht dargestellt werden können,
an denen die Schüler entdeckend und forschend lernen und die
eigenen Erfahrungen auswerten können.

Es stellt sich in diesem Zusammenhang die Frage, wie die kindlichen Lebenserfahrungen in Relation zu dem naturwissenschaftlich-
technischen Lernbereich strukturiert und für die didaktisch-metho-
dische Planung verfügbar gemacht werden können. Die Essener Arbeitsgruppe hat hierzu den folgenden Strukturierungsvorschlag
unterbreitet, der die Lebenserfahrungen der Kinder nach den Erfah-
rungsbereichen: Nahrung / Kleidung / Wohnen / Kommunikation /
Verkehr / Arbeit / Spiel / Schule / Wetter / Landschaft zu gliedern und diese Gliederungspunkte in Relation zu den Formen der
produktiven Sachauseinandersetzung der Kinder zu setzen sucht, wie
das Schaubild auf der folgenden Seite zeigt.

Hiermit will ich die Darlegungen unterschiedlicher Konzeptionen
und didaktischer Ansätze für den Sachunterricht vorerst ab-
schließen. Ich erhebe keinen Anspruch auf Vollständigkeit und
werde in einem der weiteren Kapitel auf andere didaktische Vorstellungen eingehen.

Curriculumanalyse   komplementärer Sachunterricht

Erfahrungsbereiche der Kinder / gezielte Fragen der Kinder	Nahrung/Kleidung	Wohnen	Kommuni-kation	Verkehr	Arbeit/Spiel/Schule	Wetter/Landschaft
Unter welchen Bedingungen tritt dieses Phänomen, dieser Prozeß auf? Wie kommt es daß ...? Wie kann man das nachprüfen?						
Unter welchen Bedingungen tritt diese Veränderung ein? Wie kann man Eigenschaften nachprüfen?						
Welchen Zweck hat das Gerät? Warum hat es den Zweck? Wie muß man den Apparat konstruieren, damit er vorgegebenen Zweck erfüllt?						
Wie funktioniert das? Welche Lebensweise hat dieses Lebewesen? (Lebensraum, Verhalten, Ernährung) Fragen nach dem Sinn der Formen- und Gestaltvielfalt, Funktion und Struktur von Lebewesen						

(entommen aus SOOSTMEYER, M. 1978, S. 104)

2.0 Kriterien zur Analyse und Darstellung von curricularen und didaktischen Ansätzen

Die bisherigen Darlegungen bezogen sich auf die Darstellung der Curricula und didaktischen Ansätze vorrangig unter der Perspektive ihrer Zielsetzungen. Dabei wurden zwangsläufig auch die didaktischen, methodischen Akzente, die Lehr- und Lernformen und die psychologischen Grundlagen angesprochen, aber nicht systematisch erfaßt. Es zeigte sich, daß eine differenzierte Analyse anhand mehrerer Kriterien notwendig ist, um möglichst allen Dimensionen gerecht zu werden.

Ich schlage deshalb vor, folgende Analysekriterien anzuwenden:

- die pädagogische Intentionen,
- die didaktischen Schwerpunkte,
- die Methoden im Sachunterricht,
- die Lehr- und Lernprozesse,
- die Medien und
- die pädagogischen und psychologischen Grundlagen.

Im Detail sehen die o.g. Kriterien wie folgt aus, ohne daß Anspruch auf Vollständigkeit erhoben wird, die ohnedies nicht leistbar ist:

2.1 Pädagogische Intentionen

Hier sind Fragen nach den pägagogischen Absichten angezeigt, die das Curriculum, der didaktische Ansatz bzw. die Unterrichtskonzeption verfolgt:

- Mündigkeit, Demokratiefähigkeit, Solidarität?
- Sachlichkeit, Mitmenschlichkeit?
- Problemlösefähigkeit, Findigkeit, Gesellschaftsfähigkeit... ?

2.1.1 Bildungsbegriff

Hier sind Fragen nach dem Bildungsbegriff notwendig.

- volkstümliche Bildung?
- pragmatische Bildung?
- wissenschaftliche Bildung?
  wenn ja - welcher Wissenschaftsbegriff liegt zugrunde?
  Impliziert er möglicherweise andere Vorstellungen?

2.1.2 Ziele für die Grundschule

Hier sind Fragen nach den Zielen, deren Formulierung, Funktion und Verbindlichkeiten notwendig, die für die Grundschule formuliert werden.

2.1.3 Formulierung der Ziele für den Unterricht

- inhaltlich?
- operationalisiert?
- rein kognitiv unter Ausschluß motorischer und emotionaler Elemente?
- mehrdimensional?
- Lehrziele für den Lehrer?
- Handlungsziele?

2.1.4 Funktion und Verbindlichkeit der Ziele

- determinieren sie den Unterricht völlig?
- dienen sie der Leistungskontrolle und -beurteilung?
- werden mit ihnen wichtige, fundamentale wissenschaftliche Ideen, Grunderfahrungen und Methoden gekennzeichnet?
- sind sie Leitlinien für fächerübergreifende, handlungsorientierte und projekthafte Arbeitsformen?
- sind sie heuristische Suchschemata oder Hilfen für den

Kriterien   didaktische Schwerpunkte

Lehrer, die Aktivitäten der Kinder zu erkennen und zu
fördern?

2.2 Didaktischer Zuschnitt

Hier sind Fragen nach der Thematik und Inhaltlichkeit des Curriculums, des didaktischen Ansatzes oder der Unterrichtskonzeption
bedeutsam:

2.2.1   Welche Fachbezüge treten auf? Werden die Fachbezüge mono-
        disziplinär oder interdisziplinär realisiert?

2.2.2   Welche Funktionen übernehmen die Inhalte in bezug auf die
        Zielerreichung des Curriculums und auf die Gestaltung des
        Unterrichtsgeschehens?

2.2.3   Dienen die Unterrichtsinhalte hauptsächlich als Lehr-
        oder Lerninhalte?

        - sind sie unabänderliche Vorgaben?
        - sind sie als Größen aufzufassen, deren Bedeutung durch ak-
          tives Entdecken und handelndes Lernen vom Schüler selbst
          erschlossen werden?
        - werden die Zugänge zu ihnen im Sinne eines dozierenden
          Lehrverfahrens gelegt?
        - liegt eine genetische Konzeption vor?
        - wird ein Bruch zwischen der Alltagswelt und der wissen-
          schaftlichen Erfahrung postuliert?

2.2.4   Bedeutung der Wissenschaften

        - sind sie Instrumente zur Lösung von Problemen?
        - besitzen sie realitätskonstituierende oder wirklichkeits-
          erschließende Funktionen?
        - wird der formale Bildungswert der Wissenschaften betont?
        - sind sie als Kulturgut Selbstzweck?

2.3 Methodische Akzente

Hier sind Fragen angezeigt, die die allgemeinen Vorgehensweise und die Unterrichtsprinzipien reflektieren.

2.3.1 Allgemeine Typisierung:

- induktives oder deduktives Vorgehen?
- fachgemäße Vorgehensweisen?
- probierende und experimentelle Verfahren?
- heuristische Verfahren?
- genetisches Vorgehen?
- kommunikative und diskursive Verfahren?
- phänomenologische und hermeneutische Verfahren?

2.3.3 Unterrichtsprinzipien

- Kindgemäßheit - Wissenschaftsorientierung?
- Umgangssprache - Fachterminologie?
- Lebensnähe - Strukturierung?
- Disziplinorientierung - Interdisziplinarität?
- Anschaulichkeit - Abstraktheit?
- passives Lernen - aktives Lernen?
- Erlebnisnähe - Fachtreue?
- Methodenvielfalt - Fachmethodik?
- Exemplarität - Enzyklopädismus?
- Brauchbarkeit - Bildungswissen?
- Situationsbezug - Strukturierung?
ect.

2.4 Lehr- und Lernprozesse

- Lehrererzählung, -vortrag, -demonstration , Lehrer erschließt im wesentlichen die Bedeutung der Inhalte (lehrerzentriert)?

- Vorgaben sind verbindlich: Impulse, Medien, Lernzeiten,
  ect. vorgeschrieben, Lehrer und Schüler übernehmen im
  wesentlichen die Vorgaben der Unterrichtskonzeption
  (systemzentriert)?
- der Unterricht geht von den Lernmotiven der Schüler aus,
  gibt dem Schüler Möglichkeiten zur Mitgestaltung, bewahrt
  kindliche Formen der Problembewältigung und entwickelt sie
  zu kognitiv anspruchsvolleren Handlungen
  (kind- oder schülerzentriert)?
- der Unterricht geht von den Erfahrungen der lernenden
  Subjekte aus und berücksichtigt ihre lebensgeschichtliche
  sowie ihre gesellschaftliche Situation
  (gesellschafts- und situationsorientiert)

2.5 Medienausstattung

- werden Formen des handelnden Lernens in bildhafte und
  symbolische Darstellungen übergeführt?
- werden die handlungsmäßigen Grundlagen der bildhaften und
  symbolischen Darstellung der Wirklichkeit durch die Medien
  angestrebt?
- wird einseitig mediatisiert, indem z.B. ausschließlich auf
  die enaktive, bildhafte oder symbolische (schriftsprach-
  liche) Darstellung von Sachen und Sachverhalten bezogen
  wird?
- stammen die Medien aus dem Erfahrungsbereich der Kinder?
- handelt es sich bei den Medien um Laborgerätesätze, Baukästen, Multi-Media-Sätze (Handlungsmedium, audio und
  visuelle Darstellungen)
- sind die Medien poly- oder monovalent?

2.6 Pädagogisch-psychologische Grundlagen

- wird ausdrücklich eine entwicklungstheoretische Grundlage
  dargestellt?
- welche Lerntheorie oder welche psychologische Richtung
  wird deutlich?
- welche Modellierungen gehen   von   diesen Grundlagen auf
  den konkreten Unterricht aus?

2.7 Abschließende Kennzeichnung

- Anschaulichkeit, Lebensnähe, Umweltbezogenheit,
  Gesellschaftsorientierung, Situationsbezogenheit,
- Nützlichkeit,   Verwendbarkeit,
- Fachwissenschaftliche Orientierung,
- Struktur- und Konzeptorientierung,
- Interdisziplinarität,
- Methodenschulung, Verfahrensorientierung,
- genetisches Konzept, entdeckendes, forschendes,
  erfindendes, problemorientiertes Lernen,
- Geschlossenheit, Offenheit,
- paidotrop - logotrop,
- wertbezogen - wertneutral,
- informativ - erzieherisch,
  ect.

3.0 Synopse wichtiger Curricula und didaktischer Ansätze

Im folgenden werden wichtige Curricula für den Sachunterricht mit
Hilfe der o.g. Kriterien analysiert und jeweils in einer Kurzfassung dargestellt, die darum bemüht ist, die jeweils wichtigsten
Aspekte des Curriculums zu skizzieren. Die Reihenfolge ist hierbei
nicht allein historisch , sondern folgt Erwägungen, die dem Krite-
rienraster entsprechen, hier aber nicht mehr entfaltet werden
sollen.

3.1 Heimatkunde

1.0 Pädagogische Intentionen Bildungsbegriff	bei älteren Konzeptionen "Theorie der volkstüm- lichen Bildung" / in modernen Konzeptionen ist Heimatkunde "elementare Weltkunde" und Aufklärung des wirklich gelebten Lebens
Ziele für die Grundschule	Einblick in den heimatlichen Lebensraum / Förde- rung des Heimatgefühls / teilweise Einpassung des Kindes in die bestehenden Verhältnisse / affirma- tive Erziehung
Zielformu- lierungen	Ziele werden als Einsichten, Kenntnisse, Befähi- gungen, als moralische Postulate formuliert (nicht operationalisiert) / materiale Formulie- rung der Ziele des konkreten Unterrichts
Funktionen der Ziele	Hilfe für die Unterrichtsdurchführung / Beschrei- bung des Wissens und Könnens / Leistungsmeß- größen
Verbindlich- keit der Ziele	je nach Konzeption verbindlich (nicht streng) für Unterrichtsdurchführung und Leistungsmessung
2.0 Didaktische Schwerpunkte	geographische, geschichtliche Besonderheiten des heimatlichen Umfeldes / kulturelle Daten, Zeugen, Brauchtum, Familie, Verwandtschaft, Berufe, Landwirtschaft, Tierwelt und Industrie / fami- liäre, soziale Beziehungen zur engeren Wohnumge- bung / naturwissenschaftliche Fragestellungen sind unterrepräsentiert
Fachbezug	Kenntnisse sollen das Kind tüchtig machen / Ver- mittlung von nützlichem Wissen / Förderung der Heimatverbundenheit / Heimatkunde ist oft auch Gesamtunterricht / ganzheitliche Erfahrungen / Vorbereitung (Propädeutik) für das Leben
Funktion der	Lehrinhalte, die dem Lehrer für die Unterrichts- durchführung und -gestaltung dienlich sind

Synopse   Heimatkunde

Inhalte Lehr- oder Lern- gegenstand	weniger Gegenstand kindlicher Sachauseinander- setzung / Lehrerzählung und Lehreraktivität / das Kind wird nicht als Agent seiner Lernprozesse begriffen
Bedeutung der Wissen- schaften	Heimatkunde ist "Wissenschaft" / sie will den Menschen in den Beziehungen zu seinen Mitmen- schen, zu den kulturellen Gütern und zur Natur erfassen /in späteren Konzeptionen ist sie "ele- mentare Weltkunde", verdeutlicht an der "Heimat" allgemein menschliche Phänomene / starke Bezüge zur Geographie, Geschichte und Biologie
3.0 Methodische Akzente Methodik allgemeine Typisierung	unspezifische Phänomenologie der Welt, verstehen- de Wirklichkeitsinterpretation, Narration und Dialog / die Dinge und Ereignisse werden auf ihren Sinn befragt / naturwissenschaftliche Ver- fahren sind unterrepräsentiert
Vorgehen	Vereinfachung auf Zugängliches / Elementarisie- rung auf Kindgemäßes / bei älteren Konzeptionen: Verkleinerungen, Simplifizierungen, Anthropomor- phierung und Benutzung von magischen Analogien / teils kommen Verniedlichungen vor / bei modernen Konzeptionen modellhafte Erklärungen
Unterrichts- prinzipien	Ganzheitlichkeit / Kindgemäßheit / Konkretheit / Anschaulichkeit / Lebensnähe / Brauchbarkeit
4.0 Lernen und Lehren	einige Methodiken bevorzugen rezeptives Lernen / Kinder hören Geschichten und Erzählungen zu oder lesen / andere Ansätze bevorzugen kindliche Ak- tivitäten wie Hege und Pflege kleiner Tiere sowie kulturelle Aktivitäten
Lernprozesse	kindlichen Aktivitäten, z.B. Problemlösungen, Experimentieren und Probehandlungen wird in spä- teren Konzeptionen auch essentielle Bedeutung eingeräumt
Lehrprozesse	Lehrererzählungen und Bücher über die Heimat übernehmen Leitfunktion / fragend-entwickelndes Unterrichtsgespräch / Kind ist empfangender Teil
Bedeutungs- erschließung	Bedeutungen werden in der Regel vom Lehrer aufge- deckt / Kulturgüter werden nicht unbedingt von den Interessen der Kinder her verstanden, son- dern im Interesse der Kinder behandelt
Medien	polyvalent / eher Lehrmittel / Lehrbücher / Filme / "Heimatkundemappen" / Schulfunk / Stadtplan / Schautafeln / biologische Präparate / naturwis- senschaftliche (physikalisch-chemische) Medien fehlen weitgehend

Synopse   grundlegender Sachunterricht

5.0 Psychologische Grundlagen	Ganzheits- und Gestaltpsychologie / Anlage-Reife-Theorie / statischer Begabungsbegriff / dynamischer Begabungsbegriff nur in moderneren Konzeptionen / Entwicklungsstufen- und Phasentheorien / anthropologisch und erzieherisch begründet
lerntheoret. Grundlagen	keine Lerntheorie im engeren Sinne / traditionelle pädagogische Theorie des Lehrens und Lernens auf ganzheits- und gestalttheoretischen Grundlagen
6.0 Abschl. Kennzeichnung	erlebnisbezogen / konkret / kindzentriert/ halboffen / kindgemäß, was kindgemäß ist, wird aber vom Lehrer bestimmt, insofern lehrerzentriert / heimat- (umwelt-)bezogen / teils emotionale Färbung / anthropologisch und erzieherisch begründet

3.2 Grundlegender Sachunterricht

1.0 Pädagogische Intentionen Bildungsbegriff	grundlegende Bildung / wissenschaftlich in bezug auf die Methoden des Ordnens, Systematisierens / nicht fachwissenschaftlich / Eröffnen von Orientierungs- und Handlungsmöglichkeiten / Wissenschaftsorientierung bedeutet: "Lernen lernen"
Ziele für die Grundschule	Daseinsbewältigung und -bereicherung / Erweiterung und Systematisierung von Erfahrungen / Mitmenschlichkeit / Sachlichkeit / Orientierungs- und Handlungsfähigkeit / Erwerb grundlegender Kenntnisse und elementarer Verfahren / Befähigung zum sachstrukturellen Erfassen der Lebenswirklichkeit / Befähigung, das Lernen zu lernen / Lebenspropädeutik
Zielformulierungen	nicht operationalisiert / Ziele sind mehrdimensional: kognitiv, emotional, affektiv und erzieherisch
Funktionen der Ziele	Leitlinien für Arbeitsformen / Hilfen für den Lehrer, Aktivitäten der Kinder zu fördern
Verbindlichkeit der Ziele	nicht streng verbindlich / lediglich Leitlinien für den Unterricht (z.B. Vermitteln von Erfahrungen im Unterrichtsgang)
2.0 Didaktische Schwerpunkte	Inhalte haben keinen konkreten Fachbezug / fachliche Aspekte sind ganzheitlich aufgefaßt und verarbeitet (z.B. biologische, technische, soziale Aspekte beim Thema "Wald") / Sachunterricht ist eigenständig, umfaßt Natur und Gesellschaft / genaue Bezeichnungen in der Muttersprache

Fachbezug	Inhalte beziehen sich auf die Erfahrungen der Schüler / erste fachliche Akzentuierungen in bezug auf die Fächer der weiterführenden Schulen: Biologie, Chemie, Physik, Geographie, Gesellschaftslehre / angestrebt wird dabei die Verknüpfung von Sach- und Soziallernen / Lebenspropädeutik
Lehr- oder Lerngegenstand	Lerninhalte fordern "tätige Klärung" durch das Kind / Alltagswelt und schulischeS Verarbeiten entsprechen sich / geringe Lehreraktivität / grundlegende Vorgehensweisen wie Ordnen, Systematisieren
Bedeutung der Wissenschaften	Wissenschaftsbereiche (Naturwissenschaften, Geisteswissenschaften, Humanwissenschaften) sind Größen für eine gemäßigte Vororientierung / keine Ausrichtung auf Einzeldisziplinen
3.0 Methodische Akzente Methodik allgemeine Typisierung	induktiv und deduktiv gemischtes Vorgehen / genetisches Vorgehen / keine Fachpropädeutik in den Verfahren des Unterrichts / elementare Verfahren wie Einsichtnehmen, Verstehen, Probieren, Versuche durchführen, Meinungen bilden und prüfen
Vorgehen	quasi alle Erschließungsweisen: Dialog, Erzählung, Spielen, Versuche durchführen, Rollenspiele, Bastelarbeiten, Malen, Zeichnen, Skizzieren, Texte erstellen / Projekte planen / Partner- und Gruppenarbeit
Unterrichtsprinzipien	Anschaulichkeit / Lebensnähe / Umweltbezogenheit / Gesellschaftsorientierung / Situationsbezogenheit / Kindgemäßheit
4.0 Lernen und Lehren	Lernprozesse sind kindzentriert / Unterrichtsformen sind projekt-, handlungs- und umweltorientiert / Freie Arbeit / Kinder sind auch Agenten ihres Lernens / Basteln, Arbeiten mit Grundmaterialien
Lernprozesse	kindlichen Aktivitäten, z.B. Problemlösungen, Experimentieren und Probehandlungen wird Bedeutung eingeräumt
Lehrprozesse	Lehreraktivitäten sind vielfältig und individuell / weder Fremdkonzept noch Curriculum kommen zur Anwendung / Unterricht ist lehrerzentriert / Lehrprozesse unterstützen die Aktivitäten der Schüler
Bedeutungserschließung	der Lehrer wirkt an der Bedeutungserschließung maßgeblich mit / Inhalte enstammen der kindlichen

	Lebenswelt / Problemfindung und -lösung durch das Kind auf der Grundlage eigener Erfahrungen / es gilt die These "vom Kinde aus"
Medien	polyvalent / dienen der Überführung von handelndem Lernen in bildhafte und symbolische Darstellungen / didaktische Medien und unmittelbare Lebenserfahrung entsprechen sich
5.0 Psychologische Grundlagen	ausgewogene Betrachtung der Anlage- und Reifungstheorie / Entwicklungspsychologie von Hansen, Piaget u.a.
lerntheoret. Grundlagen	keine spezifischen Lerntheorien / Konzeption stützt sich mehr auf unmittelbare Erfahrungen von Lehrern und bemüht sich um pädagogisch-anthropologische Grundlegung
6.0 Abschl. Kennzeichnung	offen und erfahrungsbezogen, dennoch auch lehrerzentriert / personen- und situationsbezogen paidotrop / wertbezogen / Erziehung zu Mitmenschlichkeit, Sachlichkeit / Erziehung zu ordnendem Erfassen der Erfahrungen / Grundlegung von Kenntnissen und Verfahren

3.3 Ansätze fachorientierten Sachunterrichts

1.0 Pädagogische Intentionen Bildungsbegriff	wissenschaftliche Bildung fachlich akzentuiert / Unterricht hat fachpropädeutische Funktion, er bildet das Fundament für den Unterricht der weiterführenden Schulen
Ziele für die Grundschule	einfache und elementare Einsichten in Fachkenntnisse / Methoden- und Verfahrensschulung / Vorbereitung auf den Fachunterricht weiterführender Schulen
Zielformulierungen	Fachinhalte, Methoden und Gesetze / teils auch operationalisierte Lernziele / weniger interdisziplinäre Gesichtspunkte
Funktionen der Ziele	Hilfe für den Lehrer / Beschreibung der Endkompetenz / oft Meßgröße für die Schülerleistung
Verbindlichkeit der Ziele	je nach Autor verbindlich oder offen / zur Vorbereitung des Lehrers bzw. Instrument zur Überprüfung des Erlernten / Analyseinstrument für fachbezogene Schülerleistung
2.0 Didaktische	Anordnung der Inhalte nach Fachsystematik / Trennung der Fächer / nur gelegentlich Umweltbe-

Schwerpunkte Fachbezug	zug oder Integration von Fachaspekten / Gefahr von Enzyklopädismus, Scientismus sowie fachlicher Verengung
Funktion der Inhalte	Fachpropädeutik / Grundwissen und elementare Fertigkeiten im Fach / ökologische Aspekte in wenigen Fällen
Lehr- oder Lerngegenstand	Lehrinhalte, häufig weniger Gegenstand kindlicher Aktivität / Lehrerdemonstration und -vortrag dominieren / wenig lebensnah und nicht immer Sache des Kindes / bei gelungenen Ansätzen jedoch unmittelbar interessierendes Problem der Kinder
Bedeutung der Wissenschaften	Fach ist Kulturgut und Endzweck in sich selbst/ als kultureller Grundbestand bietet es die Ordnungen und Strukturen für Wissen und Können / Fach besitzt formal und sittlich bildende Kräfte
3.0 Methodische Akzente Methodik allgemeine Typisierung	Fachmethoden sind Grundlagen / Anwendung fachgemäßer und disziplinspezifischer Arbeitsweisen besonders durch den Lehrer, gelegentlich durch den Schüler in vereinfachten Formen / Begriffsbildung nach Maßgabe des Faches
Vorgehen	Aufgaben und Probleme werden als fachliche Fragestellungen vorgegeben / Modellbildungen sind systemimmanent / nur in gut gelungenen Ansätzen werden die Phänomene als Gegenstände einer Disziplin erkennbar
Unterrichtsprinzipien	Isolierung fachlicher Problemstellungen / fachliche Richtigkeit der Ergebnisse und Verfahren / Monodisziplinarität, Abstraktion von alltäglichen und fachfremden Qualitäten des Problems / Reduktion auf den fachlich behandelbaren Fall
4.0 Lernen und Lehren	je nach Konzeption aktives oder passives Lernen/ Kinder werden zum Problemlösen gebracht / Problemfindephasen fehlen oft
Lernprozesse	Lernen ist häufig Anwendung von Normalverfahren, deren sich die Fächer der weiterführenden Schulen bedienen
Lehrprozesse	Einführung in Elemente der Fachsystematik / häufig dominieren Lehrervorträge und -demonstrationen / Schülerversuche häufig an vorgegebenen Problemen / starke Lenkung und Steuerung
Bedeutungserschließung	Bedeutungen des Inhalts im Fach werden vom Lehrer erarbeitet / außerfachliche und interdisziplinäre Bezüge werden nur gelegentlich darge-

<table>
<tr><td></td><td>stellt</td></tr>
<tr><td>Medien</td><td>monovalent / ständiger Rückgriff auf vorstruktu-
riertes Material / laborähnliche Experimentier-
mittel / Medienkoffer und Bausätze dominieren</td></tr>
<tr><td>5.0
Psycho-
logische
Grundlagen</td><td>je nach Konzeption ganzheits- oder gestaltpsycho-
logisch akzentuiert / behaviouristische und ko-
gnitive lerntheoretische Ansätze kommen in moder-
neren Unterrichtsansätzen vor</td></tr>
<tr><td>lerntheoret.
Grundlagen</td><td>spezielle Untersuchungen zur Entwicklung fachspe-
zifischen Denkens und zur Abstraktionsfähigkeit
/ Ergebnisse gegenstandspsychologischer und dif-
ferentieller Untersuchungen</td></tr>
<tr><td>6.0
Abschl.
Kenn-
zeichnung</td><td>je nach Konzeption sowohl offen als auch ge-
schlossen / wenig erfahrungsbezogen / konvergen-
tes, gesteuertes Entdeckungslernen kommt vor/
Fachpropädeutik dominiert / logotrop / disziplin-
orientiert / Anbahnung der Teilhabe an wissen-
schaftlichen Prozessen</td></tr>
</table>

3.4 Konzept-, Strukturorientierung

<table>
<tr><td>1.0
Pädagogische
Intentionen
Bildungs-
begriff</td><td>wissenschaftliche Bildung durch Vermitteln wich-
tiger Strukturbegriffe (fundamental-ideas, key-
concepts) der Wissenschaften / Konzepte sind
sprachliche Interpretationsmuster für die Aus-
deutung alltäglicher und wissenschaftlicher Er-
fahrungen</td></tr>
<tr><td>Ziele für
die
Grundschule</td><td>grundlegende Erfahrungen für die Bildung von
wissenschaftlichen Begriffen und Konzepten
Unterricht ist Propädeutik wissenschaftlicher
Konzepte, teils aber auch Konzeptualisierung der
kindlichen Erfahrungen</td></tr>
<tr><td>Zielformu-
lierungen</td><td>operationalisierte Lernziele / im curricularen
Kontext streng definiert / Lernziele sind Leitli-
nien für den Lehrer</td></tr>
<tr><td>Funktionen
der
Ziele</td><td>Endkompetenz nach einer Unterrichtseinheit /
sind auf den Konzepterwerb und auf die sie
konstituierenden Erfahrungen ausgerichtet</td></tr>
<tr><td>Verbind-
lichkeit
der Ziele</td><td>Ziele sind streng verbindlich, sie sind für das
Curriculum konstitutiv</td></tr>
<tr><td>2.0
Didaktische
Schwerpunkte</td><td>physikalische, chemische (einige biologische)
Phänomene stellen die Konzepte dar/ Konzepte sind
fächerübergreifend / dienen der Deutung alltäg-</td></tr>
</table>

licher und wissenschaftlicher Erfahrungen / Beispiele und Aufgaben sind sehr homogen und wirken
von der Wirklichkeit abgehoben / drei Konzepte
werden formuliert:
- Teilchenstrukturkonzept: materielle Dinge
  (feste Körper, Flüssigkeiten und Gase) kann man
  sich aus isolierbaren, einzelnen "Bausteinen -
  eben Teilchen" - vorstellen, diese Vorstellung
  kann gezielt zur Deutung physikalischer und
  chemischer Phänomene eingesetzt werden,
- Wechselwirkungs- (oder Interaktions-)konzept:
  physikalische und chemische Vorgänge werden als
  "gegenseitiges Aufeinandereinwirken" von Inter-
  aktionspartnern interpretiert,
- Erhaltungskonzept: physikalische und chemische
  Vorgänge werden unter dem Aspekt des "Unverändert-Bleibens" bestimmt, bei diesen Vorgängen beobachtbarer Größen interpretiert.

Fachbezug	hauptsächlich auf physikalische und chemische Grunderfahrungen und auf entsprechende Konzepte bezogen
Funktion der Inhalte	Grundlegung der Erfahrungen für die Konzeptbildung und Vermittlung des Gebrauchs der Konzepte (z.B. Subsumption oder Assimilation) / zugleich werden Methoden des Konzepterwerbs verdeutlicht: Exploration, Invention und Discovery (s.u.), die konkreten Inhalte bilden allerdings nur das Trainigsmaterial für die Konzeptbildung
Lehr- oder Lern- gegenstand	die Grunderfahrungen für den Konzepterwerb werden vorgegeben / die Konzepte sind Lehrgegenstand und nicht Gegenstand, den das Kind sich zum Ziel setzt
Bedeutung der Wissen schaften	die wissenschaftlichen Konzepte dienen der Interpretation der Wirklichkeit mittels unifizierender oder inklusiver Ideen, dadurch organisieren sie sowohl die wissenschaftspropädeutischen als auch die alltäglichen Erfahrungen / Konzepte sind Leitideen, die die Wirklichkeit konstituieren bzw. konstruktive Interpretationen ermöglichen
3.0 Methodische Akzente Methodik allgemeine Typisierung	experimentell-induktiv-deduktives Vorgehen / Konzeptualisierung von Lernerfahrungen / Bündelung von Erfahrungen unter die Konzepte durch korrelative und derivative Assimilation bzw. Subsumption/ zugleich Verwirklichung eines genetischen Ansatzes sprachstrukturellen Lernens durch wenige verallgemeinerbare Grundideen (Konzepte) zur Wirklichkeitsinterpretation: - Exploration: Gewinn von Erfahrung an vorgegebenem Material, - Invention: Einführung von Begriffen, die auf

die Konzepte verweisen und hinführen,
- Discovery: Anwendung der Begriffe auf weitere
  Fälle

Vorgehen	gelenktes, vorstrukturiertes Spiel und Experimentieren, dabei Beobachten, Vergleichen und Ordnen mit anschließender Inventionsphase / sukzessive Verallgemeinerung, Abstraktion und Generalisierung bis zur vorläufig endgültigen Konzeptbildung / hauptsächlich induktiv
Unterrichtsprinzipien	Orientierung aller didaktischen und methodischen Entscheidungen an den Konzepten / stufenweise Generalisierung und Abstrahierung auf der Basis konkreter empirischer Erfahrungen
4.0 Lernen und Lehren Lernprozesse	stark gelenktes aktives Lernen, ohne daß dem Schüler immer der "springende Punkt" bewußt ist / Lenkung wird daher zur Steuerung aller Lernprozesse, die zur Abstraktion von Erfahrung anhand der Konzepte führen / Konzepte organisieren rückwirkend die Erfahrungen strukturell
Lehrprozesse	Steuerung durch vorgegebenes Spiel- und Experimentiermaterial / streng definierte Handlungsformen, Begriffe / Abfolge der Fälle für den Konzepterwerb und Anwendung auf weitere Fälle streng vorgegeben
Bedeutungserschließung	wissenschaftstheoretische Bedeutung der Konzepte und Tragweite der Konzeptualisierung bezüglich der Weltinterpretation kann nur der Lehrer entschlüsseln / Kindern kann nur in erster Näherung klar werden, daß sie mit solchen Deutungsmustern quasi unendlich viele Erfahrungen interpretieren können
Medien	monovalent / konzept- und lernzielbezogen / die Arbeitsmaterialien sind in Koffern und Mediensätzen vorhanden und steuern den Unterricht durch ihre intrinsische Qualität / teils der kindlichen Spiel- und Umwelt entnommen, falls sie der Konzeptvermittlung dienen können
5.0 Psycholoische rundlagen	kognitive Strukturtheorie des Lehrens und Lernens, (meaningful verbal learning) / Lernen als sinnvolles Beziehen neuer Erfahrung auf vorhandenes Wissen, das in Begriffen und Ideen organisiert ist / insofern genetisches Verständnis der Begriffsentwicklung
lerntheoret. Grundlagen	Gedächtnis-, Transfer- und Denkpsychologie / Theorie des genetischen Konzepterwerbs im Kindesalter / konsequente Anwendung auf wissenschaftstheoretisch wichtige physikalische und chemische

Grundphänomene / kognitive Strukturtheorie der
Sprachentwicklung als Grundlage

6.0	geschlossen gegenüber Lebenserfahrungen und spon-
Abschl.	tanen Einfällen / Lernziele sind determiniert,
Kenn-	Schüler- und Lehrer-Proof / systemzentriert
zeichnung	logotrop (Konzept = Begriff = logos)

3.5 Verfahrensorientierung

1.0	wissenschaftliche Bildung durch Vermittlung wich-
Pädagogische	tiger Verfahren / Ziel: Mensch, der Hypothesen
Intentionen	aufstellen und überprüfen kann / epistemisch-
Bildungs-	prozessuale Gesichtspunkte der Wissenschaften
begriff	sind bedeutsam / Theorie der formalen Bildung,
	die inhaltsunabhängiges Denken postuliert

Ziele für	Beobachten / Klassifizieren / Zahlengebrauch /
die	Messen / Gebrauch von Raum und Zeit-Relationen /
Grundschule	Kommunizieren / Prognostizieren / Schlußfolgern /
	operational Definieren / Hypothesenbilden /
	Dateninterpretation / Variablenkontrolle / Expe-
	rimentieren

Zielformu-	streng definiert und verbindlich / operationali-
lierungen	sierte Lernziele / als Verhaltenspartikel einzeln
	abprüfbar bzw. nachweisbar / individuelle und
	kollektive Leistungsmessung durch Tests

Funktionen	Testkriterium / innerhalb der Lerneinheit Defini-
der	tion einer Endkompetenz / Grundlage der Lei-
Ziele	stungsmessung und -bewertung

Verbind-	aus Gründen der Forschungslogik und der Intentio-
lichkeit	nen (90% aller Schüler, 90% aller Lernziele) des
der Ziele	Ansatzes streng verbindlich / die gesamte Unter-
	richtsorganisation ist determiniert (Medien,
	Wortschatz, Stufen des Vorgehens, Lernzeiten,
	Lehrerimpulse und Testaufgaben)

2.0	die Verfahren sind Inhalte des Unterrichts /
Didaktische	andere Inhalte, Phänomene, konkrete Dinge sind
Schwerpunkte	sekundär / Verfahren sind formal gefaßt und kön-
	nen daher auf jedweden Inhalt bezogen werden

Fachbezug	Propädeutik der wissenschaftlichen Methoden /
	epistemische Prozeduren sind nicht auf Neues und
	Unvorhergesehenes gerichtet, sondern auf vor-
	definierte Materialsets / Gegenstände und Phäno-
	mene, auf die Verfahren angewandt werden, dienen
	als Trainingsmaterial

Synopse	Verfahrensorientierung
Funktion der Inhalte	(formale) Verfahren dienen der Lösung von vorge- gebenen Aufgaben / Verfahren werden instrumentell interpretiert, sie sollen das Kind zunehmend dazu befähigen, sich selbst Informationen zu beschaf- fen, zu prüfen und anzuwenden
Lehr- oder Lerngegen- stand	der unkindliche, formale Zuschnitt des Curricu- lums läßt die Unterrichtsgegenstände als Lehrge- genstände erscheinen / nicht die Kinderfrage ist entscheidend, sondern die Entscheidung darüber, ob ein Gegenstand als Trainingsmaterial für die Verfahren tauglich ist oder nicht
Bedeutung der Wissen- schaften	Vernachlässigung der kategorialen Beschaffenheit von Wissenschaft als Perspektive auf die Welt / ebenso Vernachlässigung wissenschaftlicher Theo- rien als mögliche Welt- oder Phänomenerklärung / Betonung der "prozessualen und epistemisch-metho- dischen" Elemente der Wissenschaften
3.0 **Methodische** **Akzente** Methodik allgemeine Typisierung	Aktivitätsprinzip: es fehlen jedoch die Merkmale sinnvollen und bedeutungsvollen Lernens, z.B. die Induktion / die Verfahren werden künstlich aufge- löst und voneinander isoliert / Inhalts- und Personenneutralität: den Verfahren wird der Cha- rakter sinnvollen, bedeutungserschließenden Han- delns genommen / Beobachten / Klassifizieren / Zahlen gebrauchen / Messen / Raum- und Zeit-Rela- tionen benutzen / Kommunizieren / Vorhersagen / Schlußfolgern / Dateninterpretation / Variablen kontrollieren / Experimentieren
Vorgehen	der Unterricht ähnelt Situationen, die einem psy- chologischen Test entsprechen, Lernzeiten, Impul- se, Materialien und Wortgebrauch sind exakt vor- gegeben / konsequente Operationalisierung der Lernziele nach neobehaviouristischen Grundsätzen/ Vermeidung von kognitiver Vieldeutigkeit
Unterrichts- prinzipen	Abschottung des Unterrichts gegenüber den alltäg- lichen Erfahrungen der Kinder, hierarchischer Aufbau der Lernstrukturen
4.0 **Lernen und** **Lehren**	die neobehaviouristische Lerntheorie beansprucht, alle Lernprozesse zu definieren und zu planen / der Lehrer wird damit beinahe überflüssig / ist Vollstrecker des Curriculums, testet nach Maßgaben ab und hält sich oft aus dem Unter- richtsgeschehen heraus
Lernprozesse	streng und rigide gelenktes Lernen und Trainieren der Verhaltensmuster, kleinschrittiges Vorgehen "step by step" / Zusammenhänge werden nicht erkennbar

Synopse	genetischer Sachunterricht

Lehrprozesse	Lehrer ist durch Vorgaben in seinen Handlungen fremdbestimmt / seine Aktionen beschränken sich auf die Steuerung der kindlichen Aktivitäten im Sinne der vorliegenden curricularen Theorie
Bedeutungser- schließung	inhaltliche, personale, sachliche oder soziale Bedeutungen werden kaum angesprochen / Kinder können die Bedeutung ihrer Aktivitäten nicht aufdecken
Medien	Medien sind Substrate / monovalent, streng definiert und zum Verfahrenstraining besonders geeignet
5.0 Psycho- logische Grundlagen	neobehaviouristische Lerntheorie / strenge Abfolge der Lerntypen vom Signallernen bis zum Problemlösen / neobehaviouristische Entwicklungstheorie / Motivationskonzept
lerntheoret. Grundlagen	entsprechend der neobehaviouristischen Lernpsychologie strenge Abfolge von Lerntypen: Signallernen, Reiz-Reaktionslernen, Kettenbilden, sprachliche Assoziation, multiple Diskrimination, Begriffslernen, Regellernen und Problemlösen
6.0 Abschl. Kenn- zeichnung	geschlossen / abgeschottet gegenüber subjektiven Motiven und lebenspraktischen Erfahrungen / keine interpretativen und sinnerschließenden Lernprozesse /eher Training als Unterricht / behaviouristisch ausgerichtet

3.6 Exemplarisch - genetisch - sokratischer Ansatz zum Sachunterricht

1.0 Pädagogische Intentionen Bildungs- begriff	wissenschaftliche Bildung / dialektisch-reflexive, kategoriale Bildungstheorie / Entsprechungspädagogik und Dialogik / wissenschaftsverständiger Mensch mit kritischem Grenzbewußtsein für Wissenschaften / der Unterricht geht vielseitig aspektierend vor, d.h. er erschließt die jeweilige Bedeutung der Fachperspektiven auf die Wirklichkeit
Ziele für die Grundschule	anthropologischer Ansatz / aus Erfahrungen der Kinder heraus werden Wege in die Wissenschaft gelegt / Aufarbeitung der kindlichen Erfahrungen / Einwurzelung des Lernens in die Primärerfahrungen des Kindes / Bewahrung und Erweiterung der kindlichen Erfahrungen durch wissenschaftliche Erfahrungen / Einführung in Fachaspekte als Perspektiven auf die Welt

Synopse	genetischer Sachunterricht
Zielformu-lierungen	Funktionsziele als Ziele des Unterrichts / stellen die Grunderfahrungen dar, aus denen heraus Wissen, Sachlichkeit, Wissenschaften und Methodenbewußtsein entstehen / Erfahrung ist Zentralbegriff für die Zielformulierung
Funktion der Ziele	Ziele, sie werden als Funktionsziele bezeichnet, kennzeichnen wichtige Grunderfahrungen, die das Kind im Unterricht machen soll/ Grunderfahrungen betreffen inhaltliche, methodische, ästhetische und geistesgeschichtliche Dimensionen der Bezugsdisziplinen
Verbind-lichkeit der Ziele	Hilfe für den Lehrer, entdeckendes Lernen zu fördern / Identifikationshilfe für Aktivitäten und Erfahrungen der Kinder / Strukturierungshilfe für Lernerfahrungen / Vergegenwärtigung der wissenschaftlich fundamentalen Ideen für den Lehrer
2.0 Didaktische Schwerpunkte	bedeutsame Grunderfahrungen und Grundphänomene in der Natur und auch bei naturwissenschaftlichen Erscheinungen sind fundamental für wissenschaftliches Arbeiten und Methodenbewußtsein / Erfahrungen mit den Phänomenen werden zum Weg in die Wissenschaft, erzeugen das Bewußtsein, sich spezifischer Formen der Weltinterpretationen zu bedienen
Fachbezug	die bedeutsamsten Ausarbeitungen liegen zur Entwicklung des physikalischen Denkens vor / weitere Unterrichtsmodellierungen existieren zur Geographie, Biologie und zur Chemie / fächerübergreifende Aspekte sind essentiell
Lehr- oder Lerngegenstand	exemplarische oder repräsentative Fälle, die entdeckendes und gründliches Lernen herausfordern / Einsichten in wissenschaftliche Erklärungen von natürlichen Phänomenen / Kinder setzen sich mit diesen Erscheinungen konstruktiv auseinander / der aktive Prozeß der Sachauseinandersetzung und des Verstehens fordert alle Lernmöglichkeiten der Kinder heraus / anthropologischer Grundsatz: das Kind ist von sich aus wissenschaftsorientiert
Bedeutung der Wissen-schaften	Wissenschaften sind conditio humana / dienen dem Weltverständnis und dem Selbstbewußtsein des Menschen / wissenschaftliches Denken impliziert Grenzbewußtsein / Wissenschaften haben lediglich perspektivischen Charakter, sie beschreiben nicht das Sein der Forschungsgegenstände, sondern kennzeichnen nur eine mögliche Sicht der Welt
3.0 Methodische Akzente	experimentell-induktiv-deduktive, dialogische und narrative Verfahren / genetisches, fragend-entwickelndes Vorgehen / Textanalyse und Nachvollzug

Synopse   genetischer Sachunterricht

von fachperspektivisch wichtigen Erklärungen und

Methodik allgemeine Typisierung	Experimenten, eingebettet in Lebenserfahrungen, hermeneutische, dialektische und verstehende Verfahren / Verstehen und Erklären in den Wissenschaften sind soziale Prozesse
Vorgehen	von der Sache aus, die Sache des Kindes ist! / Probieren, Experimentieren, Beobachten / Erklärungen in der Alltagssprache / Sprache verbessern / Dialogführen - zur Sache / Nachdenken über das Problem und seine Lösung / genetisch-sokratisches und exemplarisches Verfahren / Spielen und Phänomenbetrachtungen haben wichtige Bedeutung: sie legen planvoll Erfahrungen an
Unterrichtsprinzipien	Phänomenbezogenheit und Erfahrungsoffenheit / prinzipieller Lernausgang von den konkreten Sache / handelndes Lernen / Entdecken / Gestalten / Dialogführen / Forschen / Gründlichkeit und Muße / exemplarisches Lehren und Lernen / Wissenschaftsorientierung / Methodenbewußtsein / fächerübergreifendes Arbeiten / unbedingter Respekt vor individuellen Vorstellungen der Kinder
4.0 Lernen und Lehren Lernprozesse	gelenktes, aktives, entdeckendes Lernen zur Problemfindung und Einsichtnahme in gelungene Lösungen / genetische Begriffsbildung auf der Grundlage der Kinder-Alltags-Sprache und Interpretation eigenen Handelns / Durchdenken eigener Erfahrungen / spezifische Phänomenologie der Dinge unter naturwissenschaftlichem Aspekt
Lehrprozesse	Lenkung durch Dialog, Sachanspruch und sokratisch-exemplarisch-genetisches Verfahren / Aufdecken sinnhaften Tuns durch den Lehrer, der dem Kind in allerersten Ansätzen naturwissenschaftliche Denkformen bewußt macht
Bedeutungserschließung	wissenschaftliches Denken wird in seiner anthropologischen Dimension vom Lehrer an exemplarischen Fällen dargestellt / an individuell bedeutsamen Fällen werden fundamentale Erfahrungen gemacht, z.B. rationales Erklären, Aufbrechen von Vorurteilen durch bessere Einsicht, Experiment als Frage an die Natur / Bedeutungserschließung geschieht aber auch im gemeinsamen Ringen einer Gruppe von Kindern um das Verstehen von Phänomenen oder um die Interpretation von Begriffen und Methoden, die im Zuge der Sachauseinandersetzung benutzt bzw. entwickelt werden
Medien	Sache selbst ist Medium / erst in zweiter Hinsicht Laborphänomene und laborähnliche Medien / kaum vorstrukturierte Lehr- und Lernmittel /

	Arbeiten mit selbst gebauten Experimenten dominiert / Sprache ist wichtiges Medium zur Durchdringung der Problemstruktur
5.0 **Psycho-** **logische** **Grundlagen**	Gestalt- und Ganzheitspsychologie / genetische Kontinuitätstheorie / Persönlichkeitspsychologie / differenzierte Aussagen aus Naturphilosophie, Anthropologie und Wissenschaftstheorie / spezifische Untersuchungen zum kindlichen Naturverständnis
lerntheoret. Grundlagen	Gestalttheorie und erste Ansätze der kognitiven Strukturtheorie / Denkpsychologie / psychologische Befunde zur Kreativitätsforschung, zum problemlösenden Denken, zur Produktivität der Wahrnehmung und des Denkens (nie behaviouristische Lerntypen!) / Grundbegriff ist die Erfahrung
6.0 **Abschl.** **Kenn-** **zeichnung**	offen für Lebenserfahrungen, Spontaneität der Kinder und Fortsetzung zu wissenschaftsbezogenem Handeln / Lehrer setzt wichtige Akzente im Sinne des Exemplarischen und des vielseitig Aspektierenden auch in bezug auf die Methoden der Wirklichkeitserschließung / paidotrop wegen unbedingter Akzeptanz des kindlichen Weltverständnisses / emanzipatorisch und logotrop durch Einführung in wissenschaftliches Denken / besonders erzieherisch

3.7 Science 5/13

1.0 **Pädagogische** **Intentionen** **Bildungs-** **begriff**	wissenschaftliche Bildung / Pragmatismus / Problemlösen mit Hilfe sachbezogener, wissenschaftlicher Verfahren in Natur und wissenschaftlich-technischer Umwelt / Ziel ist der Mensch, der gewohnt ist, mit naturwissenschaftlichen Methoden an Probleme heranzugehen
Ziele für die Grundschule	Vermittlung sachbezogener, lebensbedeutsamer Erschließungsweisen / Befähigung zur Anwendung wissenschaftlicher Problemlösungsmethoden wie Dialog, Experiment, Fragen, ästhetisches Bewußtsein, logisches Denken, Beobachten, kritische Interpretation, Begriffsbildung, Zeichnung, Freihandversuch, Exploration
Zielformu- lierungen	operationalisierte Lernziele / nicht nur kognitiv, sondern in mehreren Dimensionen / auf unterschiedlichen Niveaus, die der intellektuellen, psychischen Entwicklung des Kindes entsprechen

Funktionen der Ziele	Such- und Erkennungsmuster für die Identifikation von nicht hierarchisch geordneten Aktivitäten / Ziele als Interpretationshilfen für kindliche Aktivitäten / haben ausschließlich heuristischen Wert!
Verbindlichkeit der Ziele	unverbindliche Ziele im Kopf des Lehrers "with objectives in mind" / dienen nicht zur Leistungsmessung / dürfen sich nicht zwischen Sache, Schüler und Lehrer schieben / niemals determinierend für das Lehrerverhalten
2.0 Didaktische Schwerpunkte	naturwissenschaftliche und technische Umwelt / physikalische, chemische, technische und biologische Fragestellungen / heuristische und naturwissenschaftliche Methoden des Entdeckens und Lösens von Problemen / Vernachlässigung sozialer Fragen sowie geographischer und wirtschaftlicher Probleme
Fachbezug	von den Kindern selbstgewählte, bedeutungsvolle Probleme dienen dem Aufbau positiver Einstellungen zur Natur und Technik und zum Erlernen wissenschaftlicher Verfahren / nicht die Bedeutung der Inhalte innerhalb einer möglichen Fachsystematik ist wichtig, sondern ihre psychische Funktion für das Kind
Funktion der Inhalte	Befriedigung des kindlichen Lernbedürfnisses / Inhalte sind lohnenswerter Gegenstand der konstruktiven kindlichen Sachauseinandersetzung
Bedeutung der Wissenschaften	Instrumente zur Lösung von Problemen sowie zur Durchdringung bzw. Interpretation der Welt / pragmatische Sichtweise von Wissenschaften und ihren Methoden
3.0 Methodische Akzente Methodik allgemeine Typisierung	experimentell-induktiv-deduktive Verfahren in problembezogenen Handlungskontexten / bedeutungsvolles und sinnerschließendes Lernen auf handelnder Grundlage im Sinne der Kognitionspsychologie
Vorgehen	Entdeckungsmethoden / inhalts- und problembezogene Aktivitäten / Anbahnung fachlicher Sichtweisen als Ausdifferenzierung ganzheitlich kindlicher Sichtweisen / Methodenpluralismus, der alle Kinder aktiviert / viel Spiel, Exploration, Experimente und heuristische Verfahren
Unterrichtsprinzipien	Lebensnähe, Erfahrungsbezug / Spontaneitätsprinzip / Anschaulichkeit / Handlungsbezug / Kindgemäßheit / problembezogen und methodenorientiert / situationsorientiert

Synopse   natürliche Umwelt

4.0 **Lernen und** **Lehren** **Lernrprozesse**	weitgehend autonomes entdeckendes Lernen / freies, explorierendes Spiel / Kind als Agent seiner Lernprozesse, der die Sache und Art der Sachauseinandersetzung, die Richtung des Lernens und auch die Lernformen und Methoden weitgehend selbst bestimmt
Lehrprozesse	"wachsen lassen", aber keine laissez-faire-Haltung / keine Steuerung durch den Lehrer / allenfalls Hilfestellung und Ermutigung / Darstellung von Möglichkeiten weiterführender produktiver Problemlösungen / gute Planung ist notwendig
Bedeutungs- erschließung	Schüler finden den Sinn einer Sache selbst heraus / freies sach- und situationsbezogenes Bedeutungsschaffen nach dem Grundsatz: "in general children work best when trying to find answers to problems, that they have themselves chosen to investigate"
Medien	Dinge sind Medium / andere Mittel sind polyvalent, situations- und handlungsbezogen / Kinder benutzen Material aus ihrem Erfahrungsbereich, stellen Medien und Experimentiermaterialien selbst her
5.0 **Psycho-** **logische** **Grundlagen**	Phasenlehre der kognitiven Entwicklungstheorie / kognitive Strukturtheorie des Lernens in ersten Ansätzen / Vorstellungen vom sog. natürlichen, freien Lernen, die das Kind in seiner Entwicklungsfähigkeit und seinen Kontakten mit der Umwelt radikal ernst- und annehmen
lerntheoret. Grundlagen	Lernpsychologie auf kognitiver Grundlage / Umsetzung der Piaget'schen Erkenntnisse auf die Gestaltung der Lernprozesse / Vermeidung von Dogmatismus / Grundsatz: Kinder lernen am besten selbst, man muß ihnen nur dabei die Lernräume eröffnen
abschl. Bestimmung	verfahrensorientiert / inhaltsbezogen auf Probleme der Kinder / thematisch und methodisch offen / genetisches Konzept für kindliches Denklernen auf pragmatischer Grundlage / paidotrop und logotrop in ausgewogener Verknüpfung / Probieren und Experimentieren sowie Dialogführen der Kinder sind bedeutsam

3.8 Kinder in ihrer natürlichen Umwelt

1.0 **Pädagogische**	Selbständigkeit / Problemlösefähigkeit / Mitmenschlichkeit / verantwortungsbewußtes Handeln /

Intentionen **Bildungs-** **begriff**	Förderung von sozialem Verhalten / Förderung von fachgerechtem Verhalten gegenüber natürlichen Phänomenen / kein bestimmter Bildungsbegrif erkennbar
Ziele für **die** **Grundschule**	Entwicklung von Sachkompetenz gegenüber der natürlichen Umwelt / neue Erfahrungen / Entwicklung angemessener Begriffe und Deutungsmuster, Fähigkeiten und Verfahren / fachlich bezogene Lernziele sind operational verfaßt und mehrdimensional (kognitiv, motorisch, emotional, sozial)
Zielformu- **lierungen**	Ziele werden operationalisiert, aber mehrdimensional gefaßt/ Ziele sind Hilfe für den Lehrer bei Planung und Durchführung des Unterrichts / Leitlinien zur Entwicklung von sachgerechtem und sozialem Verhalten
Funktionen **der** **Ziele**	Ziele geben Handlungsstrukturen für den Unterricht, sie beschreiben kindliche Aktivitäten und dienen somit der Unterrichtsgestaltung
Verbind- **lichkeit** **der Ziele**	Ziele determinieren den Unterricht nicht völlig / Förderung der Sozial- und Arbeitsformen wird den sachlichen Zielsetzungen vorgezogen / Ziele sind austauschbar, können auch durch Schülerideen erweitert und vertieft werden
2.0 **Didaktische** **Schwerpunkte**	Inhalte aus der Natur werden fächerübergreifend erarbeitet / Wissen, Einsichten, Fähigkeiten und Fertigkeiten sind nicht nur Selbstzweck, sondern auch durch ihre situations- und umweltbezogene Anwendung wichtig / Übergang von Umgangssprache zu wissenschaftlichen Begriffen (bedeutungsgerechtere Verwendung von Begriffen) / der Begriff des "Natürlichen" ist nicht geklärt
Fachbezug	besondere Berücksichtigung von Biologie, Physik, Chemie, kaum Technik / Berücksichtigung wissenschaftlicher Vorgehensweisen / keine reine Ausrichtung auf Fachwissenschaften, die einzelnen Fächer dienen der Sachinformation
Funktion **der** **Inhalte**	Planungselemente für den Lehrer / Vorschläge zur konkreten Unterrichtsgestaltung / weniger Repräsentanzfunktion für Naturwissenschaften / eher Gegenstand kleinerer Projekte
Lehr- oder **Lernge-** **genstand**	Lehr- und Lerninhalte sind Gegenstand kindlicher Aktivität / Lehrer gibt Anregungen, lenkt auf das jeweilige Ziel / Inhalte sind lebensnah und praxisbezogen
Bedeutung **der**	die Naturwissenschaften dienen als Referenzrahmen in dessen Grenzen die Inhalte gesucht werden /

Synopse	natürliche Umwelt

Wissen-schaften	der Begriff Natur ist ungeklärt / die nähere Funktion der Naturwissenschaften wird nicht expliziert
3.0 Methodische Akzente Methodik allgemeine Typisierung	Bevorzugung der induktiven Vorgehensweise / Phänomene aus der natürlichen Umwelt des Kindes werden in möglichst unabhängigen und nicht aufeinander aufbauenden Unterrichtseinheiten besprochen / Förderung sozialer Verhaltensweisen / selbständiges Arbeiten / auf kindlichen Sichtweisen aufbauend / bewegliche Unterrichtsplanung
Vorgehen	Probleme, die an realen Gegenständen erkannt und untersucht werden sollen, werden durch den Lehrer angeregt / allmähliche Begriffsbildung / Einbringung kindlicher Erfahrungen / Handlungs- und Situationsbezogenheit
Unterrichts-prinzipien	fünf Prinzipien: Handeln, Selbständigkeit, Entdecken, Kooperation, Kommunikation / außerdem Aktivitäten (z.T. Unterrichtsgänge)
4.0 Lernen und Lehren Lernprozesse	induktive Vorgehensweise, da von der Lebenswirklichkeit der Kinder ausgegangen wird / z.T. exakte, aber nicht verbindliche Angaben über Ziele, Medien und Zeitdauer / problemlösendes Lernen erfolgt an arrangierten Lernereignissen
Lehrprozesse	Lehrer soll den Kindern helfen, nur mäßig steuern / wegen begrenzter Lernzeiten jedoch Steuerung nötig / Kinder werden lediglich in Bezug auf die Lösung vorgegebener Probleme aktiviert
Bedeutungser-schließung	Inhalte werden durch den Schüler erarbeitet, z.T. mit Hilfe des Lehrers / Einbezug der kindlichen Erfahrung und eigener Erlebnisse / beziehungserfassendes Denken / fächerübergreifendes Arbeiten
Medien	polyvalente Medien stammen aus dem Erfahrungsbereich der Kinder / dienen zur Motivation, Problemfindung und -lösung sowie zum Erlernen von Verfahren (Beobachten, Vergleichen, Ordnen)
5.0 Psycho-logische Grundlagen lerntheoret. Grundlagen	kein direkter Hinweis auf psychologische Grundlagen / Rückgriffe auf die Lerntheorie von Gagne, indes unter Berücksichtigung der Kritik der letzten Jahre an diesem Konzept
lerntheoret. Grundlagen	keine bestimmte Lerntheorie, somit keine bestimmte Auffassung über den Aufbau kognitiver Strukturen erkennbar / allenfalls wird die neobehaviouristische Psychologie herangezogen
6.0 Abschl.	Vorgabe von Lernzielen, Lernzeiten und Materialien engt das Entdecken stark ein / Curriculum

Synopse   Mehrperspektivischer Unterricht

Kenn- zeichnung	kann nicht vorbehaltslos als offen bezeichnet werden / eher paidotrop als logotrop

3.9 Mehrperspektivischer Unterricht

1.0 **Pädagogische** **Intentionen** **Bildungs-** **begriff**	wissenschaftliche Bildung auf der Basis eines soziologisch-handlungstheoretischen und struktu-ralistischen Wissenschaftsbegriffs, der die Fächergrenzen transzendiert / handlungsbezogene Bildung, die auf Handlungsfähigkeit des Indivi-duums in soziopolitischen Institutionen abzielt/ die Theorie postuliert einen "Bruch" zwischen Alltagserfahrungen und Wissenschaft
Ziele für **die** **Grundschule**	Durcharbeiten von Erfahrungen / Klärung der All-tagssprache / Kinder sollen Gründe und Motive für bestimmte Einrichtungen der Gesellschaft kennen-lernen / sollen gesellschaftliche Zwänge aufdecken können und sich von ihnen lösen / poli-tische Institutionen werden dazu auf ihre Zwecke hin befragt / Anbahnung von kritischem Denken und Handlungsfähigkeit im o.g. Sinn
Zielformu- **lierungen**	keine expliziten Formulierungen / Ziele werden im umfassenden Sachkontext dargelegt und begründet / Kinder sollen die Wirklichkeit unter der erleb-nis-erfahrungsbezogenen, szenischen, öffentlich-politischen und scientischen Perspektive sehen lernen / jede dieser Sichtweisen deckt einen ganz bestimmten Aspekt auf
Funktionen **der** **Ziele**	determinieren den Unterricht nicht (Leitvorstel-lungen) / nicht operationalisiert / bestimmen das System der theoretischen Begründung und die Me-dien / Konstruktionselemente
Verbind- **lichkeit** **der Ziele**	sind als Konstruktionselemente für die Medien, Spiele, Lern- und Lehrprozesse im Unterricht sowie für die Analyse der Wirklichkeit unter den o.g. Perspektiven nicht unmittelbar verbindlich / prägen jedoch als systemimmanentes Prinzip den Unterricht
2.0 **Didaktische** **Schwerpunkte**	gesellschaftliche Realität, getrennt in gesell-schaftliche Handlungsfelder und naturwissen-schaftliche Erfahrungsfelder / keine Ausrichtung auf bestimmte Fächer oder Wissenschaftsgruppen / Fragestellung wie: Wohnen, Dienstleistungen, Er-ziehung, Produktion, Freizeit, Handel, Gewerbe, Kommunikation, Politik, Feier / alle zur Kon-struktion dieser Wirklichkeitsfelder notwendigen Perspektiven werden verwendet / der Unterricht wird in Rekonstruktionstypen organisiert / diese dienen der Durchdringung der Wirklichkeit / sol-

len zugleich verschiedene Sichtweisen verdeutlichen / persönliche Betroffenheit, Rollenspiel,
öffentlich-rechtliche Perspektive und wissenschaftliche Analyse ergänzen sich gegenseitig
und konstituieren die Realität / Zwecke, Funktionen und Handlungsmöglichkeiten werden aufgedeckt
/ Kritikmöglichkeiten an gesellschaftlichen Zwängen werden deutlich

Fachbezug	innerhalb eines Rekonstruktionstypus, dem scientifischen, treten die Wissenschaften als die Bezugsgrößen auf, die den wissenschaftlichen Charakter von Aussagen über die Wirklichkeit sichern / ansonsten will dieser Ansatz die Destruktion einzelfachlicher Orientierung des Unterrichts
Funktion der Inhalte	mediale Struktur läßt Materialien als Lerngegenstände erscheinen / der Abstraktionsgrad der behandelten Fragen und Probleme ist relativ hoch / der Lehrer muß belehren und Hilfestellungen leisten, damit manche Spielregeln und Benutzerhinweise von den Kindern verstanden und angewandt werden können
Bedeutung der Wissenschaften	die Wissenschaften haben eine realitätskonstituierende Funktion / dienen zur Begründung von Sätzen der Alltagswirklichkeit und zur Entschlüsselung ihrer Bedeutung / die Methoden, die Konstruktionsregeln wissenschaftlicher Aussagen werden verdeutlicht
3.0 Methodische Akzente Methodik allgemeine Typisierung	generative Semiotik als grundlegende Methode: Sätze der Alltagswirklichkeit werden nach den Maßgaben der Wissenschaften abgeklärt / Unterricht setzt an den Funktionen und Zwecken der Gebilde an und deckt sie nach unterschiedlichen Bedeutungen auf / beinahe deduktives Vorgehen: Verifizierung allgemeiner Strukturen und Maßgaben an konkreten Fällen
Vorgehen	Destruktion der Wirklichkeit durch Verfremdung, Collagen, Rollenspiel und Modellbildung / Spiele des Mediensatzes / Sätze auf ihr Zustandekommen und ihre Bedeutung befragen / Daten nach vorgegebenen Gesichtspunkten ordnen und Modelle bilden / Bilder, Diagramme, Collagen, Tonsequenzen deuten/ Rollenspiele spielen, dabei die Rollenträger in ihren Funktionen darstellen
Unterrichtsprinzipien	grundsätzlich Aufweis mehrerer Perspektiven auf einen Sachverhalt oder auf ein sozio-politisches Gebilde / Aufdecken von Strukturen und Zwecken in der Gesellschaft / Vermeidung konkreter Modelle und Anschauungsgrundlagen

4.0 **Lernen und** **Lehren** Lernprozesse	Lernen und Lehren sind strukturalistische Tätig-keiten, mit deren Hilfe Zwecke, Funktionen und Zwänge aufgedeckt werden können / stark vor-strukturiertes Spiel mit vorgegebenen Multi-Media-Materialien / Kinder arbeiten nach den Maßgaben des Curriculums alltägliche Erfahrung auf, verfremden und destruieren sie und bauen sie nach den Maßgaben der o.g. Perspektiven wie-der auf
Lehrprozesse	Lehrer muß den Materialien und der zugrundelie-genden Theorie entsprechend stark lenken und führen, damit die Kinder die strukturalistische Tätigkeit, das Aufdecken von Funktionen und Zwecken, nachvollziehen und die Medien benutzen können
Bedeutungser-schließung	Darstellung von Funktionen und Strukturen, Grün-den für die Verfremdungen und die Abstraktionen, Rekonstruktion des Zustandekommens wissenschaft-licher Aussagen sowie Entschlüsselung der Regeln und Maßgaben, nach denen öffentlich-rechtliche Institutionen arbeiten, durch den Lehrer
Medien	Curriulum ist in Mediensätzen gefaßt, die sich an Lehrer und Kinder richten / in der Regel Multi-Media-Sätze / monovalent / grenzen teils die Lebenswirklichkeit aus / Fehlen von Medien zum Experimentieren und handelnden Lernen
5.0 **Psycholo-** **gische** **Grundlagen**	psychologische Grundlegung ist nicht unmittelbar erkennbar / didaktische Aufsätze und Analysen der Sachgebiete zeigen einen sehr stark konstrukti-vistischen und strukturalistischen Ansatz mit bewußter Abgrenzung von der Alltagsrealität
lerntheoret. Grundlagen	lerntheoretische Grundlegung ist nicht unmittel-bar erkennbar, Grundlage ist aber eindeutige Absage an ein behaviouristisches Lernkonzept
6.0 **Abschl.** **Kenn-** **zeichnung**	thematisch offen, da die Alltagsrealiät aufge-griffen wird / ungenetisch vom Ansatz her, da ein Bruch zwischen dem common sense und der wissen-schaftlichen Sichtweise postuliert wird, insofern geschlossen / extrem logotrop / Versuch, die Alltagsrealität durch Wissenschaft zu konstituie-ren / emanzipatorisch / intellektualistisch

anthroplogische Grundlagen   Problemstellung

4.0 Theoretisch - anthroplogische Begründung des Sachunterrichts

4.1 Studie über die psychologischen und sozialen Voraussetzungen des Sachunterrichts

4.1.1 Einführung in die Problemstellung

In allen tragfähigen didaktischen Konzeptionen zum Sachunterricht wird die umfassende und individuelle Förderung eines jeden Kindes als die zentrale Aufgabe der Erziehung angesehen. Der Sachunterricht ist damit immer zugleich als erziehender Unterricht konzipiert, der - in Würdigung der kindlichen Persönlichkeit und in Kenntnis der individuellen Fähigkeiten - die Lernbedürfnisse und Lernmöglichkeiten jedes einzelnen Kindes optimal fördert und dabei versucht, die kindliche Sach-, Sozial- und Selbstkompetenz zu steigern (vgl. hierzu die umfassenden Darlegungen bei LICHTENSTEIN-ROTHER, I., RÖBE, E. 1982, ROTH, H. 1969).

Hierbei kann der Sachunterricht, wie jeder Unterricht in der Grundschule, lediglich erste Arbeit leisten, indem er die Befähigung der Kinder zum Lernen, Problemfinden und -lösen, zur Kommunikation, Kooperation und produktiven Sachauseinandersetzung, aber auch zur Solidarität, Mündigkeit und zu demokratischem Verhalten grundlegt.

In den allgemeinen pädagogischen Richtlinien, z.B. für die Grundschule in Nordrhein-Westfalen, wird besonders der pädagogische Auftrag der individuellen Förderung deutlich formuliert und für die gesamte Arbeit mit Kindern in der Schule - bei unterrichtlichen Aktivitäten, im Zusammenhang mit dem schulischen Leben oder an Lernorten außerhalb der Schule - verbindlich gemacht (KM. NW. 1985). Mit diesem Motiv der individuellen Förderung unterscheiden sich diese Richtlinien kaum von entsprechenden Aussagen anderer Bundesländer (vgl. hierzu BÄUML-ROSSNAGL, M.A. 1979 u. EINSIEDLER, W. 1979, WTTENBRUCH, W. 1986).

anthroplogische Grundlagen   individuelle Förderung

Die Umsetzung dieser pädagogischen Aufgabe soll in den Lehrplänen
für die einzelnen Unterrichtsfächer in der Grundschule geleistet
werden. Sie stellt die Lehrplangestalter vor die Aufgabe, Aussagen
über die Grundlagen, Inhalte, Lern- und Lehrmethoden, Aufgaben und
Ziele des Unterrichts zu machen und dabei herauszustellen, wie der
Auftrag der individuellen Förderung eines jeden Kindes eingelöst
werden kann.

Der Sachunterricht befindet sich hierbei in einer besonderen Situation, wenn man die anderen Lernbereiche der Grundschule zum
Vergleich heranzieht. Die Spannweite und die Vielfalt der möglichen Inhalte und Probleme, denen er sich zuwenden muß, machen
diese Situation aus und verdeutlichen zugleich den Reiz, aber auch
die didaktischen und methodischen Probleme des Sachunterrichts.
Hier liegt der Grund dafür, daß es bis heute noch nicht gelungen
ist, eine einheitliche didaktische Konzeption des Sachunterrichts
zu entwickeln. Es sind bislang immer bestimmte Schwerpunktsetzungen innerhalb des Gesamtkomplexes gewesen, die zu einer didaktischen Theorie oder zu curricularen Ansätzen geführt haben, wie sie
in den vorausgegangenen Teilen dieser Arbeit dargestellt worden
sind.

**4.1.2 Der Ausgangspunkt für die individuelle Förderung: die sub-
jektiven und sozialen Lernbedingungen**

Die Aufgabe, jedes einzelne Kind zu fördern und dabei die individuellen Lernbedingungen zu berücksichtigen, stellt den Sachunterricht vor die Frage nach den subjektiven Lernbedingungen, denn
diese beinhalten alle lebensgeschichtlichen Bindungen und Erfahrungen der Kinder sowie auch ihre Sichtweisen, Handlungs- und
Umgangsformen, auf denen der Sachunterricht aufbauen muß. In der
Praxis schulischen Lernens ist die Praxis des Lebens mitentschei-
dend,

"nur so kann der Wechselbezug von Lernen und Tun, von
Wissenschaft und Leben ins Blickfeld kommen und nicht nur

die Begriffs- und Buchwirklichkeit einer Schule, die sich
vom Leben entfernt... Die geforderte Beziehung zum Leben
muß sich prinzipiell auf die Übertragbarkeit dessen beziehen, was Tag für Tag in der Schule gelernt wird... das in
der Schule Gelernte (ist) als Einleitung eines Prozesses
für den Schüler begreifbar und erfahrbar zu machen, der
sich im Leben der Gesellschaft und Kultur fortsetzt, als
Beitrag zur Daseinsbewältigung und Daseinserweiterung..."
(ROTH, H. zitiert nach LICHTENSTEIN-ROTHER, I. 1980, S.
13).

Demzufolge geht der Unterricht von Lebenssituationen und Problemstellungen aus, die die Kinder in ihrer Wirklichkeit erleben bzw.
die sie dort vorfinden. Die Kinder "lernen an der Wirklichkeit
für die Wirklichkeit" (LICHTENSTEIN-ROTHER, I. 1980). Der Sachunterricht vermeidet also den Bruch zwischen den lebensgeschichtlichen Erfahrungen und den schulischen Lernerfahrungen und damit
auch die Entfremdung zwischen der Wirklichkeit und dem schulischen
Lernen, denn Schule ist Lern-, Erfahrungs- und Lebensraum zugleich.

Im folgenden wird versucht, Kriterien für die Analyse der kindlichen Lebenswelt darzustellen. Dies geschieht durch eine Reflexion
über die Kinder in ihrer Lebenswirklichkeit, in der folgende
konstitutive Elemente angesprochen werden:

- Kinder mit ihren familiären, gesellschaftlichen Bindungen
  und lebensgeschichtlichen Erfahrungen,

- Personen, andere Lebewesen, Sachen und Sachverhalte, zu
  denen das Kind im Verlaufe dieser Erfahrungen Beziehungen
  aufgebaut hat bzw. zu denen es noch Beziehungen aufbauen
  wird,

- Bindungen und Beziehungen sowie übernommene Vorstellungen
  und Meinungen, die ihrerseits das Weltbild der Kinder wesentlich mitbestimmen,

- Stand und Verlauf der kindlichen Entwicklung unter den
  Perspektiven der kindlichen Aktivitäten und unter Berücksichtigung der Einflußgrößen, die aus dem gesellschaftlichen Bereich auf die Kinder einwirken; hierbei werden
  auch schulische Lernprozesse thematisiert.

4.1.3 Subjektive Wahrnehmungen und lebensgeschichtliche Erfahrungen

Grundlegende Bildungsarbeit zu leisten bedeutet, in jedem Kind das
Individuelle zu sehen, den persönlichen Entwicklungsstand des
Kindes, seine Lebensgeschichte und seine Lebensprobleme zur Kennt-
nis zu nehmen sowie seine Eigenarten zu respektieren, in der
Absicht, das Kind umfassend zu fördern.

Wir wissen, daß jedes Individuum seine Welt auf ganz spezifische
Art und Weise sowie unter der Perspektive subjektiver Interessen
wahrnimmt und ebenso auch auf ganz persönliche Art und Weise Wahrnehmungen und Erfahrungen verarbeitet. Das Individuum bildet also
die Gegenstände seiner Erfahrung nicht so ab, wie z.B. ein Fotoapparat ein Objekt abbildet. Vielmehr transformiert es seine Wahrnehmungen in eigene Schemata, Vorstellungen und Meinungen. Es
leistet damit den Aufbau seines Weltbildes bzw. der persönlichen
"Realität" (vgl. hierzu MASLOW, A. 1981 und Kapitel 4.2.6 dieser
Arbeit).

Das Ziel dieser Aktivitäten besteht nach den Analysen von PIAGET
darin, daß das Individuum auf gefühlsmäßiger Grundlage nach Harmonie zwischen den Gegenständen seiner Erfahrungen - das sind
Menschen, andere Lebewesen, Sachen und Sachverhalte - sucht und
diese Harmonie ggf. selbst herstellt, um ein in sich stimmiges,
emotional und kognitiv zufriedenstellendes Weltbild zu schaffen
(vgl. hierzu die Interpretationen von AEBLI, H. 1980, S. 34ff und
1981, S. 9 - 12).

anthroplogische Grundlagen   Wahrnehmungen und Erfahrungen

Vor diesem Hintergrund können z.B. das physiognomische Sehen, die
Personifizierungen, die Illusions-, Fiktions- und Rollenspiele
interpretiert werden. Der idealistisch-egozentrische Charakter
dieser Aktivitäten zeigt jeweils, daß das Kind die Gegenstände
seiner Erfahrungen beliebig umformt. Es steht dann gleichsam im
Mittelpunkt einer von ihm neu geschaffenen Welt (vgl. WHITE, S.,
NOTKIN-WHITE, B. 1983 und PIAGET, J. 1979, S. 42ff u. 191ff).

Bedeutsam ist, daß in diesen subjektiven Handlungen auch diejenigen Elemente liegen, die auf die zunehmende Verobjektivierung der
mit ihnen korrespondierenden intellektuellen Leistungen abzielen,
so z.b. wenn das Kind angesichts der Spielgegenstände nach neuen
Perspektiven, nach anderen Verwendungsmöglichkeiten, nach Varia-
tionen und neuen Improvisationen sucht (vgl. DANNENBERG, H. 1977
und die Analysen kindlichen Spielens in Kapitel 4.4 dieser Arbeit).

Die Reflexion über die Individuallage des Kindes darf die wichtige
Dimension der lebensgeschichtlichen Erfahrungen der Kinder nicht
außer acht lassen. Sie muß in Rechnung stellen, daß auch Einflüsse
auf Kinder einwirken, die je nach familiärer, ethnischer und
sozialer Herkunft und Lebensform zu unterschiedlichen, gruppenspezifischen und individuellen Interpretationen der Lebenswirklichkeit führen. Damit sind die wichtigen sozialen Erfahrungen der
Kinder angesprochen, ohne die das Kind keine Ansätze finden würde,
seine subjektiven Wahrnehmungen, seine Meinungen und Einstellungen
zu kontrollieren und ggf. auch zu korrigieren. So liegen in diesen
lebensgeschichtlichen Erfahrungen der Kinder nicht nur die Ausgangspunkte für das soziale Lernen, sondern auch diejenigen Elemente erster intersubjektiver Meinungsbildung, an denen das Sach-
lernen und die Tendenz zur Verobjektivierung des Denkens ansetzen
(vgl. hierzu z.B. AUSUBEL, D.P. 1974, S. 190ff und Kapitel 4.1.6.4
dieser Arbeit). Ferner dürften diese Erfahrungen auch der Ansatz
für eine Spracherziehung im Sachunterricht sein, denn der kommunikative Kontext, den sie u.a. bilden, bietet hinreichend Gelegen-
heiten dazu. So zeigt PIAGET besonders eindrucksvoll, daß die
Fragen eines Kindes solche Ansätze sowohl in bezug auf die physi-

anthroplogische Grundlagen   Sach- und Sozialerfahrungen

kalischen Gesetzmäßigkeiten als auch auf soziale Gewohnheiten,

Regeln des Umgangs sowie grammatikalische Festlegungen u.ä. bieten
(1974, S. 212ff). Horst RUMPF zeigt in einer eindrucksvollen Studie, daß die subjektive Bedeutung von Lehrinhalten auch in sachlicher Hinsicht ambivalente Auswirkungen haben können:

> "Subjektive Regungen und Versionen, das also, was Menschen
> wirklich denken, was ihnen unreglementiert einfällt, kann
> keineswegs 'en bloque' und unbesehen als Quelle authenti-
> scher Erfahrung gelten ... In solchen subjektiven Regungen
> kann sich auch nachhaltig geschädigtes Alltagsbewußtsein
> durchsetzen mit Ausflucht in stereotype realitätsabstoßende
> Phantasien ... Die Unterscheidung zwischen erfahrungsflüch-
> tigem Alltagsbewußtsein und erfahrungsoffener Orientierung
> ... ist grundlegend für die Sichtung inoffizieller privater
> Annäherungen und Wirklichkeitsversionen, die den Pädagogen
> und Lehrer interessiert" (1979, S. 227).

4.1.4 Individualität, Sach- und Sozialerfahrungen

Beide Aspekte - der subjektive und der soziale - des kindlichen
Erfahrungssammelns müssen also angesprochen werden. Ansonsten
bestünde die Gefahr, den Ursprung der kindlichen Wirklichkeitserschließung ausschließlich in den individuellen Aktivitäten des
Kindes zu sehen.

Diese Sichtweise würde einer übertrieben individualistischen oder
sogar solipsistischen Interpretation Vorschub leisten. Phänomene
und Aufgaben, wie die soziale Verantwortung, die die Kinder ver-
spüren und übernehmen wollen, die kommunikativen Erfahrungen, die
auch für späteres Alltagshandeln und wissenschaftliches Arbeiten
wichtig sind, sowie die Bereitschaft zur Kooperation und intersubjektiven Verständigung zwischen Menschen wären angesichts dieser
Deutung nicht mehr richtig zu verstehen. Eine solche Sicht wäre
auch nicht in der Lage, die positiven oder negativen Einflüsse der
"Erwachsenenwelt" und der gesellschaftlichen und globalen Problem-

situationen auf das Lernen abzuschätzen, so z.B. die gesellschaftlichen Erfahrungen, die auf das Kind durch den Kontakt mit den
älteren Generationen oder durch Informationen in den Medien, z.B.
über Arbeitslosigkeit, Hunger in der Welt und kriegerische Auseinandersetzungen, aber auch über den technischen und kulturellen
Fortschritt, einwirken. Durch sie sind die kindlichen Interpretationen der Wirklichkeit und der Aufbau der Realität im Individuum
betroffen.

Helmut SCHREIER hat diesen Zusammenhang als das "Wechselspiel von
den gesellschaftlich objektivierten Erfahrungen und den subjektiven Erfahrungen des einzelnen dargestellt. Die "Schnittmenge"
beider Erfahrungsmengen bezeichnet er als das durch "Handeln er-
schlossene Erfahrungsfeld;" dieses Erfahrungsfeld ist dann der
Bereich, in dem nach Inhalten gesucht werden soll (vgl. 1982).

Ich meine, daß der Sachunterricht sich nicht mit der genannten
"Schnittmenge" bescheiden darf. Es zählt nämlich zu den elementaren Erkenntnissen der Didaktik, daß das Kind durch die Verarbeitung seiner "Binnenwirklichkeit" die Erfahrungen und den Kontakt
mit der Umwelt verfeinert. So gehört das Nachdenken des Kindes
über sich selbst eindeutig mit zu dem Feld, aus dem der Sachunterricht Inhalte zu ermitteln hat. SCHREIER hat das oben konstatierte
Defizit in einer Einführung in eine Sammlung ausgewählter Aufsätze
und Unterrichtsbeispiele gleichsam aufgearbeitet und die Frage
nach der Ich - Identität besonders bearbeitet. Er unterstreicht
damit die Bedeutung dieses Lernfeldes (vgl. SCHREIER, in SCHREIER,
H., KÖHLER, B. 1985, S. 4 - 9).

4.1.5 Lebensverhältnisse und ihre Wirkungen auf das Kind

Notwendig erscheint auch die Analyse weiterer Faktoren, die aus
den heutigen Lebensumständen und -gewohnheiten in unserer Gesellschaft resultieren. Zu diesen Einflußgrößen zählen:

- die zunehmende Urbanisierung des menschlichen Lebens-

raumes,
- das veränderte Freizeitverhalten der Menschen,
- die noch nie dagewesene Dichte und Fülle an Informationen vor allem im Bereich der bildlichen Darstellung,
- die verbesserten Möglichkeiten zu Erfahrungen mit Menschen aus anderen Kulturkreisen,
- die Restriktionen der kindlichen Selbsttätigkeit.

Durch diese Lebensbedingungen, die sich deutlich von denen der
vorangegangenen Generationen unterscheiden, werden die Lebenserfahrungen der Kinder wesentlich geprägt.

Hartmut von HENTIG hat in einer Analyse der Kindheit die Einschränkungen dargestellt, denen die Kinder heute ausgesetzt sind.
Er charakterisiert die moderne Kindheit als eine

- **Fernsehkindheit**, in der die Wirklichkeit zerstückelt,
  ohne inneren Zusammenhang und als absurde Mischung erscheint. Diese Wirklichkeit ist dramaturgisch so aufbereitet, daß sie den Bereich der selbstgemachten Erfahrungen und die eigene Lebenswirklichkeit des Kindes als
  unbedeutend erscheinen läßt. Gleichzeitig tritt eine
  Veränderung der Wahrnehmungsgewohnheiten bei Kindern ein,
  die befürchten läßt, daß die kindliche Konzentrations-
  fähigkeit nachläßt, was seinerseits wieder abträgliche
  Wirkungen auf das Lernen hat.

- **Kindheit ist aber auch pädagogische Kindheit**, das heißt
  Kinder werden bevormundet; sie reagieren nicht mehr unmittelbar auf der Grundlage eigener Erfahrungen, sondern
  in sozialen Räumen, die ihnen von den Erwachsenen zube-
  reitet werden.

- **Kindheit ist auch Stadtkindheit,** und das bedeutet ein-
  gespannt sein in Konsum und Verkehr sowie Entfremdung von
  Natur und elementaren Erfahrungen in ihr.

anthroplogische Grundlagen   Lebensverhältnisse

- **Kindheit ist Schulkindheit,** denn die Schule wirkt wie
  kein anderer Faktor in die konkreten Lebensvollzüge des
  Kindes hinein, wobei noch offen ist, ob die Schule die
  positiven Auswirkungen auf die kindliche Entwicklung hat,
  die ihr allgemein zugesprochen werden.

- **Kindheit** ist in vielen Fällen auch noch nicht einmal mehr
  die Kindheit in der Kleinfamilie, sondern viel zu häufig
  Kindheit **in einer Zweierbeziehung** zwischen Kind und dem-
  jenigen Elternteil, der das Sorgerecht hat (vgl. HENTIG,
  H. v. 1975).

Diese Befunde zeigen, daß bei vielen Kindern in unserer Gesellschaft Verarmungen erwartet werden müssen, z.B. im Bereich der
unmittelbaren Sozialerfahrungen und beim Umgang mit handwerklich-
technischen Geräten, die den Kindern eigentlich zugänglich sind.
Dasselbe gilt auch für die Naturbegegnung; hier sind die Erfahrungsmöglichkeiten der Kinder eindeutig verringert, so daß der
Sachunterricht Defizite kompensieren muß.

Bereits in den sechziger Jahren stellt Ilse LICHTENSTEIN-ROTHER in
bezug auf den Sachunterricht fest:

"Die Kinder wachsen heute in einer technisierten Welt auf,
in der ihnen immer weniger Möglichkeiten gegeben sind,
einfache Vorgänge, Formen und Ordnungen durch Dabeisein,
Mittun und Nachtun, im Spielen und Helfen zu erfassen. Es
fehlt ihnen immer spürbarer an den einfachsten, an den
elementaren Erfahrungen in Natur, Sachwelt und Menschenle-
ben, an denen sie im Dabeisein und Mittun geistig wachsen
können. Die sichere Unterscheidung der Autotypen ist kein
Äquivalent für das Durchschauen schlichter Zusammenhänge
und Prozesse, für das Nachvollziehen von Abläufen in sinnvoller Ordnung. Von Jahr zu Jahr wird es dringender, daß
die Grundschule ausgleicht, was an Sacherfahrung in der
Lebenswelt der Kinder fehlt. Das ist eine weitere wesentliche Aufgabe des Sachunterrichts" (1969, S. 155).

Heute dürfte vielleicht ergänzend festgestellt werden, daß der Umgang mit audiovisuellen Medien, mit Kleincomputern und entsprechenden Spielprogrammen ebensowenig die genannten Erfahrungen ersetzt, die dem Kind durch eigenes Mittun Einsichten in einfache Zusammenhänge und Prozesse vermitteln. Wolfgang BIESTER spricht im Zusammenhang mit technischen Spielzeugen und elektronischem Gerät von einem "Knopfdruckwissen", das die Chance vergibt, naturwissenschaftliches und technisches Wissen grundzulegen. Es fehlen:

"**Phänomenale Erfahrungen zur Ernährung und zum Wirtschaften, Beobachtungen beim Zerkleinern, Wiegen, Mischen, Backen, bei der Veränderung von Stoffen, dem Umgang mit Geräten und Werkzeugen...**" (BIESTER, W. 1981, S. 34).

Als problematisch im Hinblick auf die Entwicklung des funktionalen technischen Denkens beim Kind erweist sich auch das moderne Spielzeug. Es ist unanschaulich und bietet kaum Verständliches. Die Kinder benutzen ihre Spielzeuge, ohne im mindesten zu verstehen, was in ihnen abläuft und wie sie funktionieren:

"**Die technische Perfektion dieser Spielzeuge steht im umgekehrten Verhältnis zu den Möglichkeiten der Gestaltung und des Erwerbs von Kenntnissen. Es fasziniert zwar, erregt aber kaum noch Neugier**" (BIESTER, W. 1981, S. 34 u. 35).

Es ist aber nicht nur das Spielzeug im engeren Sinn, das Probleme aufwirft. Hinter dem Schlagwort der Urbanisierung des menschlichen Lebensraums verbirgt sich - wie bereits Alexander MITSCHERLICH vor Jahren herausstellte - die Unwirtlichkeit der Städte und damit verbunden eine Minderung der Lebensqualität für viele Menschen. BIESTER erkennt in diesen Lebensformen einen zunehmenden Mangel an Erfahrungen. Monotonie tritt an die Stelle der Vielfalt der Reize und Wahrnehmungen (vgl. BIESTER, W. 1981, S. 34 u. 35).

Aber auch in den Bereichen, die wir traditionell als Refugien der

anthroplogische Grundlagen   Lebensverhältnisse

Kinder betrachten, haben sich die Erfahrungsmöglichkeiten verringert. Eine moderne Küche z.B. ist in Anordnung der Geräte sowie in
bezug auf die Größe auf eine Person zugeschnitten. Jede weitere
Person ist ein Störfaktor, weil der Platz zu eng ist. Früher
konnten Kinder in den großen Küchenräumen, die auch als Eßraum
dienten, der Mutter zusehen und helfen. Sie konnten unmittelbar
die Mutter fragen, warum sie welchen Handgriff machte. Manches
konnten die Kinder dann auch selbst tun und diejenigen Erfahrungen
sammeln, von denen oben die Rede ist. Die Küche war der Ort, an
dem das Familienleben stattfand, der Raum für Gespräche und die
Vorbereitung von Festen und Feiern im Jahreskreis. Sie bot immer
wiederkehrende Erfahrungen und somit Ding-, Ereignis- und Hand-
lungskonstanten, die allmählich den Begriff zum Phänomen erzeug-
ten. Wenn ein Kind heute in eine moderne Küche geht, muß man
befürchten, daß es sich an den komplizierten Geräten verletzen
könnte. Wenn man ihm z.B. einen Sahne-Siphon in die Hand gibt,
dann ist das eine ungleich andere Erfahrung als das Schlagen der
Sahne mit einem Schneebesen. Das Refugium Küche mit seinen Erfahrungsmöglichkeiten und den Gesprächen ist heute nicht mehr so
gegeben. Die Kinder werden häufig vor den Fernseher gesetzt, damit
die Arbeit in der Küche reibungslos ablaufen kann. Die zahlreichen
"didaktischen" Zuordnungsspielchen, die die Arbeit im Haushalt auf
Pappkärtchen nachspielen, sind nur ein ärmliches Surrogat für
wirkliches Tun.

Dieser Befund ist natürlich nicht neu. Bereits HANSEN, ein Psycho-
loge, der sich mit Kindern auseinandersetzte, schrieb 1957 von
einer Verarmung der kindlichen Lebenswirklichkeit (HANSEN, W.
1957, S. 26ff, gesehen bei LICHTENSTEIN-ROTHER, I. 1969, S. 165).

Hinzu kommen dann auch noch die Belastung durch Lärm, die Veränderung der Wahrnehmungen durch künstliche Beleuchtung und durch
Veränderungen des Tag-Nacht-Rhythmus (vgl. hierzu BIESTER, W.
1981, S. 33ff). Hier dürfte dann nicht nur eine kompensatorische
Erziehung nötig sein, sondern eine Erziehung, die die Kinder zum
kritischen und verantwortungsvollen Gebrauch solcher Medien führt
und ihnen Spielmöglichkeiten eröffnet, die elementare Erfahrungen

und ursprüngliches Verstehen ermöglichen.

Dem Lehrer stellt sich angesichts der Dynamik der gesellschaftlichen, kulturellen und technischen Entwicklung sowie des veränder-
ten Freizeit- und Spielverhaltens der Kinder das   Problem der
Analyse dieser Einflußgrößen und ihrer Wirkungen auf das Kind
immer wieder neu.

Es gilt in bezug auf die motorische Entwicklung festzustellen, daß
Kinder in ihrer Bewegungsfreiheit - zumindest was das Leben in den
Ballungsräumen betrifft - extrem eingeengt sind. Auf den Gehwegen
werden zunehmend Parkplätze eingerichtet. Ein Gehweg, der es früher noch ermöglichte, ein Steinstoß- oder Hüpfspiel aufzuzeichnen
und zu spielen, ist heute zu eng geworden. Wenn ein Kind heute
versucht, Roller-, Fahrrad- oder Rollschuhfahren einzuüben   -
also Balance zu halten, Kurven zu fahren u.ä.m. - dann läuft es
Gefahr, sich an parkenden Autos zu verletzen. Dem absolut wichtigen Bewegungsdrang der Kinder (vgl. hierzu MÖLLER, K. 1987, S. 98
- 109) sind zunehmend Grenzen gesetzt; dies stört die kindliche
Entwicklung.

Der Lehrer wird demzufolge nach den hemmenden Faktoren fragen
müssen, die den Sozial- und Sacherfahrungen entgegenstehen oder
diese in einer Weise beeinflussen, die dem schulischen Lernen und
damit letztlich auch der kindlichen Daseinsbewältigung und Daseinserweiterung abträglich ist.

Beispiele hierfür sind ebenfalls Darstellungen in den Medien, die
die Gewaltanwendung als legales Mittel zur Lösung von Konflikten
zwischen Menschen darstellen oder in denen die Beziehungen der
Geschlechter zueinander nicht auf Partnerschaft, Respekt und Liebe
gegründet werden.

Neben sachlich richtigen und didaktisch gut aufbereiteten Beiträgen muß der Lehrer insbesondere auch verfälschende Darstellungen
biologischer Sachverhalte in Rechnung stellen, so z.B. die Ver-
harmlosung von Gefahren, die von Tieren ausgehen können. Ferner

muß er dies auch in bezug auf Darstellungen naturwissenschaftlicher und technischer Erscheinungen tun, denn auch hier gibt es
neben gut gemachten Beiträgen solche, die wegen vordergründiger
Effekte sachlich falsche Vorstellungen zu verschiedenen Sachen und
Sachverhalten wecken - z.B. in den sog. phantasy-, action- oder
science fiction Filmen, deren Trickdarstellungen derart geschickt
sind, daß Kinder sie nicht durchschauen und sie deshalb als Realität anerkennen.

Kinder sehen und erleben dort häufig ein Gemisch aus Abstrusitä-
ten, was den naturwissenschaftlich-technischen Bereich der Lebenswirklichkeit, betrifft und eine Verletzung der Menschenwürde und
sittlicher Grundwerte, was das menschliche Zusammenleben sowohl in
Familien als auch in der Gesellschaft angeht. In einer Lebens-
phase, in der Kinder immer noch nicht genau zu unterscheiden
wissen, was Märchen, Fiktion, Trick und Wirklichkeit ist, muß also
auch hier das Hauptproblem der mediengeleiteten Erfahrung darin
gesehen werden, daß zwischen die Kinder und die Realität   eine
Folie geschoben wird, die den unmittelbaren Blick auf die Realität
verstellt. Diese Folie besteht aus dramaturgischen Effekten, ver-
kürzter Sprache, Lautuntermalungen und Musiksequenzen, die das in
den Szenen Gezeigte dem Zuschauer irgendwie schmackhaft machen
sollen, ohne daß dabei immer die Lautuntermalung und der Inhalt
einer Szene etwas miteinander zu tun haben müssen. Hinzu kommt
dann die Tatsache, daß viele Szenen zeitlich exakt in Längen von
35 Sekunden sequentiert sind, weil der durchschnittliche Fernseh-
zuschauer nicht mehr ertragen kann (vgl. LICHTENSTEIN-ROTHER, I.
1969, S. 94). Dies hat nicht nur die allseits beklagte Folge, daß
sich die Kinder nicht über längere Zeit konzentrieren und einer
systematischen Lernanstrengung stellen können, vielmehr muß in
dieser Folie auch ein erkenntnistheoretisches Problem gesehen
werden, weil die Lebenswirklichkeit den Kindern nur in ganz bestimmter Weise vermittelt wird.

4.1.6 Die kindliche Entwicklung als eine Grundlage für pädagogische und didaktische Entscheidungen

Im folgenden wird versucht, in einer summarischen Darstellung die
für den Sachunterricht bedeutsamen Elemente der kognitiven, sozialen und moralischen Entwicklung des Kindes darzustellen. Die
Darlegungen bleiben dabei nicht auf die bloße Darstellung entwicklungspsychologischer oder sozialisationstheoretischer Befunde beschränkt. Vielmehr wird auch auf lernpsychologische und unterrichtliche Elemente eingegangen, welche die Entwicklung der Kinder
betreffen.

**4.1.6.1 Allgemeine Charakterisierung des Standes und des Verlaufs
der kindlichen Entwicklung**

Wir wissen, daß die oben genannten Einflußgrößen eng mit der
kindlichen Entwicklung korrespondieren. Sie stellen die Umwelteinflüsse - die exogenen Faktoren - dar, die zu den endogenen Faktoren wie Anlagen und Reifungsprozesse im Ergänzungsverhältnis stehen.

Für den Sachunterricht sind der Stand und der Verlauf der motorischen, kognitiven und emotionalen Entwicklung, die sich aus dem
Wechselspiel der bisher genannten Faktoren ergeben, von Bedeutung.

Hierzu kann festgestellt werden, daß sich im Verlauf der Grundschulzeit folgende Formen der Intellektualität entwickeln:

- **die Phase oder das Stadium des "anschaulichen Denkens",**
  etwa vom 4. bis zum 7. Lebensjahr
  und
- **die Phase oder das Stadium der "konkreten Operationen",**
  etwa vom 7. bis zum 12. Lebensjahr

(vgl. hierzu die Einteilung, die unter didaktischer Perspektive im
Curriculum Science 5/13 vorgenommen wurde und m.E. sehr gut die
Entwicklungslinie für das schulische Lernen widerspiegelt oder bei

anthropologische Grundlagen   kindliche Entwicklung

JOERGER, K. 1976, S. 51 - 60).

Diese Phasen kann man als allmählichen

Übergang vom sog. "episodischen Empirismus" zum "kumulativen Konstruktivismus" (BRUNER, J.S. 1971, S. 18 u. 21 - 96)

bezeichnen, wenn man die in dieser Phase sich vollziehenden Ent-
wicklungsverläufe bestimmter kognitiver Fähigkeiten kennzeichnen
will.

Individuelle Varianzen müssen natürlich berücksichtigt werden. So
kann es durchaus sein, daß einige 6-jährige Kinder noch stärker in
der Phase des präoperationalen und egozentrischen Denkens mit
seinen charakteristischen Elementen - dem Animismus, Finalismus,
Artifizialismus und Anthropomorphismus - verwurzelt sind als andere Gleichaltrige.

Aus praktischen Gründen, insbesondere jedoch im Interesse der
individuellen Förderung eines jeden Kindes, sind daher entwicklungspsychologische Befunde als heuristische Beschreibungsformen
der kindlichen Persönlichkeitsstruktur zu verstehen. Es sollte
hier der Grundsatz gelten, daß wir jedes Kind so sehen, wie es
sich uns gegenüber darstellt und nicht, wie wir es aufgrund von
Normierungen erwarten.

Der o.g. Befund zum Stadium des operationalen Denkens besagt im
wesentlichen, daß das Kind auf der Grundlage konkreter, empirischer Erfahrungen im Umgang mit Personen, anderen Lebewesen,
Sachen und Sachverhalten seine Wahrnehmungstätigkeiten allmählich
verfeinert und daß die Formen, mit denen das Kind seine Erfahrungen ordnet und sein Wissen organisiert, differenzierter und
kognitiv anspruchsvoller werden. So führen erste Schritte im Verlauf der ersten beiden Schuljahre weg vom rein egozentrischen
Denken und Handeln und überwinden somit die ad-hoc-Problemlösun-
gen, die lediglich dem Erlebnis verhafteten Deutungen von Ereignissen und Handlungen und die häufig nur subjektiv gültigen Klas-
sifizierungen. Ferner verläßt das Kind in der Spätphase des prä-

operationalen Denkens allmählich das "intuitive" Denken, das unmittelbar anschaulicher Gegenstände bedarf und sich unmittelbar an
die Handlungen anschließt.
Das Kind kommt in die Lage, sich Dinge und Ereignisse vorzustellen
und in der gedanklichen Vorstellung Prozesse ablaufen zu lassen.
Die Befähigung zur Antizipation von Wirkungen und zum Schlußfolgern entwickelt sich ebenso wie die zur Spekulation und zur Meinungsbildung. Hierbei sind aber unbedingt der eigene Umgang, die
selbst durchgeführte Operation und die eigene, empirische Erfahrung als Grundlage nötig. Weiterhin werden die gedanklichen Operationen efektiver, die das Kind zur Lösung von Problemen oder zur
Beantwortung von Fragen durchführt. Das Kind lernt, sich den
gesamten Ablauf von Handlungen einschließlich ihrer Umkehrungen
gedanklich vorzustellen. Es entsteht gleichsam das Bewußtsein der
Reversibilität von Handlungen und bestimmten Ereignissen (vgl.
BRUNER, J.S. 1974, S. 105 und Kapitel 1.4.1 dieser Arbeit).

Dies führt zu der weiteren Befähigung, ansatzweise Probleme und
Aufgaben nicht so sehr nach eigenem Gutdünken und im Kontext
situativer Abhängigkeiten, sondern nach sachlichen und intersubjektiv gültigen Gesichtspunkten zu ordnen.

Im Alter von ca. 6 Jahren beginnen die Kinder damit, ihre anfänglich auf die rein perzeptiven Aspekte gerichteten Klassifikationen
durch solche zu ergänzen, die die Funktionen und Zwecke als Ordnungskriterien herausgreifen (vgl. MOSHER, F.A., HORNSBY, J.R.
1971, S. 117 - 134, SOOSTMEYER, M. 1978, S. 183ff). Entsprechend
bilden die Kinder dann auch Begriffe dieser Art (vgl. hierzu
ferner die Interpretation bei SKOWRONEK, H. 1970, S. 76 - 85), mit
denen sie die physische Realität unter neuen Aspekten beschreiben.
So gelingt es ihnen, unterschiedliche Dimensionen von Gegenständen
besser zu erfassen, z.B. Länge, Gewicht, Umfang, Größe, Preis,
Wert und Bedeutung (vgl. hierzu die Darstellung bei WINNENBURG, W.
1984, S. 173 - 192). Das Kind läßt also zunehmend die subjektiven
Ordnungsversuche hinter sich und geht sachangemessener vor.

4.1.6.2 Handlungen und Handlungsfähigkeiten

Entsprechendes gilt auch für kindliche Handlungsformen. Es ist sinnvoll, sich ein Spektrum von Handlungsformen zu denken, das sich zwischen zwei extremen Formen des kindlichen Handelns befindet.

Die erste Handlungsform ist

- die **unspezifische Aktivität**,

die vorrangig dem Motiv entspringt, das von J.S. BRUNER als **"Manipulationstrieb"** oder **"Kompetenzmotiv"** bezeichnet wird (BRUNER, J.S. 1974, S. 112, vgl. hierzu auch die Interpretationen bei SKOWRONEK, H. 1970, S. 119 und die Aussagen bei BERLYNE, D.E. 1973).

Ihre hauptsächlichen Merkmale sind das **zweckfreie, zufällige,** **ungeregelte und ziellose Umgehen mit den Gegenständen** sowie das Episodenhafte der mit ihr gewonnenen konkret-empirischen Erfahrungen. Diese Handlungsform ist zur Schaffung einer Grundlage konkreter, empirischer Erfahrungen beim Kind und zum Aufbau kognitiv anspruchsvollerer Leistungen unerläßlich.

Die zweite Handlungsform,

- die **spezifische Handlung,**

entspricht dem **Wissensdrang,** der von AUSUBEL als "kognitiver Trieb", als der **"Wunsch zu wissen"** bezeichnet wird (vgl. AUSUBEL, D.P. 1974, S. 405. Bedeutsam zum Begriff der Handlung sind die Aussagen von Hans AEBLI, dem wohl zur Zeit profiliertesten Vertreter einer kognitiven Handlungstheorie. Auf seine Aussagen wird in den Kapiteln 4.1.3 dieser Arbeit eingegangen).

Die wichtigsten Merkmale der spezifischen Handlung sind Reversibilität, Austauschbarkeit bezüglich unterschiedlicher Objekte,

hohe Aufgabenspezifität, Ausdauer und begriffliche Ordnung. Sie
richtet sich gezielt und bewußt auf einen Gegenstand oder eine
Fragestellung.

Zu Beginn der Grundschulzeit dominiert die unspezifische Aktivität
aufgrund der **subjektiv-erlebnishaften** Wahrnehmung, der kindlichen
Spontaneität und flukturierenden Aufmerksamkeit. Die unspezifische
Handlung kann auch vereinzelt bleiben, wenn es sich um einen
Gegenstand handelt, zu dem das Kind bis dahin noch keine oder nur
geringe Beziehungen hatte. Wir interpretieren sie dann häufig als
Versuch-Irrtum-Handlung, die sehr schnell aufgegeben wird, wenn
sie keinen Erfolg zeigt. Mit diesen Handlungen treten auch vor-
schnelle Deutungen und fragwürdige Schlußfolgerungen auf. Ferner
macht das Kind häufig Entdeckungen und findet Problemlösungen, die
eher durch Zufall als durch bedachtes Vorgehen erzielt wurden.

Allmählich lernen die Kinder, Handlungen aufeinander zu beziehen
(vgl. hierzu die Untersuchungen zum Fragenstellen bei MOSHER,
F.A., HORNSBY, J.R. 1971, S. 117 - 134 sowie die Analyse kindlicher Fragen und Handlungen bei SOOSTMEYER, M. 1978, S. 86ff), die
erfolgreichen Elemente von Handlungen zu isolieren und für weiteres Handeln zu verwenden. Sie beginnen damit, Handlungsfolgen zu
bilden, erwerben das Gefühl für das gute Zusammenpassen der Dinge
und für die Existenz und Bedeutung von Variablen. Diese Handlungen
sind - im klaren Unterschied zum unbedingt notwendigen Herumprobieren und Manipulieren - als bewußte Strategien zu bezeichnen.
Das Kind wendet sie zudem zunehmend mit Erfolg an, wobei das
Anwachsen der methodischen Bewußtheit für Transferleistungen
bedeutsam wird.

**Handlungen dieser Art sind z.B. Kontrollhandlungen, Proben,
Funktionstests und einfache Experimente oder auch Konstruk-
tionen und deren handwerkliche Umsetzungen** (vgl. hierzu die
Kapitel 4.4.2 und 4.4.3 dieser Arbeit).

Parallel zu der Fähigkeit, mehrere Aspekte zur gleichen Zeit an
einem Gegenstand zu entdecken und miteinander in Beziehung zu

setzen, entwickelt sich bei den Kindern das Vermögen zum einfachen
kritischen Denken und zu einem - hier elementar verstandenen -
hypothetisch-abwägenden Verhalten. Sie können dementsprechend sehr
wohl Probehandlungen, Funktionstests und einfache Experimente
aufgrund eigener Meinungen und Hypothesen entwickeln, durchführen
und auswerten.
Pädagogische Erfahrungen zeigen, daß diese Befähigung wesentlich
von den Lernerfahrungen und von der jeweiligen Sachkenntnis und
Fachbeschlagenheit des einzelnen Schülers abhängt.

Im Zuge eines Lernens und Lehrens, das zunehmend auf die
methodische Bewußtheit des Kindes zielt, werden aus puren
Zufalls- und Versuch-Irrtums-Lösungen von Problemen solche,
die auf der Grundlage von Wenn-Dann-Beziehungen, einfachen
Wirkprinzipien oder auf der Basis von Zweck-Mittel-Denken
und einfachen Funktionsüberlegungen aufgebaut bzw. gewonnen
werden; Lösungen also, die als sinnvoll gelten können und
für weiteres kognitiv anspruchsvolles Handeln zur Verfügung
stehen.

Eindrucksvolle Belege für diese Entwicklung der genannten Befähigungen finden sich beispielsweise in den beiden Teacher Guides
des Nuffield Junior Science Project (1973) und in den Berichten
über die kindlichen Naturforschungen bei WAGENSCHEIN oder bei
THIEL (1973).

Diese Berichte verdeutlichen streckenweise sehr eindringlich, wie
das Grundschulkind allmählich die Befähigung zur kumulativen Konstruktion des Wissens mit Hilfe einfacher Konzepte und Strate-
gievorstellungen erwirbt. Absolute Grundlagen hierfür sind aber -
und das muß hier noch einmal mit Nachdruck herausgestellt werden -
die episodischen Erfahrungen, die Einzelkristalle des Verstehens,
die von WAGENSCHEIN bzw. von KÖHNLEIN genannt wurden (vgl. hierzu
WAGENSCHEIN, M. 1971, S. 209, KÖHNLEIN, W. 1986, S. 119 - 128 und
Kapitel 1.4.5.7.1 dieser Arbeit).

4.1.6.3 Entwicklung des Verständnisses sozialer Prozesse

Wenn man fünfjährige Kinder nach den Funktionen und Aufgaben des
Geldes, von Geschäften, der Regierung, der Kirchen, der Vereine
oder öffentlich-rechtlicher Einrichtungen fragt, dann erhält man
oftmals eigenwillige und unvollständige Interpretationen. Die
Regierung beispielsweise wird in der Regel personifiziert, d.h.
gleichgesetzt mit einem König oder einer Königin, die in ihren
Handlungen einmal gut und gerecht, aber ebenso auch wieder böse
sein können. Hier wirken sich teilweise die Gestalten und Vorstellungen, die die Kinder in Märchen kennengelernt haben, auf das
Verständnis des Begriffes aus. Zugleich sind solche Äußerungen
aber auch Dokumente dafür, daß die Kinder nur allmählich das
egozentrische Denken verlassen.

Mit neun oder zehn Jahren wissen die Kinder dagegen relativ genau
um die Funktionen und Zwecke gesellschaftlicher und politischer
Institutionen, privater Unternehmen und gemeinnütziger Verbände.
So können sie z.B. die Funktionen, die die Polizei, das Gesund-
heitswesen, die Feuerwehr, die botanischen Gärten, die Museen, der
Zoo und die Versorgungs- und Entsorgungseinrichtungen für die
Gesellschaft übernehmen, hinreichend beschreiben. Kinder üben also
Tätigkeiten aus, die dazu dienen, Abläufe von Prozessen in öffent-
lich-rechtlichen Institutionen oder in Behörden und Ämtern erken-
nen und kritisieren zu können (vgl. hierzu auch CIEL FORSCHUNGS-
GRUPPE REUTLINGEN 1974). Hierbei ist es lediglich von untergeord-
neter Bedeutung, daß den Kindern dies nur in ersten Ansätzen
gelingt und daß sie in der Regel die Zwecke der genannten Institutionen unter der Perspektive des - auch noch egozentrischen -
Funktionalismus ansprechen, der für diese Altersstufe typisch ist.
Kinder werden die Dienstleistungen und Funktionen dieser Institutionen zunächst auf die eigene Person, allmählich dann im Zuge der
Dezentrierung des Denkens auch auf andere Menschen und gesellschaftliche Bedürfnisse beziehen.

Erst mit ca. elf Jahren, so zeigen die Untersuchungen, gelangen
die Kinder dazu, Elemente der Wirtschaft, das Staatswesen, gesell-

schaftliche Gruppierungen und soziopolitische Institutionen miteinander in Beziehung zu setzen. Es wird deutlich, daß diese
Befähigung davon abhängig ist, ob die Kinder mehrere Aspekte eines
sozialen Sachverhaltes gleichzeitig ins Auge fassen können (vgl.
hierzu und zum folgenden die Untersuchungen zur moralischen Entwicklung bei KOHLBERG, L. 1974, TURNER, C.H. 1982, S. 136ff).
Für die Grundschulzeit kann festgestellt werden, daß die Kinder
mit sechs bis sieben Jahren die meisten gesellschaftlichen Konventionen beherrschen, so z.b. Eßgewohnheiten, Formen der Anrede,
Tischsitten, Kleidungsgewohnheiten und Rollenvorstellungen bezüglich der Verteilung bestimmter Aufgaben und Arbeiten von Mann und
Frau. Die Kinder internalisieren also zunehmend Rollenbilder und
Klischees, und sie übernehmen Konventionen und Einschätzungen. Bei
der Übernahme fehlt das wichtige Element des Kritischen, das die
Rollenbilder und Konventionen auf ihre Sinnhaftigkeit, Grenzen und
Probleme hin befragt (vgl. hierzu auch Kapitel 4.1.6.5 dieser Ar-
beit).

Die Schwierigkeiten, die die sozialen Prozesse und Zusammenhänge
für das Verstehen darstellen, sind offensichtlich: Konventionen
wie Rituale, Regelungen, Kleidung, Rollenklischees und bestimmte
Formen des Umgangs zwischen Menschen können lediglich beobachtet
und im Nachhinein erklärt, jedoch nicht im strengen Sinne des
Wortes "entdeckt" werden. Man verweigert sie, oder man schließt
sich ihnen mehr oder weniger kritisch an und verhält sich entsprechend. Warum bestimmte Konventionen existieren, ist einer Analyse
nur sehr schwer zugänglich.

Entsprechendes gilt auch für Aspekte und Prozesse des zwischen-
menschlichen Verhaltens; so sind die Analyse und die Lösung eines
Konfliktes zwischen Personen relativ schwer im Vergleich zur Darstellung bzw. Funktionsbeschreibung des Kettenantriebs beim Fahrrad. Beim Konflikt geht es um das Verstehen von Individuen und um
die Suche nach Erklärungen dafür, daß eine Person sich in einer
spezifischen Situation auf eine bestimmte, konfliktträchtige Art
und Weise verhält. Beim Fahrradantrieb dagegen verdeutlicht die
äußere Formgebung der Kette, der Zahnräder und der Pedalen den

Funktionszusammenhang des Kettenantriebs. Weiterhin steht diese
Erscheinung unter der für das Kind sinnvollen Perspektive, daß ein
Fahrradantrieb zweckmäßig hergestellt wurde, daß er also einem
Funktionszusammenhang von Mittel und Zweck entspricht. Das ist
eine Interpretation physischer Erscheinungen, die sich im Grund-
schulalter zunehmend manifestiert.

4.1.6.4 Entwicklung des Verständnisses physischer Prozesse

Etwa vom 4. bis zum 7. Lebensjahr kann man bei Kindern egozentrische Denkformen beobachten, die oben als Animismus, Artifizialismus und Anthropomorphismus bezeichnet wurden (vgl. PIAGET, J.
1981). Kinder glauben offensichtlich, auf dem "Leibapriori der
Erkenntnis" (APEL, K.O. 1963, S. 151 - 172) basierend, daß die
Welt belebt sei und daß physische Erscheinungen dieselben Lebensäußerungen besitzen wie der eigene Leib (vgl. zum folgenden PIA-
GET, J. 1981, S. 162 - 170). Diese Annahme beziehen die Kinder
insbesondere auf die bewegten oder sich bewegenden physischen Erscheinungen, denen ein Wille, die Fähigeit zu leiden oder sich zu
freuen, zugesprochen wird. Ein Ball beispielsweise, der ausrollt,
ist "müde" geworden. Ein Wassertropfen, der am Fensterglas herab-
rinnt, "kann" sich nicht mehr festhalten. Die Kinder unterstellen
ferner, daß die Gestirne leben und daß viele natürliche Erscheinungen, z.B. Wälder oder Seen, vom Menschen gemacht worden seien.
Erst mit dem zehnten Lebensjahr schränken die Kinder den Lebensbe-
griff auf Menschen, Pflanzen und Tiere ein (vgl. PIAGET, J. 1981,
S. 167), während die finalistische Weltdeutung erhalten bleibt,
so z.B. bei der Erklärung technischer, aber auch natürlicher Erscheinungen im Bereich der unbelebten Natur (vgl. PIAGET, J. 1981,
S. 277ff). Da also der Mensch in der egozentrischen Phase des Denkens das Maß aller Dinge für das Kind ist, werden seine Bedürfnisse bzw. seine Erfahrungen mit dem eigenen Leib zur Erklärung
herangezogen.

So geht die Sonne unter, weil sie müde geworden ist oder
weil wir schlafen wollen. Im Winter fällt Schnee, weil wir
Schlitten fahren wollen, und das Papier bleibt an einem

Magneten nicht haften, weil es nicht will. Der Magnet ist
deshalb so, weil wir mit ihm spielen wollen. Kinder belegen
siedendes Wasser z.B. mit der Vorstellung, es sei im Unterschied zu vorher nun ganz "nervös" geworden.
Nicht ganz geklärt ist, ob Kinder dieses Alters wirklich auch
genauso denken, wie es ihre sprachlichen Äußerungen nahelegen.
Wenn man sie auf die animistischen bzw. anthropomorphen Interpretationsmöglichkeiten ihrer Sprache hinweist - etwa mit der Frage,
ob das Wasser nun so "nervös" sei wie der Vater, wenn er sehr
abgespannt und müde von der Arbeit nach Hause komme, dann fällt
zumindest bei siebenjährigen Kindern auf, daß sie sich mißverstan-
den fühlen. Sie haben die Bezeichnung "nervös" lediglich deshalb
verwendet, weil sie kein anderes Wort für die Beschreibung des
Phänomens "Sieden" hatten (vgl. SOOSTMEYER, M. 1978, S. 204).

PIAGET hat offensichtlich aus diesem Grund herausgestellt, daß
diese Form des Denkens keine bewußte Überzeugung, sondern vielmehr
ein Konstrukt darstellt, mit dessen Hilfe sich das Kind die Welt
erklärt. Wenn das Schema sich als untauglich erweist, weil es z.B.
irrigerweise nichtbelebten Dingen Bewußtsein, Willen und innewoh-
nende Kräfte zubilligt, dann sind Kinder bereit, es durch ein
geeigneteres Schema mit höherem Erklärungswert zu ersetzen (vgl.
hierzu die Untersuchungen über den kindlichen Artifizialismus und
die späteren Stadien der Kausalität bei PIAGET, J. 1980, S. 207 -
227 und 1973, S. 260 - 272). Im Prinzip geschieht dann auf kind-
lich-elementarer Ebene ein sog. "Paradigmenwechsel" (KUHN, T.S.
1979), weil das Kind eine Änderung seines Erklärungsmusters vor-
nimmt. Es geschieht also dasselbe, was Wissenschaftler tun, wenn
sie eine Theorie oder ein Hypothesengeflecht aufgeben, weil der
Erklärungswert unbefriedigend geworden ist; so könnte man im Sinne
POPPERs (1982, S. 70ff) argumentieren, der allerdings den Wechsel
von Erklärungen nicht unter der Perspektive revolutionärer Er-
schütterungen sieht wie KUHN (1967), sondern als evolutionären
Vorgang.

Ich habe bereits auf PIAGETs Arbeiten zur Denkform der "Transduktion" verwiesen. Hierbei ist folgendes Beispiel bedeutsam, weil es

die Schwierigkeiten verdeutlicht, die ein Kind mit der Aneignung
und Interpretation der Wirklichkeit hat. Außerdem zeigt das Beispiel, daß die soeben dargestellte Idee von der evolutionären
Veränderung der Denkmuster bei POPPER und die Methapher WAGEN-
SCHEINS von der Bildung der Einzelkristalle des Verstehens erstaunlich eng beieinanderliegen:

Ein 8 Jahre altes Kind (mit Namen Mull) beobachtet, daß
in ein Glas Wasser   ein Stein geworfen wird. Auf die
Frage hin, warum nun der Wasserspiegel im Glas angestie-
gen sei, antwortet das Kind: "Weil der Stein schwer ist."
Man zeigt nun einen weiteren Stein: "Er ist schwer. Er wird
das Wasser steigen lassen." - "Und dieser da (ein kleiner
Stein)?" - "Nein." - "Warum?" - "Er ist leicht." Damit ist
das Beispiel noch nicht zu Ende. Fahren wir im Experiment
fort: "Ist dieses Stück Holz schwer?" - "Nein." - "Wenn
man es ins Wasser täte, würde es dann das Wasser ansteigen
lassen?" - "Ja, weil es nicht schwer ist." - "Was ist am
schwersten, dieses Holz oder dieser Stein (ein kleiner
Stein und ein großes Stück Holz)?" - "Der Stein (richtig)."
- "Was läßt das Wasser am meisten steigen?" - "Das Holz." -
"Warum?" - "Weil es größer ist" (weil es umfangreicher ist
als der Stein). - "Also, warum haben die Steine das Wasser
eben steigen lassen?" - "Weil sie schwer sind." - "Wenn ich
das hineinwerfe (mehrere Steine zusammen)?" - "Dann wird
das überfließen." - "Warum?" - "Weil das schwer ist."

PIAGET begründet diese Widersprüchlichkeiten im Denken, die wir
bei Grundschülern also immer wieder vorfinden werden, damit, daß
der Knabe mehrere Ideen

"im Sinne habe. Einerseits glaubte er, daß die schweren
Gegenstände und nicht die dicken, umfangreichen Gegenstände
den Wasserspiegel steigen lassen. Andererseits wußte er
implizit, daß die dicken, umfangreichen Gegenstände den
Wasserspiegel steigen lassen. Unbewußt geleitet durch
dieses Schema hat er dann behauptet, daß das Holz das

Wasser steigen läßt, weil es nicht schwer ist...
Zwei Schlußfolgerungen sind festzuhalten. 1. Mull widerspricht sich ... weil seine Erklärungen durch zwei ver-
schiedenartige Faktoren (Gewicht und Volumen) überdetermi-
niert sind, weil er sich ferner diesen Dualismus nicht
bewußt gemacht hat... 2. Aber - und das ist für uns jetzt
der bedeutende Punkt - dieses Fehlen einer Synthese zwingt
Mull dazu ... nur über Einzel- oder Sonderfälle nachzudenken..."

PIAGET stellt nun heraus, daß hier keine Ausnahme vorliegt. Kinder
schließen also allgemein von Einzelfall auf Einzelfall:

"Er ist der Prototyp für alle Denkprozesse von Kindern bis
zu 8 Jahren und darüber... (es ist ein Denken) nicht in
Syllogismen, sondern in Folgerungen   von Einzelnem auf
Einzelnes, ohne logische Strenge" (1981, S. 186). "Die
reine Transduktion ist... eine ursprüngliche "geistige
Erfahrung", d.h. eine einfache Einbildung oder Nachahmung
der Realität, wie   sie erfaßt wird, d.h. sie ist nicht
umkehrbar. Die Umkehrbarkeit des Gedankens, das Bedürfnis
nach einheitlicheren Erklärungen sowie das Motiv, Phänomene nicht bloß dadurch zu erklären, daß man ihre gemeinsame Geschichte nachzeichnet, sondern Wert darauf legt, die
beiden Phänomene durch eine notwendige Verbindung zu verknüpfen" (1981, S. 193), tritt ein wenig später auf.

PIAGETs Angaben der Altersklassen sind hier nicht eindeutig, aber
man könnte davon ausgehen, daß das Kind etwa vom 8. bis 9. Lebensjahr verstärkt damit beginnt, seine Erfahrungen kumulativ miteinander zu verknüpfen, also sein Wissen selbst zu konstruieren (vgl.
BRUNER, J.S. 1971, S. 21 - 96).

"Das transduktive Denken läßt einem wachsenden Bedürfnis
nach kombinierter Induktion und Deduktion den Vortritt,
Verallgemeinerung wird möglich" (PIAGET, J. 1981 S. 193).

Erinnern wir uns: Ein in Wasser getauchter Pflanzenstengel erscheint geknickt. Wenn man aber mit dem Finger daran entlangfährt, entpuppt sich diese Wahrnehmung als falsch. Ein Mädchen (vgl. Kapitel 1.4.5.7.1 dieser Arbeit) - 12 Jahre alt - bemerkt:

> "Der ist krumm, aber nicht richtig. Der Grund täuscht auch, und durch das täuscht das auch. Da meint man, das wäre gar nicht tief. Weil der Grund weiter oben ist, dann kommt auch der Stab auch weiter rauf, dann meint man, er müsse abbrechen" (WAGENSCHEIN, M. 1971, S. 209).

Hier liegt aber keine Transduktion vor, hier wird ein Phänomen begründend durch ein anderes erklärt bzw. verstanden. Dieses nach WAGENSCHEIN vorbildliche "Verstehen", dieser Elementarakt des Forschens, impliziert Übertragung, Verallgemeinerung, Analogiebildung, Induktion und Deduktion. Es ist

> "ein Elementarakt, der das Seltsame des geknickten Stabes nun als dasselbe erkennt, was auch den Grund zu heben scheint. Zunächst ist ein "Knick" etwas ganz anderes als eine "Hebung". Aber hier hat das Mädchen "erkannt", daß eine (mit der Tiefe zunehmende) Hebung einen Knick bewirken muß. Durch das (eine) täuscht das (andere) auch! (WAGENSCHEIN, M. 1971, S. 209).

Das transduktive Denken wird also allmählich, d.h. offensichtlich auf evolutionärem Weg - weil seine Erklärungskraft nicht mehr als zufriedenstellend erlebt wird - verlassen. Man könnte in Anlehnung an LICHTENSTEIN-ROTHER (1980, S. 188) von einer zunehmenden wachen Orientierung des Kindes innerhalb der Lebenswirklichkeit sprechen; "wach" offensichtlich deshalb, weil das Kind zunehmend lernt, sich nicht nur flüchtig mit den Phänomenen auseinanderzusetzen, sich nicht mit Widersprüchlichkeiten abzufinden oder unvereinbare Gründe für gleiche Wirkungen zu nennen. Das Bedürfnis der Verifizierung der eigenen Vorstellungen kommt stärker in das Bewußtsein und führt zu mehr logischer Strenge im kindlichen Denken.

Entwicklung   Verständnis physischer Prozesse

Es ist unmittelbar einsichtig, daß Kinder dies nicht nur von sich
aus tun können, sondern dabei auf den Austausch von Meinungen und
Auffassungen angewiesen sind, die miteinander konkurrieren.
PIAGET schreibt dazu:

"Gewiß bringt das Zusammentreffen unseres Denkens mit dem
der anderen in uns den Zweifel oder das Bedürfnis nach dem
Beweis hervor... Das soziale Bedürfnis, am Denken der anderen teilzunehmen, das unsere mitzuteilen und zu überzeugen,
steht am Anfang unseres Bedürfnisses der Verifikation. Der
Beweis ist aus der Diskussion entstanden" (1981, S. 204,
vgl. KUBLI, F. 1979, S. 5 - 20).

Im Unterricht gelingt es durch vorsichtige Sprachbetrachtungen
und Überlegungen, zusammen mit Kindern Sprachkonstrukte wie Animismen und Anthropomorphismen herauszufinden und als nur "vorläu-
fig" brauchbar zu identifizieren. Selbstverständlich schließt dann
eine solche Sprachanalyse die Suche nach angemessenen Beschreibungen und Erklärungen sowie deren sorgfältige Überprüfung ein. So
lernen die Kinder bei der Beschreibung von Phänomenen, bei der
Wiedergabe von Beobachtungen und bei Darstellungen von Probehandlungen, Experimenten und deren Ergebnissen, das Beobachtbare von
dem zu unterscheiden, was zur Beobachtung als Vermutung hinzugefügt wird. Allerdings darf dabei nicht vergessen werden, daß die
Sprache selbst Elemente des Phantastischen enthält, die auch der
Erwachsene nicht beiseite schieben kann. Helmut SCHREIER verweist
auf dieses wichtige Element der Sprache und zitiert PIAGET, der
seinerseits ein treffendes Beispiel analysiert:

"Vom Wind sagen, 'er ist es, der bläst', bedeutet doch eben
gerade, daß man aus ihm ein aktives, substanzielles und
permanentes Wesen macht. Damit fällt man gleich dreimal der
Sprache zum Opfer. Wenn diese Sprache sagt, 'der Wind
bläst' oder einfach vom 'Wind' wie von einem Wesen spricht,
dann begeht sie die dreifache Absurdität, daß sie annimmt
der Wind sei unabhängig vom Akt des Blasens, es könne einen
Wind geben, der nicht bläst, und der Wind subsistiere unab-

hängig von seinen äußeren Manifestationen. Für uns ist es derart natürlich, so zu sprechen, daß wir diese Formulierung fast für richtig halten" (SCHREIER, H. 1982, S. 68ff).

Dieses Beispiel steht nicht isoliert da; wenn man z.b. Physiklehrbücher aufschlägt, dann fallen entsprechende magische und phantastische Elemente der Sprache auch in der Fachterminologie und in den Merksätzen für die Schüler auf:

"Von einem Magneten werden vor allem Eisen, Nickel und Kobalt angezogen" (HÖFLING, O. 1976, S. 317).
"Wenn zwischen zwei Körpern eine elektrische Spannung besteht, so ziehen sie einander an" (HÖFLING, O. 1975, S. 353).
"Die Massen zweier Körper ziehen einander mit gleich großen, entgegengesetzt gerichteten Kräften an" (HÖFLING, O. 1976, S. 149).

Dem Bemühen nach allmählicher Überwindung des kindlichen Anthropomorphismus steht noch eine weitere entwicklungspsychologische Tatsache erschwerend gegenüber. Bekanntlich müssen beim kritischen Abwägen von Meinungen und Hypothesen unterschiedliche Aspekte und Variablen betrachtet werden. Die Fähigkeit hierzu entsteht bei Kindern dieser Altersstufe gerade erst. Vielfach können Kinder dieses Alters lediglich wenige oder gar nur eine Variable bedenken, die für das Verständnis naturwissenschaftlicher und technischer Zusammenhänge notwendig sind. Ihr Denken kann daher als einparametrig bezeichnet werden, wie das folgende Beispiel zeigt:

WAGENSCHEIN berichtet über ein Mädchen, das sich nachts voller Angst am Pfosten seines Bettes festklammert, weil es glaubt, aus dem Bett zu fallen. Es hatte zuvor gelernt, daß die Erde sich drehe und daß die Nachtseite dann "unten" sei (1969, S. 314).

Sieht man hier einmal von den Problemen des "Oben und Unten" und von der Schwerkraft ab, so kann man feststellen, daß das Kind sich nur an einem Parameter orientierte: der Befestigung seines Körpers

Entwicklung   Verständnis physischer Prozesse

am Bett. Es kam überhaupt nicht dazu, darüber nachzudenken, daß
das Bett mit ihm fallen müsse und daß unter dieser Perspektive das
Festklammern am Bettpfosten eigentlich nutzlos war.

Dieses Denken, das sich auch in bezug auf andere physikalische
Sachverhalte, so z.b. auf die Betrachtung der Volumen-, Mengen-
und Gewichtsinvarianzen äußert, reicht natürlich nicht aus, physische Erscheinungen zu verstehen und zu erklären. So müssen in der
Regel bei solchen Erscheinungen immer mehrere Variablen miteinander in Beziehung gesetzt werden, wenn die Bedingungen ihres Zu-
standekommens erklärt werden sollen. Das aber kann ein Kind dieses
Alters nicht ohne große Schwierigkeiten, weil dann dann eine Über-
determinierung durch zwei oder mehrere Parameter eintritt, deren
Synthese dem Kind nicht gelingt, wie das Beispiel von PIAGET
deutlich zeigt.

Nach den Befunden von PIAGET verfügen Kinder vor dem siebten Lebensjahr lediglich über ein präoperationales Konzept von Kausalität; die Ursache für Erscheinungen wird den an ihnen beteiligten
Objekten zugesprochen, die Fähigkeit etwas zu bewirken "steckt" in
ihnen. Die scheinbare Bewegung des Mondes bei einer Autofahrt wird
dadurch erklärt, daß der Mond dem Auto folgen wolle. Erst auf dem
Niveau der konkreten Operationen lernt das Kind eine Form der Kausalität, die an Handlungen gebunden ist, obgleich PIAGET auch hier
betont, daß Restbestände des Animismus, Artifizialismus und Ego-
zentrismus noch nachwirken (PIAGET, J. 1981, S. 171 - 206).

Bedeutsam für sachunterrichtliche Entscheidungen unter der Perspektive der Chemie und Physik sind die Untersuchungen zur Materie, zum Gewicht und zu ersten Teilchenvorstellungen beim Kind.

Im Alter von 7 bis 8 Jahren verfügen Kinder weder über die Vorstellung von der Erhaltung des Volumens, des Gewichts oder der
Substanz noch sind Ansätze eines atomistischen Schemas vorhanden,
die z.B. durch Mehl oder Pulver nahegelegt würden. In Wasser ge-
löster Zucker gilt als vernichtet. Später glaubt das Kind zwar an
die Weiterexistenz des Zuckers im Wasser, nimmt aber an, daß er

keinen Raum beanspruche und kein Gewicht mehr habe. Erst mit 9
bis 10 Jahren gelangt das Kind in ein weiteres Stadium, das die
Vorstellung von der Erhaltung des Gewichts, nicht aber des Volumens bringt. Dieses Konzept bleibt der nachfolgenden Stufe der
kognitiven Entwicklung vorbehalten, die außerhalb der Grundschulzeit liegt (vgl. PIAGET, J. 1973, S. 146 - 148).

Mit der "Desubjektivierung", die PIAGET als eine der entscheidenden Voraussetzungen für die Entwicklung des naturwissenschaftlichen Denkens ansieht, gelangt das Kind dazu, sich mehreren Aspekten eines Sachverhaltes zuzuwenden, ohne jedoch nach allgemeinen
Gesetzen und übergeordneten Konzepten zu suchen (vgl. PIAGET, J.
1973, S. 147).

An die Stelle des einparametrigen Denkens tritt nun ein Denken,
das mehrere Variablen gleichzeitig zu erfassen sucht, das unter
verschiedenen Bedingungen Beobachtungen, Probehandlungen und
kleine Experimente durchzuführen sucht. Dies geschieht entweder in
der Absicht, etwas herauszufinden oder Ideen umzusetzen. Das
logische Denken vollzieht sich in "Wenn-Dann-Erklärungen" und
"Zweck-Mittel-Relationen". Kinder vollziehen erste vage Indukti-
nen und nehmen Generalisierungen vor, wenn sie z.b. ein "Gesetz"
oder eine "Regel" gefunden haben. Da ihnen das abwägende Denken
weitgehend fehlt und weil sie die konkret-empirischen Erfahrungen
noch nicht haben, sind sie nicht in der Lage, ihre Schlußfolgerungen kritisch zu prüfen. So neigen sie dazu, sehr schnell und ohne
hinreichende Überlegungen "Problemlösungen" zu verallgemeinern.
Das bedeutet, daß dieses Denken trotz richtiger Ansätze erst
rudimentäre Elemente eines hypothetisch-abwägenden Denkens zeigt.
Es bedeutet jedoch nicht, daß dies ein genetisches Vorgehen im
Unterricht ausschließt, wie einige Didaktiker des naturwissenschaftlichen Unterrichts glauben machen wollen (vgl. z.B. die
fatale Analyse eines noch problematischeren Unterrichtsprotokolls
bei LÖFFLER, G. 1985, S. 39 und S. 42). Von den Funktionen ausgehend erschließt das Kind - so können WAGENSCHEIN und SCHIETZEL
an unterschiedlichen Beispielen und bei unterschiedlicher Grund-
überzeugung zeigen - die Funktionsweise aus der Funktion.

4.1.6.5 Entwicklung der Identität und des Selbstkonzeptes

Im Alter von ca. 7 Jahren beginnt das Kind damit, über sich selbst, seine Herkunft, die eigene Stellung in sozialen Gruppen und über die eigenen Gedanken und Gefühle nachzudenken. Das Selbstkonzept eines Kindes bildet sich allmählich aus, wobei Phantasien, Wunschvorstellungen, Ängste und Tagträume sich mit Formen erster realistischer Einschätzungen der eigenen Möglichkeiten und Grenzen abwechseln. Konkrete Anlässe für den beginnenden Realismus sind u.a. die Erkenntnis, daß der andere ebenfalls Wünsche, Träume, Hoffnungen und Fähigkeiten hat. Zum Ausdruck kommen diese Ansätze des beginnenden Selbstfindungsprozesses in den Rollenspielen der Kinder, in ihren Fragen nach den Relationen zu anderen Kindern sowie in der Suche nach Leistung und Selbstbestätigung. Identitätsfindung und soziale Existenz sind somit aufeinander bezogen. Das Kind kommt nun in die Lage, Sozialerfahrungen, Ereignisse und Dinge, von denen es betroffen ist, unter verschiedenen Perspektiven zu sehen und unterschiedliche Varianten durchzuspielen. Es beginnt damit, Fragen nach dem Sinn von Ereignissen zu stellen, wobei die Sinnhaftigkeit nicht nur auf die eigene Person bezogen wird, sondern auch auf andere Personen und Lebewesen sowie auf Sachen. Diese Desubjektivierung des Denkens dient dem Kind dazu, die Erscheinungen möglichst vollständig zu erfassen. Es will sicher in bezug auf die Behandlung und Bewertung dieser Erscheinungen werden, um seine Stellung zu ihnen irgendwie zu festigen; denn nur im Kontakt zu anderen Menschen und zu den Gegenständen seiner Erfahrung vermag das Individuum sein Selbstkonzept aufzubauen.

Ich werde im Kapitel 4.2.6 dieser Arbeit das elementare Bedürfnis des Kindes nach Affirmation des Bestehenden herausarbeiten und darstellen, daß das Kind den natürlichen Drang hat, sich seiner selbst und dessen, was um dieses Selbst herum besteht, zu vergewissern. Dies kann als Suche nach Geborgenheit und Sicherheit verstanden werden.

Nicht zufällig spielt daher das Motiv der Einwurzelung (Enraci-
nement) in die primäre Umwelt - in die unmittelbar erfahrbare
Lebenswirklichkeit - in der genetischen Konzeption des naturwis-
senschaftlichen Unterrichts bei Martin WAGENSCHEIN eine bedeutende
Rolle (1968, S. 68). Eine Analyse der entsprechenden grundschul-
pädagogischen Literatur wird außerdem zeigen können, daß dieses
Motiv allgemein eines der grundlegenden Elemente erzieherischen
Denkens für diese Schulstufe darstellt.

Der Abbau der egozentrischen Sichtweise führt zu einer "Sociali-
sierung" des Denkens und zur Ausdifferenzierung der metakognitiven
Fähigkeiten des Kindes im sozialen Bereich. Es gestaltet seine
Kommunikation mit anderen Menschen wesentlich effizienter, es kann
die Wahrnehmungen des anderen teilen und somit auch verstehen, wie
der andere Dinge, Menschen, Tiere und Pflanzen sowie Sachverhalte
auffaßt und interpretiert. Dies setzt natürlich die Befähigung
voraus, Auffassungen und Meinungen zu vergleichen und gegeneinander abzuwägen. Das Kind erwirbt in diesem Kontext auch das
Bewußtsein, daß es subjektive Handlungsstrategien beim Mitmenschen gibt (vgl. ANDREAS, R. 1982); es kann daher in ersten Ansätzen die Ziele eines anderen identifizieren. Vorerst bleibt jedoch
das unbedingte Vertrauen, das Kinder dieses Alters den Lehrern und
anderen Erwachsenen entgegenbringen, bestehen, denn das Bedürfnis
nach Sicherheit und Geborgenheit bleibt von diesen Einsichten
unbeeinflußt (vgl. hierzu LICHTENSTEIN-ROTHER, I. 1981, S. 34).

Durch soziale Kontakte lernt das Kind, sich nicht mehr nur auf
seine eigenen Wahrnehmungen, sondern auch auf Vorstellungen und
Überlegungen zu verlassen. Es lebt daher nicht mehr in der Welt
der unmittelbaren Sinneseindrücke, auch wenn diese bei der Bildung
weiterer konkreter, empirischer Grundlagen unerläßlich sind, sondern in einer "begrifflich geordneten Welt". Das Kind konstruiert
sich seine Realität selbst. AEBLI - wie auch andere - verweist auf
die tragende Funktion der Sozialkontakte beim Aufbau und bei der
Ausdifferenzierung dieser Lebenswirklichkeit (vgl. z.B. AEBLI, H.
1970, S. 106 - 111).

4.1.6.6   Die Entwicklung des moralischen Bewußtseins

Die Bildung eines Selbstbewußtseins oder Selbstkonzeptes ist immer auch abhängig von dem Bewußtsein der eigenen Verwiesenheit auf den anderen, auf die Gesellschaft und auf den nichtpersonalen Bereich der Lebenswirklichkeit. Oben wurde auf die Dialektik zwischen dem Wahrnehmen   anderer Auffassungen und der Verfestigung eigener Meinungen hingewiesen. Mit der Zunahme der dazu notwendigen sozialen Kontakte und Fähigkeiten entwickelt das Kind auch seine moralischen Urteile und Vorstellungen.

An Untersuchungen über "Lüge" und "Gerechtigkeit" hat PIAGET festgestellt, daß Kinder im Alter von 6 bis 8 Jahren eine Moral haben, die als "heteronom" - also fremdbestimmt zu kennzeichnen ist. Vom achten Lebensjahr an gelangen Kinder zu einer "autonomen" Moral.

FEND arbeitet die Moralvorstellungen wie folgt heraus:

Heteronome Moral:

"1. Bei der Beurteilung der Schwere einer Missetat wird die
    Absicht des Täters außer acht gelassen, nur die Konsequen-
    zen (z.B. der beobachtbare Schaden) werden berücksichtigt.
 2. Zwischen Lüge und Irrtum wird nicht unterschieden, da
    das Kind die Absichten nicht erkennt.
 3. Stehlen ist falsch, weil man dafür bestraft wird.
 4. Das Kind stellt keinen inneren Zusammenhang zwischen der
    Tat und der Strafe her: Dies ist nur Sühne und soll mög-
    lichst streng sein.
 5. Die Kinder wollen bei einer erlittenen Aggression Gleiches
    mit Gleichem vergelten, wenn der Aggressor nicht stärker
    ist.
 6. Der Begriff der Gerechtigkeit fehlt noch, das Kind nennt
    eine ungerechte Handlung 'unrichtig'.
 7. Im Konflikt zwischen Gehorsam und absoluter Gerechtigkeit
    (z.B. Gleichheit der Pflichten) siegt der Gehorsam."

Autonome Moral:

"1. Die Absicht wird bei der Beurteilung einer Tat berücksich-
    tigt.
 2. Zwischen Irrtum und Lüge wird unterschieden.
 3. Die Strafe wird nur dann als richtig betrachtet, wenn
    ein innerer Zusammenhang mit der Tat besteht.
 4. 'Abschreiben' ist schlecht, weil es gegen das Prinzip der
    Gerechtigkeit verstößt.
 5. Der Begriff der Gerechtigkeit im Sinne der Gleichheit
    aller wird entwickelt. Gleichzeitig sind die Ansätze zur
    relativen Gerechtigkeit vorhanden, d.h. bei einer Vergel-
    tung werden die besonderen Umstände, in denen der Täter
    sich befand, berücksichtigt."

Aus diesen Untersuchungen kann man folgende Kriterien für das
pädagogische Handeln ableiten:

1. Das Grundschulalter entspricht dem Übergang vom Egozen-
   trismus zur Kooperation, von der heteronomen Moral zu
   solchen Formen der Moral, die auf interpersonale Absprachen, auf ausgehandelten Regeln und auf Absprachen aufbau-
   en. Es muß daher Aufgabe des politisch-sozialen Lernens in
   der Grundschule sein, diese Entwicklung zu fördern. Umgangsformen und Inhalte des Lernens müssen zeigen, daß
   egozentrische Denk- und Verhaltensstrategien ungeeignet
   sind.

2. Heteronome und autonome Moral stellen zwar eine invariante, nicht veränderbare Stufenfolge dar, sie sind jedoch
   nur näherungsweise an ein bestimmtes Lebensalter gebunden.
   Deshalb ist es notwendig, den Entwicklungsstand jedes
   einzelnen Schülers individuell zu diagnostizieren. Zur
   Entwicklung kooperativer Arbeitsformen bedarf es der inneren Differenzierung der Lernangebote und Aufgaben.

3. Das Handeln der Kinder ist weiter entwickelt als die
   Urteile, die sie verbal geben können. Der Lernprozeß muß
   daher vom Handeln ausgehen und dabei so organisiert werden, daß sich aus dem Handeln eine Weiterentwicklung der
   Erkenntnisstruktur ergeben kann (vgl. hierzu die Entwicklung der Handlung zur Handlungsstruktur bei AEBLI im Kapitel 4.4.3 dieser Arbeit).

4. Daraus läßt sich ableiten, daß der Beziehung der Kinder
   untereinander im Grundschulalter eine besondere Bedeutung
   zukommt. Häufige Kontakte zwischen Kindern in kleinen
   Gruppen scheinen am ehesten geeignet. Im Handeln und im
   Gespräch sind die weiter entwickelten Kinder gezwungen,
   ihre bereits erworbene Kompetenz anzuwenden und somit zu
   vertiefen, während anderen Kindern Entwicklungsanreize
   geboten werden können.

Lawrence KOHLBERG (1974, vgl. hierzu auch die Darlegungen im
Funkkolleg Praktische Philosophie / Ethik 1980, S. 55ff) hat ein
Stufenmodell der moralischen Entwicklung in Anlehnung an die Forschungen von PIAGET entwickelt. Das sechsstufige Modell beginnt
mit der Beschreibung des vierten Lebensjahres:

In diesem Alter befindet sich das Kind auf der vorkonventionellen
Ebene der Moralvorstellung und orientiert sich in der ersten Stufe
der moralischen Entwicklung an Strafe und Gehorsam. Es leistet die
egozentrische Unterwerfung unter höher stehende Mächte, z.B.
unter die Eltern. Die moralische Qualität einer Handlung wird
ausschließlich von den physischen Konsequenzen her beurteilt, die
sie nach sich ziehen kann, z.B. Strafe, Belohnung, kurzfristiger
Entzug von Zuwendung oder aber auch Süßigkeiten. Diese Bewertung
geschieht ohne Rücksicht auf irgendwelche Werte oder auf einen
menschlichen Sinn der Handlung, sie kann daher auch nicht als
Ausdruck des kindlichen Respekts vor einer moralischen Ordnung
angesehen werden.

Die nächste Entwicklungsstufe bringt die instrumentell-relati-
vistische Orientierung des moralischen Urteilens. Rechtes Handeln
besteht für das Kind darin, hauptsächlich die eigenen und gelegentlich auch die Bedürfnisse anderer zu befriedigen. Durch die
Tatsache, daß ein Bedürfnis befriedigt wurde oder nicht, wird
einer Handlung entweder die Qualität des Guten oder des Bösen
zugesprochen. In diesem Kontext erwirbt das Kind allmählich Vorstellungen von menschlichen Beziehungen, die auf Redlichkeit,
Gegenseitigkeit und Gleichheit des Teilens basieren. Die Grundlage dieser Bewertung ist jedoch physisch-pragmatisch.

Im Alter von ca. 10 Jahren - individuelle Varianzen müssen dabei
natürlich in Rechnung gestellt werden - gelangt das Kind auf die
Ebene der konventionellen Moralvorstellungen, wobei das Grundschulkind in der Regel die erste Stufe dieser Ebene nicht über-
schreitet. Das Kind orientiert sein moralisches Urteilen an der
interpersonalen Konkordanz. Gutes Verhalten ist das, was anderen
gefällt oder dienlich ist. Das Kind entscheidet über die moralische Qualität von Handlungen in Anpassung an Gruppennormen und
stereotype Vorstellungen von sog. "natürlichem" oder Mehrheits-
verhalten. Damit einher geht die allmähliche Einpassung in Rollenbilder, die teilweise wegen des Strebens nach sozialer Anerkennung
- nicht aber kritisch distanziert oder bewußt - übernommen werden.
Hierin liegen dann auch die ersten Ansätze kindlichen Handelns,
die auf Loyalität, Gerechtigkeit und Solidarität sowie auf die
Bereitschaft zur Übernahme von Verantwortung hinweisen.

Das KOHLBERG - PIAGETsche Modell der moralischen Entwicklung bedarf einiger Ergänzungen unter grundschulpädagogischer Perspektive
und im Hinblick auf den nichtpersonalen Bereich. Wir wissen, daß
Kinder im Grundschulalter bereits ausgeprägte Fähigkeiten besitzen, die die moralisch-sittliche Dimension der sozialen Beziehungen erkennen lassen. Berichte z.B. aus Schulen, in denen Behinderte und Nichtbehinderte gemeinsam lernen, zeigen, daß Kinder unabhängig von Konventionen mitleidsfähig und hilfsbereit sind (vgl.
LICHTENSTEIN-ROTHER, I. 1981). Sie kümmern sich im Zuge von Patenschaften umeinander oder aber auch in individueller Weise um

Kinder, die neu in die Klassengemeinschaft eintreten. Unterrichtsbeispiele zeigen eindringlich, daß Kinder dieser Altersstufe
einer ausgeprägt biophilen Ethik folgen, wenn es z.B. um Experimente mit Tieren und Pflanzen geht (vgl. hierzu SOOSTMEYER, M.
1980, S. 238). Hier negieren Kinder in der Regel solche Experimente, durch die die Existenz eines Tieres oder dessen körperliche
Unversehrtheit gefährdet sind. In Anlehnung an Erich FROMM kann
man feststellen, daß Kindern all das als gut erscheint, was dem
Leben nutzt, es bereichert und ausweitet, schlecht hingegen alles,
was dem Leben schadet, es zerstückelt, einengt und bedroht (vgl.
FROMM, E. 1977, S. 411). Dies schließt natürlich utilitäre Handlungen gegenüber Pflanzen und Tieren auf seiten der Kinder nicht
aus, wohl aber Handlungen, die als bewußt rücksichtslos, roh und
verantwortungslos zu bezeichnen ist. Anders wäre der Wunsch der
Kinder, mit Tieren und Pflanzen sorgsam, d.h. hegend und pflegend
umzugehen, ebenso unverständlich wie der Abscheu, den sie gegenüber Tierquälereien zeigen.

4.1.7 Zusammenfassung

Die obigen Darlegungen umfassen lediglich einige Aspekte der kindlichen Aktivitäten und der Lebenswirklichkeit der Kinder. So wurden beispielsweise die religiösen, künstlerischen, ästhetisch-
kommunikativen, mathematischen und sportlichen Aspekte kindlicher
Entwicklung kaum reflektiert.

Es ist vor dem Hintergrund der Darlegungen aber offensichtlich,
daß eine Hinwendung zur Lebenswirklichkeit des Kindes schon aus
anthropologischen Überlegungen notwendig ist.

Bereits die Analyse der Curricula und der didaktischen Ansätze
zeigt: Die Paradigmata eines auf die Fächer, deren Strukturen oder
Methoden bezogenen Sachunterrichts wurden durch einen lebensweltlich akzentuierten Ansatz und durch offene Unterrichtsplanungen
ergänzt. Ferner wurde ein verbessertes Verständnis der Funktion
von Lernzielen im Unterricht gefunden, denn auch bei der Entwicklung offener Curricula für den Sachunterricht werden operationa-

lisierte Lernziele formuliert. Dabei werden indes solche Lernzieldimensionen eingeschlossen, die mit den kommunikativen, sinn- und
bedeutungserschließenden Lernprozessen korrespondieren. Außerdem
rekurrieren sie nicht so streng auf die behaviouristische Interpretation des Lernens, sondern werden von der Kognitionstheorie
her verstanden. Sie drücken auch aus, daß dem Kind keine "spani-
schen Stiefel" angeschnürt werden dürfen, sondern daß es Freiräume
benötigt für motorisches, emotionales und soziales Handeln sowie
für sinnerschließende Lernprozesse. Die von LICHTENSTEIN-ROTHER
mit der Frage: "Und wo bleibt das Kind?" und von BURK beklagte
"Entwertung der kindlichen Lebensstufe" (BURK, K.H. 1976, S. 133)
kommt nun nicht mehr vor, weil der Beitrag einer möglichen fachlichen Grundlegung der Bildung nicht vordergründig in der Vermittlung fachlicher Grundkenntnisse und entsprechender Verfahren gesehen wird, sondern in der Anbahnung einer möglichst gründlichen
sachlichen Auseinandersetzung des Kindes mit Erscheinungen in
seiner Lebenswirklichkeit.

KÖHNLEIN (1984) stellt in diesem Zusammenhang (vgl. auch SOOST-
MEYER M. 1978) heraus, daß man genetisches Vorgehen an ergiebi-
gen, problemhaltigen, d.h. exemplarischen Inhalten vollziehen
kann, indem man beim Kind die Erkenntnis vorbereitet,

> "- daß man aus einem umfassenden Zusammenhang (einer ganz-
> heitlichen Behandlung) ein bestimmtes Teilproblem heraus-
> greifen und isoliert untersuchen kann, um in der Ge-
> samtfrage weiterzukommen,

> - daß man sich mit einem Teilproblem über längere Zeit
> hinweg intensiv beschäftigen kann,

> - daß bestimmte Perspektiven (in der Kulturgeschichte) aus-
> gebildet sind, die sich als "Fächer" ausgebildet haben"
> (KÖHNLEIN, W. 1984, S. 206).

Fachliches Denken und Handeln wird hier nicht vorausgesetzt oder
aufgezwungen, sondern der Schüler wird aus seiner Alltagserfahrung

und Alltagsvorstellung zu fachlichem Denken und Handeln geführt. Besonders eindrucksvoll sind hier die Beispiele, die John FORSTER zum entdeckenden Lernen von Kindern im Grundschulalter vorlegt (vgl. FORSTER, J. 1974, siehe auch LIPPITZ, W. 1986, MERTENS, S. 1970 u. RAUSCHENBERGER, H. 1985). Auch hier werden die Fächer als "Perspektiven auf die Welt" verstanden, als Perspektiven, die bestimmte Fragen beantworten und bestimmte Probleme lösen helfen. Wenn sie dem Kind zugänglich gemacht werden, eröffnen sie ihm zunehmend Orientierungsmöglichkeiten in der Lebenswirklichkeit.

Der situationsorientierte Ansatz innerhalb der Didaktik des Sachunterrichts macht Erlebnisse und Erfahrungen der Kinder zum Ausgangspunkt und zum Ziel des Unterrichts. Er will die Aktionsfähigkeit der Kinder fördern. Einen weiteren wichtigen Ansatz für die theoretische Grundlegung eines situativen Unterrichts stellen die Arbeiten von SCHREIER und KÖHLER (1981 u. 1985) sowie HEMMER, (1982) dar, die insbesondere den Mangel an "Analysen der kindlichen Lebenswirklichkeit" (HEMMER, K.P. 1982, S. 33ff) als ernstes Problem für die Didaktik des Sachunterrichts nennen. Eine Synthese der beiden Prinzipien Kindorientierung und Wissenschaftsorientierung ist nicht in Sicht, da sie fälschlicher Weise als antagonistisch interpretiert werden (vgl. SCHREIER, H. 1985, S. 5). Sachunterricht wird daher als interessengeleitete Auseinandersetzung mit den Dingen und Problemen der Erfahrungswirklichkeit verstanden, wobei prinzipiell kein Bereich vorab ausgeklammert werden kann. Zur Strukturierung schlägt SCHREIER folgende Handlungen als Ordnungskriterien vor und ordnet sie jeweils folgenden inhaltlichen Bereichen zu:

a) "Sachverhalte und Dinge der Welt erkunden"

- mit Medien umgehen,
- Tier- und Pflanzenleben erforschen,
- den Raum erfahren,
- ökologische Zusammenhänge studieren,
- die Arbeitswelt kennenlernen,

b) "Zusammenleben mit anderen lernen"
- Konflikte betrachten und Positionen vertreten,
- Behinderungen verstehen,
- Lebensbedingungen vergleichen,
- das Planen üben,
- Spielmöglichkeiten schaffen,

c) "Ich-Identität aufbauen"

- den Werksinn entfalten,
- mit dem eigenen Körper vertraut werden,
- die persönliche Situation erfassen und ausdrücken,
- die Phantasie entwickeln.

Diese Gliederung geht von der Aufteilung der kindlichen Weltinterpretation in sog. "Elementary Science" und "Elementary Social
Studies" aus und ergänzt diese durch den Aspekt des Aufbaus der
personalen Kompetenz. Damit geht SCHREIER ein beachtliches Stück
über die bestehenden Ansätze hinaus. Indes ist es gerade dieser
Ausgangspunkt, der die Gefahr einer Zersplitterung des Sachunterrichts nicht ausschließt. Denn die Zuordnung bestimmter pädagogischer Intentionen zu nur einem der Bereiche, z.B. "den Werksinn
entfalten" zum Aufbau der Ich-Identität, wird nicht einsichtig.
Werksinn dürfte wesentlich auch im Zusammenhang mit der Dingwelt
gefordert sein, wenn es darum geht, eine Werkidee in die Realität
umzusetzen.

Diese Überlegungen zeigen, daß es eine allgemein anerkannte Theorie des Sachunterrichts nicht gibt. Vielmehr stellt sich die zuge-
hörige Didaktik als eine Vielzahl unterschiedlicher Konzeptionen
dar. Das Synthese-Konzept (BECHER, H.R. 1981) und SCHREIERs Ansatz
versuchen, eine zusammenhängende Gliederung des Sachunterrichts zu
erstellen, indem sie den Sachunterricht erfahrungspädagogisch begründen (1982). Ein umfassender Theorieentwurf wird aber nur dann
vorgelegt werden können, wenn alle erziehungswissenschaftlichen
Disziplinen zur Begründung herangezogen und spezifische Zuschnitte
vermieden werden (vgl. hierzu RABENSTEIN, R. 1985, S. 22).

4.2 Studie über die pädagogischen Grundlagen des Sachunterrichts

4.2.1 Erschließung der Lebenswirklichkeit als historische Aufgabe des Sachunterrichts

Der Sachunterricht muß dem Kind bei der Erschließung seiner Lebenswirklichkeit helfen (vgl. KM. NW. 1985, S. 21). Eine entsprechende Forderung ist immer gestellt worden, denn erst wenn auch Grundschüler befähigt werden, ihre gegenwärtige, anthropologisch, politisch, historisch, sozial und ökologisch bedingte Lebenssituation besser zu sehen und zu meistern, erfüllt der Sachunterricht seine grundlegende Bildungsarbeit. Nur so legt er die Grundlage für das Selbstverständnis eines mündigen und verantwortungsbewußten Bürgers. Rainer RABENSTEIN hat die im ersten Kapitel dieser Arbeit dargestellten Curricula und didaktischen Ansätze in drei Kategorien gefaßt: "Heimatkunde, fachorientierter Sachunterricht und situationsorientierter Unterricht"; er hat sich dabei im wesentlichen auf deutsche Ansätze beschränkt.

Die Lebenswirklichkeit wird in der Heimatkunde als die "räumliche und geistige Kinderheimat" verstanden. Ihre Bedeutung liegt darin, daß sich das Kind in ein "Lebensganzes" einwurzelt auf einem ganz bestimmten Fleck Erde (vgl. KOPF, F. 1964, S. 11).

"In der Heimatkunde soll der Schüler seine Heimat kennen und beobachten, verstehen und schätzen, schonen und lieben lernen. Er soll sich immer mehr in ihr verwurzeln, mit ihrem Schicksal verbunden fühlen" (BILDUNGSPLAN 1955, S. 457).

Bei der Vermittlung von Werten und Einstellungen steht das Kind unter der Vormundschaft der Erwachsenen. HANSEN formuliert folgendermaßen:

"Der dem Alter gemäße Weg, dem Leben der Kinder eine Wert-
richtung zu geben, geht über ihre Teilnahme am Leben einer
wertgeprägten Gesellschaft, der sie sich zugehörig fühlen"
(1968, S. 198).

Die Erschließung der Lebenswirklichkeit ist also **Einpassen** in die
bestehenden Normen und Werte sowie in die gesellschaftlichen
Strukturen auf der Basis eines Zugehörigkeitsgefühls.

Ideologiekritisch ist eine solche Einpassung des Kindes nicht mehr
zu vertreten; sie widerspricht eindeutig dem Emanzipationsgedanken
und dem Bild eines aktiven, auf Mündigkeit, soziale Verantwortung
und Teilhabe an gesellschaftlichen Prozessen zielenden Bürgers.

"**Die Ideologie des Heimatkundeunterrichts** gerät in einen
immer tieferen Widerspruch zu den sozial-kulturellen Bedingungen des Grundschulunterrichts" (VOIGT, E., HEYER, R.
1965, S. 59 - 78).

Daß mit dieser Ideologiekritik nicht notwendigerweise grundlegende
anthropologische Grundbedürfnisse aus didaktischen Theoriebildungen eliminiert werden, wird im Kapitel 4.2.6 dieser Arbeit dargestellt.

Im **fachorientierten Sachunterricht** erhält der Begriff der Lebenswirklichkeit eine Neubestimmung sowohl hinsichtlich der "objektiven Realität" als auch der Möglichkeiten des Kindes, sich mit ihr
auseinanderzusetzen. Die kindliche Lebenswirklichkeit wird hier
reduziert auf die "wissenschaftsbestimmte und wissenschaftsbe-
dingte" Realität, ganz so, wie es der DEUTSCHE BILDUNGSRAT zu
Beginn der Bildungsreform postulierte. Die Erschließung dieser
Lebenswirklichkeit sollte durch die Vermittlung von Fachinhalten
und Verfahren wissenschaftlicher bzw. wissenschaftspropädeutischer
Art geleistet werden. Grundlage hierfür war die von BRUNER formulierte These, daß Kinder aus lerntheoretischer Sicht damit nicht
überfordert seien (vgl. hierzu jedoch die Darlegungen in den
Kapiteln 1.4.1 und 1.4.5.3 dieser Arbeit).

Auch der konzeptorientierte Lehrgang von SPRECKELSEN hat eine
Erschließungsfunktion. Als sprachliche Interpretationsmuster umfassen die Konzepte sowohl den alltäglichen Fall als auch solche
Erfahrungen, die tief in die Wissenschaften führen. Die wissenschaftliche Interpretation der Welt wird also universell und dabei
auch fundamental, ebenso wie die formalisierten Verfahren zu überall anwendbaren Instrumenten der Erkenntnis und Problemlösung
definiert werden.

Die Fachorientierung im Sinne einer Ausrichtung auf die Inhalte
(vgl. hierzu Kapitel 1.4.5 dieser Arbeit) fand die größte Verbreitung in der Bundesrepublik, wie BOLSCHO (1978, S. 271ff) zeigen
konnte.

Man muß jedoch die Entwicklung des Sachunterrichts an dieser
Stelle unter den beiden großen Perspektiven der Naturwissenschaften und der Sozialwissenschaften betrachten. In der Regel spielen
im naturwissenschaftlichen Bereich die Bezüge zur kindlichen Lebenswirklichkeit keine hervorgehobene Rolle, die "wissenschaftsbestimmte und -bedingte" Realität ist eben nicht kindbestimmt. Fach-
didaktische Kriterien haben Vorrang vor anderen. BOLSCHO schreibt
hierzu:

"Die Funktion des fachdidaktischen Zugriffes als Instrument
zur Erschließung der kindlichen Erfahrungswelt wird als
gegeben betrachtet, so daß die Bedeutung des Unterrichtsgegenstandes im Hinblick auf die gesellschaftliche und individuelle Situation des Kindes nicht weiter thematisiert
werden muß" (BOLSCHO, D. 1978, S. 271).

Es gibt zwar Ansätze, die sich um Lebensbezüge bemühen, z.B. durch
fächerverbindende Projekte oder auch durch programmatische Einlas-
sungen in Lehrplänen (vgl. z.B. KM. NW. 1973, S. 1 - 5), insgesamt
aber ist die Lebenswirklichkeit in diesen Ansätzen disziplinbezo-
gen verortet. Die Wissenschaften bzw. die Wissenschaftsbereiche
bleiben, wenn es um interdisziplinäre Fragestellungen geht, die

Interpretationshorizonte für Mensch und Welt (vgl. zur Kritik daran Kapitel 4.2.6 dieser Arbeit).

Unter einer anderen Perspektive stellt sich der sozialwissenschaftliche Lernbereich des Sachunterrichts dar. Hier steht der Mensch mit seinen Beziehungen und Bindungen im Mittelpunkt des Interesses. So legt Werner Guido MAYER ein revidiertes Modell eines geographischen Sachunterrichts vor, der insbeondere die "Grunddaseinsfunktionen" reflektiert (vgl. hierzu Kapitel 1.4.5.7.4 dieser Arbeit). Der sozialwissenschaftliche Unterricht wird dann zur "aktualgenetischen Umweltkunde", die die Bezüge des Individuums zur Lebenswirklichkeit aufgreift und entsprechende Methoden bereitstellt, die der empirischen Sozialforschung entnommen sind. Es gibt Ansätze, die über den historischen Vergleich zur Reflexion über die gegenwärtige Lebenssituation führen. Themen sind z.B. "Schule heute und gestern" oder "Wohnen in der Steinzeit", über die im Vergleich mit den eigenen Wohn- und Lebensbedingungen nachgedacht wird. KOCH schreibt zu dem letztgenannten Thema:

"Es ist ja eine alte Erfahrung, daß der Umweg über ein historisches Vergleichsphänomen die Distanz zur eigenen Lebenserfahrung erst... ermöglicht, so daß über Vergleich und Unterscheidung die Erkenntnis bisher nicht reflektierter Erfahrungen freigesetzt wird" (KOCH, F. 1977, S. 108).

Der genetische Sachunterricht sieht die Lebenswirklichkeit ganz anders als die o.g. Fachorientierung, obgleich er eine der Bezugsgrößen auch in den Fachwissenschaften sieht. Die Lebenswirklichkeit wird nicht im vorhinein als "wissenschaftsbestimmt und wissenschaftsbedingt" betrachtet, vielmehr bauen auf den Fragen und Problemen, die das Kind in der Lebenswirklichkeit sieht, Erkenntnisse auf, die allmählich zu Aussagen über die Wirklichkeit werden, in denen z.B. der typische Aspekt der Physik erscheint. Ausgehend also von Elementarakten des Verstehens in der Lebenswirklichkeit entwickelt sich zunehmend eine Weltsicht, eine Perspektive auf die Natur und auf den Menschen. WAGENSCHEIN setzt die

Wissenschaften nicht gegen eine andere Realität. Er funktioniert
die Realität auch nicht so um, daß von ihr das übrigbleibt, was
wissenschaftsbestimmt ist; er entwickelt an der Realität eine neue
Sichtweise, die nun die Erschließungsformen der Lebenswirklichkeit
wesentlich bereichert.

Die individuelle Situation der Kinder, ihre Gedanken, ihre Fragen,
ihre gemeinsamen Bemühungen, Naturphänomene zu verstehen und zu
erklären, werden nachdrücklich thematisiert. Hierdurch ist der
genetisch-sokratisch-exemplarische Ansatz in der kindlichen Lebenswirklichkeit verankert. Dies gilt auch in bezug auf die Sprache, die bei der Phänomenbeschreibung benutzt wird. Sie geht von
den animistischen und anthropomorphen Interpretationen des Kindes
aus. Diese Interpretationen sind ja Ausdruck ursprünglichen Verstehens und damit ursprünglicher Erschließungsweisen der Lebenswirklichkeit.

Vergleichbar hiermit ist der Ansatz des **englischen Curriculums**
"Science 5-13". Da eine seiner Grundlagen darin besteht, daß die
Kinder Interessen und Fragen, die sie selbst gefunden haben,
verfolgen sollen, und der Unterricht hierbei Hilfestellungen zu
leisten hat, dient er unmittelbar zur Erschließung der kindlichen
Lebenswirklichkeit. Seine Aufgabe besteht darin, den **"forschenden**
Geist" zu entwickeln, der sich auf vielfältige Weise wissenschaftlich mit der Welt auseinandersetzt. Wie sehr dieser Ansatz Frei-
heiten dazu läßt, wird an der **Funktion der Ziele** erkennbar. Sie
besteht hauptsächlich darin, natürliche Lernsituationen zu schaffen und zu erhalten. Der Lehrer benutzt die Lernziele lediglich
als **heuristische Suchmuster**, mit dem Ziel, dem Kind bei seinen
eigenen Forschungen zu helfen.

Im **mehrperspektivischen** Unterricht, der zu den **situationsorien-**
tierten Ansätzen zählt, wird eine allgemeine Handlungsfähigkeit
des Kindes angestrebt. Sie ist Voraussetzung dafür, daß das Kind
später am öffentlichen Diskurs teilnehmen kann. Der mehrperspektivische Unterricht greift Alltagserfahrungen auf, bemüht sich, die
Alltagssprache aufzuarbeiten und sie zu klären. Er versucht, unter

den vier Perspektiven erlebnishaft, szenisch, öffentlich-rechtlich
und szientisch die gesellschaftliche Realität darzustellen. Die
Grundschule wird, so RABENSTEIN, als "erste Modellbauwerkstätte"
verstanden (1984, S. 10). Sie rekonstruiert die "Wirklichkeit" in
Simulacren oder Rekonstruktionstypen. Wirklichkeit soll dabei als
gesellschaftlich "gemacht" verstanden und kritisiert werden. Diese
Wirklichkeit ist aber ein Konstrukt; sie ist bedingt und bestimmt
durch die Methoden, die in den Simulacren angewendet werden. So
wird die Wirklichkeit nicht in den konkret sinnlich wahrnehmbaren
Phänomenen vorgeführt, sondern in Verfremdungen, durch Destruktion
von substantiell gegebenen Objekten, die dann nach Maßgaben des
Curriculums rekonstruiert werden. Der mehrperspektivische Unterricht verfremdet also die Wirklichkeit, er entsubstanzialisiert
sie und setzt sich bewußt vom konkreten Weltumgang der Kinder ab,
um ihnen neue strukturalistische Erschließungsweisen zu vermitteln. Damit wendet sich dieser Ansatz konsequent von der kindlichen Lebenswirklichkeit ab und fördert einen hochabstrakten Metaunterricht. Gleichwohl will er durch dieses Vorgehen einen essen-
tiellen Beitrag zur Erhellung der Lebenswirklichkeit leisten.

4.2.2 Thesen zur wissenschaftlichen Begründung des Sachunterricht
im Zusammenhang mit der Lebenswirklichkeit

Im folgenden wird versucht, das Problem der Erschließung der
Lebenswirklichkeit an das Problem einer umfassenden wissenschaftlichen Begründung des Sachunterrichts zu koppeln. Dazu setze ich
folgende Thesen:

> **Die Verwissenschaftlichung oder die Begründung von Sachun-**
> **terricht durch Wissenschaftsorientierung des Unterrichts**
> **führt nicht bloß zur Bestimmung von Inhalten und Verfahren,**
> **die einen wie auch immer gearteten Bezug zu einer wissen-**
> **schaftlichen Disziplin haben und daher als "wissenschaft-**
> **lich" anzusehen sind, vielmehr muß die Verwissenschaftli-**
> **chung des Sachunterrichts sich mit der kindlichen Lebens-**
> **wirklichkeit und pädagogischen, didaktischen, schul- und**
> **unterrichtsorganisatorischen Fragen auseinandersetzen.**

Folgende Gesichtspunkte sind für die Begründung des Sachunterrichts bedeutsam:

- die sorgsame Analyse der kindlichen Lebenswirklichkeit,
- die Analyse des Stellenwertes von Lernen und Lehren,
- die Reflexion auf situative Bedingungen und auf die Beschaffenheit von Ausgangssituationen, in denen problem-
  orientiert und sozial verantwortlich gelernt wird, Aussagen der anthropologisch abgesicherten Theorie über die
  Strukturen menschlichen Handelns, durch die die Didaktik
  des Sachunterrichts dauerhaft begründet werden kann,
- die Analyse des Begriffes der Sachlichkeit, um einem
  überzogenen Szientismus im Unterricht entgegenzuwirken,
- die Kritik der technokratisch verkürzten Sichtweise von
  Sachunterricht, die ihrerseits dazu führen kann, die bestehenden pädagogischen Defizite zu beseitigen.

Um die Praxis des Sachunterrichts zu verändern, muß:

- die Lernzielorientierung im Sinne offener Curricula verstanden werden,
- die Stoff- und Lernzielfülle drastisch reduziert werden,
- das Paradigma der Fachorientierung zugunsten einer Orientierung des Sachunterrichts an Kindern in ihrer Lebenswirklichkeit aufgegeben werden.

Ferner muß der Sachunterricht

- das "Zeitlassen und die Geduld" (HEMMER, K.P., 1982, S.
  40) zurückgewinnen, Tugenden, die ihm im streng lernzielorientierten Unterricht verlorengegangen sind, obgleich
  sie für die entwicklungsgemäßere Strukturierung der Lernerfahrungen unerläßlich sind.

Es ist also eine **Wissenschaftsorientierung** im Sinne des
Genetischen zu fordern, die nicht eindimensional ist und

sich nicht in der Diskussion von Legitimationszusammenhän-
gen - etwa "Kindgemäßheit versus Wissenschaftlichkeit" -
erschöpft, sondern die Grundsätze des handelnden Lernens
und des Sachbezugs sowie das situationsbezogene Lernen
miteinander verknüpft.

Der Sachunterricht wendet sich damit Kindern zu, macht Lernbedürfnisse, Erfahrungen, familiäre, soziale sowie ethnische Bindungen bewußt und versucht, Konflikte und Probleme gemeinsam mit
Kindern zu lösen. Nur so werden Handlungen, Kenntnisse, Orientierungsmöglichkeiten und elementare Verfahren für das Kind sinnfäl-
lig, und nur so ist der Grundsatz der Differenzierung im Zusammenhang mit seinen Aufgaben, mit der Wissenschaftsorientierung und
den anderen Grundsätzen der Unterrichtsgestaltung einzulösen.

4.2.3 Das Problem der Begriffsbestimmung

Der Begriff der Lebenswirklichkeit bedeutet, daß die Alltagswelt
die nicht mehr hinterfragbare Grundlage ist, auf der der einzelne
sich selbst, seine Handlungen und seine Ziele versteht. Diese
letzte und umfassende Realität ist subjektiv vermittelt, sie kann
nicht aus dem Zusammenhang der Lebensgeschichte herausgelöst werden. Damit ist die Lebenswirklichkeit mit den unbewußten Deutungsmustern des Subjektes verknüpft. Der Begriff der Lebenswirklichkeit geht auf das theoretische Konstrukt der "Lebenswelt" zurück,
das von der philosophischen Phänomenologie und der Wissenssoziolo-
gie erarbeitet wurde. Edmund HUSSERL, der diesen Begriff prägte,
stellt fest, daß das Subjekt sich immer schon in einer Erfahrungswelt vorfindet, die fraglose Erklärungs- und Handlungsmuster enthält. In einem vorreflexiven Umgang lebt das Subjekt in dieser
Welt und widmet sich den Erklärungs- und Handlungsmustern, ohne
sie in Frage zu stellen. Diese Welthingabe ist die selbstverständlich vollzogene Haltung des Subjektes zu seiner Lebenswelt,
es geht gleichsam in dieser Welt auf. HUSSERL stellt aber fest,
daß diese naive Haltung zerbrechen kann. Das Subjekt erwirbt dann
ein neues, transzendental-phänomenologisches Bewußtsein, das die
Welt nicht mehr als selbstverständlich gegeben sieht, sondern als

Lebenswirklichkeit   Begriffsbestimmung

Korrelat von Bewußtseinsakten. Die Lebenswirklichkeit ist somit
für HUSSERL hinterfragbar, es gibt eine übergreifende und umfassende Realität, das allgemeine absolute Bewußtsein, das es uns
ermöglicht, uns durch Bewußtseinsakte auf die Gegenstände in der
Lebenswirklichkeit zu beziehen und über das Verhältnis des Subjektes zur Lebenswirklichkeit zu reflektieren. Der Durchbruch zum
transzendental-phänomenologischen Bewußtsein führt das Subjekt zur
objektiven Erkenntnis.

HUSSERLs Schüler Alfred SCHÜTZ und sein Kreis Brigitte und Peter
BERGER, Thomas LUCKMANN und Hansfried KELLNER halten dagegen den
Durchbruch zum transzendental-phänomenologischen Bewußtsein für
grundsätzlich unmöglich. Das Subjekt kann nicht hinter die Sinnge-
bung der Lebenswelt zurück, die diese den Erklärungs- und Handlungsmustern zuordnet. Die Lebenswelt bleibt die letzte und umfassende Realiät. Es gibt für das Individuum keine Möglichkeit,
gedanklich über die Lebenswirklichkeit mit ihren Realitätsaus-
schnitten: Wissenschaften, Künste, Religion, Traum und Phantasie,
mit ihren Erklärungs- und Handlungsmustern hinauszugehen.

Manfred SOMMER kennzeichnet das Prinzip der Selbsterhaltung als
konstitutiv für den Begriff der Lebenswirklichkeit. Er schreibt:

"Diese Welt hat ein anthropologisches Fundament: In ihr
sind Gegenstände und Ereignisse, Subjekte und Handlungen so
in sich strukturiert und ineinander verflochten, daß
menschliche Selbsterhaltung problemlos wird. Die Alltagswelt erhält sich nicht nur selbst, sondern in eins damit
erhält sich der Mensch in ihr. Sie besteht nämlich wesentlich aus den verfestigten Resultaten der Objektivation
menschlicher Handlungen, d.h. aus Institutionen. Und diese
sind nichts anderes als die von ihren Produzenten unabhängig gewordenen, also objektiv - wirklichen Strukturen, die
ihren Produzenten gerade dadurch angstfreies Weiterleben
ermöglichen, es ihm vielleicht sogar aufzwingen. Den
Prozeß der Selbstentäußerung, der Objektivation und der
Internalisierung nennen die Soziologen, die ihn untersu-

chen, dialektisch, weil sich darin Gesellschaft als menschliches Produkt und der Mensch als gesellschaftliches Produkt erweist" (SOMMER, M. 1980, S. 27 - 44).

Lebenswelt ist somit abhängig von der ständigen Dialektik von
objektiver und subjektiver Wirklichkeit.

Friedemann MAURER kennzeichnet diesen Sachverhalt wie folgt:

"Das Verhältnis des Subjektes zu seiner Wirklichkeit geht
über die verschiedenen Objektivationen und über die "Institutionen", deren wichtigste die (Alltags-) Sprache ist. Sie
begründet, indem sie Interaktionen möglich macht und
steuert, den intersubjektiven Charakter der Lebenswelt.
Allerdings vergegenständlicht Sprache Wirklichkeit nicht
nur, sondern macht diese erst versteh- und erlebbar, recht-
fertigt sie und führt natürlich auch subjektive Momente in
objektive Zusammenhänge ein. Soziologisch gesprochen lassen sich an der Sprache alle Bestimmungsmomente einer In-
stitution oder eines regulativen Musters für das Verhalten
von Individuen ausmachen: Außenhaftigkeit, Zwangscharakter,
soziale Verbindlichkeit und Geschichtlichkeit. Sprache als
immer schon vorhandenes Gehäuse menschlicher Existenz organisiert die Erfahrungen und liefert die sozialen Fertigkeiten, das Gebrauchs- und Rezeptwissen, mit dessen Hilfe
sich der einzelne in seiner Lebenswelt reflexionsfrei angemessen und sinnvoll bewegen kann..." (MAURER, F. 1986,
S. 49).

Die Alltagssprache regelt aber auch den Grenzverkehr zwischen Lebenswelt und umgrenzten Sonderwelten. SOMMER schreibt dazu:

"Kein wissenschaftliches Vokabular ist so abseitig artifi-
ziell, daß es nicht durch die Alltagssprache erwerbbar,
kein Traum so grotesk, daß er nicht erzählbar wäre; es
gehört zum ästhetischen Erlebnis, daß es Alltagssprache me-
tamorphorisiert, zu mystischer Erfahrung, daß sie negiert:

alle **Formen der Anerkennung ihrer Suprematie"** (SOMMER, M.
1980, S. 32).

MAURER hat aus dem Begriff der Lebenswirklichkeit vier Folgerungen
gezogen:

- Der Sachunterricht geht immer schon bei der Gestaltung
  der Lehr- und Lernprozesse, bei der Auswahl der Inhalte
  und Methoden von einem lebensweltlichen Verständnis aus,
  das die Kinder für ihre Wirklichkeit gebildet haben. Weil
  dieses Verständnis von der Alltagssprache wesentlich
  geprägt ist, hat der Sachunterricht starke Bezüge zur
  Spracherziehung.
- Planung und Durchführung des Sachunterrichts gehen auf
  die subjektiven Lebensgeschichten der Kinder ein, wobei
  sie sowohl die individuelle als auch die kollektive Lern-
  geschichte der Kinder aufgreifen.
- Wissenschaftliche Aussagen und Erklärungsformen dürfen im
  Sachunterricht nicht absolut gesetzt werden, sie müssen
  als Aussagen dargestellt werden, die durch bestimmte Methoden gewonnen wurden.
- Die Schule und ihre Lernangebote gehören zur kindlichen
  Lebenswirklichkeit. Der Sachunterricht muß daher einerseits das Interesse der Kinder an den besonderen "Sachen"
  dieses Faches wecken und andererseits dafür sorgen, daß
  die Erkenntnisse auf die Alltagswirklichkeit bezogen
  werden (vgl. MAURER, F. 1986, S. 49).

Mit dem Begriff **"Lebenswirklichkeit"** ist hier also die Gesamtheit
aller Personen und anderer Lebewesen, aller Sachen und Sachverhalte, zu denen das Kind Beziehungen aufgebaut hat und aufbaut,
gemeint. Dazu gehören auch die Grundbedürfnisse, die uns zum
Kontakt mit der Lebenswirklichkeit zwingen und individuelle Schemata, mit deren Hilfe wir die Wirklichkeit in uns konstruieren.
Ferner zählen dazu aber auch die Einflüsse, die durch die Lebensumstände und -gewohnheiten unserer Gesellschaft und die Probleme der Welt (Hungersnöte, unterschiedliche Wertvorstellungen,

Rohstoffverknappung u.ä.m.) bedingt sind.

Um der Vielfalt und Individualität der kindlichen Lebensvollzüge gerecht zu werden, stellt sich die Frage nach einer möglichen Gliederung innerhalb der kindlichen Lebenswirklichkeit, die nicht im vorhinein die Lebenswirklichkeit in Fächer zerteilt und damit den Fächern den Charakter der "objektiven Wahrheit und unbedingten Dignität" verleiht.

Ich unterscheide hierzu zwei Aspekte:

- die Aktivitäten oder Handlungen, mit denen das Kind in die Lebenswirklichkeit hineinwirkt, bei denen das Kind das Subjekt seines Handelns ist,
- die Aktivitäten oder Handlungen, die aus gesellschaftlichen und politischen Verhältnissen auf das Kind einwirken, bei denen das Kind das Objekt der Handlungen anderer ist.

Das Kind wirkt zum einen subjektiv und interessengeleitet durch Handlungen in die Lebenswirklichkeit hinein, zum anderen reagiert es durch Handlungen auf äußere Einflüsse. Es gliedert dabei seine Lebenswirklichkeit in unterscheidbare, keineswegs aber klassifikatorisch gegeneinander abgegrenzte Wirklichkeitsausschnitte. Die Dynamik kindlichen Handelns läßt allerdings eine abschließende Auflistung spezifischer Ausschnitte nicht zu.

Dasselbe gilt auch für gesellschaftliche Prozesse; sie müssen ebenfalls als dynamisch angesehen werden. Wir müssen also erst einmal von einer Unbegrenztheit der kindlichen Möglichkeiten, Erfahrungen zu machen, ausgehen (vgl. hierzu u.a. BEEKMAN, T., POLAKOW, V. 1984).

Der Begriff der Lebenswelt stößt oftmals auf Verständnisschwierigkeiten, auch bei der Kultusverwaltung. So stellt der vorläufige Rahmenplan für die Sachkunde in Berlin (vgl. SENATOR für Schulwesen Berlin (Hrsg.) 1986) fest, daß die "Sachkunde" den Kindern bei der **Aneignung** ihrer Lebenswelt Unterstützung gewähren und ihnen Möglichkeiten zum bewußten Verhalten eröffnen solle. Zum zweiten fordert er, daß der Unterricht von der konkreten Lebenswelt der Kinder auszugehen habe.

"Kann Lebenswelt so objektivistisch behandelt werden, daß man sie sich aneignet wie Besitz oder pures Faktenwissen?"

Geht die erste Forderung davon aus, daß das Kind sich die Lebenswelt aneignen muß, also etwas erwerben muß, was es noch nicht hat, so unterstellt die zweite, daß das Kind diese Lebenswelt bereits besitzt, denn der Unterricht soll grundsätzlich von der konkreten Lebenswelt der Kinder, "ihren Erfahrungs- und Handlungsbereichen" ausgehen.

Das Beziehungsgefüge, das mit dem Begriff "Lebenswelt" gemeint ist, kann kaum objektivistisch verstanden und somit auch nicht verdinglicht werden, so daß der Unterricht hierin ein für alle mal "das" Fundament seines Handelns hätte.

Die oben dargestellten Überlegungen zum philosophischen Begriff der **Lebenswelt** oder zu seiner pädagogischen Entsprechung - der **Lebenswirklichkeit** - zeigen interpretative Begriffe auf, die nur sowohl historischen und gesellschaftlichen als auch lebensgeschichtlichen Ausdeutungen zugänglich sind - und eben nicht einer vereinfachenden, verdinglichenden, objektivistischen Definition.

Karl POPPER (1982, S. 88 - 95) arbeitet an einigen Theorienbildungen heraus, daß die Forderung nach "einfachen" Erklärungsschemata und Modellen in der Regel nicht der Realität, den Personen und ihren Beziehungen, den Sachen und Sachverhalten gerecht wird. Das Kriterium der Einfachheit läßt wissenschaftliche Interpretationen sogar häufig an der Wirklichkeit vorbeigehen oder diese verfälschen.

Beispiele hierfür bieten das Konzept des lernzieldeterminierten Unterrichts, das das "einfache" Kriterium der Lernzielerreichung

Lebenswirklichkeit   wirklichkeitsstiftende Handlungen

zum Zentralpunkt der Unterrichtsplanung und -durchführung macht,
das Prinzip der Aufteilung des Unterrichts nach tradierten Disziplinen oder das behaviouristische Lernmodell, das lediglich auf
die beobachtbaren Verhaltensaspekte rekurriert und dabei wesentliche kognitive, emotionale und noetische Aspekte menschlichen Lernens außer acht läßt.

Dem Wunsch nach einem abschließenden, einfachen Klassifikations-
schema für die Lebenswirklichkeit liegt offensichtlich ein deter-
ministisches Motiv zugrunde. Somit ist ein solches Schema untauglich für eine offene Gesellschaft und die in ihr vertretenen,
unterschiedlichen Lebensformen.

Das alles bedeutet nun nicht, daß eine Analyse der Lebenswirklichkeit undurchsichtig und ungegliedert sein muß, sondern lediglich, daß eine solche Analyse der Vielfalt und Individualität der
kindlichen Lebensvollzüge gerecht werden muß, ohne sie von vornherein in Fächer aufzuspalten.

Die zwei o.a. Gliederungsaspekte "kindliche Aktivitäten" und "gesellschaftliche Einflußgrößen" bieten sich hierzu an.

4.2.4 Kindliche Aktivitäten als wirklichkeitsstiftende Handlungen

POPPER hat in der o.g. Analyse der menschlichen Zugriffe auf die
Realität die 'Welt 1', das ist die Welt der dinglichen und physikalischen Gegebenheiten, die 'Welt 2', die Welt der subjektiven
Erkenntnisse und Empfindungen und die 'Welt 3', die Welt der
geistigen und künstlerischen Objektivationen menschlicher Weltbe-
wältigung in ihrer Wechselwirkung dargestellt. Dabei spielen insbesondere die Formen aktiven menschlichen Handelns bei der Konstituierung von 'Welt 2' und 'Welt 3' eine bedeutende Rolle. Aktives
Handeln stellt Problemlösen und die Selektion ungeeigneter Theorien dar (vgl. POPPER, K. 1982, S. 61ff).

Lebenswirklichkeit wirklichkeitsstiftende Handlungen

POPPER hat diese Analyse nicht unter didaktischer Perspektive vorgenommen, sondern unter philosophischen Fragestellungen. Dennoch kann sie hier gut angewandt werden, weil die Zugriffsweisen des Menschen auf die Realität eindeutig mit folgenden Handlungen korrespondieren, die bei Kindern beobachtet werden können:

- mit vertrauten und mit fremden Menschen umgehen,
- am Leben innerhalb und außerhalb der Schule teilnehmen,
- die heimatliche Umgebung erkunden,
- am Verkehr teilnehmen,
- Veränderungen im Verlauf der Zeit wahrnehmen,
- mit Spielsachen, Werkzeugen, Materialien und Geräten umgehen,
- mit Gütern, Geld und Medien umgehen und Dienstleistungen in Anspruch nehmen,
- mit der belebten Natur umgehen,
- sich mit Naturerscheinungen und der gestalteten Umwelt auseinandersetzen und
- über sich selbst nachdenken
(vgl. KM. NW. 1985, S. 21).

Natürlich folgt die Darstellung dieser Handlungen didaktischen und pädagogischen Gesichtspunkten.

Die Handlungen können mit POPPER als "theorieimprägniert" (1982, S. 173) bezeichnet werden. Sie sind als konstruktiv anzusehen. Die durch sie entstandenen "Ausschnitte in der Lebenswirklichkeit" werden als eine Gruppe "anthropologischer Grundlagen" des Sachunterrichts begriffen.

Von ihnen werden Lernfelder abgeleitet, die für die Schulung der Handlungs- und Orientierungsfähigkeit der Kinder wichtig sind. Diese Lernfelder ermöglichen den Aufgriff existentiell bedeutsamer Sachverhalte. Sie bieten die Gelegenheit, Vorgehensweisen einzuüben, mit denen die Kinder erste Erfahrungen mit der wissenschaftlichen Form der Wirklichkeitserschli

4.2.5 Probleme in der Gesellschaft und Politik als wirklichkeitsstiftende Elemente

Es wäre sehr idealistisch anzunehmen, der Mensch und somit auch das Kind seien nur denjenigen Einflüssen unterworfen, die von ihrem eigenen Handeln ausgehen. Tatsächlich ist es so, daß wir häufig auch das Objekt eines Handelns sind, das andere an uns oder an unseren Lebensbedingungen vollziehen. Wir unterliegen Einflüssen, die sich durch die jetzige gesellschaftliche Situation ergeben, von der auch Kinder betroffen sind. Hierzu zählen:

"- die zunehmende Belastung der Umwelt,
- die knapper werdenden Rohstoffe in der Welt,
- Hunger und Krieg in der Welt,
- Zusammenleben mit Ausländern,
- Probleme bei der gerechten Verteilung der Arbeit,
- konkurrierende Wertvorstellungen und Normen,
- die Dichte und Fülle der bildhaften und sprachlichen Informationen" (vgl. KM. NW. 1985, S. 21).

Helmut SCHREIER (1982, S. 39) hat einen vergleichbaren Kanon gesellschaftlicher Probleme dargestellt, die für den Sachunterricht bedeutsam sind. Er nennt:

"- die ökologische Krise, das Verhältnis zwischen Gesellschaft und Natur,
- das Verhältnis zwischen den reichen und den armen Ländern,
- das Verhältnis zwischen Deutschen und Ausländern in Deutschland,
- das Verhältnis der Geschlechter zueinander,
- das Verhältnis der Generationen untereinander".

In Anbetracht situativer und personaler Bedingungen bieten diese Problemfelder dem Lehrer die Möglichkeit, aktuelle Fragestellungen in Gesellschaft und Politik aufzugreifen, ohne daß solche Themen zur Pflicht werden. Ihre Notwendigkeit begründet sich darin, daß

Lebenswirklichkeit   wirklichkeitsstiftende Handlungen

Kinder solche Erfahrungen machen und auf die Hilfe des Sachunterrichts angewiesen sind, um ihre Lebenswirklichkeit zu verstehen.

Man stößt mit dieser Argumentation gelegentlich auf Mißverständ-
nisse. Zum einen wird vermutet, daß ein solches Öffnen des Unterrichts für aktuelle gesellschaftliche und politische Fragen zu
einem Gelegenheitsunterricht neuer Art führen könnte, der zudem
auch noch die Gefahr politischer Parteinahme in sich birgt. Zum
anderen wird befürchtet, daß diese Öffnung Zeit "stiehlt" für die
Vermittlung des sog. "harten" Wissens, das die Naturwissenschaften
bieten können. Die Naturwissenschaften werden dann zumeist als
diejenigen Fächer angesehen, deren Erkenntnisse zeitlos gültig und
"immer wahr" sind. Martin WAGENSCHEIN hat jedoch gerade zeigen
können, daß Erkenntnisse in diesen Wissenschaften Ergebnisse von
sozialen Prozessen sind (vgl. hierzu Kapitel 1.4.5.7.1 dieser Arbeit). In seinen Schriften hat er immer auf die geistesgeschicht-
lichen Bezüge verwiesen, in denen z.B. Physik und Mathematik gestanden haben und von denen das wissenschaftliche Denken wesentlich geprägt ist. In den letzten Jahren hat WAGENSCHEIN sehr deutlich auf die gesellschaftlichen und politischen Probleme hingewiesen und verdeutlicht, daß die neue Gegenbewegung gegen die Wissenschaft ihre Wurzeln darin hat, daß die Schule zu selten den
geisteswissenschaftlichen und gesellschaftlichen Zusammenhang der
Wissenschaften aufarbeitet. Sie geht häufig ahistorisch und ohne
Sozialbezug vor.

Werner NESTLE (1979) hat in seiner Analyse des Themas "Magnetismus
in der Grundschule" gezeigt, daß die rein fachbezogene Behandlung
solcher Themen andere mögliche geschichtliche, geographische,
kulturelle, religiöse und ästhetische Bezüge vernachlässigt (vgl.
hierzu Kapitel 4.2.7.4 dieser Arbeit). Wenn Lernen im Sachunterricht auf die Lebenswirklichkeit unserer Kinder bezogen sein soll
- und die Notwendigkeit dieses Bezugs wird niemand ernsthaft be-
streiten - dann müssen in ihm gesellschaftliche Bedingungen sowie
politische Vehältnisse und Veränderungen aufgegriffen werden. Oftmals sind es nämlich gerade diese Bedingungen, die unser Leben und

somit auch das Leben unserer Kinder entscheidend beeinflussen. Man denke hier nur einmal an die Massenarbeitslosigkeit, die viele Familien betrifft. Bleiben diese Aspekte aus dem Unterricht auf Dauer ausgeblendet, dann wird der Sachunterricht esoterisch.

Ein drastisches Beispiel, das in seiner fürchterlichen Härte leider auch alltäglich ist, konnte ich im Unterricht eines dritten Schuljahres miterleben. Bei einem Streit zwischen einem deutschen und einem türkischen Mädchen geriet des deutsche Kind so in Wut, daß es seine Gegnerin mit den Worten: "Du dreckiges Türkenschwein" beschimpfte. Die Lehrerin, die sofort in den Streit eingriff, arbeitete gründlich den schwelenden Konflikt zwischen den türkischen und den deutschen Kindern auf. Die gegenseitigen Vorurteile waren bei beiden Kindergruppen stark ausgeprägt. Teils wurden von den Kindern Parolen wiedergegeben, die an die Diffamierung der Juden unter der nationalsozialistischen Diktatur erinnerten. Deutlich wurde, daß die Kinder Vorurteile, Aussagen und Begriffe aus ihrem engeren sozialen Umfeld hatten. Ein Kind sagte wörtlich: "Die (Türken) sollen doch nach Hause gehen. Die behindern uns doch hier in der Schule beim Lernen. Die sind ja alle dumm." Offensichtlich stimmt hier die These: "Die Sprache über den anderen bestimmt dessen Sein." Ähnliche Probleme wurden mir später auch über das Verhältnis von Schülern zu Behinderten und Kranken berichtet. Hier darf sich der Unterricht, der auch Wertebewußtsein und soziale Verantwortung fördern muß, nicht zurückziehen. Die o.g. Esoterik wird ansonsten auch zur sozialen und politischen Gefahr.

Fragt man an dieser Stelle nach dem entscheidenden Unterschied zwischen den Gliederungsaspekten "kindliche Aktivitäten und gesellschaftliche Einflußgrößen" für den Sachunterricht und z.B. der Fachorientierung, dann besteht m.E. ihr wesentlicher Vorzug darin, daß sie - wie SCHREIER es ausdrückt - der "Kompartmentalisierung, Mediatisierung und Abstrahierung" entgegenwirken.

SCHREIER kritisiert diese Erscheinungen folgendermaßen:

Lebenswirklichkeit   wirklichkeitsstiftende Handlungen

"Kompartmentalisierung: Eine Welt wird vorgestellt, die aus lauter
in sich geschlossenen Systemen besteht,

- aus Stromkreisen etwa, die nach vorgegebenem Muster zusammenge-
  baut und beschrieben werden können,
- aus wirtschaftlichen Regelkreisen, die bestimmten Gesetzmäßigkeiten gehorchen und mit Hilfe bestimmter Begriffe gefaßt werden
  können,
- aus Lebenssystemen, deren geradezu mechanistisch ausgelegte An-
  passungsfunktion bis ins Detail demonstriert werden kann,
- aus technischen Apparaturen und Aggregaten, die aus bestimmten
  Funktionsteilen montiert sind, deren Bezeichnung und Funktion
  jeweils präzise bestimmbar ist.

D.h. über die an den Fächern orientierte Aufteilung hinaus wird
innerhalb der fachlich orientierten Darstellung jede Erscheinung
separat abgehandelt und als ein in sich geschlossenes System dargestellt. Die Zersplitterung der Wirklichkeit setzt sich   endlos
fort."

"Mediatisierung": hierzu stellt SCHREIER fest, daß in der Regel
eine durch Lehr- und Lernmittel entstandene "didaktische Kunstwelt
zur Entfaltung gebracht" wird, die zwar in bezug auf die Erarbeitung von Gesetzmäßigkeiten ihre Bedeutung hat, die aber andererseits zunehmend die Erfahrungen der Kinder durch direkten Umgang
ersetzt. An die Stelle der Vielfalt und Mannigfaltigkeit der
kindlichen Erfahrungen treten nur noch die fachlich zugeschnitte-
nen Mediensätze, Materialkoffer und audio-visuellen Medien.

Angesichts der Befunde über den zunehmenden Fernsehkonsum bei
Kindern ist die Mediatisierung des Sachunterrichts besonders problematisch, denn sie unterstützt eine entscheidende Schwäche der
"Fernsehkindheit" (HENTIG, H.v. 1982): die Information aus dritter
Hand. Es wird also darauf ankommen, den Sachunterricht nicht nur
besser zu gestalten als das Kinderprogramm im Fernsehen, sondern
anders, nämlich Handlungsmöglichkeiten für eigene Vorhaben und
bezogen auf die eigene Situation zu eröffnen und zu realisieren.

"Abstrahierung": der Medieneinsatz dient in der Regel dazu, den Unterricht auf das Inhaltlich-Abstrakte hin zu konzentrieren.

"Dieser schnelle, zweckrational zugeschnittene Vorstoß geht auf Kosten des jeweils zugrundeliegenden Ausgangsphänomens. In diesem Sinne gilt der reine, abstrakte Begriff mehr als die vielschichtige, komplizierte Lebenswirklichkeit, aus der er herausgezogen ist" (SCHREIER, H. 1982, S. 78f).

Verknüpft man nun die Aussagen POPPERs und SCHREIERs zu den vereinfachenden wissenschaftlichen Aussagen über die Realität und zu den vereinfachenden Unterrichtsmodellierungen, dann erscheint die Verankerung des Sachunterrichts in der Lebenswirklichkeit der Kinder und in ihren Lebenserfahrungen sowohl in der Sache als auch aus pädagogischer Sicht voll gerechtfertigt.

4.2.6 Die Lebensbedürfnisse als Grundlagen für die Wirklichkeitserschließung

Lebenswirklichkeit wird hier im wesentlichen verstanden als eine Realität, die durch menschliches Handeln hervorgerufen, erweitert, differenziert und interpretiert wird. Menschliches Handeln ist immer bedürfnisgeleitet, zielbezogen und konstruktiv und daher der Grund für menschliche Erkenntnis und den Aufbau eines Weltverständnisses schlechthin (vgl. AEBLI, H. 1980 S. 87 - 95).

Natürlich schließt dieses Verständnis nicht die Existenz einer Dingwelt, z.B. der Natur aus. Hier geht es vorrangig um den Aufbau der Realität im Individuum, um dessen motorische, affektive und kognitive Strukturen und Erkenntnisschemata.

Ich habe im Zusammenhang mit dem Komplementaritätsgedanken zum naturwissenschaftlichen Aspekt des Sachunterrichts auf strukturell verankerte Motive des Kindes hingewiesen, sich den Menschen, anderen Lebewesen, Sachen und Sachverhalten zuzuwenden und somit Wirklichkeit zu erschließen. Der leitende Gesichtspunkt dieser Analyse bestand darin, die **Komplementarität** dieser Motive und der daraus resultierenden Handlungen zueinander und zu den naturwissenschaftlichen Sichtweisen darzustellen. Ich habe mich in diesem Kontext auch darum bemüht, ethisch, ästhetisch und lebenspraktisch akzentuierte Motive zu skizzieren (vgl. hierzu Kapitel 1.4.5.7.5 dieser Arbeit und SOOSTMEYER, M. 1978 und 1979). In Fortsetzung dieser Arbeiten werden im folgenden Lebensbedürfnisse als konstitutive Elemente der kindlichen Wirklichkeitserschließung behandelt.

Wenn man über die physiologischen Grundbedürfnisse des Menschen wie Hunger, Durst, Sexualität und körperliche Aktivität hinausgeht, dann findet man Motive metaphysischer, intellektueller, emotionaler, sozialer und ästhetischer Art, deren Lebensnotwendigkeit außer Frage steht (vgl. MASLOW, A. 1981 und TURNER, C.H. 1982, S. 118 u. 187ff).

Wichtig ist das Bedürfnis nach Geborgenheit, Ordnung und Verläßlichkeit im Bereich des Zusammenlebens von Menschen. Wenn dieses Bedürfnis keine Befriedigung erfährt, kommt es zu Störungen und Krankheiten (vgl. hierzu PETERSEN, G. 1983, S. 131 - 142). In diesem Sinne zumindest können die Beiträge Günther BITTNERs über das "Selbstwerden des Kindes" und die Analysen über die Wirkung von Gleichgültigkeit und Kälte auf Kinder und Jugendliche bei AUWÄRTER (1983, S. 113 - 129) oder systematisch entfaltet bei AUSUBEL (1979) verstanden werden.

Medizinische und psychiatrische Erkenntnisse zeigen, daß Kinder erkranken, wenn sie andauernd wechselnden Bezugspersonen begegnen müssen. Das Bedürfnis nach Vertrautheit, Verläßlichkeit, Ding- und Ereigniskonstanz, die Suche nach emotionaler Bindung sowie vertrauensvoller Zuwendung und Liebe finden keine Entsprechung. Es kommt zu existenzieller Angst, die sich als Verzweiflung, Rebellion oder Krankheit äußert. Kinder und Jugendliche, die unter solchen Bedingungen aufwachsen, zählen zu den hoch suizidgefährdeten Menschen in unserer Gesellschaft.

Jeder, der einmal aus elterlicher Verantwortung, wie er glaubte, einen alten, unansehnlichen Teddybären oder eine defekte Puppe verschwinden ließ, hat die Erfahrung gemacht, einen schwerwiegenden Fehler begangen zu haben. Einmal ist dem Kind ein liebgewordenes, (an das Herz gewachsenes) Spielzeug genommen worden. Diese Tatsache allein schmerzt. Zum anderen ist auch ein Stück Vertrauen des Kindes verlorengegangen. Das Kind kann in der Regel nicht begreifen, daß die Eltern der Bindung zu dem Spielzeug nicht den Respekt zollen, der aus seiner Sicht geboten ist. Der Verlust des Spielzeugs und des Vertrauens ist durch ein neues, wenn auch ähnliches Stück nicht wieder gut zu machen.

Um so schmerzlicher wirkt es, wenn Kinder heute, ganz nach der Art des von Erich FROMM kritisierten "Marktcharakters" (1977, S. 77ff), ihre Spielzeuge verhökern. Hier entstehen eindeutig Identitätsverluste und Einbußen an der Realität, wenn die Beziehungen zur eigenen Spielwelt und zu den Dingen ausschließlich oder auch nur zunehmend von den Kindern unter der Perspektive des Warencharakters verstanden werden. Dieses pathologische Verhalten zu den Dingen ist auch ein Kennzeichen kindlicher Lebenswirklichkeit heute.

Der Mensch zielt darauf ab, sich seiner selbst und der Art und Weise, wie er sich die Lebenswirklichkeit erschließt, zu vergewissern. Manifestationen dieses Bedürfnisses nach Sicherheit, Geborgenheit und Orientierung in der Welt angesichts wechselnder Lebensvollzüge sind z.B. das Aufbewahren von Erinnerungsstücken, seien es Spielzeuge, alte Schulhefte, biographische Notizen oder Fotos ganz bestimmter Lebenssituationen und das bewußte, gemeinsame "Sich-Erinnern" im Freundes- oder Familienkreis. Weiteren Ausdruck findet dieses Bedürfnis in der Freude, die uns erfaßt, wenn wir etwas wiedererkennen, sei es eine Person, eine Stimme, eine Melodie oder eine geographische Besonderheit. Wir sind dann auch darüber glücklich, daß uns etwas Beständiges geblieben ist. Das zeigt, daß solche Affirmationen für unsere Lebensvollzüge notwendig sind.

Folgendes Beispiel hierfür ist vielleicht besonders beeindruckend:
Ein Bekannter von mir, der die Zeit des Nationalsozialismus in
Konzentrations- und Vernichtungslagern verbringen mußte, hatte
durch einen Schlag in das Gesicht eine fürchterliche Narbe erhalten. Diese Narbe entstellte das Gesicht. Ohne großes medizinisches
Risiko hätte er sich die Narbe entfernen lassen können. Auf meine
Frage hin, warum er sie nicht entfernen lasse, entgegnete er mir,
daß diese Narbe in den fürchterlichsten Augenblicken des Lagerda-
seins das einzige gewesen sei, woran er in einem Wasserloch - oder
seltener in einem Spiegel - sich selbst noch hätte erkennen können. Sie habe ihm bei aller Verzweiflung immer wieder etwas an
persönlicher Identität und damit auch Lebenswillen verliehen. Um
keinen Preis wolle er dieses "Stigma" verlieren.

Das folgende Schaubild ordnet die in der Mitte dargestellten Bedürfnisse des Menschen solchen Dimensionen zu, die als personal,
sozial und sachlich bedeutsam bezeichnet werden können - jeweils
der **existentiell-gnoseologischen**, der **kognitiv-pragmatischen** und
der **kognitiv-ästhetischen** Dimension menschlicher Lebensbedürfnisse, die nach Befriedigung oder nach Antworten suchen. Es sind
damit wichtige physiologische, emotionale, intellektuelle, noetische und ästhetische Motive menschlichen Handelns und zugleich
auch mögliche Gliederungspunkte für die Lebenswirklichkeit dargestellt. Eine differenzierte Begründung der einzelnen Bedürfnisse
kann hier nicht erfolgen. Teilweise werden in den nachfolgenden
Teilen dieser Arbeit einzelne Begründungen gegeben, so z.B. im
Zusammenhang mit der Analyse der Begriffe "Handlung", "Situation"
und "Sachlichkeit" (vgl. Kapitel 4.4 dieser Arbeit).

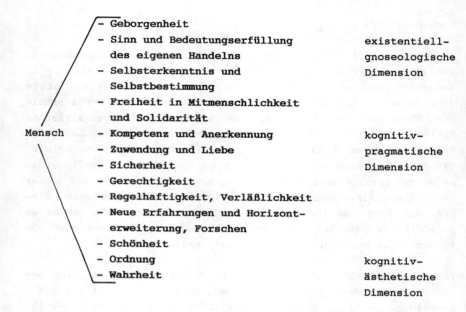

Lebenswirklichkeit	Lebensbedürfnisse

- Geborgenheit
- Sinn und Bedeutungserfüllung des eigenen Handelns — existentiell-gnoseologische Dimension
- Selbsterkenntnis und Selbstbestimmung
- Freiheit in Mitmenschlichkeit und Solidarität

Mensch

- Kompetenz und Anerkennung — kognitiv-pragmatische Dimension
- Zuwendung und Liebe
- Sicherheit
- Gerechtigkeit
- Regelhaftigkeit, Verläßlichkeit
- Neue Erfahrungen und Horizonterweiterung, Forschen
- Schönheit
- Ordnung — kognitiv-ästhetische Dimension
- Wahrheit

Die Darstellung der Bedürfnisse und der Dimensionen in einer Ebene ist unzulänglich, da sie nicht zeigen kann, daß die Bedürfnisse untereinander vernetzt sind. In erster Annäherung kann man sich die Bedürfnisse auf der Oberfläche eines Zylinders angeordnet vorstellen und zwar so, daß die beiden Bedürfnisse "Geborgenheit" und "Wahrheit" unmittelbar benachbart sind und die existentiell-gnoseologische und die kognitiv-ästhetische Dimension einander überlappen.

An dieser Stelle wird erkennbar, daß eine Ausrichtung des Unterrichts auf den Fächerkanon der weiterführenden Schulen und auf formale Verfahren allein unzulänglich ist, weil existentiell wichtige Bedürfnisse des Menschen unbeantwortet bleiben.

Der Sachunterricht muß sich allen Bedürfnissen stellen, weil er es mit Personen, anderen Lebewesen, Sachen und Sachverhalten zu tun hat und alle genannten Dimensionen, die eine mögliche Gliederung der Lebenswirklichkeit widerspiegeln, zumindest tangiert. Es

Lebenswirklichkeit   pädagogisch-didaktische Dimension

wurde in der Analyse des Begriffes der Kindorientierung durch Ilse
LICHTENSTEIN-ROTHER sehr deutlich, daß die Person bereits im
Kindesalter die oben genannten Bedürfnisse besitzt (vgl. hierzu
Kapitel 1.4 dieser Arbeit).

Die Leistungen des Sachunterrichts bestehen darin, daß er dem Kind
beim Aufbau, bei der Darstellung, Differenzierung, Ausweitung und
Interpretation seiner Lebenswirklichkeit hilft und dadurch Orien-
tierungs- und Handlungsfähigkeiten sichert. Dies kann er aber nur
dann, wenn er den Bedürfnissen, die bei der Entstehung der Lebenswirklichkeit eine Rolle spielen, in der rechten Weise begegnet, d.h. wenn er sich ernsthaft und ohne Verkürzungen ihrer annimmt. In diesem Sinne muß er als ein erziehender Unterricht begriffen werden, der dem Kind auch in der Schule eine sinnerfüllte
Gegenwart bietet.

4.2.7 Die pädagogische und didaktische Dimension der Lebenswirk-
lichkeit

Wolfgang EINSIEDLER hat drei Probleme dargestellt, die mit der
Orientierung des Sachunterrichts an der Lebenswirklichkeit verknüpft sind:

- Überbetonung der sozialwissenschaftlichen Aspekte und
  dabei Vernachlässigung der naturwissenschaftlichen Aspekte,

- ungeklärtes Verhältnis zwischen zufälligen situativen
  Lernanlässen und systematisch-propädeutischen Aufgaben,

- Widersprüche zwischen der Subjektivität der individuellen
  Perspektive in der Lebenswirklichkeit und dem Ziel der
  Objektivierung der Weltsicht im Sachunterricht (vgl.
  EINSIEDLER, W. 1984, S. 25).

Ich werde in der folgenden Analyse zeigen, daß diese Mängel nicht
unbedingt aus dem Begriff der Lebenswirklichkeit entspringen,
sondern aus ihrer verkürzten Interpretation.

4.2.7.1 Der Begriff der Lebenswirklichkeit in Relation zu den Wissenschaften

Heinrich ROTH schlägt vor, den Grundschulunterricht an "Wissenschaftsbereichen", nicht an Einzelwissenschaften zu orientieren. Die Wissenschaftsbereiche sind: "Geisteswissenschaften", "Gesellschafts- und Sozialwissenschaften" und "Naturwissenschaften". ROTH versteht diese Bereiche als die drei großen Horizonte, vor denen wir die Welt und die Menschen sehen, sie erforschen und interpretieren (vgl. ROTH, H. 1969). Bedeutsam an diesem Gedankengang ist, daß er die Wissenschaften nicht als isolierte Einzeldisziplinen auffaßt, sondern den Versuch macht, benachbarte oder affine Wissenschaften aufeinander zu beziehen. Dabei werden die jeweils gruppenspezifischen Formen der Weltsicht und des Forschens zu Bezugsgrößen für die Lernbereiche der Grundschule.

4.2.7.2 Der Begriff der Lebenswirklichkeit in Relation zur Philosophie und Handlungstheorie

Dieser Ansatz reicht jedoch nicht aus, weil er nur auf die Wissenschaften bezogen ist. Handel und Gewerbe sowie der Bereich des Alltagslebens fehlen. Wir interpretieren und erforschen die Welt zusätzlich vor den Horizonten von Kunst und Ästhetik, und wir sehen die Welt unter den Perspektiven der Theologie und der Philosophie. Ein komplementäres Verständnis von Wissenschaften, Philosophie, Religion und Kunst ist auch anthropologisch bedeutsam und kann als bildungswirksam betrachtet werden.

Vor dem Hintergrund neuester Forschungen müssen wir den Menschen auch unter dem Gesichtswinkel der Handlungstheorien sehen, die uns den Bereich seiner alltäglichen Verrichtungen erhellen.

In ihrer differenzierten Gesamtheit bilden die genannten Wissenschaftsbereiche: die Kunst, Ästhetik, Theologie und Philosophie sowie die Handlungstheorien, ein Gefüge der in

unserer Kultur sanktionierten Möglichkeiten, die Welt, den
Menschen und seine Lebensäußerungen darzustellen, zu interpretieren und zu erforschen. Die Begriffe "differenzierte
Gesamtheit" und "Gefüge" sollen hierbei bedeuten, daß die
einzelnen Interpretationshorizonte komplementär sind, daß
sie sich gegenseitig stützen, durchdringen und einander
ergänzen.

Die Geschichte der Naturwissenschaften bietet hier zahlreiche
Beispiele, wenn Argumente aus Philosophie, Ethik, Weltauffassung
und religiöser Überzeugung an der Entstehung einer Theorie oder an
deren Verwertung beteiligt waren. Dieser Befund gilt auch heute,
wenn man z.B. an die aktuelle Diskussion um die Grundlagenfor-
schung und ihre Nutzanwendung denkt.

Folgende Interpretationshorizonte können thematisiert werden, auf
die der Unterricht in der Grundschule ausgerichtet werden kann:
"Natur- und Geisteswissenschaften", "Sozial- und Gesellschaftswissenschaften", "Kunst und Ästhetik" sowie "Philosophie und Theologie".

Die Orientierung an diesen Interpretationshorizonten hat unmittelbare Konsequenzen für den Sachunterricht. Sie stellt ihn in das
Gefüge aller Bildungsmaßnahmen der Grundschule hinein und erzwingt
seine inhaltliche und methodische Offenheit zu den anderen Lernbereichen. Seine relative Eigenständigkeit erscheint damit jedoch
nicht bedroht, vielmehr wird die Funktion, die der Sachunterricht
im Kontext der gesamten Bildungsarbeit zu erfüllen hat, wesentlich
deutlicher. Ferner wird auch der Übersteigerung in fachlicher
Hinsicht entgegengewirkt. So bedeutet die Orientierung an Wissenschaftsbereichen auch die Abkehr von monodisziplinären Vorstellungen, die den Sachunterricht in Einzelunterrichte zersplitterten.
Gerade aber diese Vorstellungen haben in der Vergangenheit insbesondere in den Richtlinien und Lehrplänen dominiert und zu Stoff-
anhäufungen, vorschnellen Isolierungen der Wissensinhalte beim
Schüler, mangelndem Umwelt- und Lebensbezug und zu weiteren pädagogisch fragwürdigen Erscheinungen geführt.

4.2.7.3 Der Begriff der Lebenswirklichkeit in Relation zu den konkreten Lebensvollzügen

Die bisher genannten Interpretationshorizonte decken auch in ihrer Gesamtheit die Möglichkeiten der Wirklichkeitsdarstellung und Wirklichkeitserfahrung nur dann ab, wenn derjenige, der die Realität darstellt und interpretiert, sich zugleich bewußt von ihr distanziert. Er tritt der Wirklichkeit in einer Spaltung von erkennendem Subjekt und zu erkennendem Objekt gegenüber. Diese Spaltung vollziehen alle im weitesten Sinne des Wortes intellektuellen und künstlerischen Welt- und Menscheninterpretationen, falls sie kritisch, theoretisch oder systembildend sind. In Ergänzung zu diesen Welt- und Menscheninterpretationen muß auf die Gruppe ungemein wichtiger Formen der Wirklichkeitsdarstellung und -interpretation im Bereich des alltäglichen Lebens hingewiesen werden, die im Zuge der sog. Wissenschaftsorientierung des Sachunterrichts beinahe völlig außer acht gerieten.

Gerade diese Tatsache macht es besonders schwierig, diese Formen alltäglicher Wirklichkeitsinterpretation darzustellen. Es existieren für sie kaum Beschreibungsmöglichkeiten. Daher erscheint im folgenden eine kurze Phänomenologie dieser Wirklichkeitsdarstellungen aufschlußreich:

Gemeint sind die **spontanen, subjektiven und individuell bedeutsamen Welt- und Menschendeutungen** sowie die ihnen entsprechenden **Wirklichkeitsdarstellungen in Gestik, Mimik, Spiel, Handlung und Sprache.** Sie treten spontan auf, wenn wir z.B. unsere Wahrnehmungen, Einsichten, Erfahrungen oder das, was uns widerfährt, handlungsmäßig, gedanklich, durch bildhafte Darstellung oder sprachlich wiederholen, variieren und damit neu verarbeiten. Solche Handlungen sind Ausdruck des menschlichen Bedürfnisses nach Affirmation. Der Mensch verfolgt zwei Grundintentionen: **Zum einen zielt er darauf ab, das, was ihn umgibt, was ihm einsichtig oder problematisch erscheint, die Gegenstände, Ereignisse und Vorgänge, die in seinen Lebenserfahrungen auftreten, dingfest zu machen.** Zum

anderen bemüht er sich, sich seiner selbst und damit der Art und
Weise, wie er seiner Umwelt entgegentritt, seine Erfahrungen verarbeitet und bewahrt, zu versichern. Hier liegen die Ansätze für
den Ausbau des Erinnerungsvermögens, für die Fähigkeit, Dinge und
Ereignisse als konstant bzw. veränderlich zu identifizieren und
auch die Möglichkeit für die Anbahnung von Selbsterfahrung, -beob-
achtung und -steuerung des Individuums beim Umgang mit der Realität. Die o.g. Bestrebungen entsprechen sowohl der Unruhe, die uns
erfaßt, wenn wir Unstimmigkeiten erkennen oder wenn es uns nicht
gelingt, die Dinge, Ereignisse und Vorgänge in unserer Lebenswirklichkeit in eine sinnvolle Ordnung zu bringen, als auch der
Freude, die wir empfinden, wenn wir einen Konflikt oder ein Problem gelöst, eine Unstimmigkeit überwunden oder eine Ordnung gefunden haben, die kognitiv und emotional befriedigt.

Der Bereich der gelebten Wirklichkeitsdarstellung und -deutung ist
damit noch keineswegs erschöpfend behandelt. Ich habe bereits im
Kapitel 4.2.6 die narrative und die dialogische Seite des Bedürfnisses nach Affirmation dargestellt. Nicht von ungefähr haben sich
die Psychologie und Soziologie der o.g. Formen der Wirklichkeitsdarstellung, z.B. in den Methoden der Intro- und Retrospektion bedient. Die Geschichtswissenschaft wendet heute zur Geschichts-
schreibung narrative Methoden an. Bestimmte Wissenschaftsbereiche
basieren auf den hier zur Diskussion stehenden, alltäglichen Wirk-
lichkeitsdeutungen und -darstellungen.

Auf weitere Aspekte dieser Formen der Wirklichkeitsinterpretation
und -darstellung sei hier nur kurz hingewiesen: Kommunikation und
Verständigung über Geschehnisse gibt es auch im Bereich der humor-
vollen, witzigen, wütend-zornigen, satirischen und spottenden
Bewältigung von Lebenssituationen und Kritik an Lebensumständen.
Auch diese Formen treten bei der Darstellung der Wirklichkeit auf,
und manchmal sagt eine Karrikatur mehr aus als eine systematische
Analyse. Wenn wir z.B. das Rollenspiel als eine wichtige methodische Größe des Sachunterrichts anerkennen, dann müssen wir diese
Formen ebenfalls in Rechnung stellen. Denn auch Sechs- bis Zehn-
jährige lieben Späße und neigen dazu, ihren Ärger über Unstimmig-

keiten und Ungereimtheiten mit Hilfe von Persiflagen zu verarbeiten. Wer kann mit Sicherheit behaupten, daß über das bloße
"Dampfablassen" hinaus keine Ansätze in diesen Persiflagen vorhanden sind, die zu neuen, besseren Möglichkeiten führen, die Verhältnisse, die ärgerlich erscheinen, zu ordnen? (vgl. hierzu die
Erörterungen von FLITNER, W. 1977).

Die folgende Schüleraussage ist etwas bissig, trifft aber die
Unstimmigkeit einer Lebenssituation ziemlich genau und ist sehr
aufschlußreich. Am Beispiel eines Menschen, der nur unnütze Dinge
kauft, weil sie modisch sind und ihm ein nicht näher zu bezeich-
nendes Prestige verleihen, und auf die Frage hin, wie diesem
Menschen geholfen werden kann, kleidet ein Schüler seine gewollt
provokante Aussage in den folgenden Apercu: "Der kauft nur Sch....
Man sollte ihm eine Angel geben und ihn zur Becke schicken. Dort
kriegt er das, was er sonst bezahlt, umsonst!" Dem Gelächter, das
diesem Ausspruch folgte, schloß sich eine sachlich angemessene und
auf den Kern zielende Bearbeitung des Themas an.

Jeder Lehrer weiß, daß es Kindern ein Herzensanliegen ist zu
erzählen. Kinder platzen gleichsam mit ihren Geschichten und Erfahrungen heraus. In diesen Erzählungen, die häufig durch Handlung, szenisches Spiel und Mimik ergänzt werden, kommen die individuelle Darstellung und Interpretation des Erlebten und die Phantasie, die in den Erfahrungen eingeborgen sind, die kindlichen
Einsichten, Ängste und Hoffnungen ebenso zum Ausdruck wie der
Wille, den anderen an den eigenen Erlebnissen teilhaben zu lassen.
Es muß nicht eigens herausgearbeitet werden, daß Kinder anderer-
seits gerne Geschichten und Erfahrungsberichte hören oder die
Persiflagen und satirischen Bemerkungen anderer wie im obigen
Beispiel gerne zur Kenntnis nehmen und mit dem Ziel besprechen,
Rückfragen zu stellen, zusätzliche Erfahrungen und weitere Infor-
mationen zu bekommen. Wir wissen, daß in diesen Gesprächen die
Grundlage für die allmähliche Verobjektivierung des Denkens und
Sprechens gelegt bzw. ausgebaut wird.

Wenn nun sinnvollerweise gefordert wird, der Sachunterricht müsse durchgängig die Individuallage des Kindes berücksichtigen, dann kann er dies nur, wenn er diese kindlichen, individuellen und unmittelbaren Weltdeutungen und Wirklichkeitsdarstellungen des Alltagslebens aufgreift. Die Didaktik des Sachunterrichts muß dann aber im Kontext mit den Richtlinien zum Grundschulunterricht diese Formen gründlich thematisieren und damit den theoretischen Anspruch, Hilfestellung für den Lehrer zu sein, praktisch einlösen.

Ich fasse die hier angedeutete Gesamtheit alltäglicher Formen der Wirklichkeitsdarstellung und -interpretation zu einem Bereich zusammen und bezeichne ihn als "affirmativ, narrativ und dialogisch". Dieser Bereich muß dann ebenso wie die genannten Horizonte des Weltverstehens behandelt werden. Er gehört in das Gefüge der kulturell gegebenen Horizonte der Weltinterpretation.

4.2.7.4 Methoden der Wirklichkeitsdarstellung und -interpretation

Die Lebenswirklichkeit besteht nicht nur aus einem Gefüge der bisher genannten Wirklichkeitsdarstellungen. Eines ihrer wesentlichen Elemente ist auch die Dynamik, mit der sie sich verändert. Wiederum angelehnt an die Überlegungen ROTHs, der das sog. "Wissenschaftsmethodische" als das Gemeinsame der Disziplinen eines Wissenschaftsbereiches darstellt, kann folgendes festgestellt werden: Naturwissenschaften und Technik, Geisteswissenschaften, Sozial- und Wirtschaftswissenschaften, Kunst und Philosophie, die Religion sowie die alltäglichen Welt- und Menscheninterpretationen lassen sich entsprechend ihren hauptsächlichen Methoden als **experimentell-induktiv-deduktiv, kommunikativ-sinnverstehend, empirisch-beschreibend, schöpferisch-gestaltend, spekulativ-hermeneutisch, normierend-handlungsleitend, weltanschaulich-offenbarungsbezogen und affirmativ-narrativ** beschreiben. Hiermit sind die Methoden angedeutet, die wir benutzen, wenn wir die Lebenswirklichkeit interpretieren. Die Pluralität der Methoden läßt nun unter dem Gesichtspunkt der Kindgemäßheit des Unterrichts eine Darstellung vielfältiger und sich komplementär ergänzender Lernwege zu. Es seien an dieser Stelle nur einige Möglichkeiten skiz ziert: die Schülererzählung über Erfahrungen, das Vergleichen, der handelnde Umgang mit Sachen, der Dialog über Erlebnisse und Probleme, die Probehandlung, das Experiment, die vorsichtige, vorangehende Induktion, das Basteln und handwerklich-technische Werken und das künstlerische sowie das sprechende Handeln, aber auch die bereits hinlänglich gekennzeichneten humoristischen und persiflierenden Aktivitäten. Weil diese durch behutsame und allmähliche Methodisierung weiter entwickelt werden können, so z.B. bei der Verbesserung der hermeneutischen Verfahren durch Spracherwerb und Dialog, stellen sie Lernwege dar, die in diejenigen Bereiche hineinführen, die für das Leben als mündiges und zur Verantwortung fähiges Mitglied der Gesellschaft bedeutsam sind. Der Lehrer hat somit eine Fülle an Möglichkeiten und Lernwegen, um von den üblichen "Normalverfahren" im Unterricht abzurücken. Er kann Methodenpluralismus verwirklichen.

4.2.7.5 Persönlichkeitsorientierung innerhalb der Lebenswirklichkeit

Abschließend sei der Versuch gemacht, die o.g. Gedankengänge im Sinne eines persönlichkeitsorientierten Ansatzes zu bündeln, wobei der Bereich des Sachunterrichts transzendiert wird und die Erörterungen auf das Kind bezogen bleiben. Stellt man sich die Frage, warum wir in der einen oder anderen Weise aktiv werden und danach streben, Fähigkeiten, Wissen oder Fertigkeiten zu erwerben, dann ist man genötigt, die Motive für das Lernen darzustellen. Vor dem Hintergrund der gesamten Darlegungen kann hierzu folgendes gesagt werden: Kinder suchen nach Geborgenheit, Sicherheit, Selbstgewißheit, Liebe, Anerkennung, Regelhaftigkeit und Ordnung. Nimmt man weitere Aussagen hierzu, dann kann man feststellen: Kinder sind wißbegierig in dem Sinne, daß sie neue Erfahrungen sammeln, aber auch neue Gestaltungsmöglichkeiten entwickeln wollen. Sie suchen hierbei auch nach Schönheit. Daß Kinder diese Motive in Freiheitlichkeit ausleben wollen und müssen, braucht nicht eigens herausgestellt werden. Es wäre wünschenswert, daß diese Motive oder Bestrebungen in dieser oder in einer anderen Weise in die Sachunterrichtsdidaktik Eingang fänden. Dies würde einem persönlich-

keitsorientierten Ansatz zum Sachunterricht dienlich sein, der
hohe Wertschätzung und Unterstützung verdient.

Die Vertreter einer anthropologisch akzentuierten Lehrplantheorie
unternehmen den Versuch, "grundlegende Fähigkeiten und / oder
Aktivitäten" des Menschen herauszuarbeiten und für die Organisation des Curriculums heranzuziehen. In diesem Zusammenhang ist es
wichtig, daß das o.g. Gefüge der Wirklichkeitsinterpretationen den
im folgenden genannten Fähigkeiten und Aktivitäten entspricht.
Diese sind entsprechend dem Lehrplanansatz des Curriculums "Man -
A Process-Oriented Being" folgende:

1. Perceiving - Wahrnehmen
2. Communicating - Kommunizieren
3. Loving - Lieben
4. Knowing - Erkennen
5. Organizing - Ordnen
6. Creating - Schöpfen
7. Valuing - Beurteilen

(vgl. BERMAN, L.M., übersetzt in Anlehnung an H. TÜTKEN).

Ich würde angesichts der metaphysischen und transzendentalen Bezüge, die der Mensch haben kann, und um der philosophischen und
weltanschaulichen Formen der Wirklichkeitsinterpretation willen
"Glauben, Hoffen und Denken" hinzusetzen, um auch der individuellen Persönlichkeit in allen ihren möglichen Regungen gerecht zu
werden.

4.2.8 Beispiele aus der Unterrichtspraxis in der Grundschule

Im folgenden werden vier Unterrichtsbeispiele zum Sachunterricht
dargestellt, in denen versucht wird zu beschreiben, wie man von
der Lebenswirklichkeit der Kinder ausgehend zu solchem Unterricht
kommt, der erweiternd, erhellend und bereichernd in diese Lebenswirklichkeit zurückwirkt.

Es handelt sich um "persönliche Erfahrungsberichte" der Lehrerinnen und Lehrer, die den Unterricht durchgeführt haben, über den
Unterricht, sein Zustandekommen und seinen weiteren Verlauf.

4.2.8.1   "Das Schulbuch"

4.2.8.1.1 Darstellung des Unterrichts

Die Lehrerin - Frau Kohlgrüber - berichtet:

1982 wurde an unserer Schule erstmalig eine Projektwoche durchgeführt. Die Lehrer stellten in ihren Klassen die Kriterien von Un-
terrichtsbeispielen vor und besprachen konkrete Themenvorschläge.
Während dieser Vorbesprechung wurde von Seiten meiner Schüler (3.
Schuljahr) schon das Interesse für die Erstellung eines Schulan-
fängerbuches "Wir lernen unsere Schule Bergerhof kennen" deutlich.
Dieses Interesse war mit Sicherheit auf das vorausgegangene
Schreiben von Patenbriefen für die Schulanfänger 82/83 zurückzu-
führen. Meine Klasse übernahm die Patenschaft für die I-Dötzchen.
Die Kinder erhielten nach dieser Vorbesprechung Zettel mit nach
Hause, auf denen sie ihre konkrete Wünsche äußern konnten.

Es geht um die Erstellung zweier Ringbücher für die Schulanfänger
- Buchformat ca. 70 x 50 cm.

Dem eigentlichen Projekt gingen zwei Vorbesprechungen voraus. Die
Kinder sollten sich gegenseitig kennenlernen, und der Verlauf der
Projektwoche sollte mit ihnen ungefähr festgelegt werden. Entgegen
meinen Erwartungen hatten sich nicht aus den dritten Klassen die
meisten für mein Projekt gemeldet, sondern Kinder aus den ersten
beiden Schuljahren (15 Kinder aus Klasse 1 und 2, 5 Kinder aus
Klasse 3 und 4). Der Verlauf der Projektwoche wurde von den ersten
beiden Schuljahren überwiegend bildhaft geplant, von den Kindern
aus dem dritten und vierten Schuljahr in Form von Kurztexten. Das
Zusammentragen der Ergebnisse ergab folgende Themenplanung für die
einzelnen Buchseiten:

Lebenswirklichkeit   Unterrichtsbeispiele

- Unser Klassenraum
- Unser Schulhof
- Der Verlauf eines Schulmorgens
- Unsere Turnhalle
- Die Bushaltestelle
- Unsere Schulgebäude
- Die Lehrer von der Schule Bergerhof
- Deckblatt: Schulgelände Bergerhof

Jeder Tag der Projektwoche war gegliedert in drei Phasen:

a) Unterrichtsgang entsprechend dem Tagesthema (z.B.
   Besichtigung des Klassenraumes eines 1. Schuljahres;
   Besichtigung der Turnhalle; Besuch des Hausmeisters
   etc.)

b) Planung des Vormittags
   (konkrete Ausgestaltung des Themas, z.B. Darstellung
   des Themas mit Tonpapier, Wachsmalstiften etc.)

c) Ausgestaltung des Themas

Zu Punkt c)
An einem Vormittag wurden in der Regel zwei Buchseiten gestaltet.
Da unsere Schule zweizügig ist und somit zwei Schulanfängerbücher
hergestellt werden mußten, arbeiteten die Kinder in vier Gruppen.
Die Zusammenarbeit in einer Gruppe funktionierte vorbildlich. Die
Kinder aus den dritten und vierten Schuljahren fungierten als
Gruppenleiter. Die einzelnen Buchseiten wurden immer in Form von
Skizzen geplant. Die Gruppen gaben dabei untereinander Anregun-
gen. Einen breiten Raum in diesem Projekt nahmen auch Gespräche
ein. Diese bereicherten besonders die Erstkläßler mit kleinen
Anekdoten vom Schulanfang, vom Unterricht, von den Pausen u.ä. Die
Schulanfängerbücher werden seit 1982 kontinuierlich im Sachun-
terricht der ersten Schuljahre eingesetzt und erhellen sicherlich
ein Stück dessen, was man Lebenswirklichkeit der Erstkläßler in
Bergerhof nennt.

4.2.8.1.2 Auswertung des Beispiels

Das Beispiel verdeutlicht folgende Aspekte für die Erhellung der
Lebenswirklichkeit durch den Unterricht:

- Die Schule, die mit ihr verbundenen Aktivitäten des Kindes, die
  Personen etc. sind wesentliche Elemente der kindlichen Lebens-
  wirklichkeit. Nicht zuletzt sind aus diesem Grund die mit diesem
  Aspekt verbundenen Elemente der Lebenswirklichkeit im neuen
  Lehrplan Sachunterricht fest verankert (vgl. auch Kapitel 9.2
  dieser Arbeit).

- Das hier vorgestellte Projekt leistet einen Beitrag zur Lebenswirklichkeit der Kinder insofern, als es die Schule, Funk-
  tionsräume, Personen, Hof und Zeittakte erläutert.

- Deutliche Kennzeichen für den Bedarf an solchen Lernprozessen,
  die der Lebenswirklichkeit der Kinder dienen, sind darin zu
  erkennen, daß die Kinder der ersten beiden Schuljahre - entgegen
  den Erwartungen - sich an diesem Projekt beteiligten.

Mit dem Aufgabenschwerpunkt "Schule und Schulweg" korrespondiert
dieses Projekt besonders eng (vgl. hierzu KUROWSKI, E., SOOST-
MEYER, M. 1986, S. 76).

4.2.8.2 "Zirkus Pimpernelli"
4.2.8.2.1 Darstellung des Unterrichts

Die Lehrerin - Frau Wirth - berichtet:

"Zirkus Pimpernelli" war eine Veranstaltung im Rahmen der Projektwoche 1985 an der Gemeinschaftsgrundschule Marienheide.

Die Entscheidung, ein solches Projekt anzubieten, ergab sich
hauptsächlich aus einem Besuch des Zirkus Roncalli, bei dem Kindheitserinnerungen mobilisiert und der Wunsch geweckt wurde, solche

scheinbar spielerische Vergnüglichkeit in die Schule hineinzuneh-
men. In mehreren außerschulischen Veranstaltungen (Freizeiten,
Ferienmaßnahmen) realisierte ich mit den Kindern kleinere Zirkus-
projekte. Beobachtungen der Schüler in Pausen und Freispielphasen
und die im Sportunterricht immer wieder geäußerten Wünsche, etwas
Akrobatisches zu tun, waren für mich schließlich Anlaß, das Projekt Zirkus an unserer Schule anzubieten.

Wichtig ist es, den Schülern erfahrbar zu machen, daß hinter den
scheinbar spielerischen Darbietungen Fleiß, Selbstdisziplin, harte
Arbeit und nicht zuletzt ein Sozialgefüge steckt, von dem wir alle
lernen können. Auch bot sich hier ein Mittel, evtl. Schulunlust zu
durchbrechen, brachliegende Talente zu erproben und Kreativität
und Spontaneität für gemeinschaftliches Handeln zu fördern. Es
meldeten sich 19 Schüler für das Projekt; davon 11 aus den ersten
Schuljahren, 6 aus den dritten Schuljahren und 2 aus den vierten
Schuljahren.

Nach zwei Planungssitzungen vor der eigentlichen Projektwoche
hatten wir gemeinsam eine Liste mit notwendigen Arbeiten zusammen-
gestellt, die ich hier mit meinen Worten zusammenfassen möchte:

"- Plakate zeichnen,
 - Einladungen schreiben,
 - Kulissen bauen,
 - Programmhefte gestalten,
 - inhaltliche Gestaltung einzelner Nummern festlegen,
 - Requisiten und Kostüme zusammentragen, evtl. selbst bauen,
 - musikalische Untermalung finden,
 - proben."

Diese Arbeiten innerhalb einer Woche zu leisten hieß dann nachdenken, planen, handeln, sich einigen, variieren, flexibel sein
und doch stetig bleiben, sich verausgaben, kommunizieren und neue
Ausdrucksmöglichkeiten hinzugewinnen.

Lebenswirklichkeit   Unterrichtsbeispiele

Jeder Vormittag begann und endete mit einer Planungs- und Refle-
xionssitzung, in der:

- die Inhalte der einzelnen Nummern der Gruppe vorgestellt
  und besprochen wurden,
- der Programmablauf festgelegt wurde,
- die zeitliche Abfolge der notwendigen Arbeiten geplant wurde,
- die einzelnen Arbeiten verteilt wurden.

In Groß- und Kleingruppenarbeit wurden über die ganze Woche verteilt Kulissen und Requisiten gebaut, Plakate entworfen und gemalt. Mit Hilfe einiger Erwachsener, die stundenweise beim Einstu-
dieren der einzelnen Nummern Hilfestellung und Anregungen boten,
stand am Donnerstag das Programm in groben Zügen fest. Da eine
andere Projektgruppe sich mit Druckerei befaßte, kamen die Kinder
auf die Idee, die Eintrittskarten dort drucken zu lassen. Das
Programmheft wurde von den Kindern des 3. und 4. Schuljahres
geschrieben und von den kleineren Kindern mit Zeichnungen versehen.

Nach einer mißglückten Generalprobe waren die Aufführungen vor
ausverkauftem "Zelt" ein voller Erfolg.

Vielsagend erscheint die Äußerung eines Schülers der Zirkusgruppe,
der ein anderes Kind belehrte: "Wir spielen nicht Zirkus - wir
arbeiten!"

Zirkusvorstellungen werden für diese Kinder nie zu einem beiläufi-
gen Freizeitvergnügen werden, da sie erfahren haben, welche ehrli-
che Leistung und harte Arbeit hinter jeder Aufführung steckt, und
weil ihr Interesse am Leben und am kulturellen Schaffen anderer
geweckt wurde.

4.2.8.2.2 Auswertung des Beispiels

Bei der Analyse dieses Unterrichtsbeispiels ergeben sich folgende
Gesichtspunkte:

Sachunterricht von der Lebenswirklichkeit der Kinder aus kann auch
bedeuten, daß man den Weg der Intro- und Retrospektion nimmt (vgl.
hierzu auch den Kurzkommentar zum Sachunterricht von SOOSTMEYER,
M. 1986, S. 97). Über eigene Kindheitserinnerungen, Spiele, Lieder
u.ä.m. kann man dann den Versuch machen, die Wünsche und Lernmöglichkeiten der Kinder zu ermitteln. Dieses Verfahren ruht unmittelbar auf dem Leibapriori der Erkenntnis (vgl. APEL, K.O. 1963,
S. 152 - 172). Die Lehrerin nutzt dieses Erkenntnisapriori bei
sich selbst und bei der Interpretation dessen, was sie bei den
Schulkindern beobachtet. Sie erkennt dort Bereitschaften und Fähigkeiten, sich auf Ungewohntes einzulassen, Risiken einzugehen
und sich des Spiels zu freuen.

BUYTENDIJK macht über die Bedeutung der reflektierten Selbsterfahrung eine sehr klare Aussage in bezug auf den phänomenologischen
Ansatz, den die Kollegin hier so schön darstellt:

"Dieses Gehen (durch das Haus des Seins, das die Sprache
ist, - HEIDEGGER) ist aber notwendig ein Zurückgehen, also
ein Sich-Erinnern. Wer sich nicht erinnern kann, wie er in
seiner Kindheit - und nachher - gespielt hat, wie er und
seine Umgebung darüber gesprochen haben, dem ist jenes
Verständnis der menschlichen Bedeutung des Phänomenes, das
wir gewohnt sind, "Spielen" zu nennen, unzugänglich" (BUY-
TENDIJK, F.J.J. 1972, S. 90ff).

Aus der Psychologie wissen wir, daß Phantasie, Wunschträume u.ä.m.
als kindliche Selbstentwürfe zu interpretieren sind (vgl. WHITE,
S., NOTKIN-WHITE, B. 1983, S. 113ff). Sich verkleiden, eine Rolle
durchspielen, neue Ausdrucksmöglichkeiten finden und erproben
gehören in diesen Kontext hinein. Diese Tätigkeiten dienen selbst
in der Verfremdung durch ein Kostüm der Selbstdarstellung und der

Formulierung vorhandener Wünsche.

Der Unterricht hat die Aufgabe, Lebenspraxis zu erhellen und zu erweitern. Er muß die Ich-Identität der Kinder stützen, indem er Phantasien und Wunschvorstellungen aufgreift, und er muß die sozialen Dimensionen menschlicher Lebensvollzüge beachten. "Mitmenschlichkeit und Sachlichkeit" sind hier die tragenden Erziehungsziele, die der Lehrplan nennt (vgl. Kapitel 7.0 dieser Arbeit) und die im engen Zusammenhang zu den Aufgabenschwerpunkten "Ich und die anderen" und "Jungen und Mädchen" stehen. Die intrinsisch bezogenen Motive sind am besten durch ein Zitat auszuweisen:

> "Diese Arbeiten innerhalb einer Woche zu leisten hieß dann
> nachdenken, planen, handeln, sich einigen, variieren, fle-
> xibel sein und doch stetig bleiben, sich verausgaben, kom-
> munizieren und neue Ausdrucksmöglichkeiten hinzugewinnen."

Dies ist in sich ein Beitrag zur Erhellung der Lebenswirklichkeit der Kinder. Er zählt insbesondere aber auch in bezug auf das Resümee, das die Kollegin zieht, wenn sie von der ehrlichen Leistung und von der harten Arbeit spricht, die hinter jeder Aufführung stehen. Besonders wichtig erscheint mir auch der klare Verweis auf die Gewichtung des Interesses am kulturellen Schaffen anderer. Dies ist unmittelbare Orientierung an der Lebenswirklichkeit - hier in pädagogischer Absicht.

4.2.8.3   "Ordnung muß sein"
4.2.8.3.1 Darstellung des Unterrichts

Die Lehrerin - Frau Solbach - berichtet:

1979 bezogen wir unsere neue Grundschule. Wir Lehrer waren an der Planung, dem Bau und der Einrichtung mitbeteiligt. Als ich während der Bauzeit öfter in unserem Schulbau war, hatte ich (Solbach) große Schwierigkeiten, mich in dem neuen Gebäude zurechtzufinden. Ähnliches würden unsere Schulkinder erfahren, war meine Prognose.

Die Großzügigkeit der Anlagen bot ideale Voraussetzungen, "Schul-
höfe" kinderfreundlich zu gestalten. Wir waren bis dahin auf
engstem Raum in der Haupt- und Realschule untergebracht:

Ein kahler Betonhof stand uns in den Pausen zur Verfügung. Die
Frühstückspause fand draußen statt. Haufenweise Brot und Papier
lagen auf dem Schulhof. Außer Laufen gab es keine Spielmöglichkeiten. Aggressionen, Streit, häufige Unfälle waren zwangsweise die
Folgen. Die Lehrer, die Aufsicht führten, hatten Augen und Ohren
zu wenig.

Immer wieder beobachtete ich (Solbach), wie Kinder ihre Ergebnisse
(bes. im Kunst- u. Textilunterricht) aufstellen oder aufhängen
wollten, das war an Betonwänden kaum möglich. Die neue Schule
bietet durch eine dicke Kunststofftapete die Möglichkeit, überall
Schülerarbeiten aufzuhängen. Das "Gesicht" einer Schule können,
wollen und müssen Kinder mitprägen. So arbeiteten wir schon lange
vor dem Einzug an der Ausschmückung unserer Schule: Bilder, Wand-
behänge, Mobiles usw. wurden hergestellt.

Die Erfahrung, daß ohne Regeln und Ordnungen, ohne Gebote und
Verbote, ohne Rücksichtnahme menschliches Zusammenleben kaum möglich ist, machen Kinder schon sehr früh.

Aus diesem Vorfeld heraus ergab sich als 1. Projekt: "Wir haben
eine neue Schule". Heute heißt es für die Schulneulinge: "Wir
lernen unsere Schule kennen", für 2., 3. und 4. Schuljahre "Unsere
Schulordnung". 1979 waren Lehrer und Schüler gleichermaßen Lernende. Das Zurechtfinden in dem Gebäude Schule ist für Kinder mit
großen Schwierigkeiten und auch Ängsten verbunden. Auch die Angst
vor den größeren Kindern, besonders während der Pausen, ist unge-
heuer groß. Dies erfuhr ich durch eine Umfrage in allen 2., 3. und
4. Schuljahren mit der Frage: Kannst du dich noch an deinen 1.
Schultag erinnern? Schüler selbst kamen auf den Gedanken, Patenschaften für Erstkläßler zu übernehmen. Die Initiative "Schulanfang" beginnt bei uns für die Schulneulinge bereits im April -
Mai. Die 3. Schuljahre sind "Patenschaftsklassen" für die Schul-

neulinge. Sie helfen den Kleinen beim Zurechtfinden und Ein-
gewöhnen in den ersten Schulwochen. Begehen, erkunden, aufsuchen,
Hilfe durch Wegweiser, Suchspiele usw. lassen Kinder allmählich im
Gebäude heimisch und sicher werden.

4.2.8.3.2 Auswertung des Beispiels

Die Diskussion dieses Unterrichtsbeispiels, das offensichtlich auf
langjährigen Erfahrungen beruht, zeigt folgende Beiträge zur Lebenswirklichkeit: Die Kinder sehen die Schule als ihre Schule,
weil sie Mitgestalter sind und von daher verantwortlich reagieren.
Nach 7 Jahren ist die Schule noch in einem sehr guten Zustand -
innen und außen. Immer kann man erleben, wie Kinder sich gegenseitig auf Ordnungswidrigkeiten aufmerksam machen, daß sie Schwierigkeiten, Konflikte während der Pausen erst selber zu lösen versuchen, ehe sie die Aufsicht einschalten. Aggressionen sind im
Vergleich zu früher seltener geworden (beschränkt auf einige wenige, deren Namen immer wieder auftauchen). Kinder werden kreativ
im Erfinden von Spielen, Lehrer werden mit einbezogen ins Pausen-
geschehen.

4.2.8.4   "Schulgarten"
4.2.8.4.1 Darstellung des Unterrichts

Der Schulleiter - Herr Beucher - stellt eine Schule vor, die einen
Schulgarten eingerichtet hat. Die Kinder pflegen diesen Garten
schon seit einigen Jahren. Sie haben einen Teich angelegt, an dem
sich nunmehr auch Frösche angesiedelt haben.

Durch jahrelange Erfahrung im Umgang mit Kindern hat sich herausgestellt, daß ihnen die Pflege der Pflanzen allein nicht hin-
reicht. Sie wollen auch Tiere im Schulgarten und in ausgewählten
Bereichen des Schulhofes halten. Hieraus hat sich inzwischen ein
Schulgarten entwickelt, der auch Tiere und Tierhaltung beinhaltet.
Die organisatorischen Probleme, vor die die Schulgemeinde gestellt
ist, sind recht erheblich:

Futter, Ställe, Fütterungspläne für die Ferienzeiten, Säuberung
der Ställe, Brutpflege ect. müssen gewährleistet sein, will man
verantwortungsvollen Umgang mit Pflanzen und Tieren pflegen.

Der Erfahrungsbericht weist aus, daß Grundschüler aktiv an der
Lösung solcher Probleme mitwirken. Sie organisieren sowohl Futter
als auch Patenschaften für die Tiere. Dieses Projekt wird seit
Jahren engagiert von den Kindern mitgetragen; es kann als pädagogisch erfolgreich bezeichnet werden.

4.2.8.4.2 Auswertung des Beispiels

Stellt man nun die Frage nach dem Bezug zur kindlichen Lebenswirklichkeit bei diesem Projekt, dann fällt folgendes auf: Der Schulleiter nennt die sozialen und im weitesten Sinne kulturellen
Randbedingungen, unter denen die Kinder seiner Schule aufwachsen.
Das Wohngebiet, in dem die Grundschule liegt, besteht aus Hochhäu-
sern. In den Wohnungen dieser Häuser können keine Tiere gehalten
werden, die Kinder haben demzufolge nur sehr wenig Erfahrungen im
Umgang mit der belebten Natur. Hier werden also Verarmungen in der
kindlichen Lebenswirklichkeit konstatiert (vgl. hierzu auch die
wichtigen Analysen von HENTIG, H. v. 1975, S. 7 - 44 und BIESTER,
W. 1981, vgl. hierzu auch Kapitel 4.1.5 dieser Arbeit) und zum
Anlaß pädagogischen Handelns genommen. M.a.W. die Funktion des Unterrichtsbeispiels besteht in seiner kompensatorischen Wirkung.

4.2.8.5 Pädagogische Perspektiven auf die kindliche
Lebenswirklichkeit

Die vier Unterrichtsbeispiele zeigen jeweils einen spezifischen
Zugang zur kindlichen Lebenswirklichkeit.

Das Projekt "Schulbuch" geht offensichtlich von dem Wunsch der
Kinder aus, sich mit ihrer neuen Lebenswirklichkeit "Schule" ver-
traut zu machen. Das Projekt will damit einen Beitrag leisten, die
Lebenspraxis der Kinder innerhalb der Schule zu steigern. Die
Orientierungsfähigkeit - räumlich, zeitlich, personenbezogen oder

funktional akzentuiert - wird damit verbessert. Dasselbe gilt dann auch für die Handlungsfähigkeit, die sich ja nur dann entwickeln kann, wenn man sich zurechtfindet und Sicherheiten in neuen Erfahrungsräumen gefunden hat. Der Beitrag zur Lebenswirklichkeit bei diesem Projekt liegt darin, daß dem Kind in seinem Wunsch nach Durchblick, Orientierung und Verwirklichung eigenen Handelns dadurch begegnet wird, daß ihm Orientierungsgrößen gegeben werden.

Das Projekt Zirkus beruht offensichtlich auf Beobachtungen der Kinder über längere Zeit hinweg sowie auf der Möglichkeit der Retrospektion. Die Lehrerin erinnert sich der Interessen und Motive, die sie selbst als Kind hatte. Sie nimmt aber auch die Phantasien der Kinder, ihre Freude, einmal in andere Rollen zu schlüpfen und dann etwas ganz Unübliches zu tun, auf. Sie erreicht damit, daß die Kinder ihre Wünsche und Phantasien ausleben und dadurch ein wenig Selbstdarstellung leisten können. Eben diese Selbstdarstellung auf der Grundlage verschiedener Darstellungsmöglichkeiten kann zur Ich-Erweiterung führen. In Verbindung mit der Arbeit in Kindergruppen, die sich einem Ziel verpflichtet wissen, vermag ein solches Projekt einen Beitrag zur Lebenswirklichkeit der Kinder zu leisten, indem es von den Motiven und Interessen der Kinder aus- und ihnen nachgeht. Zugleich weckt solches Tun - wie die Lehrerin treffend darstellt - Interesse am kulturellen Schaffen anderer Menschen.

Dem Wunsch nach Sicherheit, Wissen, neuen Kontakten und nach Lernen wird im Projekt "Ordnung muß sein" entsprochen. Die Lebenspraxis der Kinder wird insgesamt verbessert, weil die Kinder nun über Orientierungsmöglichkeiten in der Schule verfügen. Regelhaftigkeit, Ordnung und Sicherheit sowie die Suche nach Geborgenheit in dem Sozialkörper Schule sind offensichtlich die Ausgangspunkte für das Projekt "Ordnung" in der Schule, dessen spröde Thematik zuerst einmal irritiert. Wenn es richtig ist, daß ein zunehmender Anteil der Kinder mit der Angst vor anderen Kindern in die Grundschule kommt, dann stellt dieses Projekt einen Ansatzpunkt dar, solche Ängste abzubauen. Angst bedeutet eine beträchtliche Einschränkung der Lebenspraxis. Erst das Wissen, daß wir geborgen und gesichert sind, ermöglicht die Beseitigung von Ängsten dieser Art und damit die Ich-Erweiterung eines jeden Kindes im sozialen Kontext zu anderen Kindern und zur Schule.

Das Arbeiten an der Ordnung in der Schule, die Verteilung von Funktionen wie Spielräume, Bolzplatz usw., die Explikation von Regeln sowie die Maßnahmen zur Übernahme von Patenschaften durch ältere Kinder für Neulinge zählen hier zu den Maßnahmen, die die Lebenspraxis aller verbessern können.

Wenn Kinder in Wohnumgebungen aufwachsen müssen, die, wie KÜCKEL-HAUS (1979) vor Jahren herausgestellt hat, an ihrer monotonen Architektur leiden, dann ist in der Tat die Lebenswirklichkeit dieser Kinder zumindest in bezug auf die Sozial- und Naturerfahrungen sehr verarmt (vgl. hierzu auch Kapitel 4.1.5 dieser Arbeit). Vor einigen Jahren bat ein berühmter französischer Koch Kinder, einen Fisch zu malen - er hatte diesbezüglich einen Wettbewerb an einer Primarschule ausgeschrieben. Das Entsetzen dieses Mannes beim Auswerten der Bilder kann man leicht nachvollziehen, wenn man hört, daß ein großer Teil der Kinder panierte Fischfilets oder Fischstäbchen zeichnete. Das ist eine Spiegelung von Verarmungen im Umgang mit der belebten Natur, die alarmieren muß.

Ähnlich ist der Ausgangspunkt des vierten Unterrichtsbeispiels:

Hier äußern Kinder den Wunsch, Tiere in der Schule pflegen zu dürfen, weil sie es zu Hause nicht können. Die Erfahrungsarmut wird dadurch ausgeglichen und - was entscheidend zu sein scheint - die Lebenspraxis - der Umgang der Kinder mit Tieren - verbessert. Auch dieser Blick auf die Verarmungen in der Lebenswirklichkeit sucht den Ausgang des Unterrichts dort, wobei das kompensatorische Moment: "Erfahrungsdefizite ausgleichen" das entscheidende Motiv bildet. Ferner werden in Anbetracht der Forderung nach verantwortungsvollem Umgang mit Pflanzen und Tieren Aufgabenverteilungen unter den Kindern selbst vorgenommen. Hier werden also soziale Lernprozesse motiviert und durchlebt, die sich einem übergeordneten, aber gemeinsam gewollten Ziel in den Dienst stellen. Dieses

Aufgaben und Ziele

Element von sachlichem und verantwortungsvollem Lernen in Partnerschaft zu anderen stellt zweifelsohne eine Steigerung der Lebenspraxis der Kinder dar.

Die individuellen und gruppenspezifischen Wünsche der Kinder spielen in allen Beispielen eine bedeutende Rolle. Diese Wünsche,
Motive oder Interessensartikulationen sind Ausgangspunkte für den
Lehrer. Sie sind aber zugleich wesentliche Elemente in der Lebenswirklichkeit der Kinder. Der pädagogische Blick läßt uns immer
auch unter der Perspektive und in der Suche nach Förderungsmög-
lichkeiten auf die Lebenspraxis der Kinder sehen - eben in der
Absicht, diese Lebenspraxis in individueller, sachlicher und sozialer Hinsicht zu erweitern und zu verbessern.

4.3 Analyse der Aufgaben und Zielsetzungen des Sachunterrichts

Der pädagogische Auftrag der Schule ist die individuelle Förderung
eines jeden Kindes. Der Sachunterricht ist integraler Bestandteil
dieser Förderung des Kindes.

Der Sachunterricht steht also im Dienst der grundlegenden Bildungsarbeit, die Auftrag der Grundschule ist. In diesem Rahmen hat
der Sachunterricht spezifische Aufgaben. Er soll dem Kind helfen,
seine Lebenswirklichkeit zu verstehen und seine Lebenspraxis zunehmend zu verbessern. Zu diesem Zweck befähigt der Sachunterricht
die Kinder dazu, sich mit Personen, anderen Lebewesen, Sachen und
Sachverhalten konstruktiv auseinanderzusetzen. Diese Auseinandersetzung geschieht mit Sach- und Wertgesichtspunkten, deren sich
das Kind zunehmend bewußt wird. Der Sachunterricht folgt damit
erzieherischen Zielen. Er trägt dafür Sorge, daß die Kinder sinnvoll lernen und das Gelernte anwenden können. In diesem Zusammenhang wird sach- und sozialorientiertes Lernen verwirklicht mit
dem Ziel, die Handlungs- und Orientierungsfähigkeit des Kindes zu
fördern. Der Rückgriff auf die Dimension des "einsichtigen und
sinnerschließenden" - also humanen - Lernens verbietet die bloße
Faktenvermittlung oder auch das sinnlose Verhaltenstraining. Aus

Aufgaben und Ziele

dieser Perspektive ist das grundlegende Lernen der Kinder als
Erwerb und Anwenden von Begriffen, Einsichten und Methoden zu
sehen, wobei der Sachunterricht seine exemplarische Auswahl auf
solche Bildungsinhalte beschränkt, die eine möglichst weitrei-
chende Erschließungsfunktion besitzen. Dies verbietet eine enzy-
klopädische Wissensanhäufung sowie die szientifische Anordnung der
Inhalte.

Die Kinder sollen zunehmend zur aktiven Teilhabe an gesellschaftlichen Prozessen befähigt werden, eigene Meinungen, Ideen und
Wünsche selbst artikulieren und vertreten. Ferner sollen sie sich
mit den Ansprüchen anderer verantwortungsvoll auseinandersetzen.
Sinnerschließendes, kompetenzvermittelndes sowie verantwortungs-
volles Lernen ist ohne entsprechende Einstellungen und Haltungen
nicht möglich.

Grundlegende Bildung heißt in diesem Zusammenhang, daß der Sachunterricht positive Einstellungen gegenüber Menschen, anderen Lebewesen, Sachen und Sachverhalten fördert. Die ganze Bildungsarbeit
des Sachunterrichts steht demzufolge im Dienst der Grundlegung der
Handlungs- und Orientierungsfähigkeit eines zukünftig mündigen
Bürgers, der zu selbständigem Verhalten in sozialer Verantwortung
gegenüber dem Mitmenschen und der Welt bereit und fähig ist.

Ilse LICHTENSTEIN-ROTHER formuliert die Ziele der grundlegenden
Bildung wie folgt:

"- Erweiterung der Selbsterfahrung,
 - Differenzierung der sozialen Erfahrungen (soziale Sensi-
   bilisierung und Aufbau sozialer Einsichten),
 - Einführung des Schülers in den geistig-kulturellen Bereich - was die methodische Anleitung zu geistigem Erfassen und die Differenzierung des gefühlsmäßigen Zu-
   gangs einschließt,
 - Vermittlung grundlegender Einsichten, Fertigkeiten und
   Kenntnisse für Problemlösen, Handeln und Weiterlernen,

Kenntnisse für Problemlösen, Handeln und Weiterlernen,
- Erweiterung der Sprachkompetenz sowie der Kommunika-
tions- und Ausdrucksfähigkeit,
- Aufbau von Handlungsfähigkeit in der Alltagswirklichkeit" (1983, S. 79).

Im Sinne der Verdichtung dieser Postulate können im wesentlichen
zwei Zielgruppen formuliert werden:

Der Sachunterricht

     - erzieht die Kinder zu Sachlichkeit und zu sozialer
     Verantwortung

und

     - sichert den Erwerb grundlegenden Wissens und
     elementarer Fertigkeiten.

4.3.1 Erziehung zu Sachlichkeit und Mitmenschlichkeit

Kinder sind "von sich" aus an ihrer Lebenswirklichkeit interessiert. Sie wollen sich dessen vergewissern, was um sie herum
existiert und was in ihre Lebensvollzüge hineinwirkt (vgl. SOOST-
MEYER, M. 1983). Sie nehmen deshalb Kontakte zu anderen Menschen
und zu Lebewesen auf. Sie beobachten Sachen, bewerten und interpretieren in Gesprächen und durch aktive Probehandlungen Sachverhalte. Durch Ablehnung und Abscheu zeigen sie, wenn ihnen Sachverhalte oder Ereignisse wertlos oder widersinnig erscheinen. Kinder
müssen eine Vielfalt konzeptioneller und sozialer Formen erlernen,
mit deren Hilfe sie Erfahrungen organisieren, Wissen aufbauen, Fähigkeiten entwickeln und Fertigkeiten festigen können. Insbesondere muß das Kind die Fähigkeit erlernen, die eigene Stellung im
Bereich des mitmenschlichen Zusammenlebens zu erkennen. Damit verknüpft sind die Fragen nach der Identitätsfindung, der Selbstregu-
lierung, der Bildung eines Selbstkonzeptes und der Bindung an
Normen und Werte (vgl. TURNER, C.H. 1982, S. 136ff und Kapitel
4.1.7.4 dieser Arbeit).

Die Situation des kindlichen Weltverstehens ist hinsichtlich der
dinglichen Welt nicht viel einfacher, wenn auch "zweckhafte Funktionen und Wenn-Dann-Beziehungen" von Kindern leichter aufgedeckt
werden können als gesellschaftliche Zusammenhänge (vgl. hierzu Kapitel 4.1.6.3 dieser Arbeit). Auch hier unterlaufen ihnen bei Beobachtungen und Interpretationen Fehleinschätzungen und Irrtümer.
Man denke in diesem Zusammenhang an die phantasievollen, dabei
nicht immer der Realität entsprechenden Erzählungen von sechs- bis
siebenjährigen Kindern oder an ihre animistischen, finalistischen
und anthropomorphen Interpretationen von Phänomenen aus der physischen Umwelt wie Gestirne, Gewässer, Pflanzen, Gebirge, Eisen,
Stoff usw. (vgl. hierzu z.B. PIAGET, J. 1979 (1926), insbesondere
1980 (1926) und WAGENSCHEIN, M. 1971, Kap.V, S. 78 - 93).

Der Sachunterricht nimmt solche ursprünglichen Formen des Verstehens und der Wirklichkeitserschließung auf und führt sie weiter zu
gesicherten Formen des Wissens und Könnens, indem er die Kinder
dazu erzieht, sich **unvoreingenommen, sorgsam, redlich und kritisch
mit Menschen, anderen Lebewesen, Sachen und Sachverhalten auseinanderzusetzen.**

Intuitiv wissen Kinder um die Auswirkungen menschlicher Handlungen
auf die Natur und die gestaltete Umwelt. Im Sachunterricht kommt
es darauf an, dieses Wissen zu festigen und Erfahrungsgrundlagen
zu schaffen, auf denen sich **Mitmenschlichkeit und Solidarität**
sowie die **Fähigkeit zum verantwortungsvollen Umgang** mit Pflanzen
und Tieren, mit Sachen sowie technischen und kulturellen Gütern
entwickeln können. Darüber hinaus wird es im Sinne der "**Verknüpfung des Sachlernens mit dem Soziallernen**" (LICHTENSTEIN-ROTHER,
I. 1985) notwendig sein, daß die Kinder lernen, sich in andere
hineinzuversetzen und ihre Ansprüche, Wünsche und Hoffnungen zu
verstehen. Ferner müssen die Kinder lernen, ihre eigenen Interessen mit denen anderer in Einklang zu bringen und Konflikte
gewaltfrei zu lösen.

4.3.2   Sicherung des Erwerbs grundlegenden Wissens und elementarer Verfahren

Der Erwerb von Wissen und Verfahren ist nicht Selbstzweck. Kenntnisse und Methoden sind Instrumentarien, mit deren Hilfe Fragen angegangen, Probleme gefunden und gelöst werden können sowie das Dasein bewältigt und bereichert wird. Der Sachunterricht soll Kinder dazu befähigen, Informationen und Handlungsweisen bewußt zu erwerben, zu verarbeiten, anzuwenden und im Gedächtnis zu behalten. Grundlagen hierfür sind die alltäglichen Handlungen wie z.B. Helfen im Haushalt, Einkaufen gehen, Bastelarbeiten, verschiedene Spiele, Hege und Pflege von Pflanzen und Tieren, Medienkonsum, Gespräche mit anderen und die ersten Akte des Nachdenkens über sich selbst.

Die Kinder sollen zunehmend lernen, Fragen zu stellen, die auf den Sinn und die Bedeutung von Ereignissen und Phänomenen in der belebten und unbelebten Natur abzielen. Über die Bedeutungsfragen hinaus müssen auch solche Fragestellungen aufgegriffen werden, die Sachen und Sachverhalte unter den Perspektiven der Formgebung, des inneren und äußeren Aufbaus, ihrer Herkunft, ihres Zweckes, ihrer Funktionen und Funktionsweise angehen. Angesichts der physischen Wirklichkeit wird es darum gehen, den Kindern erste, durch eigene Fragen gewonnene Einsichten in Ursache-Wirkungszusammenhänge (Wenn-Dann-Beziehungen), in zweckhafte und funktionale Zusammenhänge sowie in raum-zeitliche Beziehungen zu vermitteln.

Das Kind lernt grundlegende und einander ergänzende Elemente kognitiven Handelns wie:

- exploratives Spiel, Raum- und Objekterkundung,
- entwickelnde und handlungsleitende Verfahren,
- konstruktive und gestalterische Verfahren,
- experimentell-induktive Erkenntnisverfahren,
- intuitive und heuristische Methoden,
- vergleichende und mathematisierende Verfahren,

Aufgaben und Ziele   Erwerb von Wissen und Verfahren

- verstehende, interpretative kommunikative und
  narrative Verfahren,
- Methoden der gewaltfreien und verantwortlichen
  Konfliktlösung,
- Rollenspiele, Szenarien und Sprachgestaltung,
- memorierende und sichernde Verfahren,
- normen- und ideologiekritische Verfahren.

Zunehmend sollen die Kinder zu einem epistemischen und hypothetisch-abwägenden Denkverhalten finden, das es ihnen erlaubt,
Ideen, Konventionen, Vorstellungen, Rollenbilder und Konfliktlö-
sungsmodelle zu durchdenken. Diese Verfahren spiegeln den Erwerb
des Wissens, seine bewußte Überprüfung und die Methodenkritik
wider (vgl. POPPER, K. 1982, S. 159).

Damit ist das Lernen in einem wissenschaftlich begründeten Unterricht sowohl an die Dimension des Kritischen in den Wissenschaften als auch an die Problematik der Verantwortung im sozialen
Bereich und in der nichtpersonalen Wirklichkeit gekoppelt, sei
nun diese Wirklichkeit physischer oder psychisch-geistiger Natur
(vgl. hierzu POPPERs "Drei Welten Theorie" 1982, S. 61ff).

Zugleich werden aber auch die methodischen Zugänge zu den oben
aufgeführten Horizonten des Weltverstehens gelegt, die als Natur-,
Geistes- und Gesellschaftswissenschaften, als Religion, Kunst und
Philosophie, als durchdachte Alltagspraxis, Narration und Dialog
gekennzeichnet wurden. Denn in bezug auf die Formen der Wirklichkeitsdarstellung und -interpretation sind die o.g. Elemente kognitiven Handelns als Prozesse komplementär.

Angesichts dieser Zielsetzung muß die Vermittlung grundlegender
Kenntnisse und elementarer Verfahren im Sachunterricht neu durchdacht werden. Ein weitverbreiteter Fehler didaktischen Denkens,
der insbesondere in der neobehaviouristischen Auffassung von der
Motivation und vom Lernen sowie in der Lernzielfixierung des
Unterrichts begründet ist, liegt darin, Kenntnisse und Verfahren
voneinander und von den Motiven für die Suche nach Erkenntnis zu

trennen. Sieht man auf die alltäglichen und wissenschaftlichen
Handlungsformen sowie auf die Situationen, in denen sie auftreten, dann stellt man fest, daß Wissen in der Regel Antwort auf
Fragen ist oder das Ergebnis konstruktiven Handelns. Es wird
entweder neues Wissen geschaffen und in Theorieansätzen gebündelt,
oder vorhandene Theorien werden verbessert. Es findet also stets
eine kritische Aussonderung von nicht stimmigem und unbrauchbarem
Wissen statt (vgl. hierzu POPPER, K. 1982, S. 69ff u. 179ff).

**Wissen kann eigentlich nicht vermittelt werden, es muß vielmehr
aktiv erworben werden.** Im Unterricht muß der Schüler erfahren, daß
seine Kenntnisse Resultate seiner eigenen Bemühungen sind, Fragen
zu beantworten und Probleme zu lösen, die ihm in seiner Lebenswirklichkeit begegnen.

Im Unterricht muß den kindlichen Aktivitäten Zeit gegeben werden,
damit Kinder Entdeckungen machen und diese auf ihre Richtigkeit
hin überprüfen, Probleme finden und lösen, Gestaltungsabsichten
präzisieren und realisieren, Dialoge verständig führen und Diskus-
sionsergebnisse in eine intersubjektiv verständliche Sprache fassen können. Natürlich werden Verfahren und Einsichten in problemhaltigen und fragwürdigen Situationen und an exemplarischen
Inhalten gewonnen.

Hierdurch sichert der Sachunterricht die Übertragbarkeit von Einsichten und Methoden auf andere Situationen und Probleme. Dieser
Transfer muß als wesentliche Grundlage für das weiterführende Lernen angesehen werden (vgl. SOOSTMEYER, M. 1978, S. 176ff). Das
gilt insbesondere, weil diese entdeckenden, gestaltenden und experimentell-induktiven sowie dialogischen, verstehenden und sichernden Verfahren mit solchen Methoden korrespondieren, die in den
Wissenschaften, in der Kunst und in den anderen Formen der Weltinterpretation angewendet werden (vgl. Kapitel 6.1 dieser Arbeit).

POPPER kennzeichnet ganz im Einklang hiermit den Wissenserwerb,
das Verstehen und Argumentieren folgendermaßen:

"Meiner Ansicht nach sollten wir das Erfassen oder Begrei-
fen eines Gegenstandes der Welt 3 (d.i. die Welt der
geistigen und künstlerischen Objektivationen - Begriffe,
Modelle, Theorien und Ideen - der Verf.) als einen aktiven
Prozeß verstehen. Wir müssen es als ein Machen, als eine
Nachschöpfung dieses Gegenstandes erklären... Um ein
Problem zu verstehen, muß man wenigstens einige der einleuchtenderen Lösungen ausprobieren und herausfinden, daß
sie falsch sind; so wiederentdeckt man also, daß es da eine
Schwierigkeit gibt - ein Problem. Um eine Theorie zu verstehen, muß man zuerst das Problem verstehen, zu dessen
Lösung die Theorie entworfen wurde, und dann muß man sehen,
ob das dieser Theorie besser gelingt als einer der nahelie-
genderen Lösungen. Um ein schwieriges Argument... zu verstehen... muß man die Arbeit selbst tun und dabei genau beachten, was unbewiesen vorausgesetzt wird" (POPPER, K.
1982, S. 70f vgl. auch Kapitel 1.4.4 dieser Arbeit).

Ein Kind, das solche Formen der aktiven Auseinandersetzung in
ersten Ansätzen vollzieht oder beginnt, damit umzugehen, hat die
Vorstellung vom "Lernen des Lernens" (vgl. LICHTENSTEIN-ROTHER, I.
1985) verwirklicht. Dieses stellt ein tragendes Motiv für die
Wissenschaftsorientierung des Sachunterrichts dar, weil in ihm die
klassischen Elemente kritischen Denkenlernens zum Tragen kommen:
das Sammeln, Bewerten und Anwenden von Informationen (vgl. hierzu
auch die Begriffe Informationserwerb, -evaluation und -anwendung,
z.B. bei BRUNER, J.S. et al 1974, die entsprechende Charakterisierung handelnden Lernens bei AEBLI, H. 1980/81 und das Kapitel 6.1
dieser Arbeit).

4.3.2.1 Diskussion der Begriffe "grundlegendes Wissen" und "elementare Verfahren"

Mit diesen Erwägungen sind noch nicht alle Probleme zum grundlegenden Wissen aufgeworfen worden. Die intellektuelle Höhe, die
"Dichte und Geschlossenheit" und die Verschränkung des Wissens mit

den Methoden bzw. mit den Lernprozessen müssen noch diskutiert werden.

4.3.2.1.1 Analyse einer Unterrichtssituation

Im folgenden gehe ich der Frage nach, welche Interpretation sinnvoller Weise zu den Begriffen "grundlegendes Wissen" und "elementare Verfahren" geleistet werden muß. Ich werde dabei den Versuch unternehmen, zu zeigen, wie einige Elemente kognitiven Handelns, die im Kapitel 4.1.4 dargestellt worden sind, im Unterricht erfolgreich von Kindern weitgehend selbständig entwickelt, angewendet und gesichert werden.

Welches Wissen also vermittelt der Sachunterricht? Wird dieses Wissen später noch gebraucht? Ist es grundlegend und wofür soll es grundlegend sein?

Um diese Fragen und mögliche Antworten an einem Beispiel zu erläutern, gehe ich auf einen Unterricht über die Thematik "Arbeitsstätten und Berufe" in einem 2. Schuljahr ein. Es handelt sich hier um eine Unterrichtsphase, in der die Kinder selbst Handlungspläne entwickeln, um Tapeten zu drucken. Wenig später werden diese Pläne in die Wirklichkeit umgesetzt.

Das Projekt fand in einer Ortschaft statt, in der eine große Tapetenfabrik und eine Druckerei angesiedelt sind. Einige Eltern der Kinder dieser Klasse haben mit dem Berufsfeld "Drucken, Vervielfältigen" zu tun. Der Bezug zur kindlichen Lebenswirklichkeit ist somit unmittelbar gegeben (vgl. hierzu SOOSTMEYER, M. 1987).

Es sollen von den Kindern im Unterricht unterschiedliche Druckverfahren angewandt werden. Die Erarbeitung von Handlungsplänen zählt unter handlungstheoretischer Perspektive (vgl. AEBLI, H. 1981, S. 372 sowie SOOSTMEYER, M. 1986, S. 42) zu den wichtigsten Forderungen an die Unterrichtsgestaltung. Nicht von ungefähr wird die Handlungsorientierung als eine der wichtigsten Grundlagen der Un-

Aufgaben und Ziele   Erwerb von Wissen und Verfahren

terrichtsplanung im Kapitel 4.4.3 dieser Arbeit hervorgehoben.

In diesem Unterrichtsbeispiel macht die Lehrerin den Kindern bei
der Entwicklung der eigenen Handlungspläne deshalb keine Vorgaben.
Vielmehr läßt sie ihnen die freie Wahl von Gegenständen aus einer
Gruppe verschiedenartiger Materialien. Hierbei ist die intrinsische, sachbezogene Qualität der Medien so beschaffen, daß sie im
wesentlichen dem gemeinsam gestellten Handlungsziel "Tapetenmu-
ster-Drucken" dienen. Die Kinder finden sich sehr rasch in Gruppen
zusammen.

Es ist nun einfach beeindruckend zu sehen, wie Kinder dieses Alters spontan kleine, aber funktionierende Handlungspläne entwickeln. Hierbei werten sie ihre vorausgegangenen Lernerfahrungen
geschickt aus.

Die Papprollen, Korken, Gummiwalzen, Matrizen (Umdrucker), Bindfä-
den, Pinsel, Messer, die diversen Farben, Kleber und das Papier
fordern zu kleinen Diskussionen auf:

> "Damit kann man noch nichts machen.
> Wir müssen daraus Werkzeuge machen.
> Wie die in der Fabrik, die haben ja auch so 'was!
> Ich will Muster haben und die drucken. Dazu nehme ich die
> Gummirollen.
> Oh, schön, wir machen was mit dem Umdrucker, da können wir
> schreiben und malen!
> Wir müssen noch überlegen, wie wir drucken.
> Papier muß her und Farbe!"

Es bilden sich letztlich vier Gruppen, die unterschiedliche
"Druckwerkzeuge und Methoden" entwickeln wollen. Unter Hilfestellungen, z.B. Hand anlegen bei der schwierigen Aufgabe, in eine
Hartgummiwalze eine Auskerbung zu schneiden, erstellen die Gruppen
folgende Werkzeuge:

Aufgaben und Ziele   Erwerb von Wissen und Verfahren

a) Papprollen (sie stammen von Wollknäueln) werden mit Woll-
    fäden umwickelt. Die Wollfäden werden festgeklebt. Durch
    Abrollen dieser zuvor mit Farbe getränkten "Druckerrol-
    len" entstehen farbige Streifenmuster.

b) Papprollen (wie oben) werden mit Mustern, z.B. Blumen und
    farbigen Sternen, bunt bemalt. Durch vorsichtiges Abrol-
    len unter leichtem Druck werden die aufgemalten Muster
    auf das Papier einzeln übertragen.

c) Korken werden mit dem Messer bearbeitet, so daß auf den
    Stirnflächen ein Muster entsteht. Die Muster werden in
    Wasserfarbe getaucht und abgedruckt.

d) Matrizen für den Umdrucker werden mit Mustern versehen,
    mit Hilfe des Umdruckers werden die Umdrucke vervielfäl-
    tigt. Die DIN A 4 Blätter werden auf Tapete geklebt.

e) In eine Gummiwalze werden Muster geschnitten. Durch Ab-
    rollen von vorher aufgetragener Farbe auf Papier ent-
    stehen Muster.

In einem ersten spielerischen Durchgang wenden die einzelnen Gruppen ihre "Werkzeuge" an. Sie beseitigen Schönheitsfehler bzw.
verbessern die Muster. Das geschieht u.a. auch im Wechselspiel von
Probedrucken und Verbesserung des Druckwerkzeugs. Ferner treffen
die Kinder sehr schnell erste Verabredungen für Arbeitsteilungen
innerhalb der Gruppe. Die hier gefundenen Handlungspläne sind
lediglich implizit und daher nicht sprachlich gefaßt. Es wird,
ohne viel zu reden, arbeitsteilig gearbeitet.

Nachdem die Kinder der einzelnen Gruppen die Arbeitsanleitung auf
den "Begriff" gebracht und ein wenig später auf ihre speziellen
Druckverfahren (Rollen, Stempeln, Umdrucken) umgesetzt haben, wird
ein Wettstreit veranstaltet. Drei Minuten lang druckt jede Gruppe
mit ihrer Methode und ihren Werkzeugen Tapeten. Ziel ist es her-

Aufgaben und Ziele   Erwerb von Wissen und Verfahren

auszufinden, mit welcher Methode man die größte Produktion erreicht.

Der Wettbewerb wird durchgeführt. Hierbei zeigt es sich, daß
Kinder dieses Alters durchaus selbstkritisch sein können:

Die Gruppe, die mit der Gummirolle arbeitet, geht streckenweise zu
hastig vor. Die farbtriefende Rolle wird zu schnell vorangetrieben
und gleitet über das Papier. Es entstehen Schlieren, aber keine
Muster.

> "Die können wir vergessen, die Tapete ist nicht richtig!
> Geh langsamer! Die Rolle rollt nicht! Tauch doch nicht so
> tief ein, du platscht ja die Tapete voll!"

Da einige Muster nicht zum Ausdruck kommen, geht ein Teil dieser
Gruppe dazu über, mit Pinsel und Spachtel das Arbeitsergebnis zu
verbessern.

Die Kindergruppe, die mit Korkstempeln arbeitet, hat ein arbeits-
teiliges Verfahren entwickelt: Vier Kinder stempeln mit je zwei
Stempeln, wohingegen zwei die Tapete langsam hin- und herziehen.
Schön ist hierbei zu sehen, daß die Kinder die Arbeitstakte harmo-
nisieren und bei drohendem Qualitätsverlust langsamer arbeiten.

Geradezu virtuos arbeiten die Kinder, die auf ihre Papprollen
Wollfäden geklebt haben, diese nun mit Wasserfarben tränken und
dann eine Lineatur zu Papier bringen. Hier arbeitet jedes Kind mit
seiner Rolle an einer gemeinsamen Tapete. Die Kinder kontrollieren
sich gegenseitig auf Schnelligkeit und Sorgfalt.

Sehr viel sorgfältiger müssen die Kinder vorgehen, die Blümchen
und Figuren auf ihre Rollen gemalt haben und diese nun einzeln auf
die Tapete abrollen müssen. Nach dem Abrollen sind sie gezwungen,
neu zu bemalen, um neu abzurollen. Dieser Prozeß insgesamt ist
sehr langwierig und arbeitsintensiv, bringt aber wunderschöne
Unikate.

Aufgaben und Ziele   Erwerb von Wissen und Verfahren

Die Gruppe, die mit dem Umdrucker arbeitet, erzeugt durch rasches Arbeiten - manchmal bockt die Maschine - hohe Stückzahlen bei den Ausdrucken. Ein Kind hebelt so schnell es kann, dann wird es abgelöst usw. Sorgfältig achten weitere Kinder darauf, daß immer genug Papier im Vorratsbehälter ist - Leerlauf soll ja nicht entstehen.

Die Kinder beginnen mit dem Vergleich ihrer Methoden und entwickeln Kriterien zur Bewertung ihrer Druckerzeugnisse, die sogar zu einer sehr sorgsamen Betrachtungsweise führen.

Das Ganze geschieht völlig einvernehmlich. Die Kinder gehen höflich und freundschaftlich miteinander um und kommen zu unterschiedlichen Kriterien und zu abwägenden Urteilen über die einzelnen Druckverfahren. Die Druckerzeugnisse werden erst einmal unter quantitativer Sicht miteinander verglichen:

- Die geringste Anzahl hat die Gruppe, die die Papprollen einzeln bemalte, erreicht.
- Darauf folgt die Gruppe, die Papprollen mit Wollfäden beklebt hatte.
- Diese Gruppe wird gefolgt von der Gruppe, die mit Korkstempeln arbeitete.
- Große Mengen von Tapeten sind von der Gruppe hergestellt worden, die mit der Gummiwalze gearbeitet hat.
- Die Matrizengruppe zählt einfach die Anzahl der Muster auf einem Blatt und multipliziert diese mit der Anzahl der Blätter; sie hat bei weitem das meiste Papier bedruckt.

Die Kinder geben sich jedoch nicht allein mit den Zahlenwerten der Siegergruppe zufrieden. In der Diskussion - in die die Lehrerin nicht eingreift - entwickeln die Kinder ein Schätzverfahren, mit dem die Anzahl der Muster auf der betreffenden Tapete in trefflicher Weise ermittelt werden kann.

Aufgaben und Ziele   Erwerb von Wissen und Verfahren

Eine Kindergruppe mißt eine Fläche von ca. 20 x 20 cm aus und
zählt die darin befindlichen Stempeldrucke. Die Einheitsfläche
wird danach auf die gesamte Produktion übertragen, d.h. die Kinder
legen die Fläche auf die bedruckten Tapetenstücke, klappen und
verschieben sie so oft, bis die gesamte Produktion erfaßt ist. Die
Gesamtanzahl der Stempelabdrücke wird durch Multiplikation er-
rechnet.

Man bedenke hier: Es handelt sich um achtjährige Kinder eines
zweiten Schuljahres! Lediglich bei der schweren Multiplikation muß
den Kindern geholfen werden. Alle vorausgegangenen Operationen
sind eigenständig erarbeitet, dargestellt und schließlich von den
anderen Kindern akzeptiert worden.

Nicht nur die mathematische Operation überzeugt hier, sondern auch
die kommunikative Kompetenz der Kinder, die die anderen Klassenka-
meraden von der Brauchbarkeit ihrer Methode des Schätzens überzeugen konnten.

Dieses Beispiel macht deutlich, daß die Programmatik WAGENSCHEINs
zur genetisch-sokratischen Strukturierung des Unterrichts zu-
trifft: Die Kinder, die das Schätzverfahren entwickelt haben,
handeln mit den anderen Kindern der Klasse ihr Verfahren aus,
dabei darf "jeder alles sagen, er ist nur verpflichtet, zur Sache
zu reden und sich dabei zu bemühen, daß ein jeder ihn versteht"
(vgl. WAGENSCHEIN, M. 1983 und Kapitel 1.4.5.7.1 dieser Arbeit).
Der Prozeß wissenschaftsverständigen Lernens wird hier transparent.

Ich habe versucht, bei den Kindern dieser Gruppe herauszufinden, wie sie zu der Lösung des Problems: "Wie schätzt
man etwas sehr schnell und gut ab?" gekommen sind. Die
Lösung stammt nicht, wie man vermuten könnte, aus dem
Mathematikunterricht, sondern hier aus dem Sachunterricht
selbst. Sie kommt wie folgt zustande:

Die Umdrucker-Gruppe hatte lediglich DIN A 4 Blätter bedrucken können und mußte nun diese Blätter auf Tapetenrollen aufkleben. Diese DIN A 4 Blätter aneinandergereiht und
nebeneinander geklebt, brachten eines der Kinder in der
"Stempel-Gruppe" dazu, eine vergleichbare Fläche zum DIN A
4 Blatt als Grundlage zum "Abzählen aller Stempel, die wir
gemacht haben" (wörtl.) zu nehmen. Da das DIN A 4 Format
nicht genau paßte, modifizierten die Kinder ihre Einheitsfläche so lange, bis sie eine zufriedenstellende Abdeckung
aller Stempelabdrücke erreichten.

Es ist erstaunlich, wie die Kinder sich dann dem Problem zuwenden,
daß in einer Maschine wie dem Drucker bereits "Arbeit versteckt
ist". Ein Kind sagt: "Es ist ja klar, die Maschine ist ja so
gebaut, daß man mit ihr schneller arbeiten kann. Die Maschine
kostet ja auch Geld. Die ist ja vorher gemacht worden. Die muß man
ja bezahlen."

Die Diskussion mündet in die Feststellung: "Die Maschine hat
gewonnen." Ein Kind hat aber sachlich und arbeitstechnisch völlig
recht mit seiner Kritik, die es wie folgt (leider sehr zaghaft und
leise) äußert: "Richtig ist das ja nicht, daß die Maschinengruppe
gewonnen hat. Die haben nur Blätter. Die müssen noch aufgeklebt
werden. Das kostet auch Zeit. Wir haben unsere Stempel ja schon
drauf" (gemeint sind die Tapetenrollen, der Verf.).

4.3.2.1.2 Statischer Begriff des grundlegenden Wissens

Anwesende Eltern sind ebenfalls beeindruckt von diesen Leistungen
der Kinder. In der Unterrichtspause kommt es zu einem längeren -
die Pause überdauernden - Gespräch. Ein Gesprächspartner hat Ein-
wände und fragt: "Was sollen die mit ihren Druckwerkzeugen und mit
all dem Drumherum (gemeint sind die Tätigkeiten und Fertigkeiten,
die Diskussionen der Kinder und ihr manuelles Tun) anfangen?"
"Später braucht man doch die Bezeichnungen wie 'Subjekt, Prädikat,
Objekt, Nomen'. Man muß auch 'Mathematik' können - doch nicht so

Aufgaben und Ziele   statischer Wissensbegriff

"etwas", entgegnet ein weiterer Gesprächspartner auf meinen Hinweis, daß es wahrscheinlich gar nicht beim Tapetendrucken bleibe,
sondern weitergehe bis hin zur Einführung einer Druckerpresse und
bis zum Verfassen und Drucken von Texten, daß der sprachliche Bereich also impliziert sei.

Ich verweise nun auf den Unterrichtsverlauf und auf die Lernprozesse, wie die Kinder selbständig ihre eigenen Handlungspläne entwickeln, miteinander aushandeln, kooperativ umsetzen, kritisch
abwägen usw. und zeige noch einmal mit Nachdruck die sozialen
Lernprozesse auf. Nach einigem Hin und Her und Hinweisen auf die
Spracherziehung im Unterricht sowie nach nochmaliger Klärung der
Zielsetzung kommt allmählich Verständnis auf. Ich führe den Eltern
auch die schöne Idee, mit einem Einheitsquadrat die Anzahl der
Stempelabdrücke zu ermitteln, vor Augen, stelle die dahinter lie-
gende mathematische Struktur dar und stoße auf ein verbessertes
Verständnis kindlicher Lernprozesse.

Eine Mutter berichtet dann in Erinnerung an ein früheres Projekt,
ihr Kind habe es zu Hause immer abgelehnt, Gedichte zu lernen und
vorzutragen oder Lieder zu singen. Das Kind sei immer "gehemmt"
gewesen und habe nie etwas vor anderen tun wollen. Sie sei ganz
überrascht gewesen, daß es seinerzeit ganze Texte auswendig gelernt habe, um bei einem Marionettenspiel in der Schule mitspielen
zu können. Jetzt sei es ganz darauf versessen, alles über die
Druckerei herauszufinden. Das Kind suche in Zeitungen und in
Nachschlagewerken herum, es mache ihm Spaß.

Ich zeige, daß das Vorgehen dieses Kindes genau das darstellt, was
unter kognitiver und informationstheoretischer Sicht "Lernen"
heißt, nämlich **Erwerb, Bewertung und Anwendung von Informationen**
(vgl. hierzu BRUNER, J.S. 1974) und diskutiere mit den Eltern
einige Zeit über die Bedeutung der konkreten Handlungen für kindliches Lernen, über die so wichtigen kommunikativen Formen des
Lernens sowie über die beeindruckenden kognitiven Leistungen der
Kinder. Eine Analyse des Gesprächs kann zeigen, welchen Problemen
der Sachunterricht bei der Verfolgung des hier dargestellten

Zieles gegenübersteht:

Wissen wird - leider nicht nur hier - als "Fakten- und Begriffs-
wissen" verstanden (Subjekt, Prädikat, Objekt usw.). Eltern folgen
oftmals einer Vorstellung, die Wissen als pures Vorratswissen
begreift. Wörtlich wird es als "Steinbruch" bezeichnet, aus dem
Versatzstücke herausgebrochen werden.

**"Der Didaktiker fragt sich dabei, ob es klüger sei, Hand-
lungs- und Denkstrukturen aufzubauen oder Steinbrüche bereitzustellen"** (AEBLI, H. 1980, S. 162).

Das Wissen soll begrifflich geordnet, strukturiert und abgesichert
sein und zwar dergestalt, daß es ein festgefügtes Fundament bildet, auf dem die Sekundarstufenschulen aufbauen können. Solches
Wissen ist abprüfbar, die Kinder können es jederzeit reproduzie-
ren, und es ist relativ abgeschlossen. Diese Geschlossenheit gilt
im folgenden Sinne: Der als bedeutsam anerkannte Fächerkanon in
der Schule besteht lediglich aus Deutsch (Schreiben, Lesen und
besonders die latinisierte Grammatik) und Mathematik.

Alles das, was Zeit in der Schule in Anspruch nimmt und nicht
unmittelbar diesen Schwerpunkten zuzuordnen ist, wird als bedroh-
lich empfunden. Es stiehlt die Zeit. Ästhetische, musische, soziale und sachunterrichtliche Kenntnisse und Fähigkeiten werden
daher als minderwertig eingeschätzt im Vergleich zu sprachlichen
und mathematischen Fähigkeiten.

Besonders gering erachtet werden die so wichtigen motorischen,
taktilen und manuellen Fähigkeiten: das Handlungswissen. Es wird
als "Spielerei" abgetan, wobei vergessen wird, daß das **Spiel die
Arbeit des Kindes** ist (vgl. zum Begriff des Handlungswissens und
zu seiner Bedeutung für das theoretische Wissen AEBLI, H. 1980, S.
243ff).

Es zeigt sich, wie notwendig die Forderung ist, die Maria MONTES-
SORI in bezug auf die Verknüpfung des motorischen und des kogni-

tiven Lernens gestellt hat.

"Die Trennung der intellektuellen Arbeit einerseits und
körperlicher Tätigkeit andererseits führt zur Spaltung der
kindlichen Persönlichkeit. Der Sinn, den wir in die Bewegung legen, ist ein viel tieferer, der nicht nur die motorischen Funktionen unseres Körpers betrifft, sondern den
ganzen Menschen in seinen korrespondierenden Ausdrucksmöglichkeiten erfaßt" (MONTESSORI, M. 1968, S. 16f).

Auf einer ersten Diskussionsebene erscheint mir die inhaltliche
Einengung schulischen Lernens auf im wesentlichen zwei Fächer als
sehr problematisch. Es ist doch unbestritten, daß wir zur Bewältigung unseres Alltagslebens umfassendere Fähigkeiten und Fertigkeiten benötigen.

Auch anthropologisch gesehen ist der Wissensbegriff, der hier zum
Ausdruck kommt, problematisch. Der Verwertungszusammenhang von
Kenntnissen im Grundschulalter wird nur in der Schule gesehen. Der
alte Satz:

"Nicht für die Schule, sondern für das Leben lernen wir"

wird in seinen Gegensinn verkehrt:

"Lernen hier und heute bekommt seine Sinnerfüllung im
Morgen der Sekundarstufenschulen."

Grundsätzlich stellt Romano GUARDINI in bezug auf die verschiedenen Altersstufen fest:

"Jede Phase ist ein Eigenes, das weder aus der voraufge-
henden noch aus der folgenden abgeleitet werden kann. Andererseits ist jede Phase aber ins Ganze eingeordnet und
gewinnt ihren vollen Sinn nur, wenn sie sich auch wirklich
auf es hinauswirkt" (GUARDINI, R. 1963, S. 13).

Ein ständiges Trachten und Arbeiten für die Schulzukunft und die Anhäufung von Vorratswissen zerstören auf Dauer die konkreten Bezüge des schulischen Lernens zur Realität. Damit gehen zwei wichtige Zielsetzungen schulischen Lernens verloren: die Entwicklung der Orientierungs- und Handlungsfähigkeiten im Leben (vgl. WITTENBRUCH, W. 1986), denn das Wissen wird zunehmend esoterisch.

Auch wichtige Aspekte weiterer anthropologischer Befunde werden verwirkt: so die Forderung nach phasen- oder altersadäquatem Lernen, der Anspruch des Kindes auf sinnerfüllte Gegenwart in der Schule (vgl. SOOSTMEYER, M. 1979, S. 50ff, 1983, S. 103 - 112) und das Kriterium der Kindgemäßheit - das Recht des Kindes, auch in der Schule Kind sein zu dürfen.

Es wäre mit Sicherheit falsch, die Ursachen für einen einseitig verstandenen Wissensbegriff allein bei den Eltern zu suchen. Grundlage für diesen statischen Wissensbegriff ist u.a. die Überlegenheit des Erwachsenen, der den Überblick über einen Sachverhalt hat, gegenüber dem Kind, das sich diesen Überblick erst noch erarbeiten muß. Der Erwachsene hat das Problem "auf den Begriff" und zur Lösung gebracht und "hakt" es gleichsam ab.

Noch schlimmer ist es eigentlich, wenn dieser Erwachsene den Sachverhalt vermitteln muß. Als Lehrer wird er sicherlich eine didaktische Analyse durchführen, mit deren Hilfe er das Problem strukturiert, auf Faßliches reduziert, zentrale Begriffe darstellt, Lösungen stellvertretend für die Schüler erarbeitet und schließlich Methodenfragen stellt.

Mit diesem Überblick (vgl. hierzu z.B. KLAFKI, W. 1964) geht ein Lehrer an den Unterricht heran und steht ständig in der Gefahr, seine Lehrprozesse so zu gestalten, daß sie lediglich auf die begrifflich gefaßten und methodisch sauber erarbeiteten Wissenbestände zielen. Die Operationalisierung der Lernziele ist dann nur noch das lerntheoretisch-methodische Instrument, mit dem das Gelernte überprüft wird.

Deutliche Belege für dieses Verständnis von Unterricht finden sich immer wieder in Unterrichtsprotokollen. Diese sind in der Regel Widerspiegelungen der didaktischen und methodischen Vorüberlegungen, die von dem unterrichtenden Kollegen in Form eines Unterrichtsentwurfes vorgestellt werden. Erreicht der Unterricht nun die dort angestrebten Ziele und Begriffe, dann hat der Schüler das eingelöst, was die Planung erwartet hatte: Er hat begriffliches, gut sortiertes und geordnetes Wissen erworben, dessen Tragfähigkeit ja durch die didaktischen Erwägungen des Lehrers sichergestellt ist. Ich glaube, wir Lehrer laufen hier immer wieder in eine doppelte Beziehungsfalle hinein, die uns den statischen Wissensbegriff nahelegt und unser Verhalten dahingehend verfestigt.

Wohlgemerkt, ich bin nicht gegen die sorgfältige didaktische Analyse, das wäre widersinnig! Das Problem besteht auch nicht so sehr in der Lernzielformulierung, sondern vielmehr darin, daß wir geneigt sind, unser Lehrverhalten konsequent auf die Etablierung stabiler, begrifflich abgeklärter, teils auch mengenmäßig starker Wissensbestände hin einzuschränken und zu optimieren.

4.3.2.1.3 Dynamischer Begriff des Wissens

Diesem statischen Wissensbegriff stelle ich ein dynamisches Verständnis ergänzend zur Seite und formuliere folgende These:

Wir müssen episodenhaft angesiedeltes Wissen von Schülern erwerben lassen - also sach- und sozial bezogenes, aktives, situationsorientiertes und handelndes Lernen verwirklichen.

J.S. BRUNER hat in seinen Forschungen herausgearbeitet, daß Kinder im Grundschulalter ihr Wissen hauptsächlich auf konkret-empirische Art und Weise, z.B. durch Exploration, Spiel, Dialog, Probehandlungen, Versuch-Irrtum-Verhalten, aber auch gezieltes Experimentieren erwerben. BRUNER stellt weiterhin heraus, daß die Erfahrungen der Kinder eher "episodisch" sind. D.h. sie sind kurz-

zeitig, abgegrenzt und haben nur sehr bedingten Transferwert, weil
die Kinder ihre Erfahrungen nicht immer aufeinander beziehen oder
miteinander vernetzen. Die dadurch gekennzeichnete Geistesverfassung bezeichnet BRUNER als **episodischen Empirismus** ("episodic
empiricism", BRUNER, J.S. 1965, S. 610). Mit etwa 8 Jahren beginnt
das Kind verstärkt damit, seine Erfahrungen miteinander zu verknüpfen und konstruktive Ideen zu entwickeln, mit denen es die
Vielfalt dessen, was es wahrnimmt, gliedern kann. Das Sammeln von
Erfahrungen bleibt konkret-empirisch wie oben gekennzeichnet,
konstruktiver hingegen werden die Methoden, mit denen das Kind nun
das Wissen vernetzt. Es sucht zur Bestätigung von Wahrnehmungen
oder Vermutungen nicht nur eine episodische Erfahrung, sondern
mehrere Erfahrungen. Das Kind beseitigt nunmehr die Episodenhaf-
tigkeit, indem es gezielt Erfahrungen, Wissen und Handlungen an-
häuft, kumuliert, und versucht, sie konstruktiv aufeinander zu
beziehen. BRUNER spricht sogar davon, daß das Kind zum Konstruk-
teur seines Wissens wird (BRUNER, J.S. 1973).

Diese Geistesverfassung bezeichnet er mit dem Terminus **"kumu-
lativer Konstruktivismus"**, ("cumulative constructionism", BRUNER,
J.S. 1965, S. 610, vgl. auch Kapitel 4.1.6 dieser Arbeit).

M.E. liegen hier wichtige Erkenntnisse für die Grundschuldidaktik
und -pädagogik: Das Grundschulkind befindet sich in einem allmählichen Übergang vom episodenhaften Lernen zum konstruktiven Aufbau
seines Wissens, wobei mit Nachdruck vermerkt sei, daß das alles
auf der Grundlage konkreten Handelns mit konkreten Handlungspartnern und -objekten geschieht. Es wäre verfehlt, hier formale
oder abstrakte Denkvollzüge zu postulieren. Das Wissen und die
elementaren Verfahren, mit denen es erworben und verarbeitet wird,
sind intuitiv, halbabstrakt und stets auf die konkreten Erfahrungen bezogen.

Was bedeutet das nun für einen Begriff des Wissens, der für Lehrpläne in der Grundschule fruchtbar sein soll?

Aus den Überlegungen geht hervor, daß das **Wissen nur handlungs-**

Aufgaben und Ziele   dynamischer Wissensbegriff

mäßig abgesichert werden kann durch soviel konkreten Umgang mit Menschen, Tieren und Sachen wie möglich - aber immer auch soviel Nachdenken und Rückbesinnung wie zum einsichtigen Verständnis nötig.

In diesem Zusammenhang muß auf den für die Grundschuldidaktik wichtigsten Gedanken im WAGENSCHEINschen Werk eingegangen werden: die Vorstellung vom "Einzelkristall des Verstehens" (1971, S. 206). WAGENSCHEIN versteht darunter, daß Kinder angesichts von überraschenden Naturphänomenen den "Urakt aller Naturforschung" vollziehen, sie wollen das Unbekannte oder Neue mit bereits Bekanntem verbinden (vgl. hierzu Kapitel 1.4.5.7.1 dieser Arbeit).

Als Beispiel nennt WAGENSCHEIN den Fall, daß aus einem Eimer, den man über den Kopf schleudert, kein Wasser ausfließt. Das Kind wird sicherlich zunächst glauben, einem Irrtum zu unterliegen. Treffend macht WAGENSCHEIN dann an der sog. Todesspirale - einer Jahrmarktsattraktion - klar, daß Worte wie Anziehungskraft der Erde oder Zentrifugalkraft das Kind nur "verdummen", aber daß gleichzeitig das Kind nach Verstehensmöglichkeiten sucht, z.B. mit Hilfe der Vermutung: "einfach keine Zeit zum Fallen" (1971, S. 209).

Wir müssen solche Ausagen wirklich so behandeln, wie Kinder es selbst tun oder wie Wissenschaftler ihre Hypothesen: Beide geben ihre Hypothesen auf, wenn sie sich als falsch erwiesen haben, oder modifizieren sie, wenn sie unzulänglich sind (vgl. hierzu die Interpretation von WAGENSCHEIN im Kapitel 1.4.5.7.1 dieser Arbeit).

Das Wissen hat also "Brückenkopffunktion" für das Kind. Ähnlich einer Forschungsexpedition betritt es ein neues Wissensgebiet, bildet erste Verankerungen und versucht, weitere Gebiete zu erschließen. **Das Wissen ist dynamisch, es erweitert sich auf der Grundlage der Lebensbedürfnisse und mit Hilfe von Handlungen und Verfahren,** die in den Kapiteln 4.2.6 und 4.2.7.4 angesprochen wurden.

Brückenkopffunktion bekommt das Wissen jedoch nur dann, wenn der

Aufgaben und Ziele   dynamischer Wissensbegriff

"Vollzug der zunehmenden Differenzierung" (MEYER-DRAWE, K. 1984, S. 94) durch eine stetige, schülerbezogene curriculare Führung mit hinreichender Flexibilität gefördert wird.

Diese Führung gewährleistet, daß der "Lernprozeß nicht zu äußerlicher Anlagerung verkommt, sondern (daß) neue Inhalte integriert und produktiv in das Bewußtsein übernommen werden" (KÖHNLEIN, W. 1984, S. 94).

Lehren bedeutet, die lebendigen Erfahrungen der Kinder voranzutreiben und zu vertiefen, ohne sie dabei jedoch zu überformen. Dies geschieht dadurch, daß die Kinder den Sinn und die Bedeutung zuerst erfragen:

"Was bedeutet dieser Gegenstand, dieses Phänomen, diese soziale Beziehung für mich?"

Zunehmend werden dann die Kinder diese Bedeutungsfragen von der subjektiven Gebundenheit lösen und solche Fragen stellen, die auf sachliche Klärung abheben und folgende Zielrichtungen haben:

1. Die Analyse von Lerngegenständen auf der Basis von phänomenalen und funktionalen Eigenschaften.
2. Die Aktualisierung und Auswertung der eigenen Erfahrungen und des Vorwissens über den Lerngegenstand oder ähnliche Gegenstände.
3. Die Analyse und Erschließung des Lerngegenstandes mit Hilfe des Vergleichs vorausgegangener Erfahrungen mit dem Lerngegenstand oder ähnlichen Gegenständen auf der Basis perzeptiver oder funktionaler Äquivalenzbildung.

Die Fragen können dementsprechend wie folgt artikuliert werden:

Kenne ich diesen Gegenstand, dieses Gerät, diese Naturerscheinung? Habe ich diesen Gegenstand, dieses Gerät, diese Naturerscheinung schon einmal gesehen? Wenn ja, wann, wo, bei wem und in welchem Zusammenhang? Wer hat den Gegenstand oder das Gerät damals

Aufgaben und Ziele   dynamischer Wissensbegriff

gebraucht? Wozu wurde er gebraucht? Was wurde mit ihm hergestellt?
In welchem Zusammenhang oder bei welcher Gelegenheit habe ich
dieses Naturphänomen gesehen? Bei Nässe, Kälte, Trockenheit oder
Hitze? Wann und zu welcher Tageszeit, morgens, tagsüber oder a-
bends, nach Regen oder Schnee? Welche Wirkungen waren mit dem Beobachten verbunden, Knall, Geräusche, Töne, Leuchten, Licht, Farben, Erwärmung, Abkühlung, Feuer, Blitz, Bewegung, Verformung oder
Zerstörung? Was habe ich gefühlt, gedacht und vermutet, habe ich
damals erfahren (durch Vater, Mutter, Geschwister, Freunde), was
es mit der Sache auf sich hatte, welcher Grund vorlag und welche
weiteren Wirkungen das Ereignis noch zeigte? Wenn ich diesen Gegenstand oder dieses Gerät noch nicht gesehen habe, kenne ich
vielleicht etwas, was diesem hier ähnlich sieht? Wenn ja, wann und
wo habe ich das gesehen? Wer hatte den Gegenstand oder das Gerät?
Wozu wurde er gebraucht? Kann ich möglicherweise das, was ich bereits kenne, heranziehen, um das Neue hier zu erklären? Was ist
bei dem Bekannten und Vertrauten ähnlich mit dem Neuen? Was muß
ich tun, damit ich herausbekomme, was dieser Gegenstand bedeutet
und welchen Zweck er hat? Was muß ich an ihm oder in seiner Umgebung verändern, damit ich ihn auseinandernehmen, seine Lage verändern, ihn abkühlen, ihn erwärmen kann? Was nehme ich eigentlich
wahr, was beobachte ich, Bewegungen, Geräusche, Abkühlung, Erwärmung, Licht, Leuchten, Farbwirkungen, Verformung, Zerstörung? Wo
liegt der Grund dafür? Wo entsteht das, was ich beobachte? Wiederholt sich die Erscheinung? Wann und wie oft? Wieviel Zeit liegt
zwischen den Wiederholungen? Kann ich das nachmachen? Was brauche
ich dazu? Wie muß ich die Dinge einsetzen, um das was ich beobachte, selbst zu machen?

Es ist nicht möglich, alle Fragestellungen aufzuführen. Die hier
aufgeführten Fragen dienen auch als Repräsentanten der sog. "Wa-
rum-Fragen" und "Wozu-Fragen", die vom Kind "sowohl finalistisch
als auch eigentlich kausal" verstanden werden. Die planmäßige Entwicklung und Bewußtmachung dieser oder ähnlicher auf die Struktur
einer Sache zielenden Fragen als mögliches Verfahren, die Lerninhalte anzugehen, hängt von der Entwicklung des Schülers ab, Äquivalenzen zu bilden, d.h. Dinge und Sachen zu vergleichen oder zu

Aufgaben und Ziele   dynamischer Wissensbegriff

unterscheiden (vgl. hierzu auch Kapitel 4.4.4 dieser Arbeit).

4.3.2.1.4 Begriffsbildungen auf der Grundlage der Handlungstheorie

In Anlehnung an die Unterscheidung: Dienstleistungs- und Produktionsbetrieb wurden in einer anderen Unterrichtsstunde derselben
Klasse wie im vorigen Beispiel Bild- und Textkarten im Kreisge-
spräch bearbeitet.

Die Kinder arbeiten im Gespräch sehr schnell die Typologie heraus.
Allerdings erscheint ihnen diese elementare Unterscheidung nicht
schlüssig. Lapidar und sachlich völlig triftig erklärt ein Kind:

"Beim Bäcker wird etwas gemacht - Brot und Plätzchen. Der
Bäcker verkauft sein Brot. Ein Bäcker hat also nicht bloß
seine Werkstatt, er hat auch seinen Laden."

Ein anderes Kind erklärt zur Fabrik:

"Eine Fabrik stellt doch nicht bloß her. Die machen das
doch, um etwas zu verkaufen. (Pause) Ich meine das so: Die
Fabrik soll mal Medizin machen. Die verkauft sie an den
Apotheker und das Krankenhaus. Der Apotheker macht aber
auch selber Medizin und verkauft die an kranke Leute. Und
im Krankenhaus wird die Medizin von den Krankenschwestern
und Doktoren gebraucht."

Diese beiden Aussagen sind repräsentativ. Das Unterscheidungsmuster "Dienstleistung - Produktion" wird auch von den Kindern als
simplifizierend erlebt. Es ist nicht pädagogisch elementar, weil
es die Lebens- bzw. Alltagswirklichkeit nicht widerspiegelt oder
strukturiert. Deshalb haben die meisten Kinder Schwierigkeiten,
solche disziplinspezifischen Unterscheidungen zu akzeptieren, sie
wollen zurück in die Lebenswirklichkeit.

Offensichtlich bevorzugen die Kinder Beschreibungs- und Unterscheidungsmuster, die handlungsbezogen sind und dabei eine "Um-

zu"-Beziehung ausdrücken (vgl. hierzu SOOSTMEYER, M. 1986, S. 49ff).

"Die stellen ja nicht Medizin her, um die zu verwahren, sondern um die zu verkaufen. Die wollen ja auch Geld verdienen",

ergänzt ein anderes Kind.

Die Kinder bieten von sich aus im Gespräch ergänzend Ideen an wie "vom Rohstoff zum Verbrauch".

Bauernhof	⟶	Nahrungsmittel
Fleischer	⟶	Wurst, Braten
Molkerei	⟶	Milch, Käse, Butter
Bäcker	⟶	Brot, Plätzchen

Hier wird das kindliche Bedürfnis nach sinnvollen Handlungsabfolgen (vgl. AEBLI, H. 1983, S. 179ff) ganz deutlich.

Die Handlungsorientierung als Grundlage für die Gestaltung von Lernprozessen im Unterricht (vgl. hierzu auch Kapitel 6.1. dieser Arbeit) erfordert die Hinkehr zu solchen Entwicklungsreihen, dynamischen Handlungsplänen und -strukturen.

Welche Begriffe aber liegen bei dem Unterscheidungsmuster "Dienstleistungs- und Produktionsbetrieb" eigentlich vor?

Es ist ein typisches Merkmal solcher Begriffe, daß sie disjunktiv sind und die damit bezeichneten Phänomene gegeneinander abgrenzen; die Begriffe sind Klassifikationsregeln. In dem konkreten Fall klassifizieren sie, ohne dabei die konkreten Details unterschiedlicher Betriebe, z.B. Handwerk, Industrie, Manufaktur zu nennen, nach dem wesentlichen Merkmal "Herstellung von Gütern und Waren". Diese Art der Begriffsbildung ist von der Psychologie relativ früh erforscht worden, Restbestandteile dieses Forschungsansatzes finden sich z.B. in dem Spiel "Master Mind". Die Hauptmethode dieser

Aufgaben und Ziele   Aufbau grundlegender Begriffe

• Begriffsbildung besteht darin, daß man Wahrnehmungen, die ein Gegenstand oder ein Lebewesen möglich macht, konserviert und auf ganz bestimmte Merkmale hin zentriert. Wenn man also den Begriff "Haus" benutzt, dann meint man keineswegs ein ganz konkretes Beispiel, sondern man bezeichnet damit eine Klasse von Objekten, denen man folgende Merkmale zuordnet: mindestens drei Wände, ein Dach, Fenster und Türen. Dabei bleiben bestimmte Merkmale konkreter Häuser wie Stilrichtung, Alter oder Bauzustand außer acht. Man nennt diese Methode konservatives Fokussieren. ("conservative focussing", BRUNER, J.S., GOODNOW, J.J., AUSTIN, G.A. 1965). Hier dient der Begriff der Identifikation eines Phänomens oder einer Klasse von Phänomenen. Dies schafft Zufriedenheit und bietet, offensichtlich weil man mit identifizierten Phänomenen besser umgehen kann als mit neuen und unverstandenen, auch Orientierungsmöglichkeiten in der Lebenswirklichkeit. Diese Art der Begriffsbildung ist daher im Sinne der Zielsetzungen des Sachunterrichts unerläßlich, sie ermöglicht es den Kindern, Ordnungen zu finden.

Der Unterricht zeigt, daß die Kinder eine Zeit lang durchaus gerne in diesem "geschlossenen System abstrahierender Begriffsfindungen" (vgl. AEBLI, H. 1985, S. 246ff) bleiben und auch treffende Beispiele suchen, an denen die relevanten, zur Klassen- und Begriffsbildung gehörenden Merkmale dargestellt werden können.

Dann aber nutzen sie eine ganz andere Strategie, die die Klassenbildung in Frage stellt und die Begriffsbildung der Lebenswirklichkeit wieder anpaßt. Diese Wiederanpassung an die Lebenswirklichkeit wird klar erkennbar, wenn die Kinder die klassifikatorisch gebildeten Begriffe vor dem Hintergrund der Lebenspraxis hinterfragen.

Die Kinder vernetzen und verknüpfen ihre Kenntnisse, sie suchen nach einer sinnvollen Beziehung zwischen sich, den anderen Menschen, den Dingen und Lebewesen. Mit anderen Worten, sie suchen nicht nach Trennschärfen, sondern nach Konjunktionen, nach Beziehungen und Verknüpfungen und entsprechenden Begriffen. LEBZELTERN stellt dazu fest:

"Als Erlebnisinhalt umfaßt ein Begriff gewöhnlich nicht nur
den (definierbaren) Bedeutungskern, sondern einen Hof von
verwandten oder zugehörigen Bedeutungserlebnissen" (LEBZEL-
TERN, G. 1946, zitiert nach HELMANN, W. 1962, S.49).

Deutlich wurde das in den Einwänden der Kinder, daß der Bäcker
nicht nur Brot backe, sondern es auch verkaufe und daß eine Fabrik
nicht nur Medizin herstelle, um sie wegzuwerfen, sondern sie
verkaufen wolle.

AEBLI stellt fest, daß Begriffe "Instrumente des geistigen Lebens"
sind, mit denen das Individuum wesentliche Sachverhalte im Gedächtnis speichern kann. Vom Gedächtnis her müssen sie immer
abrufbar sein, um neue Erkenntnisse zu erschließen, aber:

"Der Begriff ist zugleich Abkömmling des Handelns, insofern
er aus dem Handeln und aus der Wahrnehmung hervorgeht;
Werkzeug, insofern er ihm als Instrument der Deutung von
Gegebenheiten und der Zusammenfassung von Erkenntnissen
dient" (AEBLI, H. 1981, S. 97). "Der Begriffsumfang ist
dann die Menge der Fälle, (...) auf die der Begriff anwendbar ist" (AEBLI, H. 1985, S. 253).

Von BRUNER wissen wir, daß jeder Prozeß des "Sich-Erinnerns" als
Reproduktion eines Problemlöseprozesses aufgefaßt werden muß, den
das Individuum schon einmal selbst geleistet hat (vgl. BRUNER,
J.S. 1965). Dasselbe gilt auch für die Begriffsbildung; diese
Rekonstruktionsleistung ist aber nur dann im Grundschulalter möglich, wenn die Begriffe intuitiv und halbabstrakt bleiben, wenn
sie genau dem entsprechen, was von AEBLI gesagt wird.

Das Problem der Begriffsbildung im Sachunterricht wie auch in
anderen Lernzusammenhängen kann auch unter anderer Perspektive
dargestellt werden.

Martin HEIDEGGER hat herausgearbeitet, daß das oberste Prinzip aller Erkenntnis ist:

"Durch Gleiches (nur) wird Gleiches erkannt" (1971, S. 66).

Er zitiert folgende Zeilen, die auf EMPEDOKLES, einen griechischen Denker, zurückgehen:

"Durch Erde denn die Erde erblicken wir, durch Wasser aber das Wasser,
Durch Luft aber die göttliche Luft, durch Feuer endlich das zerstörerische Feuer,
Liebe aber durch Liebe, den Streit jedoch durch elenden Streit" (1971, S. 67).

Auch Johann Wolfgang von GOETHE schreibt in seiner Farbenlehre:

"Wär nicht das Auge sonnenhaft,
Wie könnten wir das Licht erblicken,
Lebt' nicht in uns des Gottes eigne Kraft,
Wie könnt' uns Göttliches entzücken"
(GOETHE, J.W. v. 1810, zitiert nach HEIDEGGER, M. 1971, S. 67).

Ganz offensichtlich ist damit angesprochen, daß wir die Erkenntnis neuer Sachverhalte nur dann leisten können, wenn wir Charakteristika an ihnen entdecken, die wir bei Bekanntem bereits erkannt haben. Mit anderen Worten, wir erkennen Züge, Parameter, Eigenschaften, Funktionen und Verhaltensweisen, wenn wir sie auf Vertrautes irgendwie zurückführen und beziehen können. AEBLI stellt daher fest,

"daß wir nicht eigentlich durch Abstraktion Begriffe bilden, sondern dadurch, daß wir von einer Erscheinung die Gesichtspunkte finden, die sie uns erschließen, daß wir mit anderen Worten in den Erscheinungen gewisse uns schon bekannte Merkmale wiederfinden, die ihnen gemeinsam sind"

Aufgaben und Ziele   Aufbau grundlegender Begriffe

(1985, S. 253).

Dieses Zitat zeigt eindringlich die Bedeutung der **Episode** und der
in ihr auftretenden Phänomene. Die Gleichartigkeit der Merkmale
wird erkannt, das Gemeinsame wird verknüpft und somit ein Netz von
Beziehungen gebildet.

Das **"Abrufen und Verknüpfen von Merkmalen zu neuen Strukturen"**
bezeichnet AEBLI als **"Aufbau von Begriffsinhalten"** (1985, S. 253).
Es werden neue Strukturen konstruiert, und es entsteht ein neuer
Begriffsinhalt - ein Netz von Beziehungen zwischen Handlungen,
Handlungspartnern, Objekten und Zweck-Mittel-Relationen, Hierzu
das folgende Beispiel:

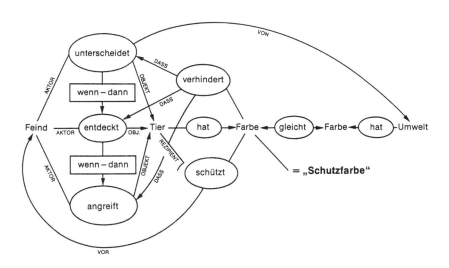

Quelle: AEBLI,H. 1983, S.255

Diese Vernetzung gilt aber nicht nur für biologische Begriffe.
Nehmen wir den Begriff des Druckes. Druck ist definiert als der

Quotient von Kraft (Gewicht) und Fläche. Mit anderen Worten, er ist eine Inbeziehung - Setzung zweier Größen zu einem neuen Begriff. Diese These könnte durch weitere Beispiele beinahe beliebig erweitert werden.

"Verstehen" und "Begriffe bilden" bedeutet offensichtlich, Wechselspiele durchzuführen zwischen dem konservierenden Fokussieren und dem verknüpfenden Ausweiten von Erfahrungen.

Die Naturwissenschaften haben eine Fülle von Beispielen solcher Art. Christian HUYGENS erklärt das Verhalten des Lichtes, z.B. seine Beugung an einem Spalt oder Hindernis oder die Brechung des Lichtes beim Übergang zwischen verschiedenen optisch aktiven Medien mit Hilfe des Verhaltens von Wasserwellen und prägt damit die Vorstellung von dem "Licht als Welle". Er führt neue Einsichten und Begriffe auf Bekanntes und Vertrautes, auf das Verhalten von Wasserwellen zurück. Seitdem sprechen wir mit einer gewissen Selbstverständlichkeit von der "Lichtwelle".

Isaac NEWTON hat in klarer Abgrenzung davon das Verhalten des Lichtes mit Hilfe einer Teilchenvorstellung beschrieben und erklärt. Hierbei überträgt er das Verhalten von Teilchen, die wie Geschosse interpretiert werden, auf optische Phänomene. Man nennt diese Vorstellung die "Korpuskulartheorie des Lichtes".

Der Begriff "Lichtwelle" ist trennscharf zum Begriff "Korpuskel". Beide Begriffe sind jedoch durch Verknüpfungen von bereits Bekanntem entstanden. Im weitesten Sinne kann man also feststellen, daß disjunktive - trennscharfe - Begriffe, die klassenbildend sind, durch verknüpfende Denkakte entstehen.

NEWTON soll ebenso vorgegangen sein bei der Entdeckung des Gravitationsgesetzes. Er soll die Bewegung des Mondes um die Erde durch den Vergleich mit der Fallbewegung eines Apfels gefunden haben, der vom Baum fällt. Der Begriff Gravitationskraft ist seitdem trennscharf zu anderen Begriffen, z.B. elektrische, magnetische Kraft u.ä.

Wenn Wissenschaft in "statu nascendi" nicht konvergent oder konservierend arbeitet, sondern geradezu dynamisch-divergent und ausweitend-verknüpfend, dann kann Wissenschaftsorientierung im Grundschulalter – dem "statu nascendi" kognitiv höher entwickelter Denkformen – nur bedeuten, daß die vernetzenden Ideen und Handlungen als die entscheidenden Ansätze für kindliches Lernen anzusehen sind.

Deutlich wird an dieser Stelle auch die Tragfähigkeit der Vorstellung, den Sachunterricht von der Lebenswirklichkeit der Kinder aus zu gestalten. Nur in ihr haben die Kinder Vertrautes und Bekanntes, und nur von diesem aus können sie das von HEIDEGGER explizierte Erkenntnisprinzip, Gleiches durch Gleiches zu entdecken, verwirklichen.

4.3.2.1.5 Grundlegende Einsichten und grundlegendes Verstehen auf der Basis von Handlungen

Wie sehr diese Auffassung auf den Begriff des Wissenserwerbs und auf die Formulierung von Einsichten paßt, zeigt ein weiteres Beispiel aus der Unterrichtsreihe:

Die Lehrerin verteilt Zettel mit "Geheimschrift". Auf diesen Zetteln steht in Spiegelschrift:

"Wenn du das lesen kannst, hast du das Geheimnis
"Spiegelschrift" gelöst."*

Sie gibt keinen weiteren Arbeitsauftrag, außer: "Wenn du etwas weißt, bitte nichts verraten." Wer etwas weiß, darf es der Lehrerin ins Ohr flüstern.

---

* Anmerkung: Die Spiegelschrift ist auf Transparentpapier handgeschrieben. Das Transparentpapier seinerseits ist auf ein Stück Buntpapier aufgeklebt. Man kann dieses Papier nicht "Durchleuchten".

Die folgenden Ereignisse spielen sich gleichzeitig ab, nachdem die Kinder sich eine Zeit lang mit der Schrift in unterschiedlichster Weise auseinandergesetzt haben:

Einige Schüler stehen auf und halten das Blatt gegen das Licht. Ein Schüler versucht, das aufgeklebte Blatt abzureißen, um den Text zu lesen. Andere machen es ihm nach.

Erleichterung, Erlösung, Freude: "Wir haben es! So ist es ganz leicht."

Mehrere Schüler holen jetzt einen Spiegel, drehen das Blatt, den Spiegel. Sie probieren, in welcher Stellung man den Text lesen kann. Jedesmal kommt bei den Kindern Freude auf, wenn sie das Problem gelöst haben und die Schrift entziffern können.

Wer den Text entziffert hat, fängt an, mit dem Spiegel zu spielen, zu experimentieren. Einige Kinder haben offensichtlich einen Spiegel noch nie in der Hand gehabt. Auf Anfragen kommt heraus, daß sie einen Spiegel nur von der Wand bzw. vom Mobiliar her kennen. Dort ist er zumeist unbeweglich. Taschenspiegel sind so gut wie unbekannt.

Die Kinder spiegeln den gesamten Raum aus: "Oh, da steht ja alles auf dem Kopf!" und ihren eigenen Körper: "Mensch, da mußt du jetzt nach oben gucken, wenn du nach unten gucken willst!" "Meine Beine sind jetzt auch oben!" Es beginnt für viele Kinder eine Phase intensiven Probierens und Experimentierens mit dem Spiegel.

Einige Kinder setzen sich hin, sie halten den Spiegel in der linken und schreiben mit der rechten Hand. Das dient sowohl dem Vergleich des Geschriebenen als auch dem Versuch, in den Spiegel zu schauen und spiegelbildlich zu schreiben. Einige Kinder benutzen hierbei Druckbuchstaben, andere nehmen die normale Schreibschrift. Viele Kinder versuchen nun nach unterschiedlichen Methoden, Spiegelschriften anzufertigen.

Aufgaben und Ziele   grundlegendes Verstehen

Anschließend erhalten die Kinder einen Text über die Erfindung der Druckkunst:

Die Kunst des Druckens wurde vor 500 Jahren von Herrn Gutenberg erfunden. Ohne seine Erfindung gäbe es heute wohl keine Bücher oder Zeitungen. Herr Gutenberg stellte einzelne Buchstabenstempel her. Sie heißen "Lettern". Man kann aus diesen Lettern Wörter, Sätze und Geschichten zusammenstellen. Die einzelnen Buchstaben sind erhöht auf dem Stempel. Die Lettern werden zu Zeilen gesetzt. Nun streicht der Drucker sie mit Farbe ein, legt das Papier auf und druckt es an; fertig ist der Druck.

Auf den Lettern stehen die Buchstaben „spiegelverkehrt".

Heute können viele Arbeitsgänge von Maschinen gemacht werden und Hunderte von Seiten in einer Stunde fertig werden. Die einzelnen Papierseiten werden zu Büchern gebunden.

Der Text wird gründlich erlesen sowie auf die zentralen Aussagen und Begriffe hin untersucht.

Die folgende Untersuchung zeigt zum einen den Zusammenhang von Spracherziehung und Sachunterricht und zum zweiten, daß Kinder im 2. Schuljahr mit einer Genauigkeit bei der Formulierung von Einsichten vorgehen können, die einfach fasziniert:

Ein Junge meldet sich:

"Der Satz: "Ohne Herrn Gutenberg gäbe es heute keine Bücher", der wird ja nicht stimmen. Denn ein anderer Mann hätte dann das ja schon erfunden! Wir haben das ja auch gekonnt!"

Ein Mädchen entgegnet:

"Ich weiß ganz genau, daß es vor dem Herrn Gutenberg auch schon Bücher gab. Das habe ich schon mal gesehen." (Auf spätere individuelle Nachfrage verweist dieses Kind auf Museumsbesuche und dabei offensichtlich auf Handschriften und Holzdrucke.)

Ein Mädchen stellt eine Schlüsselfrage:

"Woher weiß man eigentlich so genau, daß es den Herrn Gutenberg gegeben hat? Der ist doch schon 500 Jahre tot!"

Die anschließende Diskussion zeigt erstaunliche Ergebnisse:

"Da gibt es Bücher, da stehen doch Jahreszahlen drin! (Die Gestik verweist auf ein Buch mit Jahreszahlangabe.)
Wenn einer eine solche Erfindung macht, dann schreibt der das doch auf.
Seine Freunde wissen das ja dann auch.
In Kirchen findet man auch so etwas. Es gibt da die Bibel, die hat auch immer eine Jahreszahl drin stehen.
Manchmal findet man auch auf Steinen Inschriften und Jahreszahlen.
Friedhöfe haben das auf den Steinen.
Da gibt es doch das Grab von dem Herrn Gutenberg. Da weiß man ja, daß er gelebt hat.

Was hat man denn vor dem Herrn Gutenberg gemacht?
Da mußte man wohl immer die Bücher abschreiben mit der Hand!

Das muß ja lange gedauert haben.

Jahre! Mensch, mußten die aber gut im Schreiben gewesen sein.

Es gibt ja auch Erzählungen, da erzählt der Vater das seinem Sohn und der wiederum seinem Sohn und der wieder usw. usw. Das geht so von Generation, zu Generation, zu Generation."

Diesem beeindruckenden Gespräch der Kinder braucht eigentlich kein Kommentar hinzugefügt werden. Textkritik, Suche nach Methoden und Fakten, mit denen historische Daten ermittelt und gesichert werden, sind gleichermaßen enthalten. Implizit folgen die Kinder hier der Maxime bei der kritischen Würdigung von Aussagen oder Behauptungen:

"Woher weiß man das? Gibt es dafür Beweise? Wie sicher sind diese Beweise, handelt es sich um Erzählung, Hörensagen, Für-Wahr-Halten oder Überreste und Daten?"

Die Kinder gehen von dem Text aus. Sie erschließen sich danach gleichsam einen ganzen Hof verwandter Bedeutungserlebnisse wie z.B. Inschriften auf Steinen, Jahreszahlen in Büchern, Erzählungen und Szenarien (Was wäre, wenn es den Herrn Gutenberg nicht gegeben hätte?). Sie bilden somit einen handlungsbezogenen Begriff der geschichtlichen Überlieferung.

Man erkennt außerdem an der Diskussion der Kinder, daß das Ringen um das Problem der historischen Authentizität von Gutenberg und das o.g. Erkenntnisprinzip: "Gleiches wird nur durch Gleiches erkannt" von den Kindern sehr plastisch verwirklicht wird.

Deutlich wird auch, daß die Kinder ganz im Sinne der POPPERschen Vorstellung vorgehen:

"Um ein schwieriges Argument... zu verstehen... muß man die Arbeit selbst tun und dabei genau beachten, was unbewiesen vorausgesetzt wird" (POPPER, K. 1982, S. 70f).

Die Diskussion zeigt im Sinne AEBLIS folgende Handlungsstruktur:

Zweifel an der Richtigkeit der Behauptung ——►— Suche nach Beweisen oder Gegenbeweisen ——►— Faktensammeln ————►— sinnvolle Zusammenhänge suchen ——►— Methoden kritisieren

Deutlich werden hier die im Kapitel 4.2.7.4 angesprochenen Methoden des Erwerbs und des Sicherns von Kenntnissen und Erfahrungen. Dort wird gezeigt, daß Kinder sich Verfahren bedienen, die wir als spekulativ, affirmativ, dialogisch, narrativ, hermeneutisch, experimentell-induktiv (teils sogar deduktiv), dialektisch, konstruktiv, gestalterisch und sichernd bezeichnen können. Ferner wird deutlich, daß wir zu dem neobehaviouristischen, aber anthropologisch so wenig begründeten Katalog von Verfahren:

- Beobachten, Raum-Zeit-Beziehungen gebrauchen, Zahlen gebrauchen, Messen, Mitteilen, Klassifizieren, Vorhersagen und Schlüsse ziehen, Daten interpretieren, Hypothesen formulieren, Variablen kontrollieren, operational definieren, Experimentieren (vgl. GAGNE, R.M. et al 1973, S. 115)

Grundfähigkeiten des Menschen wie Lieben, Schöpfen, Glauben, Hoffen und Denken hinzufügen müssen, um einen humanen Begriff des Lernens formulieren und der Einzigartigkeit des Individuums gerecht werden zu können. Diese Grundfähigkeiten sind dann auch Ausdruck für die in Kapitel 4.2.6 dargestellten existenziell-gnoseologischen, kognitiv-pragmatischen und kognitiv-ästhetischen Grundbedürfnisse des Menschen.

Wenn der Unterricht dem Bedürfnis der Kinder nach kognitiv und emotional befriedigenden Beziehungen entsprechen will, dann muß er an die kindlichen Lebenserfahrungen in vielfältiger Weise anknüpfen und das Wissen vernetzen (vgl. SOOSTMEYER, M. 1983, S. 74 - 80 u. 108 - 112). Er muß dem Wunsch nach Verläßlichkeit und Sicherheit von Einsichten, nach Dialog und Erzählung sowie nach Gültigkeit der Aussagen in jedweder Hinsicht entsprechen.

4.4 Lernen und Lehren, Situations-, Handlungs- und Sachorientierung als konstitutive Elemente einer wissenschaftlichen Begründung für den Sachunterricht

Eine der wesentlichen Thesen zur Wissenschaftsorientierung ist die Forderung,das Kind solle das Lernen lernen. Ich versuche im folgenden das grundlegende Lernen und den dazugehörigen Begriff des Lehrens zu reflektieren mit dem Ziel, die o.g. These inhaltlich aufzufüllen. In dieser Absicht und unter der Perspektive des im vorangegangenen Kapitel dargestellten Wissensbegriffes kann man feststellen:

Wissenschaftsorientierung ist ein fortschreitender Prozeß. Dieser führt von situations- und erlebnisbezogenen sowie individuell gültigen Aussagen (= "Welt 2" im Sinne POPPERs) zu solchen Aussagen, die intersubjektiv gültig, nachprüfbar sowie methodisch gesichert sind (= "Welt 3", vgl. POPPER, K. 1982, S. 61ff).

Das gilt sowohl für den Aufbau naturwissenschaftlicher und technischer Erkenntnisse als auch für das Verständnis sozialer Beziehungen und für die Entwicklung des Wertebewußtseins bei Kindern. Ursprünglich auf die physischen Bedürfnisse bezogene Wertvorstellungen werden zu moralisch höheren Formen des Wertverständnisses entwickelt, das auf der Orientierung an Gewissensgrundsätzen, ethischer Universalität und Konsistenz aufbaut (vgl. hierzu PIAGET, J. 1954/1973, MASLOW, A. 1981 und KOHLBERG, L. 1974).

Der Lernprozeß beginnt beim ursprünglichen Verstehen, bei der Meinungsbildung und bei den ersten Versuchen, Erfahrungen miteinander zu verknüpfen und begrifflich zu ordnen. Der Sachunterricht soll die Kinder zunehmend dazu befähigen, erfolgreich an Sachen und Sachverhalte heranzugehen, Fragen zu stellen, Variablen zu isolieren und sie so zu verändern, daß neue Perspektiven an ihnen erkennbar werden.

Heinrich ROTH hat in seinen Arbeiten den Lern- und den Lehrbe-
griff als tragende Elemente für den Unterricht herausgearbeitet.
Er schreibt:

"... in gleicher Weise sind die kognitiven Fähigkeiten zu
fördern und kognitive Strukturen aufzubauen: Wissen und
Können, Verstehen und Denken, Anwenden und Produzieren,
Beurteilen und Werten. Die Schule hat das selbständige und
kritische Denken zu entwickeln und zu fördern durch alle
Schulstufen hindurch, die der Weg vom Einfachen zum Komple-
xen, vom Konkreten zum Abstrakten, vom zufälligen Versuchs-
Irrtum-Verhalten zum methodisch gesicherten Verfahren bis
hin zum wissenschaftlichen Denken fordert" (ROTH, H. 1969,
S. 6).

Diese Darlegungen bedürfen einer zusätzlichen Interpretation, die
die intellektualistische Sicht ergänzt. Grundlegendes Lernen im
Kindesalter ist immer eng gekoppelt mit der Sinnesschulung und der
Selbsttätigkeit.

KÜCKELHAUS verdeutlicht dies in eindrucksvoller Weise:

"Wir sind seit Jahrhunderten darin geübt, die Erforschung
durch die Kenntnis zu ersetzen. Und leben in einer Ersatz-
welt, in der nichts anderes ersetzt wird als das Leben
selbst... Haut ist Grenze - Tasten: Der weiterfahrende
Prozeß... Nicht das Auge sieht, nicht das Ohr hört, nicht
das Gehirn denkt, sondern der Mensch, mit seinem ganzen
Leib ist Sehender, Hörender, Denkender" (1979, zitiert nach
BAÜML-ROSSNAGL, A.M. 1985, S. 149).

Das Zitat macht sehr deutlich, daß den kindlichen Sinnestätigkei-
ten eine grundlegende Bedeutung zukommt. Die sinnlich individuell
und subjektiv aufgenommene Lebenswirklichkeit konkretisiert sich
in Vorstellungen und inneren Bildern.

"Von der Sinneserforschung geht das Kind den Weg zur Sin-
nesgebung. Die Sinnestätigkeit führt zur Sinnerfahrung, so
daß das Be-greifen zum Begreifen wird. So forderte bereits
PESTALOZZI, daß der Erzieher mit dem Kind den ganzen Kreis
der Gegenstände, die die Sinne des Kindes nahe berühren, zu
behandeln habe, um die im Kind eng verbundenen Laut-, Ge-
fühls- und Weltbezüge voll entfalten zu helfen" (BÄUML-
ROSSNAGL, M.A. 1985, S. 149).

Die pädagogische Phänomenologie hat sich der Frage der leibhafti-
gen Sinnerfahrung immer wieder angenommen. Helmut DANNER skizziert
an einem Beispiel, wie das dingliche Gegenüber an der Sinnerfahrung konstitutiv mitwirkt:

Urlaubsreisende hatten Bambus am Straßenrand entdeckt. Der Fami-
lienvater bastelte mit seinen Kindern eine Panflöte aus einem
Bambusrohr.

"Sie hielten an, um den Gegenstand zu untersuchen. Sie
faßten ihn an, betasteten ihn, legten den Stamm frei. Die
Aufforderung der Röhre ging nicht an ein abstraktes Reflektieren über Luftschwingungen, sondern sie sprach ihr Blas-
vermögen an, das Hören des schönen Tones machte ihnen
Freude; und das Stimmen der Pfeifen erforderte aufmerksames
Lauschen und ein Feilen mit der Hand, also eine sensible
körperliche Tätigkeit.
Wir können somit sagen, daß jenes Sinngebilde "Panflöte"
nicht ausschließlich aufgrund einer Erkenntnisrelation
entstanden ist. Vielmehr waren jene Bezüge leitend, die
sich lebensweltlich erschließen. Und eine wesentliche Sinn-
erschließung geschah dabei über die Leiblichkeit. Mit MER-
LEAU-PONTY gesprochen, liegt der Beitrag der Leiblichkeit
in der "Kommunikation in der Welt", die älter ist als alles
Denken; der Leib bringt aus sich einen "Sinn" hervor, den
er nirgend anderswo hernimmt" (DANNER, H. 1985, S. 23 - 52,
Zitat S. 29).

Grundlegendes Lernen muß sich dieser Ebene einer **leiblich-ästhetischen Erziehung** mit Nachdruck widmen. Der **"Leib als vorpersonales Subjekt"** (MERLEAU-PONTY), durch den wir vor jeder anderen Einstellung mit der Welt verbunden sind, kann nicht aus dem Bemühen, "grundlegendes Lernen" zu verwirklichen, herausgenommen werden. Ilse LICHTENSTEIN-ROTHER verweist auf die Unmittelbarkeit und Konkretheit des kindlichen Weltumgangs (vgl. Kapitel 1.4 dieser Arbeit); sie liegen, wie hier deutlich erkennbar wird, in der Leibhaftigkeit und in der Sinnenhaftigkeit. In dieser Leibhaftigkeit liegen auch die grundlegenden Ansatzpunkte für die Entwicklung eines Selbstkonzeptes und somit auch für die Herausbildung eines Sozialverständnisses. Sinnlich-leibhaftige Erfahrungen, die das Kind bei Naturbeobachtungen beispielsweise an Tieren macht (vgl. hierzu Kapitel 4.4.4 dieser Arbeit), zeigen die Wichtigkeit der Forderung nach leiblich-ästhetischer Erziehung auch im Hinblick auf die Erforschung naturwissenschaftlicher Fragen.

Das Leibapriori der Erkenntnis gilt auch für technische Erscheinungen, wie Wilfried LIPPITZ und Bodo GROSSE in einer Studie über Kinderzeichnungen herausarbeiten. Sie stellen fest, daß

"**unser Umgang mit Technik** gerade dann, wenn er "gekonnt" wird, in die **tiefere Dimension sinnlich-leiblicher Auseinandersetzung mit technischen Dingen** reicht... **Technik und Ästhetik gehören** zusammen... für Kinder ist das selbstverständlich nicht erst auf der Stufe des **Könnens**, sondern schon auf der der **Erscheinungen technischer Dinge**" (GROSSE, B., LIPPITZ, W. 1985, S. 89). "**Technik ist**", so stellen sie weiterhin angesichts eines Kindes, das gerade zeichnet, heraus "**bis in den eigenen Leib hinein und so durch ihn ausgedrückt: Bewegung, Geräusch, Funktionieren**" (GROSSE, B., LIPPITZ, W. 1985, S. 98).

Zitat

Grundlegendes Lernen im Sachunterricht darf sich daher nicht allein auf die kognitiven Dimensionen beschränken, sondern muß nachdrücklich die Sinne schulen. Nur so kann der Grund gelegt werden

für weiteres kognitiv akzentuiertes Lernen. Der ganze Mensch muß
also angesprochen werden. Insbesondere wird diese Forderung dring-
lich vor dem Hintergrund der Analyse der Lebenswirklichkeit, kann
festgestellt werden, daß wir heute in einer Welt leben, die weitgehend arm an sinnlichen Erfahrungen ist, in der Tasten, Riechen,
Schmecken, Sehen und Hören verkümmern (vgl. hierzu Kapitel 4.1.5
dieser Arbeit).

Der Sachunterricht muß - gerade im Sinne des grundlegenden Lernens
- den Austausch zwischen dem sinnenhaft erfahrenden Kind und den
Gegenständen seiner Erfahrung fördern - manchmal sogar überhaupt
ermöglichen. Sinnenhafter Austausch, ästhetische Erfahrungen und
"extatische Seinsteilhabe" (vgl. hierzu das Beispiel im Kapitel
4.4.4 dieser Arbeit), erweitern und differenzieren die Kenntnisse
und Einstellungen zur Lebenswirklichkeit. Aus diesem Austausch heraus erwächst allmählich sinnvolles, einsichtnehmendes und kognitiv anspruchsvolles Handeln und Denken.

Diese Forderungen machen deutlich, daß eine Reflexion auf das
kindliche Lernen und das kindgemäße Lehren im Hinblick auf einen
wissenschaftsorientierten Sachunterricht unerläßlich ist.

4.4.1 Kindliches Lernen und kindgemäßes Lehren

Kindliches Lernen und kindgemäßes Lehren sind zwei aufeinander
bezogene Prozesse, die in ihrer Ergänzung die Wissenschaftsorientierung des Sachunterrichts ausmachen:

> Im konkret-sinnhaften Umgang mit Personen, anderen Lebewe-
> sen, Sachen und Sachverhalten prägen sich beim Kind allmäh-
> lich Handlungen aus, die auf verläßliches Wissen und me-
> thodische Bewußtheit, auf Stimmigkeit, Sinnhaftigkeit,
> Sachlichkeit und vernünftige Theoriebildung sowie auf zu-
> nehmende Teilnahme am gesellschaftlichen Leben in sozialer
> Verantwortlichkeit zielen. Dieser Vorgang kann als kindli-
> ches Lernen verstanden werden.

> Das kindgemäße Lehren kann als ein Prozeß bezeichnet wer-

den, in dem sinnhafte Erfahrungen, individuelle Meinungen, Vorstellungen, Aktivitäten und Erfahrungen des Kindes allmählich in mitteilbares und überprüfbares Wissen und Können sowie in nachvollziehbares und verantwortbares Handeln übergeführt werden.

Wissenschaftsorientierung korrespondiert mit dem Begriff des "innovativen Lernens", wie er in der Studie des Club of Rome (vgl. PECCEI, A. (Hrsg.) 1979) dargestellt ist. Er impliziert im wesentlichen: "Antizipation, Partizipation, Autonomie und Integration".

Unter Antizipation versteht man die Orientierung des Individuums auf das mögliche Eintreffen zukünftiger Ereignisse. Sie bedient sich Techniken kreativen Lernens wie der Trendanalyse, der Szenarien, der Simulationsspiele - im weitesten Sinne heuristischer Methoden. Die Partizipation bedeutet die aktive - beim Kind zunehmende - Beteiligung an gesellschaftlichen Prozessen. Partizipation und Antizipation führen zur Autonomie des Einzelnen und zu seiner Integration in die Gesellschaft. Autonomie meint die Fähigkeit des Individuums, bewußt ein System von Zielen, Strategien, Medien und Verfahren zu entwickeln und verantwortungsvoll zu handeln. Hier liegt der Schlüssel für Mitmenschlichkeit und für ein Handeln, das gegenüber Natur und Kultur verantwortet werden kann. Innovatives Lernen in diesem Sinn schließt also eine ethische Orientierung und Wertvorstellungen ein.

Einen vergleichbaren Begriff des Lernens formuliert SKIERA (1985, S. 11 - 87) vom Standpunkt der Pädagogik Peter PETERSENS bzw. der Jenaplan-Schulen. Vor diesem Hintergrund müssen die in der Analyse der kindlichen Lebenswirklichkeit genannten gesellschaftlichen Problemfelder (vgl. Kapitel 4.1.5 dieser Arbeit) als besondere Gegenstandsbereiche des innovativen Lernens gesehen werden. Sie betreffen in der Hauptsache solche Ausschnitte in der Lebenswirklichkeit, die unter den Gesichtswinkeln der Fachdidaktiken nicht erfaßt werden, sondern als typische Problemfelder sachunterrichtlicher Auseinandersetzung gelten.

Die Wissenschaftsorientierung spiegelt aber deutlich ein genetisches Verständnis des kindlichen Lernens und kindgemäßen Lehrens
wider. Das Kind zielt "von sich aus" auf wichtige Standards, die
im wissenschaftlichen und gesellschaftlichen Bereich angewendet
werden: Verläßlichkeit und Überprüfbarkeit der Aussagen, Intersubjektivität, methodische Bewußtheit sowie der Versuch, das Wissen
und Können in Aussagen zu fassen, die vernünftig sind und somit
Antizipationen in der Lebenswirklichkeit ermöglichen. Ferner sind
die wichtigen Momente der verantwortlichen Partizipation an gesellschaftlichen Prozessen und die Fähigkeit zum Dialog im kindlichen Lernen enthalten.

WAGENSCHEIN hat das kindliche Lernen durch die griffige Formel
gekennzeichnet: "Das Kind ist von sich aus wissenschaftsorientiert" und des weiteren herausgestellt, daß das kindliche Forschen
und Entdecken sowie die Art und Weise, wie Kinder Naturphänomene
beobachten und beschreiben, die oben dargestellten Elemente wissenschaftlichen Arbeitens - auf elementare Weise - besitzen (WA-
GENSCHEIN, M. u.a. 1973). In Ergänzung zum kindlichen Lernen
definiert er das kindgemäße Lehren mit der Kernformel: "Mit dem
Kinde von der Sache aus, die Sache des Kindes ist." Wesentliche
Stützen finden der genetische Ansatz und die Beispiele und Berichte Martin WAGENSCHEINs zum Gleichgewichtssinn und zur Aufmerksamkeit sowie seine Analysen der kindlichen Naturbeobachtungen und
kindlicher Theorienbildungen (vgl. WAGENSCHEIN, M. 1973 und 1969)
auch in den Aussagen von POPPER, der in bezug auf die Wirklichkeitsauffassung des menschlichen Individuums herausarbeitet, daß

"alle Beobachtungen und in noch höherem Maße alle Experimente 'theorieimprägniert'" sind. Er fährt fort: "Sie sind
Interpretationen im Lichte von Theorien. Wir beobachten nur
das, was unsere Probleme, unsere biologische Situation, unsere Interessen, unsere Erwartungen und unsere Handlungs-
programme bedeutsam machen. Genauso wie unsere Beobach-
tungsinstrumente auf Theorien beruhen, so tun es schon

**unsere Sinnesorgane, ohne die wir nichts beobachten können.
Es gibt kein Sinnesorgan, dem nicht vorgreifende Theorien
genetisch einverleibt sind"** (1982, S. 173).

Analoges gilt für das Verhalten des Menschen gegenüber seinen
Mitmenschen. Auch hier sind offensichtlich Theorien und Ideen
einverleibt, die auf Antizipation und Partizipation abzielen. Am
Beispiel eines Berichtes von Paläoanthropologen über Ausgrabungen,
aus denen erkennbar wird, daß Kranke und Alte in den Sippen der
Neandertaler nicht nur geduldet, sondern offensichtlich auch gepflegt und unterstützt wurden, stellt POPPER fest:

**"Anscheinend ist die humanitäre Idee, den Schwachen zu
helfen, sehr alt, und unsere Vorstellungen von der Primi-
tivität des Neandertalers, den man in die Zeit vor 60 000
bis 35 000 Jahren datiert, müssen revidiert werden"** (1982,
S. 195).

Die These von der humanen Grundhaltung gilt auch für Kinder. So
kann man nachweisen, daß Kinder verantwortungsvoll an sozialen
Prozessen partizipieren wollen und dementsprechend handeln (LICH-
TENSTEIN-ROTHER, I., RÖBE, E. 1982).

Entsprechend werden durch **"kindgemäßes Lehren"** Elemente des Prozesses, mit dem die kindlichen Motive und Einstellungen, Haltungen
und Handlungen, die auf mehr Rationalität und auf ein höheres Bewußtsein sozialer Verantwortlichkeit zielen, vom Lehrer in pädagogisch verantwortbarer Weise verstärkt und unterstützt (die zur
Zeit wohl klarste Darstellung der Lehrformen im Unterricht liegt
bei AEBLI, H. 1983 vor).

Lehren und Lernen vollziehen sich in Handlungen, mit denen sich
Kinder und Lehrer in unterschiedlichen Situationen Personen, anderen Lebewesen, Sachen und Sachverhalten zuwenden und ihnen gerecht
zu werden suchen. Die Wissenschaftsorientierung des Sachunterrichts muß daher auch die Kriterien des **Situations-, Handlungs-
und Sachbezugs** erfüllen.

Es versteht sich hierbei von selbst, daß diese Kriterien hier lediglich zu analytischen Zwecken auseinandergehalten werden, denn
man kann sich eine Lernsituation ohne inhaltliche Bezüge, ohne
handelnden Umgang und ohne das Ringen um sachliche Bewältigung
überhaupt nicht vorstellen. Ich werde im folgenden den Zusammenhang dieser Orientierungen deutlich herausarbeiten.

4.4.2 Situationsorientierung

Alltägliche Verrichtungen, kindliches Lernen und wissenschaftliches Forschen vollziehen sich in Zusammenhängen und in Umständen,
die in der Lebenswirklichkeit der handelnden Personen unterschiedlich und spezifisch auftreten. So entstehen neue Forschungspara-
digmata der Wissenschaften in solchen Situationen, in denen sich
alte Vorstellungen als unhaltbar oder als nicht ausreichend erwiesen haben (vgl. z.B. KUHN, T.S. 1967 u. MASON, S.F. 1961).

Anhand zahlreicher Entdeckungen und Erfindungen können Bezüge zur
Geistesgeschichte, Politik und Ökonomie dargestellt und ihre Si-
tuationsgebundenheit herausgearbeitet werden (vgl. hierzu auch
HALL, A.R. 1963). Es sei indes an dieser Stelle hierauf verzichtet
und der Hinweis gegeben, daß das Kriterium der Situationsorientierung sowohl dem wissenschaftlichen Handeln als auch dem kindlichen
Lernen zukommt.

Ausgezeichnete didaktische Beispiele für den Situationsbezug von
Lernen und Lehren sind etwa das **"Milchbüchsenbeispiel"** von COPEI
(1962) oder der Begriff des **"Vorhabens"** bei REICHWEIN (1964).
Situationsorientierung liegt auch in den **"Einstiegen"** vor, die
WAGENSCHEIN für das Lernen an naturwissenschaftlichen Phänomenen
herausgearbeitet hat (1962, S. 216f u. 1968, S. 10-15). Auch ROTH
hat in seiner Analyse der **"originalen Begegnung"** die Bedeutung des
situativen Kontextes für das Lernen deutlich hervorgehoben (ROTH,
H. 1957, S. 109 - 118).

Eine bisher unübertroffene Analyse des Lernens und der Denkakte
liegt aus dem Jahre 1910 bei John DEWEY (1951 u. 1966) vor. DEWEY
schildert den Denkvorgang, der zur Beantwortung der Frage nach
einer ganz alltäglichen Erscheinung führt:

Ein Glas wird in warmer Spüllauge gespült und dann kopfüber
auf eine Tischplatte gestellt. Nach kurzer Zeit treten aus
dem Glas Blasen aus, und häufig kann man beobachten, daß
das Glas sich bewegt, wenn die Tischplatte ein wenig geneigt ist. Nach einiger Zeit bleibt das Glas stehen, und es
bilden sich, anders als zuvor, an der Innenwand des Glases
Blasen. Man kann teils auch beobachten, wie die zuvor außen
befindlichen Blasen verschwinden und gleichsam sich neu im
Innenraum bilden. Dieser Vorgang ist alltäglich, man kann
ihn immer wieder beim Spülen beobachten. DEWEY stellt nun
in seiner Analyse des Problems alle Wissensbestände bereit,
die zur Beantwortung der Frage notwendig sind. Er nennt das
Phänomen der Wärmeausdehnung von Gasen, berührt die Fragen
der Bläschenbildung seifiger Flüssigkeiten, spricht die
Wechselwirkung zwischen der Seifenlösung, der Zimmerluft,
dem Glas und der darin eingeschlossenen Luft an, bespricht
das Phänomen der Erwärmung und Abkühlung des Glases in der
Lauge bzw. an der Luft und löst das Problem, das ihm in dem
alltäglichen Phänomen bewußt wird (vgl. hierzu auch die
Analyse von HEMPEL, C.G. 1970, S. 212 - 238).

DEWEY legt also offen, was er unternimmt, um eine Frage zu beantworten und unterscheidet 5 Schritte:

1. Man begegnet einer Schwierigkeit; diese versetzt einen in
   den Zustand des Zweifels, der kognitiven Verwirrung oder
   der Frustration.
2. Man lokalisiert und präzisiert das Problem; der Handelnde
   versucht, alle zur Lösung notwendigen Variablen zu erfassen
   und die Lücke zu finden, die das Problem darstellt, Ordnung
   in ein Chaos zu bringen, Widersprüche zu erfassen oder

unzureichende Zielvorstellungen zu verbessern.

3. Man sucht nach einem Ansatz zu einer Lösung; die eigene kognitive Struktur wird nach möglichen Lösungen befragt, dabei werden das Wissen und Können neu geordnet, auf den Lösungsversuch hin organisiert, Hypothesen mit Lösungsrelevanz, erfolgversprechende Ordnungsversuche und Vereinfachungen werden formuliert.

4. Man entwickelt den Lösungsansatz weiter und untersucht seine Konsequenzen; der Lösungsansatz wird sukzessive daraufhin untersucht, ob er geeignet ist, bestehende Unklarheiten zu beseitigen, zu komplizierte Strukturen zu vereinfachen, Redundanzen zu vermeiden oder klaffende Lücken zu füllen.

5. Man beobachtet weiterhin und versucht, die Lösung experimentell zu erproben; man gliedert die Problemlösung kritisch in die eigene kognitive Struktur ein, versteht sie als eine sinnvolle Lösung, die am gegenwärtigen Problembeispiel ausprobiert wird; die bewährte Lösung wird auf weitere Exemplare des gleichen Problemtyps angewendet.

Plastischer kann der **Zusammenhang von Situation und Denkenlernen** nicht dargestellt werden. Man kann diese Erkenntnistheorie als **"Theorie der Situationsbeantwortung"** bezeichnen, wie Fritz BOHN-SACK (1976) herausarbeitet.

AEBLI, der in diesem Zusammenhang ganz in der Tradition DEWEYs steht und sich zu ihr bekennt, stellt unter dem Aspekt "die Ordnung suchen" den Situationsbezug des Denkens und Handelns heraus:

"Ich versuche mich in die Lage des Menschen zu versetzen, der sich fragt: "Wo stehe ich eigentlich?" "Was will ich eigentlich?" "Wie hängen die Dinge, mit denen ich konfrontiert bin, unter sich zusammen?" "Was kann ich tun, um meine Handlung zu einem guten Ende zu führen? Der denkende Mensch...", so fährt AEBLI fort, "beobachtet sich selbst in einer problematischen Situation. Er fragt sich, über welche Mittel er verfügt, um sein Problem zu lösen" (AEBLI, H.

1981, S. 372).

Weil der Situationsbezug in gleicher Weise für die Bewältigung
alltäglicher Lebenslagen, für wissenschaftliches Arbeiten und für
das kindliche Lernen wichtig ist, muß der Sachunterricht Situationen in der Lebenswirklichkeit berücksichtigen. Er macht Erfahrungen in der Lebenswirklichkeit für weiteres Lernen verfügbar,
indem er die individuelle, sachliche und soziale Bedeutung eben
dieser Erfahrungen in das Bewußtsein hebt. Situationsorientierung
zeigt sich auch darin, daß der Sachunterricht die spontanen Lern-
akte der Kinder berücksichtigt. So wird der Lehrer das unvoreinge-
nommene, spielerische und intuitive Handeln der Kinder fördern und
somit die motivationalen, motorischen und kognitiven Grundlagen
für schöpferisches Lernen sichern.

Indes darf die subjektiv-erlebnishafte Komponente (die Welt 2 im
Sinne POPPERs) nicht der alleinige Ausgangspunkt für die Situationsorientierung des Unterrichts sein. Der Lehrer wird in pädagogischer Absicht auch Situationen schaffen müssen, in denen die
Kinder an exemplarischen Sachverhalten Wissen, elementare Verfahren, Haltungen und Einstellungen erwerben können (vgl. hierzu die
o.g. didaktischen Prinzipien bei WAGENSCHEIN, COPEI, ROTH und die
Darstellung von Situationen forschenden Lernens bei SOOSTMEYER, M.
1978, S. 200 - 247).

4.4.2.1 Die drei Dimensionen einer Lernsituation

Ich unterscheide den "subjektiv-erlebnishaften", "inhaltlich-
objektiven" und "kognitiv-strukturellen" Gehalt einer Lernsituation.

An einem Beispiel lassen sich diese Dimensionen verdeutlichen:

In einem Unterricht hatten die Kinder durch entdeckendes Lernen
gelernt, wie ein Thermometer funktioniert. Ihnen war also das
Grundphänomen der Wärmeausdehnung von Flüssigkeiten (Alkohol, Öl,

Quecksilber) geläufig. Diesem Grundphänomen wurde nun nachgegangen bei anderen Stoffen, zuerst bei der Luft. Nicht wenige Kinder kopierten zunächst das Thermometer: Anstelle des Flüssigkeitsspiegels wollten sie nun beobachten, wie sich die Luft im Thermometer ausdehnt. Natürlich sieht man nichts, wenn man ein lediglich mit Luft gefülltes Thermoskop in warmes Wasser hält. "Luft dehnt sich nicht aus!", war die Schlußfolgerung einer großen Gruppe von Kindern. Die Begründung lautete: "Weil man sie ja nicht sehen kann!" Diese Behauptung stieß bei anderen Kindern auf Widerspruch. "Das ist ja gar kein Grund, daß man sagen kann, Luft dehnt sich nicht aus, wenn man sie heiß macht! Vielleicht kann man Luft sehen, dann würde man das ja genau begucken können, ob Luft sich nun ausdehnt oder nicht."

Was sagt POPPER hierzu?

"Um ein Problem zu verstehen, muß man wenigstens einige der einleuchtenderen Lösungen ausprobieren und herausfinden, daß sie falsch sind; so wiederentdeckt man also, daß es da eine Schwierigkeit gibt - ein Problem" (1982, S. 70f).

Die Klasse sucht nun nach Phänomenen, an denen man Luft bemerken bzw. an denen man die Wirkungen der Luft beobachten kann. Die Kinder finden Bewegungen von Bäumen, Staub, Blättern..., sie nennen das Rauschen der Bäume, Töne von Blasinstrumenten, Flöten und Orgeln. Der Fahrradschlauch, der Autoreifen, die Seifenblase, die Luftblase unter Wasser werden ebenfalls genannt.

"Nun, wie ist das mit der Luft?" "Jetzt dehnt sie sich aus, man kann ja jetzt was sehen!", kommt als Antwort. "Ist das ein Grund?" "Nein, wir müssen erst einmal ausprobieren oder einen Versuch machen." Die Kinder erfinden nun eine Vielfalt von Versuchen, die ich im einzelnen nicht vorstellen kann. Es werden heißluftbetriebene Flöten und Orgeln erfunden. Einige Kinder konzipieren Versuche mit Eimern und Membranen aus Papier, das zerreißen soll, wenn die Luft erwärmt wird. Besonders eindrucksvoll ist die Versuchsplanung eines Mädchens, es schreibt:

"Dehnt sich die Luft aus, wenn man sie warm macht?" und
nennt dann folgende Materialien: "Luftballon, Puste und
Kühlschrank." Das Versuchsergebnis antizipiert sie wie
folgt: "Ich nehme einen Luftballon und puste ihn voll,
Puste ist ja Luft. So sperre ich die Luft ein. Dann stecke
ich den Luftballon in den Kühlschrank und warte so vielleicht eine Stunde. Wenn ich dann den Ballon herausgenommen
habe, dann muß er kleiner geworden sein, wenn er nicht
kleiner geworden ist, dann - (hier wird das Schriftbild
undeutlich, es folgen durchgestrichene Satzfragmente wie:
"Ich beantworte die Frage, der Ballon ist dünner geworden,
die Luft macht das nicht mit, die muß ja mehr geworden
sein, das klappt nur ...) - ich weiß nicht mehr weiter, ich
weiß nicht mehr, was dann los ist."

Ich finde es sehr beeindruckend, daß das Kind eine kreative Ver-
suchsidee vorlegt. Entscheidend ist hierbei nicht, daß es sich
keine Gedanken macht hinsichtlich des Verhaltens der Gummihaut bei
Abkühlung, sondern, daß das Kind den Versuch macht, einen neuen
Sachverhalt "Ausdehnung der Luft" auf einen anderen, der als
sicher bewiesen gelten kann - "Ausdehnung von Flüssigkeiten",
zurückzuführen und daß es dabei einen vernünftigen Handlungsplan
hat. Diesen konnte es aufgrund einer unbewußten Idee dann nicht
mehr zu Ende denken. Eindeutig verwirklicht dieses Kind die Vorstellung, die Martin WAGENSCHEIN für das wissenschaftliche Erklären formuliert hat: **Es ist das Rückführen eines Neuen und Unbe-
kannten auf bereits Bekanntes** (WAGENSCHEIN, M. 1970, S. 251).

Im Gespräch mit dem Mädchen konnte ich folgendes herausfinden: Es
hatte den Versuchsplan zu Beginn auf Erwärmung der Luft in einem
Backofen zentrieren wollen. Es ist ihm aber zwischendurch einge-
fallen, daß Gummi im Backofen schmilzt. Daraufhin hat es zeigen
wollen, daß Luft sich bei Abkühlung zusammenzieht, genauso wie
Alkohol. Aber am Anfang hat ja die Frage nach der Ausdehnung
gestanden: "Das hab' ich nicht mehr hingekriegt!" Die Freude, die
dem Mädchen anzumerken war, als im Gespräch herausgearbeitet wur-

wissenschaftliche Begründung   Situationsorientierung

de, daß seine Idee gut und tauglich war, daß der Versuch klappen
würde, kann man kaum beschreiben.

Unmittelbar einsichtig ist es, daß der subjektiv-erlebnishafte
Gehalt der Lernsituation in der Spannung liegt, Antworten auf die
Fragen zu finden: "Dehnt sich Luft aus oder nicht? Kann man dazu
einen Versuch planen? Welche Erscheinungen müssen dann beobachtbar
sein?" Das Problembewußtsein und der Widerstand, den der Sachverhalt bietet, stellen somit den subjektiv-erlebnishaften Gehalt in
der Problemsituation dar.

Außerdem ist an dem Verhalten des Mädchens folgendes erkennbar: Es
hat einen brauchbaren, richtigen Handlungsplan entwickelt, kommt
mit ihm aber nicht ins Reine. Die Erfahrungen sind hierbei nicht
nur erfreulich, sondern lassen das Kind in eine scheinbar aus-
sichtslose Situation geraten, die dann im Gespräch geklärt wird.
Das Gefühl der Erlösung und der Freude, doch richtig gedacht zu
haben, zählt dann ebenfalls zu dem so wichtigen subjektiv-erlebnishaften Gehalt einer Situation.

Den **inhaltlich-objektiven Gehalt** dieser Lernsituation sehe ich zum
ersten in der Tatsache, daß die Kinder etwas ganz Wissenschaftliches tun: Sie versuchen, ein neues Phänomen auf ein altes zurückzuführen bzw. sie versuchen, ein bewährtes Experiment auf ein
neues Problem anzuwenden und ein "analoges" Phänomen zu produzieren. Da es nicht allen sofort gelingt, einen brauchbaren Versuch
zu konzipieren, suchen sie nach Phänomenen, die Beweise liefern
könnten. Nicht zuletzt aber gehört die erworbene Kenntnis des
Grundphänomens der Ausdehnung von Gasen zum inhaltlich-objektiven
Gehalt der Situation.

In Anlehnung an die Handlungstheorie von AEBLI (1) erkenne ich den
kognitiv-strukturellen Gehalt der Lernsituation darin, daß die
Kinder Handlungspläne - Versuche - konzipiert haben, deren strukturelles Gerüst folgendermaßen dargestellt werden kann:

----

(1) Anmerkung: Ich beziehe mich hier ausdrücklich auf die Arbeiten von AEBLI aus den Jahren 1980, 1981 und 1983.

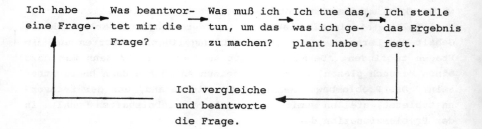

```
Ich habe      Was beantwor-  Was muß ich   Ich tue das,   Ich stelle
eine Frage.   tet mir die    tun, um das   was ich ge-    das Ergebnis
              Frage?         zu machen?    plant habe.    fest.


                             Ich vergleiche
                             und beantworte
                             die Frage.
```

In dem Satz: "Was beantwortet mir die Frage?" kommt wiederum der
Vorsatz zum Ausdruck, Neues durch Bekanntes zu erklären.

Das strukturelle Gerüst ist die Grundstruktur, die erhalten bleiben und auch für andere Probleme zur Verfügung stehen wird.

Situationsorientierung im Unterricht ist nur dann pädagogisch zu
vertreten, wenn die Situation nicht in sich selbst ruht, sondern
transzendiert wird und fortsetzbare Linien für weiteres Lernen
bietet (vgl. hierzu DOLLASE, R. 1979, S. 130 - 148). Der Lehrer
wird also diejenigen Elemente einer Situation herausarbeiten, die
übertragbar sind. Er wird dabei u.U. auch eine "Arbeitsrückschau"
vornehmen müssen, in der nach den wesentlichen Elementen der
Situation gefragt wird (vgl. AEBLI, H. 1981, S. 365, SOOSTMEYER,
M. 1978, S. 219). Damit impliziert die Situationsorientierung
zugleich ein reflektorisches Moment des Lernens", das sich kritisch seiner eigenen Vorgehensweise und der durch sie gewonnenen
Erkenntnisse und Fertigkeiten vergewissert. WAGENSCHEIN hat hier
den Begriff der "abstandnehmenden Betrachtung" geprägt (WAGEN-
SCHEIN, M. 1970), und ROTH hat klar herausgearbeitet, daß der Satz
DEWEYs über die Lerneffektivität nicht bloß "learning by doing"
heißt, sondern bedeutet: "We learn by thinking about what we have
done". Man kann im vorhinein sein Handeln durchdenken und die
Ergebnisse antizipieren. Die Sicherung einer problemhaltigen und
lösungsträchtigen Struktur kann aber auch nach abgeschlossener
Arbeit geschehen. Dabei können Strukturen und Abfolgen des Handelns sichtbar werden, die zu Schemata des Erkennens oder zu

Begriffen werden. Auf diese Weise werden Orientierungs- und Handlungskompetenzen aufgebaut, vertieft und gesichert sowie Grundlagen dafür geschaffen, daß das Kind sich nicht bloß bestehenden
Situationen anpaßt, sondern diese auch kreativ handelnd selbst
gestaltet.

4.4.3 Handlungsorientierung

Ohne jeden Zweifel ist die Situation eines Menschen im wesentlichen durch sein Handeln bestimmt; er ist der Handelnde, der - sei
es konkret oder gedanklich - Personen, andere Lebewesen, Sachen,
Begriffe und Ideen in Beziehung zu sich und zu anderen setzt und
damit "Sachverhalte" schafft. Der Situationsbezug ist also un-
trennbar mit dem Handlungsbezug verknüpft.

> "Handeln bezeichnet Bereiche des Tuns mit hohem Grad der
> Bewußtheit und der Zielgerichtetheit, auch im einzelnen.
> Ein Beispiel wäre das Bauen eines Hauses. Die Realisierung
> eines Handlungsablaufes erfordert viele Teilhandlungen ...
> einen Bauplatz finden, ihn kaufen, einen Architekten fin-
> den, ihm den Planungsauftrag erteilen, den Plan bereinigen,
> die Finanzierung sichern ... Innerhalb des Handelns unter-
> scheiden wir das praktische Handeln vom Sprechhandeln ...",
> stellt AEBLI (1980, S. 20) fest und setzt fort, der Mensch
> habe die Fähigkeit, "ein praktisches Handeln in der Sprache
> abzubilden und im Medium der Sprache zu operieren, wie er
> es eigentlich im praktischen Handeln mit den Dingen selbst
> tun müßte ... In der Sprechhandlung treten damit die glei-
> chen Beziehungen auf, die in der wirklichen Handlung vor-
> kommen."

Handeln ist also mehr als bloßes Tun oder die unreflektierte
Anwendung irgendwelcher Methoden und Verfahren (vgl. weiterhin
AEBLI, H. 1980, S. 83 - 162). Menschliches Handeln ist Ursache und
Grundlage für das Denken und für Erkenntnis schlechthin. Es ist
bedingt und bestimmt durch Zwecke, konstruktive oder gestalteri-

sche Absichten, durch den Willen, den Ansprüchen einer Person, eines anderen Lebewesens oder einer Sache gerecht zu werden, durch das Ziel, Einblick in Sachverhalte und Beziehungen zu gewinnen oder durch die Absicht, Einsichten zu gewinnen, Probleme zu lösen oder Verantwortung zu übernehmen.

So will jede Person ihre Interessen, Wünsche und Hoffnungen artikulieren und mit denen anderer ausgleichen. Indem der einzelne versucht, demokratische Mitwirkungsmöglichkeiten wahrzunehmen und so Kontrolle über öffentlich-rechtliche Institutionen und Gruppierungen auszuüben, lernt er, Zwänge aufzudecken und Handlungsstrukturen zu verstehen, ganz im Sinne des **innovativen Lernens** (vgl. PECCEI, A. 1979). Handeln zielt auch auf Sicherheiten im Bereich der Alltagspraxis, bei Verrichtungen und Besorgungen und schließt das Nachdenken über Routinehandlungen und deren Bedeutung ein. Es entstehen dabei gleichsam **"Drehbücher"** (AEBLI, H. 1983, S. 185) oder Handlungsschemata, die AEBLI folgendermaßen definiert:

> **"(1) sie sind als ganze gespeichert, (2) sie sind daher reproduzierbar, und sie sind (3) auf neue Gegebenheiten (Dinge, Menschen, Situationen) übertragbar"** (AEBLI, H. 1983, S. 185 vgl. auch 1980, S. 87 - 95).

Es entsteht ein strukturiertes, bewegliches und übertragbares Handlungswissen, das für weitere Ausformungen offen ist bzw. dessen inhärente Strukturen für operatives Wissen bereitstehen und Begriffsbildungen ermöglichen (vgl. AEBLI, H. 1983, S. 203ff). Verstandenes Handlungswissen ist nicht eingedrilltes Routinewissen

> **"Ein praktischer Mensch"**, so argumentiert AEBLI (1983, S. 202) und hat dabei einen verständigen Menschen im Auge, **"versteht, was er tut. Er weiß, mit welchem Ziel er die einzelnen Schritte eines Handlungsablaufs einsetzt und warum sie geeignet sind, die Teilziele zu erreichen... Die Struktur seines Handelns ist ihm klar..."** Er setzt in bezug auf pädagogische Fragestellungen fort: **"Das Handlungswissen, das wir zu vermitteln suchen, ist dem theoretischen**

Wissen nicht fremd und umgekehrt: das theoretische Wissen
... dient dem Handlungswissen." Handlungsschemata werden
dann in der Folge internalisiert und zu Operationen, denn
diese, so AEBLI, **"sind nichts anderes als abstrakte Hand-**
lungen, Handlungen, die auf ihr strukturelles Gerüst redu-
ziert sind" (AEBLI, H. 1980, S. 243, vgl. auch S. 211ff).

Damit ist offensichtlich, daß die Handlungsorientierung auch im
Sinne einer Didaktik der Denkerziehung ein unabdingbares Element
des wissenschaftlichen Begründungszusammenhanges für den Sachunterricht ist.

Mehr noch! Die Analyse der Ausschnitte in der Lebenswirklichkeit
ist ohne diesen Handlungsbegriff und ohne die Feststellung, daß in
ihm Grundlagen für sinnerschließendes und bedeutungsvolles Lernen
liegen, gar nicht möglich. Denn die Handlungstheorie wendet sich
an den "handelnden, problemlösenden und den lernenden Menschen",
sagt AEBLI und stellt weiterhin heraus, daß dieser Mensch sich in
Situationen befindet, in denen seine Zielgerichtetheit und Kon-
struktivität verlangt sind, in denen er zwischen den gegebenen
Elementen der Situationen neue Beziehungen zu knüpfen versucht und
dort, wo es nötig ist, Beziehungen löst (vgl. AEBLI, H. 1980, S.
26).

Der Sachunterricht wird diesen Grundlagen gerecht, indem er die
Vielfalt aktiver, handelnder Lernformen verwirklicht. Diese sind
dem Kind auch unter entwicklungspsychologischer Perspektive angemessen. Der Sachunterricht beschränkt den kindlichen Erfahrungsbereich nicht unnötig, indem er Vorgaben macht, die Kinder selbst
durch eigenes Handeln erfahren und lernen können. So wird der
Sachunterricht auch Forderungen des genetischen Grundsatzes gerecht:

Aus den anfänglich spielerischen, intuitiven und episodisch
auftretenden Aktivitäten heraus werden bewußte, durchdachte
und persistente Handlungen entwickelt, ohne daß hierdurch
die ursprüngliche Phantasie der Kinder sowie ihre Spiel-

freude unterdrückt werden.

So werden erste Meinungen (Hypothesenbildungen) und Versuche (Experimente) aus problemhaltigen Situationen (vgl. hierzu die Phänomenologie der Probleme bei AEBLI, H. 1981, S. 19 - 37 und unter didaktischer Perspektive 1983, S. 277 - 309), aus dem Stutzen, Staunen und Probieren (vgl. WAGENSCHEIN, M. 1971, S. 203f) erwachsen. Es werden sich Handlungsweisen beim Kind herausbilden, die darauf zielen, Phänomene und Sachen nach selbstgewählten und sachlich notwendigen Kriterien zu ordnen. Das Kind wird angesichts von Unstimmigkeiten und Widersprüchen lernen, Fragen zu stellen und auf zunehmend kritische Weise nach Antworten zu suchen. Es wird auch bei Unübersichtlichkeiten nach widerspruchsfreien Aussagen über die Wirklichkeit, nach vereinfachenden Darstellungen und nach Ordnungen suchen, die ihm Über- bzw. Durchblicke ermöglichen.

Der Sachunterricht kann zur Grundlegung des Wissens und Vermittlung elementarer Verfahren aus den anfänglich intuitiven, wenig zielbezogenen Aktivitäten der Kinder Handlungspläne und methodisierte Vorgehensweisen entwickeln. Er kann Handlungsfolgen beim Kind aufbauen, die hierarchisch geordnet sind und als vollständige Handlungspläne gespeichert werden können (vgl. hierzu den Aspekt der zunehmenden Methodisierung des kindlichen Handelns beim Problemfinden und Problemlösen bei SOOSTMEYER, M. 1978, S. 212ff).

Konkret erfordert das, Fragen zu stellen wie:

- Was haben wir gemacht?
- Welche Mittel hatten wir?
- Welche Ziele haben wir angestrebt?
- Welche Werkzeuge haben wir benutzt?
- Welche Arbeitsschritte sind wir gegangen?
- Welche Arbeitsschritte könnten sinnvoller gestaltet werden?

Arbeitsrückschau oder **abstandnehmende Betrachtungen** können aber auch im Sinne einer analogen Form durchgeführt werden. Hierbei werden die Prozesse, die andere durchlaufen haben, nachvollzogen.

wissenschaftliche Begründung   Handlungsorientierung

Dies zeigt z.B. der Mitvollzug der ganzen Klasse beim Vortrag einer Gruppe über das selbstentwickelte Schätzverfahren mit Hilfe eines Einheitsquadrates (vgl. hierzu Kapitel 4.3.2.1.1 dieser Arbeit). Hier können die Fragen etwa lauten:

- Was hat der andere gemacht?
- Wer hat was wozu gebraucht?
- Welche Mittel hat er eingesetzt?
- Hat er sich über Ziele geäußert?
- Welche Arbeitsschritte hat er durchlaufen?
- Welche Werkzeuge hat er benutzt?

Es ist aber auch möglich, Handlungspläne vorwärtsgerichtet zu entwickeln, z.B. im naturwissenschaftlichen Bereich des Sachunterrichts, wenn es um Probehandlungen oder Experimente geht.

Eine Probe hat in etwa folgende Verlaufsstruktur:

a) beim Nachbau eines Gerätes:

Herstellung eines Gerätes, Probe auf Funktionstüchtigkeit, wenn der Nachbau unmittelbar funktionieren sollte.

Wenn der Nachbau nicht funktioniert, wird im Verlaufe des konkreten Tuns die Struktur erweitert und ggf. teilweise wiederholt:

Herstel- lung → eines Gerätes	Probe auf Funktions- → tüchtigkeit und Fest- stellung der Funk- tionsun- tüchtigkeit	Fehlersuche und Ent- → wicklung von Vor- schlägen zur Verän- derung oder zur Besei- tigung der Defekte	Herstellung der Funk- → tionstüch- tigkeit	Erneute Probe auf Funktions- tüchtig- keit

b) bei defekten Geräten:

wissenschaftliche Begründung   Handlungsorientierung

Feststel- ———▶ Fehlersuche ——▶ Wiederher- ———▶ Probe auf
lung der   und   stellung der   Funktions-
Funktionsun-   Entwicklung   Funktions-   tüchtigkeit
tüchtigkeit   von Vor-   tüchtigkeit
                    schlägen zur
                    Beseitigung
                    der Defekte

Bei naturwissenschaftlichen Versuchen stellt sich eine höhere kognitive Belastung ein, weil hier der Versuchsaufbau erst noch
erfunden und der -ablauf noch festgelegt werden muß.

In diesem Zusammenhang können folgende Fragen im Sinne von Lernhilfen formuliert werden:

a) Fragen nach dem Ergebnis des Versuches als Lernhilfe für die
   Antizipation und für die Zielfindung:

   "Welches Ergebnis erwarte ich? Welches Ergebnis will
   ich haben? Was will ich mit dem Versuch erreichen?
   Durch welches Ergebnis kann ich meine Frage beantworten? Was genau ist gefordert?"

b) Fragen nach den Materialien als Lernhilfen zur Materialwahl und
   zum Aufbau des Versuches:

   "Was brauche ich? Mit welchen Sachen und Geräten kann
   ich den Versuch durchführen? Womit kann ich das Ereignis oder die Wirkung erzielen, die ich brauche bzw. die
   ich haben will?"

c) Fragen nach dem Verlauf des Versuches als Lernhilfen zur Ver-
   laufsplanung:

   "Wie gehe ich am besten vor? Gibt es eine Reihenfolge

wissenschaftliche Begründung   Handlungsorientierung

bei der Versuchsdurchführung, die ich einhalten muß?
Wenn ja, wie sieht diese Reihenfolge aus? Welche
Schritte muß ich tun? Muß ich den Versuch vielleicht
mehrere Male durchführen? Wie oft? Kann ich etwas bei
diesen Wiederholungen verändern?"

Es bedarf nur eines kurzen Hinweises darauf, daß nicht alle Fragen
auf einmal dem Schüler vermittelt werden können, sondern die
jeweilige konkrete Formulierung der Fragen im situativen Kontext
des Unterrichts erfolgt. Die Reflexionsphase endet mit der Darstellung des Algorithmus des Experimentierens in der egozentrischen Formulierung:

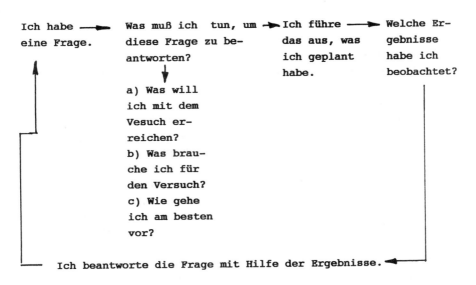

Weitere Handlungspläne, die auf die Sachauseinandersetzung des
Kindes sowohl mit der belebten und unbelebten Natur, mit technischen und handwerklichen Erscheinungen als auch in sozialen Bezügen anwendbar sind, können wie folgt skizziert werden:

wissenschaftliche Begründung   Handlungsorientierung

Unstimmigkeiten wahrnehmen ⟶ Fragen stellen ⟶ Meinungen
bilden ⟶ Meinungen überprüfen, Meinungen begründet
verwerfen ⟶ Meinungen modifizieren oder beibehalten

Gestaltungsideen artikulieren ⟶ konstruktiv weiterent-
wickeln ⟶ Werkzeuge und Materialien zusammenstellen
Arbeits- und Fertigungsschritte abstimmen ⟶ Gestaltungsideen in die Wirklichkeit umsetzen ⟶ Ergebnis
überprüfen und erproben

Konflikte wahrnehmen ⟶ Ursachen suchen ⟶ Lösungsideen
entwickeln und durcharbeiten ⟶ Regeln für neue Kon-
fliktsituationen aushandeln ⟶ Regeln auf Brauchbarkeit überprüfen und ggf. verändern

Zweifel an der Richtigkeit einer Behauptung ⟶ Suche nach
Beweisen oder Gegenbeweisen ⟶ Faktensammeln ⟶ sinnvolle Zusammenhänge suchen ⟶ Methoden kritisieren

Stutzen, Staunen, Beobachten ⟶ Fragenstellen ⟶
Vermutungen begründet äußern ⟶ Versuche planen, (Ver-
suchsergebnisse antizipieren, Material, Durchführung und
Variation vorsehen) ⟶ Versuche durchführen ⟶ Ergeb-
nisse kritisch mit den Vermutungen vergleichen ⟶
Bewerten und in größere Zusammenhänge bringen

Verhalten von Tieren und Pflanzen beobachten ⟶ Lebensräume (Ernährungs-, Fortpflanzungs- und Brutverhalten) untersuchen ⟶ Bedingungen für Wachstum untersuchen
artgerechte Haltung, Hege und Pflege herausfinden ⟶
verantwortungsvoll mit den Lebewesen umgehen

Geräte und Materialien gebrauchen ⟶ Funktionen und Zwecke
beobachten ⟶ nach Wirkungszusammenhängen suchen ⟶ vergleichbare Anwendungen finden ⟶ Zweck-Mittel-Relationen untersuchen

Dieser Katalog ist sicher nicht vollständig. Weitere Handlungspläne, etwa zum ökonomischen Handeln, zur Vermittlung von Handlungsfähigkeiten im Bereich öffentlich-rechtlicher Institutionen,
zur Auswertung von Informationen oder zur Sicherung von Kenntnissen und Fertigkeiten sind leicht denkbar (vgl. hierzu die
Prozeßverlaufsformen forschenden Lernens bei SOOSTMEYER, M. 1978,
S. 200ff). Diese Darstellung soll aber deutlich machen, daß Handeln Beziehungen stiftet zwischen Objekten, denen es sich zuwendet. Die beziehungsstiftende Aktivität schließt auch den Aktor
selbst ein und ordnet seine Beziehungen zur Lebenswirklichkeit.
AEBLI hat gerade die "beziehungsstiftende Funktion des Handelns"
als das zentrale Moment herausgearbeitet, das zu vernetztem Wissen
anspruchsvollerer Art führt (AEBLI, H. 1980, 1981 u. 1983).

Die oben vorgelegte Zusammenstellung einiger möglicher Handlungspläne kann zu dem Mißverständnis führen, daß die angegebenen
Handlungsfolgen als Standard- oder Normalverfahren angesehen werden müssen, die womöglich operationalisiert und streng definiert
abgetestet werden können. Wenn sie so interpretiert würden, träfe
der Vorwurf zu, die Schule vermittle lediglich stereotype Problemlösungen an die Kinder und unterdrücke somit ihre Findigkeit,
Originalität und ihren Entdeckungsdrang (vgl. hierzu die Kritik
von AUSUBEL, D.P. 1974, Bd.II, S. 519ff an der Praxis entdeckenden Lernens in amerikanischen Schulen).

Außerdem ist zu beachten, daß solche Methodisierungen, so notwendig sie auch sind, sich vorrangig auf die Problemlösung und auf
die rationale Begründung von Aussagen über Sachen und Sachverhalte
beziehen und nicht so sehr auf die Fähigkeit, Probleme zu finden.
Damit wäre aber ein wichtiges Element kreativen und innovativen
Lernens zerstört (vgl. hierzu den Begriff der Kreativität bei
AEBLI (1981) und den des innovativen Lernens bei PECCEI, A. 1979).

Die o.g. Zusammenstellung soll nur andeuten, in welche Richtung
Methodisierungen der kindlichen Aktivitäten erfolgen können, wobei
Umstellungen, Weglassen oder Hinzufügen von Aktivitäten notwendig
werden. Man denke hier insbesondere an den Umgang mit der belebten

Natur, bei dem sicherlich im Interesse der beobachteten, gepfleg-
ten und umsorgten Lebewesen zuerst die Information über die Lebensbedingungen und die artgerechte Hege und Pflege erforderlich
ist. Wolfgang METZGER hat in seinen Analysen schöpferischen Handelns auf die Unterschiede zwischen der Arbeit an unbelebten
Stoffen und am Lebendigen hingewiesen und auf notwendige Differen-
zierungen des Handelns in den beiden Seinsbereichen aufmerksam gemacht (1962, S. 13 - 45).

Die gespeicherten Handlungsschemata sind also keine stereotypen
Verhaltensformen. So aufgefaßt würden sie der Mitmenschlichkeit,
der Sachlichkeit und dem Denken zuwiderlaufen, denn menschliches
Handeln ist nicht blindes Anwenden vorgegebener oder vorgefundener
Methoden. Die Handlungspläne müssen strukturell gesichert werden
und dadurch frei beweglich und flexibel sein. Dies ist wiederum
nur dann möglich, wenn das Kind im Sinne offenen und aktiven Lernens und Lehrens die Aufnahme, Bewertung und Neuordnung von Informationen einübt und nicht zu Einsichten oder gar zum Auswen-
diglernen bestimmter Sachverhalte gezwungen wird. Nur dann kann es
seine Handlungsschemata aufbauen und sichern.

4.4.4 Sachorientierung

Das Ethos der "Sachlichkeit" zählt zu den zentralen Grundlagen des
Bildungsdenkens und zu den unter den Aufgaben des Sachunterrichts
genannten Motiven zur Erziehung (vgl. SCHMIDT, R. 1970, S. 38 -
49).

Diese Sachlichkeit muß jedoch vom Begriff der Alltagssprache abgehoben werden. Wenn wir einen Menschen als sachlich bezeichnen,
dann meinen wir in der Regel jemanden, der nüchtern, ohne Emotio-
nen, ohne Umschweife und großes Gehabe an seine Aufgabe geht oder
jemanden, der sich in Diskussionen redlich benimmt und ohne Pole-
mik und Vedrehung der Meinung seines Gegenübers partnerschaftlich
diskutiert, um die Sache voranzubringen. Dieser Begriff schließt
in gewisser Weise den Begriff der Objektivität ein, der seinerseits wieder Vorurteile - seien sie nun negativ oder positiv -

ausschließt.

Sachlichkeit im philosophischen Sinne meint mehr als der Alltags-
begriff. Sachlichkeit ist **"Zuwendung zum Seienden um des Seienden
selbst willen in Konspiration"** (HENGSTENBERG, H.E. 1969, S. 52).
Konspirieren bedeutet das **"Mitatmen"** des sachlichen Menschen mit
dem Seienden, das ihm begegnet.

> **"... Sachlichkeit wendet sich dem Seienden in einer Hingabe
> zu, die völlig davon absieht, ob es demjenigen, der mit ihm
> konspiriert, oder einer anderen Person   irgendeinen Zuge-
> winn bringt. Dieses selbstlose "Mögen" der Dinge, das
> grundsätzlich keinem einzelnen "Vermögen" zuzuordnen ist,
> sondern vielmehr intellektuelles, volitives und emotionales
> Moment ... noch unentzweit ineinanderklingen läßt, ist ein
> menschliches Urphänomen"** (HENGSTENBERG, H.E. 1969, S. 33).

Sachlichkeit ist somit **"ontologische Affirmation"**, grundsätzliche
Bejahung des Seienden, dem ich begegne. Solche Bejahung kann sich
natürlich recht unterschiedlich ausformen. Sachlichkeit ist, wie
HENGSTENBERG treffend feststellt, ein **analoger** und kein univoker
Begriff (1969, S. 51ff), der sowohl für die **Haltung des Wissen-
schaftlers und technischen Erfinders** als auch für die des sittlich
Engagierten und des **"homo religiosus"** kennzeichnend sein kann"
(1969, S. 53).

Bei diesem möglichen Begriffsumfang, bei der erheblichen Binnenva-
rianz und bei der Farbigkeit ist es nicht weiter erstaunlich, daß
das Ethos der Sachlichkeit von verschiedenen Autoren wie z.B.
LITT, KERSCHENSTEINER und SCHELER unterschiedlich interpretiert
worden ist. Rudolf SCHMIDT (1970) hat eine entsprechende Analyse
bezogen auf den Sachunterricht vorgelegt, so daß sich eine systematische Darlegung an dieser Stelle erübrigt. Es muß nur noch
festgehalten werden, daß der Ernst kindlichen Forschens, die spontane Zuwendung des Kindes zum Mitmenschen, die **"spielerische Ge-
löstheit wissenschaftlicher Vernunft"** (KAMLAH, W. 1949, S. 85) und
das **bewußte Eintreten für andere Menschen** ein Spektrum der Aus-

drucksformen menschlicher Sachlichkeit bilden, die von der philosophischen Anthropologie (HENGSTENBERG, H.E. 1957) und von der
Pädagogik als Urphänomen menschlichen Handelns angesehen wird.

Die Sachlichkeit umfaßt somit soziale und auch sachbezogene Aktivitäten und Haltungen des Menschen und impliziert das Phänomen
Liebe.

"Sachlichkeit ist Konspirieren mit dem Gegenstande, Mitvollzug seiner ihm selbst eigenen sinnhaften Struktur.
Deutlich wird das besonders beim zweckfreien Forschen. Es
gibt eine Forschung, die weder aus Neugierde... noch um
einer technischen Nutzanwendung willen, noch auch um dem
Objekt der Forschung zu nützen geschieht... Das wird auch
dadurch bestätigt, daß wir die forscherische Haltung bereits beim kleinen Kind finden..." (HENGSTENBERG, H.E.
1957, S.12) "Sachlichkeit setzt zwar Objektivität voraus...
(sie) enthält den Charakter der Hingabe, des ,Engagiert-
seins'... Das Urbild der Sachlichkeit ist nicht die pho-
tographische Platte, sondern das Kind, das über seinem
Spiel, der Gelehrte, der über die Ergriffenheit durch seinen Gegenstand Zeit und Raum vergißt" (HENGSTENBERG, H.E.
1957, S.16 u. 17).

Das Forschungsverhalten eines siebenjährigen Jungen zeigt das
"Mitatmende Konspirieren" in zweifacher Hinsicht:

Ein Junge steht ganz gespannt vor dem Aquarium im Klassenraum und beobachtet eine Zeitlang intensiv die Fische. Dann
dreht er sich um, legt seine Hände mit den Fingern rück-
wärts gerichtet an die Wangenknochen und schmiegt sie an
den Hals. Dann öffnet er den Mund, tut so, als hole er tief
Luft, schließt den Mund, spreizt die Finger vom Hals ab,
imitiert Ausatmen und sagt nach mehreren Wiederholungen
freudestrahlend: "Der atmet so!" und weist auf einen der
Fische.

An diesem Beispiel wird die **extatische Seinsteilhabe**, die der Mensch kraft seiner Hingabebereitschaft erfahren kann, ganz deutlich.

Martin WAGENSCHEIN mit seiner ausgezeichneten Fähigkeit, Sachverhalte und Forderungen prägnant in Aphorismen zu fassen, formuliert seinen Begriff der Spontaneität ganz in diesem Sinne. Er spricht bezogen auf die Konstellationen "Kind - Sache" und "Lehrer - Sache - Kind" vom **"ergriffenen Ergreifen"**. Der Lehrer muß einmal von der Sache, um die es geht, immer wieder neu ergriffen sein und zum zweiten ergriffen sein vom kindlichen Forschen.

> **"... (es) zeigt sich die Unmöglichkeit, Kind und Sache zu trennen. Je mehr ein Lehrer angerührt wird vom kindlichen Suchen, desto geeigneter ist er, das gleiche bei den Kindern auszulösen... der Lehrer muß selber von der Sache wie von dem Kinde ergriffen sein"** (vgl. WAGENSCHEIN, M. 1971, S. 119 - 129, Zitat S. 125f).

Wieviele unterschiedliche Motive beim kindlichen Forschen von Bedeutung sein können zeigt sich, wenn man einmal die Liste der Gegenstände betrachtet, die Kinder eines zweiten Schuljahres bei der Einrichtung eines Aquariums erstellt haben (vgl. hierzu die Liste im Kapitel 1.4.5.7.5 dieser Arbeit). Diese Kinderaussagen zeigen deutlich, daß Handeln, ganz wie AEBLI betont, sinnverständig und zielbewußt ist. Es stellt die Dinge und Lebewesen in einen bedeutungsvollen Zusammenhang, der im Zuge des Handelns entsteht. Daß hierbei das **Leibapriori der Erkenntnis** (APEL, K.O. 1963, S. 105 - 117), situativ und erlebnishaft bedingte Problemfindungen, Anthropomorphismen und Animismen auftreten, entspricht völlig den Befunden, die bei der Analyse der kindlichen Geistesverfassung dargestellt worden sind. Wie sehr die kindliche Sachauseinandersetzung die Verantwortlichkeit mit in das Handeln einschließt, zeigt die nachfolgende Kinderzeichnung:

wissenschaftliche Begründung   Sachorientierung

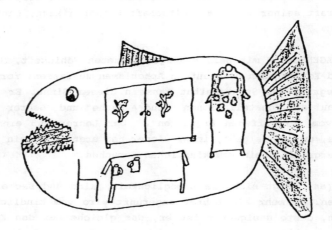

(entnommen aus SOOSTMEYER, M. 1980, S. 235)

Das Kind hat im Anschluß an die Besprechung der Einrichtung des
Aquariums diesen Fisch gemalt. Meine Vermutungen, es handele sich
um den Fisch, der Jonas verschluckt hat, erwiesen sich als irrig.
Das Kind hat all das, was ein Fisch zum Essen und Trinken, zum
Schlafengehen usw. benötigt, in den Fisch hineingezeichnet: Stuhl,
Tisch, Bett, Schrank, Becher und Karaffe. Das Kind interpretiert
seine Zeichnung wie folgt: "Der Fisch braucht eine 'menschenwür-
dige' Wohnung mit allem Drum und Dran. Ich habe das, was er
braucht, in ihn hineingezeichnet."

Das ist eine kindliche Hypothese, die weiteres, grundlegendes
Arbeiten, Sprachhandeln, Experimentieren, Protokollieren und den
Erwerb grundlegenden Wissens unmittelbar ermöglicht, und zwar von
einer Ausgangsposition, die dem Kind plausibel und einsichtig erscheint und die auch keiner außersachlichen Motivierungen mehr bedarf.

Sachlichkeit meint also sowohl die vor den Fächern liegende Auseinandersetzung mit Sachen und Sachverhalten als auch diejenigen
Formen der Sach- und Problembewältigung, die den Charakter wissenschaftlichen Arbeitens tragen. Sachlichkeit, die sich an den Dingen und an Partnern bewährt, die Widerstandserlebnisse verarbeitet, hat Objektivität zur Grundlage, erschöpft sich aber nicht
in ihr. Daß in diesem Zusammenhang der o.g. Begriff der Ergriffenheit keinesfalls sentimentalisch interpretiert werden darf, versteht sich von selbst.

Am Beispiel des Jungen zeigt sich die kindliche Sachlichkeit als
ein analoges Phänomen. Das Kind hat das Leben der Fische sichern
wollen. Es merkt an, daß es alles getan habe, um Schaden abzuwen-
den. Offensichtlich ist das eine sittliche Grundhaltung bei Kindern; es regt sich immer Widerstand, wenn Experimente mit Pflanzen
und Tieren gemacht werden sollen. Dieser Widerstand ist besonders
groß, wenn die Existenz der Lebewesen bedroht ist. Diese Reaktion
kann als Ausdruck einer "Ehrfurcht vor dem Leben" (Albert SCHWEIT-
ZER) gewertet werden. Sie folgt den Prinzipien einer biophilen
Ethik, die Erich FROMM wie folgt skizziert:

"Gut ist alles, was dem Leben dient, böse alles, was dem
Tod dient. Gut ist die Ehrfurcht vor dem Leben, alles, was
dem Leben, dem Wachstum, der Entfaltung förderlich ist.
Böse ist alles, was das Leben erstickt, einengt und alles,
was es zerstückelt" (FROMM, E. 1977, S. 411).

Hieraus erwachsen natürlich Lernimpulse im Unterricht, die die
sittliche Dimension von Handlungen betreffen. In einer Unterrichtseinheit über das Thema: "Die Feuerwehr im Einsatz an einer
Brandstelle" diskutierten die Kinder das Problem, welche Rangfolge
bei der Bergung von Gütern aus dem Brand eingehalten werden soll -
ob zuerst Sachwerte oder Leben gesichert werden sollten. In allen
Phasen der Diskussion war es für die Kinder unstrittig, daß zuerst
Leben (Menschen, Tiere und Pflanzen) und danach Sachen geborgen
werden sollen. Das bedeutet, daß Kinder hier einer einfachen und
grundlegenden Sittlichkeit folgen.

Sachorientierung ist vor diesem Hintergrund die Ausrichtung des
Lernens auf solche Zusammenhänge kindlicher Sachauseinandersetzung, aus denen heraus kritische, geprüfte und überprüfbare Aussagen sowie methodisch bewußte Handlungen hervorgehen, die aber auch
solche Haltungen entstehen lassen, die als positive und konstruktive Sachauseinandersetzung verstanden werden können und in bezug
auf den Mitmenschen als Liebe und Solidarität gelten. Diese Zusammenhänge sind gekennzeichnet durch erste Ordnungsversuche des Kindes, durch einfache Aussagen, grundlegende Ideen und Begriffe,
durch Offenheit, spielerische, heuristische und induktive Aktivitäten, aber auch durch die spontane Hinwendung des Kindes zu anderen Menschen sowie durch Dialog und Hilfsbereitschaft ohne Vorbedingungen.

Hans Eduard HENGSTENBERG hat in einer weiteren Analyse der Sachlichkeit davon gesprochen, daß wir eine erste Intuition über das
Wesen der Dinge haben:

"Ohne diese Intuition käme es zum sinnblinden Aufsammeln
von widerständigen Fakten, wir wüßten gar nicht, 'woraufhin' wir sie zu ordnen hätten, und es käme zu keiner Objektivität. Diese Intuition entspricht dem, was wir... die
naive Sachlichkeit nennen, weil es sich hier schon um ein
Ergriffensein vom Geschauten handelt, das um seiner selbst
willen interessiert. Ein Kind staunt zum Beispiel zum
ersten Mal vor einem Ball, einem Hund, einer Katze, vor
einem neuen Menschengesicht, das ihm begegnet. Die Erlebnisphasen verlaufen nach dem Schema: staunen, sich annähern, den Gegenstand überprüfen (eventuell betasten),
sich daran freuen, den Eindruck mit motorischen Ausdrucksgesten "beantworten", in Besitz nehmen (zum Beispiel "liebhaben"). Wir können daher von einer Sachlichkeit, aber
vorerst nur "naiven" sprechen, weil sie vor aller Reflexion
und jedem rationalen Bearbeiten der Eindrücke vom Gegenstand liegt. Kern solcher Intuitionen sind die intuitiven
geistigen Akte, die entwicklungspsychologisch und erkennt-

nistheoretisch vor dem rationalen Begriffsapparat liegen
und auch beim Kind vor der Herausbildung des Begriffsgefü-
ges von Gattung und Art erlebnisbestimmend sind" (1969, S.
34ff).

Für den Begriff der Sachlichkeit und der Sachorientierung im
Sachunterricht sind Unterscheidungen wichtig, die aus der Wissenschaftstheorie stammen. Man unterscheidet zwischen zwei wissenschaftlichen Kontexten: dem Kontext der "Entstehung oder Entdeckung" und dem Kontext der "Absicherung oder Begründung" wissenschaftlicher Aussagen über die Wirklichkeit.

Im Bereich der Entdeckungen herrscht intuitives, ungesichertes,
heuristisches Tun vor. Es ist der Bereich, in dem Mutmaßungen,
erste Vermutungen und Ordnungsideen sowie Vorstellungen von möglichen Verbindungen zwischen Tatbeständen entstehen. Es ist der
Sektor der Phantasien und des Angehens von Problemen ohne fachliche Vorbestimmtheiten, des unvoreingenommenen Handelns, der Ein-
fälle, der ersten Annäherungen und Problemlösungsideen, die erst
allmählich Gestalt gewinnen. Allerdings ist es auch der Bereich,
in dem die Meinung des "Marktplatzes" (Bacon), das Vorurteil, das
ungeprüfte "Für-Wahr-Halten" Platz ergriffen haben und in dem nur
scheinbare Sicherheiten existieren. Natürlich liegen in diesem
Sektor dann auch die Ansätze für Zweifel an "Selbstverständlichkeiten und Vorurteilen". Zweifel aber führen zu Konflikten kognitiver Art (vgl. BERLYNE, D.E. 1973, S. 89 - 106), zu ersten Entdeckungen und Forschungen des Kindes und damit auch zur Selektion
unbrauchbarer und unhaltbarer Meinungen oder Theorien.

Im Bereich der Begründungen werden Hypothesen, die in der Phase
des Entdeckens auftauchen, durch ein Repertoire an sanktionierten
Verfahren entweder bestätigt oder verworfen. Es werden Theorien,
Modelle formuliert, die einen hohen Anspruch auf Gültigkeit und
Erklärungswert haben. Es ist also der Bereich, in dem die Er-
kenntnisprozesse zu einem gewissen Abschluß kommen, weil sie dem
wohl wichtigsten wissenschaftlichen Kriterium standgehalten haben:
der methodisch bewußten Kritik.

wissenschaftliche   Begründung   Sachorientierung

Kinder bewegen sich hauptsächlich in dem Bereich der Entstehung
von Aussagen über die Wirklichkeit. Kinder finden erst noch die
brauchbaren Vermutungen und entwickeln das Überprüfungsinstrumen-
tarium - wenn der Unterricht ihnen dabei hilft und sie nicht mit
fertigen Erkenntnissen füttert, die sie dann nur als Glaubenssätze
übernehmen können.

Mögliche heuristische Methoden des Entdeckens, die bei der Handlungsorientierung wegen ihres intuitiven Charakters nicht genannt
wurden, sind:

wirklich ausgeführte Handlungen:

- das Spiel, das Hantieren und das Verändern mit bzw. an
  Gegenständen,
- die Objekterkundung durch Gebrauch, Manipulation, Demon-
  tage oder gegebenenfalls durch Destruktion,
- Sammeln und spielerisch-willkürliches Gruppieren von
  Gegenständen,

gedankliche Handlungen:

- die intuitiven, spekulativen und subjektiv vorgeprägten
  Denkakte, das Gefühl auf der "richtigen Spur" zu sein,
- die Tendenz, vollendete, "abgerundete" und "ästhetisch
  befriedigende" Gestalten und Gedankenkomplexe zu entwickeln,
- das Gefühl und der Blick für das gute Zusammenpassen von
  Dingen und damit verbunden die Tendenz, Ideen und Vorstellungen zu entwickeln, die einen   bestehenden Eklektizismus im Objekt- und Phänomenbereich beseitigen,
- die Fragen nach der Bedeutung und dem Sinn der Dinge,
- das Heranziehen bereits gemachter Erfahrungen beim Vergleich eines Neuen mit Bekanntem auf der Grundlage perzeptiver Wahrnehmungen (Morphologie) oder auf der Grundlage von funktionalen Äquivalenzbildungen,

wissenschaftliche Begründung   Sachorientierung

- Analogiebildung auf der Grundlage des Leibapriori der Erkenntnis und auf einem intuitiv-halbabstrakten Sprachni-
  veau,
- Trendextrapolationen, z.B. in "Je ...   desto-", "Deswegen ... weil-" und   "Wenn ... dann-Aussagen".

In den subjektiv, sozial   und sachlich bedeutsamen Ausschnitten
der kindlichen Lebenswirklichkeit können Entdeckungs- und Entste-
hungszusammenhänge wissenschaftlicher Aussagen beinhaltet sein:
als Gegenstand kindlichen Interesses und kindlicher Sachbegegnung,
als ein Fragen, das unbekümmert ist von fachlichen Perspektiven,
die wir als Erwachsene gewohnt sind. Kinder fragen z.B. folgendermaßen:

Fragen nach dem Namen: *Fragen der*
    Wie heißt das? Was ist das? Wer ist das?   *Kinder*

Fragen nach der Bedeutung:
    Wozu ist dieser Gegenstand, das Ding gut?   Welchen Sinn
    hat er? Was macht er? Gehen Gefahren von ihm aus?

Fragen nach dem eigenen Vorwissen:
    Kenne ich das? Wo habe ich das schon einmal gesehen? Wer
    hat das schon einmal benutzt? Kenne ich etwas, das dem
    hier ähnlich ist? Habe ich schon einmal solches Verhalten
    (Benehmen) gesehen? Bei wem oder bei welchem Tier?

Fragen nach den Funktionen:
    a) intrinsisch:
    Was tut der Gegenstand? Was kann ich beobachten? Welche
    Wirkungen zeigt er? Kann ich erkennen, was er tut? Welche
    Lebensäußerung kann ich erkennen?
    b) extrinsisch, subjektiv bedeutsam:
    Was kann ich damit tun? Wozu kann ich ihn   einsetzen?
    Kann ich mit ihm spielen?
    c) extrinsisch, intersubjektiv verallgemeinernd:
    Was haben andere mit dem Gerät im Sinn? Wozu haben sie
    den Gegenstand gebraucht? Wie sind sie mit dem Tier, mit
    der Pflanze umgegangen?

wissenschaftliche Begründung   Sachorientierung

Fragen nach der **Funktionsweise** und nach dem **Inhalt:**
Wie funktioniert das? Was ist in dem Gerät drin? Kann
ich das nachmachen? Kann ich das, was ich sehe, durch
anderes erklären?
Fragen nach der **Ursache** und nach der **Wirkung:**
Wodurch entsteht das, was ich sehen kann? Was ist der
Grund dafür? Gilt die Regel "immer wenn ... dann"? Gilt
die Regel "je mehr... umso mehr (schwerer, länger,
größer, dicker, schneller)..."? Was kann ich tun, um
solche Regeln herauszufinden? Ist das dann immer so? Kann
man das umkehren oder nicht?

(vgl. hierzu z.B. die Untersuchungen PIAGETs zur Bedeutung der
Namensgebung, zum Begriff des kindlichen Animismus, Artifizialismus und zur Kausalität 1980, S. 43 - 276 und 1979, S. 116 - 237)

In erster Annäherung versuchen Kinder also, ihre Aussagen über die
Lebenswirklichkeit auf Richtigkeit und Verläßlichkeit zu überprüfen, Ding- und Ereigniskonstanten als solche zu bezeichnen und mit
denselben Namen und Begriffen zu kennzeichnen. Das geht über
funktionale, affektive, nominale und perzeptive Äquivalenzbildungen (vgl. SOOSTMEYER, M. 1978, S. 190) hinaus. Es handelt sich um
Namensgebung, Bildung brauchbarer Begriffe und treffende Kenn-
zeichnungen von Sachverhalten.

Natürlich ist der obige Fragenkatalog nicht vollständig; er enthält lediglich mögliche Fragen, jedoch solche, die im Kontext
exemplarischen Vorgehens im Sachunterricht bedeutsam sind und die
Wolfgang EINSIEDLER nennt, wenn er auf das **didaktisch Exempla-**
rische in der Verschränkung mit dem **subjektiv Exemplarischen** verweist:

"es handelt sich... um das Herausarbeiten von Fällen, die
für bestimmte Schüler das Allgemeine verständlich machen.
Auf der subjektiven Ebene... wird gefragt: Für wen ist das

wissenschaftliche Begründung   Sachorientierung

Thema exemplarisch, auf welche subjektiven Vorerfahrungen
hin, für welchen individuellen Bildungsgang erschließt der
konkrete Fall etwas Allgemeines?" (1985, S.7)

Die Psychologie hat das ursprüngliche Motiv der Sachlichkeit als
"intrinsische" Motivation gekennzeichnet und damit eine sachliche
Haltung des Menschen beschrieben, die im Unterschied zu einem
Lernen steht, das auf Lohn und Strafe oder auf anderen Fremdbe-
stimmungen basiert (vgl. hierzu z.B. BRUNER, J.S. 1973, S. 23).
Die Entwicklungspsychologie wie auch die Motivationspsychologie
lassen keinen Zweifel daran, daß das Kind zu solchen Lernmotiven
und damit zur Sachlichkeit fähig ist. Sie zeigt sich im freien
Spiel und weiteren Formen der produktiven und konstruktiven Sachauseinandersetzung, die als Entdecken, Gestalten, Dialogführen,
Strukturieren usw. bezeichnet werden. Wenn die notwendige Abkehr
von dem technokratischen Unterrichtsmodell erfolgt, dann kommt dem
Ethos der Sachlichkeit, das Verantwortung und Liebe beinhaltet,
eine bedeutende Rolle zu. Sachlichkeit sollte jenseits von Fremdbestimmung des Lernens durch Lernzielfixierung, Lohn und Strafe
die Grundlage kindlichen Lernens und besonders kindgemäßen Lehrens
sein. Sachlichkeit als "conditio humana" ermöglicht den Prozeß der
"Personalisierung des Wissens" (BRUNER, J.S. 1974, S. 151-156)
und bedingt damit auch Grunderfahrungen, die WAGENSCHEIN als
"Spiegel der geistigen Welt" bezeichnet (WAGENSCHEIN, M. 1970, S.
204 - 208 u. 300 - 302, vgl. hierzu auch die Analyse bei SOOST-
MEYER, M. 1978, S. 183 u. 251).

5.0 Kriterien für die Praxis des Sachunterrichts

Aus den

*Buchzusammen-
fassung*

- Analysen der didaktischen und curricularen Ansätze,
- Befunden zur kindlichen Motivstruktur und Geistesverfassung,
- Aussagen zur Lebenswirklichkeit der Kinder,
- Darlegungen zum kindlichen Lernen und Handeln sowie
- Elementen des Begriffes Wissenschaftsorientierung: kindliches
  Lernen, kindgemäßes Lehren unter genetischer Akzentuierung,
  Situations-, Handlungs- und Sachorientierung

können folgende Kriterien für die Praxis gewonnen werden:

5.1 Kriterien für die Gestaltung von Lernsituationen

Der Sachunterricht muß in einer Schule, die als Lern-, Lebens- und
Erfahrungsraum verstanden wird, Lernsituationen schaffen, die:

- von den Erfahrungen ausgehen, die Kinder im Umgang mit
  Personen, anderen Lebewesen, Sachen und Sachverhalten
  machen,

- es den Kindern erlauben, von ihnen wahrgenommene Probleme
  und Konflikte selbst zu isolieren und zu definieren sowie
  eigene konstruktive Ideen und Gestaltungsabsichten zu
  haben und auszuformulieren,

- zu Vermutungen, Gesprächen, Interessensausgleichen, Meinungsaustausch, Lösungsideen und -strategien sowie zu
  konkretem handwerklichen Tun reizen,

- die Beantwortung von Fragen projektieren und die Umsetzung von Problemlösungsideen und -strategien ebenso
  planen wie ggf. gewaltfreie Formen des Interessensaus-

gleichs und der Konfliktlösung,

- in differenzierter Weise unterschiedliche Lösungsideen und -strategien bzw. Gestaltungsabsichten zusammen mit Kindern verwirklichen, prüfen und ggf. modifizieren,

- die gefundenen Lösungen und Antworten sowie die fertigen Ergebnisse gestalterischer Aktivitäten mit den Kindern besprechen, überprüfen und auf die Ausgangsfragen, Meinungen, Vermutungen und Gestaltungsabsichten zurückführen.

Aus diesen Darlegungen heraus leite ich folgende Fragen ab, die bei der Unterrichtsplanung hauptsächlich gedanklich beantwortet werden sollten. Sie dienen dazu, die Kinder in ihrer Lebenswirklichkeit zu reflektieren und den Sachunterricht handlungsorientiert, situationsbezogen und wissenschaftsorientiert zu gestalten.

5.2 Fragenkatalog für die Umsetzung von Kriterien für die Planung und Durchführung von Sachunterricht

5.2.1 Fragen nach dem umfassenden Zusammenhang des Unterrichtsthemas

5.2.1.1 Welcher Ausschnitt in der kindlichen Lebenswirklichkeit ist zentral angesprochen, welche Ausschnitte sind weiterhin tangiert?

5.2.1.2 Wo ist der Sachverhalt im Lehrplan, Jahresplan, Wochenplan ect. angesiedelt?

5.2.1.3 Welche allgemeine pädagogische Intention kann zugrunde gelegt werden?

5.2.1.4 Welche spezielle Intention des Sachunterrichts wird durch diesen Sachverhalt insbesondere deutlich?

5.2.1.5 Welche Bedingungen setzen mir meine Klasse bzw. bestimmte Lerngruppen in bezug auf den Sachverhalt?

5.2.2   **Fragen nach den emotionalen und motivationalen Bedingungen des Unterrichtsthemas**

5.2.2.1 Welche Bedeutungen verknüpfen die Kinder mit dem Inhalt?

5.2.2.2 Ist der Inhalt "von sich" aus attraktiv?

5.2.2.3 Gibt es "natürliche" Abneigungen und Aversionen gegen
den Inhalt?

5.2.2.4 Gibt es religiöse und weltanschauliche Vorbehalte angesichts von Kindern aus anderen Kulturen und ethnisch
unterschiedlicher Herkunft?

5.2.2.5 Welche dieser Vorurteile, Abneigungen und Aversionen
beruhen auf Erfahrungen, welche auf Konventionen?

5.2.3   **Fragen nach den Erfahrungen der Kinder und nach den
kognitiven Voraussetzungen zur Behandlung des Inhaltes**

5.2.3.1 Haben die Kinder überhaupt inhaltsbezogene Erfahrungen?

5.2.3.2 Wo und wann können sie diese Erfahrungen möglicherweise
gemacht haben?

5.2.3.3 Welche Äußerungen zeigen mir, wie die Kinder ihre
Erfahrungen verarbeitet haben?

5.2.3.4 Wie muß ich die Erfahrungen dann ansprechen? Muß ich
ihre Komplexität auf Überschaubares reduzieren oder muß
ich sie anreichern, mit neuen Perspektiven versehen?

5.2.3.5 Gibt es, wenn ich keine unmittelbaren Erfahrungen
voraussetzen kann, die Behandlung des Themas aber dennoch notwendig ist, analoge Erfahrungen, an denen wir
anknüpfen können?

5.2.3.6 Welches definitive Vorwissen kann ich voraussetzen, z.B.
durch vorangegangenen Unterricht?

5.2.3.7 Wie sicher ist das Vorwissen - ist es teils vergessen
oder aus nicht schulischen Quellen (Elternerzählungen,
Bücher, Zeitungen, Fernsehen ect.)? Ist das Vorwissen
stabil, strukturiert oder unorganisiert?

5.2.3.8 Welche Form des Wissenserwerbs liegt dann vor - aktives, selbständiges oder rezeptives, passives Lernen?

5.2.3.9 Ist diese Form der Sache angemessen, führt sie überhaupt zu sachlich fundierten Kenntnissen oder zu Wissen, das die Kinder verwenden können?

5.2.3.10 Welches meiner Kinder bringt weder Vorkenntnisse noch Vorerfahrungen zum Unterrichtsinhalt mit?

5.2.4 **Fragen nach den Voraussetzungen im Bereich der Fähigkeiten und Fertigkeiten**

5.2.4.1 Welche motorischen, manuellen und handwerklichen Geschicklichkeiten haben die Kinder entwickelt?

5.2.4.2 Wie hoch sind diese Geschicklichkeiten ausdifferenziert?

5.2.4.3 Welchen Grad hat die "Methodisierung" ihrer auf Handlungen basierenden Problemlösestrategien erreicht? (Liegt undifferenziertes Manipulieren vor, oder testet das Kind gezielt eigene oder fremde Hypothesen?)

5.2.4.4 Wie hoch ist die Beschlagenheit in der enaktiven, bildhaften und symbolischen Darstellung von Sachen und Sachverhalten entwickelt?

5.2.4.5 Können die Kinder Mimik, Gestik, Bilder und Zeichnungen Karten, Grundrisse, Netzpläne und Symbole verstehen?

5.2.4.6 In welchem Grad sind die Sprache und die Kommunikationsfähigkeit (auch in bezug auf den Sachverhalt, der behandelt werden soll) sozialisiert?

- Ist die Sprache intersubjektiv verständlich, oder benutzt sie "private" Bezeichnungen?
- Gehen die Kinder in Diskussionen aufeinander ein, oder reden sie gleichsam aneinander vorbei?
- Partizipieren sie an den Meinungen und Äußerungen anderer?
- Können sie die Vermutungen, Problemdefinitionen, Lösungsvorschläge und Versuchsplanungen anderer verstehen?
- Beherrschen sie erste Fertigkeiten der Befragung, des Interviews, der Reportage, der Auswertung von Gesprächen?

5.2.4.7   Welches meiner Kinder hat besondere Fähigkeiten, welches leidet unter Benachteiligungen und Lernschwierigkeiten?

5.2.5   **Fragen nach dem Anwendungszusammenhang der Kenntnisse und Fertigkeiten**

5.2.5.1   Worin besteht ein für die Kinder erkennbarer Anwendungszweck dessen, was gelernt wird?

5.2.5.2   In welchem Grad ist der Anwendungszusammenhang den Kindern vertraut, und mit welchen Aufgabenbereichen des Sachunterrichts korrespondiert er? (z.B. zu Hause, Straßenverkehr, Berufe und Arbeit von Eltern, Kleidung, Essen, Trinken, Gesundheit, Medien, Ver- und Entsorgung)

5.2.5.3   Wie kann ich den Verwertungs- und Anwendungszusammenhang den Kindern in solchen Fällen klar machen, in denen sie trotz Zugehörigkeit zur Lebenswirklichkeit relativ schwer erkennbar sind? (z.B. Anwendung im Bereich des Zusammenlebens, der kommunikativen Medien, im Handel und Handwerk sowie bei der Verwirklichung eigener Projekte)

5.2.5.4   Wo, wann, wie und was können die Kinder bereits erfahren haben, was den Anwendungszusammenhang der Kenntnisse in ihrer Lebenswirklichkeit in ähnlicher Weise zeigt?

5.2.6   **Fragen nach den Einstiegssituationen**

5.2.6.1   Gibt es innerhalb der Schule Motive für die Behandlung des Inhaltes oder ist das Aufsuchen eines außerschulischen Lernortes nötig?

5.2.6.2   Welche Personen können möglicherweise als "Fachleute" im Unterricht auftreten und aus ihrem Beruf berichten?

5.2.6.3   Welche Form des Lernens ist dem Gegenstand angemessen?
- dialogisches Handeln?
- entdeckerisches und forscherisches Handeln?
- gestalterische und konstruktive Aktivitäten?
- einsichtnehmende und verstehende Verfahren?
- Üben und Festigen?

Kriterien für die Praxis

5.2.6.4   Wie muß dementsprechend der Auftakt des Lernens sein?
5.2.6.5   Welche Unterrichts- bzw. Arbeitsformen bieten sich an?
5.2.6.6   Gibt es Medien zu dem Inhalt - wie muß ich sie den
          Bedingungen meiner Klassen anpassen?

5.2.7   **Fragen nach der Sache und ihrer Begrifflichkeit**

5.2.7.1   Welche Methoden sind der Sache angmessen?
          (z.B. narrative Methoden, Malen, Zeichnen, Sammeln,
          Ordnen, Unterscheiden, Vergleichen, Funktionen analysie-
          ren, Zwecke herausfinden, Wenn-Dann-Beziehungen heraus-
          arbeiten, Versuche planen und durchführen, Meinun-
          gen bilden und abwägen)
5.2.7.2   Was sind die entscheidenden Schlüssel- und Grundbegriffe
          sowie wissenschaftlichen Aussagen zur Sache?
5.2.7.3   Wie sind diese beschaffen, sind sie:
                - Namen und Bezeichnungen?
                - Gattungsbegriffe?
                - Funktionskennzeichnungen?
                - Phänomenbeschreibungen?
                - Klassenbegriffe?
                - Regeln?
                - Modelle?
                - Erklärungen?
5.2.7.4   Sind zu ihrer Behandlung mehrere Parameter notwendig?
5.2.7.5   Übersteigt die Anzahl der Parameter das kindliche
          Denkvermögen?
5.2.7.6   Wie kann ich die Begriffe und Aussagen für die Kinder
          aufarbeiten, vereinfachen, veranschaulichen?

Ich kann mir vorstellen, daß eine nicht zu bewältigende Fülle
weiterer Fragen möglich ist. Dabei sollen diese Fragen lediglich
anregen, keinesfalls aber als ein Algorithmus verstanden werden,
der immer wieder stur angewandt wird und damit die Formen der
Unterrichtsvorbereitung beherrscht.

Conformen

6.0 Prinzipien der Unterrichtsgestaltung und -durchführung

Im folgenden sollen die Grundsätze der Unterrichtsgestaltung unter
Bezugnahme auf den Lehrplan Sachunterricht in Nordrhein-Westfalen
dargestellt werden. Dieser Lehrplan vereinigt viele der hier diskutierten Gesichtspunkte und didaktischen Überlegungen.

6.1 Handelndes Lernen

Handeln ist, wie oben herausgestellt wurde, eine wichtige Grundlage des kindlichen Lernens. Handelndes Lernen wird somit auch zum
grundlegenden Gestaltungsprinzip des Unterrichts. Der Sachunterricht soll so beschaffen sein, daß er den Kindern nicht ständig
das vorgibt, was sie selbst durch eigenes Handeln erarbeiten
können. Unter dieser Perspektive werden dem kindlichen Spiel, der
Freude am Sammeln und Beobachten, dem Impuls, an Dingen zu hantieren und mit ihnen herumzuprobieren, soviel Raum gegeben, daß sich
eben auf der Basis solcher Erfahrungen, Phantasie, kreativer Umgang, Interessen, Freude am Lernen und dann in der Folge kognitiv
höher entwickelte Formen der handelnden Sachauseinandersetzung
entwickeln können.

In Ergänzung zu den oben im Kontext mit der Handlungsorientierung
genannten Argumenten können folgende Formen handelnden Lernens
(vgl. SOOSTMEYER, M. 1896, S. 36ff) dargestellt werden:

6.1.1 Die entdeckenden Formen

In ihnen werden die Neugier und der Forscherdrang der Kinder durch
Spielen, Beobachten, Sammeln, Erkunden von Objekten und Räumen,
Auswerten von Informationsquellen jeglicher Art, Finden und Lösen
von Problemen, Planen und Durchführen von Versuchen gefördert.
Hier entstehen die Handlungspläne, die im Sinne der dargestellten
Handlungstheorie grundlegend für weiterführendes Lernen sind.

6.1.2 Die dialogischen Formen

In ihnen werden die Zuwendungsbereitschaft zur belebten Natur und das Verantwortungsgefühl ihr gegenüber entwickelt durch Fragenstellen und Antwortsuchen, Umgang mit Pflanzen, Tieren und Menschen, Mitteilen, sachlich richtigen Gebrauch von Namen und Begriffen und durch den Dialog mit anderen. Solche Handlungen verstärken das Einfühlungsvermögen, die Kommunikationsfähigkeit und die Bereitschaft zur Übernahme von Verantwortung.

6.1.3 Die gestaltenden Formen

Die manuellen und motorischen sowie die handlungspraktischen Fertigkeiten des Kindes, die ja Grundlage allen weiterführenden Lernens sind, werden durch Basteln, Werken, Spielen und Darstellen gefördert. Der Sachunterricht entwickelt in diesem Kontext das Sprach-handeln und die kreativen Fähigkeiten, z.B. durch Rollenspiele oder durch die sprachliche Darstellung von Experimenten und ihrer Ergebnisse sowie durch die Umsetzung von Gestaltungsideen beim Werken.

6.1.4 Die verstehenden Formen

Die Tendenz kindlichen Denkens, Menschen, andere Lebewesen, Sachen und Sachverhalte in ein stimmiges, kognitiv und emotional befriedigendes Weltbild einzufügen, wird auf rationale Weise weiterentwickelt durch sachliches Erklären und Deuten, Analogiebilden, Übertragen sowie kritisches Bewerten und Beurteilen von Erfahrungen. Dies dient dazu, das Kind in die Lage zu versetzen, Erfahrungen zu ordnen, Zwecke und Funktionen zu untersuchen, Beziehungen und Wechselwirkungen zu erkennen, Meinungen zu formulieren, Vermutungen anzustellen und erste Theorieansätze mit widerspruchsfreien Aussagen zu bilden, eben mit dem Ziel, begriffliche Netze zu erzeugen, die das Verständnis eines Einzelfaktums ermöglichen und den Eklektizismus im Phänomenbereich überwinden.

6.1.5 Die sichernden Formen

In ihnen werden diejenigen Lernformen gefördert, durch die das
Kind Informationen sichert und Kenntnisse festigt, z.B. Memorie-
ren, Notieren, Kennzeichnen und Wiederholen. Notwendig erscheint
auch die Sicherung und Verfeinerung der motorischen und manuellen
Fertigkeiten und die Internalisierung von Handlungen und Strategien durch Übertragung, wobei die Verfestigung von Routinehandlungen eine entlastende Funktion übernimmt - also dem Kind Freiheit gewährt für intellektuell anspruchsvollere Formen des handelnden Umganges.

6.2 Differenzierung

Die Differenzierung muß auf unterschiedliche Dimensionen des Sachunterrichts bezogen werden. Im Sinne eines handelnden Lernens, das
sich an den Sachen der Kinder ereignet und alle emotionalen,
motorischen und intellektuellen Möglichkeiten der Kinder zu fördern sucht, erstrecken sich die Maßnahmen zur Differenzierung auf
die:

- Berücksichtigung der kindlichen Individualität,
- gleiche Verteilung der verschiedenen Perspektiven auf die
  Lebenswirklichkeit,
- Erreichung aller Zieldimensionen des Sachunterrichts,
- Methodenvielfalt beim Lernen,
- Verwirklichung verschiedener Formen der Wirklichkeitsdarstellung
  auf unterschiedlichen Abstraktionsniveaus,
- umfassende intellektuelle und leiblich-ästhetische Erziehung des
  Kindes
  und
- Situationsorientierung des Sachunterrichs.

Prinzipien/Differenzierung   Individualität/Perspektiven/Ziele

6.2.1 Berücksichtigung der kindlichen Individualität

Orientierung an der Lebenswirklichkeit bedingt das Eingehen auf
die individuellen Lernvoraussetzungen. Je nach Lebensgeschichte
und Lebensverhältnissen der Kinder müssen Unterschiede bei den
Sozial-, Natur- und Kulturerfahrungen erwartet werden (vgl. hierzu
die Analyse der Lebenswirklichkeit bei HENTIG, H.v., BIESTER, W.
und LICHTENSTEIN-ROTHER, I. im Kapitel 4.1 dieser Arbeit). Diffe-
renzierender Sachunterricht greift die Unterschiede auf und macht
sie für die kindlichen Lernprozesse fruchtbar. Hierbei geht es
darum, die jeweilige Individualität des Kindes zu stärken und die
Soziabilität des einzelnen Kindes weiterzuentwickeln.

6.2.2 Berücksichtigung verschiedener Perspektiven auf die Lebenswirklichkeit

Die differenzierende Auswahl der Inhalte sichert, daß jedes Kind
seine eigenen Erfahrungen, Kenntnisse, Probleme und Interessen
einbringen kann. So lassen sich beispielsweise bei der Behandlung
des Lernfeldes "Umgang mit Tieren" unterschiedliche Lernvoraussetzungen nutzen: eigene Erfahrungen mit Haustieren, Beobachtungen
von Wildtieren, Informationen aus Büchern, Zeitschriften und Fernsehen. Die differenzierte Auswahl von Inhalten dient somit der
Individualisierung des Lernens und stellt sicher, daß das einzelne
Kind seinen eigenen Interessen folgen kann. In bezug auf das
Setzen bestimmter inhaltlicher Schwerpunkte ist die Auswahl von
Inhalten andererseits ein Regulativ, das neue Interessensschwer-
punkte bei Kindern legt oder individuellen Vorzugsrichtungen aus-
gleichend begegnet.

6.2.3 Erreichung der Ziele des Sachunterrichts

Die Differenzierung im Sachunterricht dient der individuellen
Förderung eines jeden Kindes. Sie gibt Raum und Zeit, damit die
Kinder eigenen Fragestellungen und Interessen folgen sowie eigene
Problemlösungsversuche vornehmen können. Hierbei können Kinder

eigene Lernwege und auch selbstgesteckte Ziele verfolgen.

Die Differenzierung sichert also jedem Kind das Gefühl des sachlichen Erfolges und der sozialen Anerkennung. Insofern steht die
Differenzierung im Dienst des zielerreichenden Lernens. Individuelle Förderung darf jedoch nicht zu Egoismen und zur Vereinseitigung von Gewohnheiten und Stereotypien oder gar zu einer unkriti-
schen Verstärkung führen. Der Sachunterricht muß sicherstellen,
daß den Kindern Lernanreize begegnen, die ihnen neue Lernprozesse
abverlangen und zur Entwicklung von positiven Einstellungen sowie
zum Aufbau wirklichkeitsbezogener Handlungen führen. Das bedeutet,
daß die Differenzierung notwendigerweise die sachlichen und sozialen Dimensionen des Lebens beachten und dabei unterschiedlichste
Perspektiven auf die Lebenswirklichkeit eröffnen muß, damit das
Kind möglichst umfassend gefördert wird. Wirklichkeitsbezogene
Handlungen haben jedoch ihr tragendes Fundament in der Mitmenschlichkeit und Sachlichkeit, in grundlegendem Wissen sowie in Verfahren und Fertigkeiten. Die Differenzierung sichert somit das
grundlegende Lernen im Sachunterricht. Grundlegendes Lernen bedeutet gerade dann in bezug auf die Auswahl der Inhalte, daß der
Unterricht alle Aspekte des In-der-Welt-Seins anspricht und somit
Erfahrungen der Kinder mit Menschen, anderen Lebewesen, Sachen und
Sachverhalten in gleicher Weise vermittelt und entsprechend aufarbeitet. Zwar soll eine Neigungsdifferenzierung durchaus erfolgen,
wenn sich ein Kind beispielsweise Pflanzen und Tieren gerne zuwendet, eine zu frühe spezialistische Verengung des Kindes kann aber
nicht Aufgabe des Sachunterrichts sein.

6.2.4 Methodenvielfalt des Lernens

Die Diskussion der englischen Curriculumtheorie und -praxis zeigt
sehr deutlich, daß die Verwirklichung differenzierter und vielge-
staltiger Ziele eine ebensolche Methodenvielfalt im Unterricht
erfordert. Dasselbe wurde bei der Bearbeitung der Formen kognitiven Handelns und bei der Explikation der Ziele (vgl. hierzu Kapitel 1.4.5.7.2 dieser Arbeit) deutlich. Auch die Darstellung der
pädagogischen Dimension der Lebenswirklichkeit zeigt, daß wir un-

sere Erfahrungen mit Hilfe unterschiedlichster Methoden: "experimentell - induktiv - deduktiv, schöpferisch - gestaltend, kommu-
nikativ - hermeneutisch , normierend - handlungsleitend, affirmativ - narrativ" machen oder aufarbeiten (vgl. hierzu Kapitel
4.2.6.4 dieser Arbeit). Die Vielfalt der Methoden und ihre Diffe-
renzierungen sind also notwendige Bedingungen dafür, daß der Sachunterricht sich an der Lebenswirklichkeit in gültiger Weise orientiert.

6.2.5 Unterschiedliche Abstraktionsebenen und Formen der Wirk-
lichkeitsdarstellung

Die methodischen Freiräume haben allerdings auch eine weitere
Funktion. Sie erlauben es den Kindern, selbstgesteckte Ziele auf
eigenen Wegen mit freigewählten Materialien und Medien und in
unterschiedlichen Lernzeiten anzugehen, ähnlich wie es das englische Curriculum Science 5-13 praktiziert. Außerdem ermöglicht die
methodische Vielfalt jedem Kind, seine ihm erreichbaren Formen der
Darstellung der Wirklichkeit und ihrer Interpretation zu verwirklichen. Hierzu sind in enger Anlehnung an die Medientheorie von
Hans AEBLI (1983/85) folgende fünf Formen denkbar, die auch miteinander verknüpft sind:

- die enaktive Darstellung: z.B. Spiel, Rollenspiel, Probe,
  Experiment sowie Basteln und Werken,
- die ikonische Darstellung: z.B. gemaltes Bild, Skizze,
  Plan, Piktogramm, graphische Darstellung oder Diagramm,
- die symbolischen Darstellungen:
  - die Sprech-Sprache: z.B. Narration und Dialog, Diskurs
    und Diskussion,
  - die Schrift-Sprache: z.B. Schilderung, Protokoll,
    Bericht oder Gedicht,
- die Mathematik: z.B. Lösung und Fassung eines Problems in
  Venn -Diagrammen oder in mathematischen Termen (vgl. hierzu
  das Beispiel in Kapitel 4.3.2.1.1 dieser Arbeit).

So kann das Ziel, einen einfachen Produktionsvorgang zu durch-

schauen, von dem einen Kind durch die Beobachtung in der Wirklichkeit erreicht werden, vom anderen durch Interpretation von Bildern
und Bildfolgen, von einem dritten durch das Zeichnen von Skizzen,
durch Befragungen, Lesen und Schreiben von Texten oder manuelles
Nachvollziehen, während wiederum andere Kinder Berichte schreiben
oder mengenmäßige Beziehungen des Produktionsvorganges in eine
Rechenaufgabe kleiden. Lernziele müssen also auf unterschiedlichen Wegen und verschiedenen Abstraktionsebenen angestrebt, gene-
ralisierbare Aussagen und abstrahierende Begriffe zu unterschiedlichen Zeiten und in unterschiedlicher Qualität gebildet werden.
Dasselbe gilt auch für die Aussagen über Menschen, andere Lebewesen, Sachen und Sachverhalte sowie für die Darstellung der Vernetzungen zwischen ihnen. So werden beispielsweise einige Kinder
Regeln für gesunde Ernährung sprachlich und schriftsprachlich
formulieren können, während es andere mit der Nennung der konkreten Bestandteile einer gesunden Mahlzeit bewenden lassen. Andere
Kinder wiederum werden durch Kreissektorendiagramme oder Säulen-
darstellungen Ausdrucksmöglichkeiten finden, um Sachverhalte in
einer mathematisierten Form darzustellen (vgl. hierzu HENDRICKS,
J., SOOSTMEYER, M. 1987 S. 86ff).

6.2.6 Leiblich-ästhetische Erziehung

Im Sinne der Ausbildung aller Wahrnehmungstätigkeiten wird bei der
Gestaltung von Lernsituationen dafür gesorgt, daß alle Sinne des
Kindes geschärft und alle Wahrnehmungstätigkeiten (Sehen, Hören,
Tasten, Schmecken, Riechen) geschult werden. Nur so sind die päda-
gogisch-phänomenologisch begründeten Forderungen nach einer leib-
lich-ästhetischen Erziehung im Sachunterricht und nach der Betei-
ligung des ganzen Menschen am Lernen einzulösen. Ich sehe ferner
auch nur auf diesem Wege gewährleistet ästhetische Erziehung und
Sachunterricht miteinander zu verknüpfen und die darin gegebene
Chance, ästhetische Handlungformen (vgl. hierzu DALLMANN, G.,
EUCKER, J. 1987) mit den in dieser Arbeit dargestellten Methoden
der Wirklichkeitsdarstellung zu verwirklichen (vgl. hierzu die
Unterrichtsbeispiele im Kapitel 4.2.8 sowie die Diskussion des Begriffes des grundlegenden Lernens in den Kapiteln 4.2.8, 4.3.2.1

6.2.7 Situationsbezogenes Lernen

Im Zusammenhang mit den Ausschnitten in der Lebenswirklichkeit
(vgl. hierzu Kapitel   4.2 dieser Arbeit) wurde auf die Dynamik,
Spontaneität, Konkretheit und Unmittelbarkeit kindlichen Weltumganges hingewiesen. Die Differenzierung des Sachunterrichts dient
durch die Situationsorientierung dazu, spontan auftretenden Lernmotiven Raum und Zeit zu geben. Sie sichert hier in besonderer
Weise auch die Beziehung von Schule und Leben, weil sich der Sachunterricht auch wechselnden Lebenssituationen öffnet und sie bewußt einbezieht. Nur durch eine derart verstandene Differenzierung
können die wichtigen erkenntnispsychologischen, didaktischen und
handlungstheoretischen Dimensionen einer Lernsituation verwirklicht werden, die als die Verknüpfung des subjektiv-erlebnishaften, des inhaltlich-objektiven und kognitiv-strukturellen Gehaltes
einer Lernsituation dargestellt werden (vgl. hierzu Kapitel
4.4.2.1 dieser Arbeit).

6.3 Leistungsbeurteilung

Leistungsbeurteilung oder -bewertung ist Hilfe für das Kind und
hat die Aufgabe, Lernfortschritte festzustellen und die kindliche
Leistungsbereitschaft zu fördern. Zu diesem Zweck erscheint es
angezeigt, Schülerleistungen zu beobachten, festzuhalten und in
der Weise zu werten, daß Konsequenzen für das weitere Lernen
gezogen werden können.
Der Sachunterricht steht dabei angesichts heterogener Inhalte,
Methoden und Zielvorstellungen vor besonderen Problemen.

- Er hat ein äußerst breites Zielspektrum, das vom Erlernen
  einfacher Verfahren bis hin zur Anbahnung von sachlichen
  Einstellungen   und sozialem Verantwortungsbewußtsein
  reicht.
- Seine Ziele sind nur sehr langfristig zu erreichen und
  manche von ihnen unter schulischen Bedingungen gar nicht
  zu beurteilen.

zu beurteilen.

- Viele Zielsetzungen, die im Sinne der Verbindung von Sach- und Soziallernen formuliert werden können, werden von den Kindern in Gruppen erbracht; sie sind das Ergebnis sozialer Prozesse und können daher nur sehr schwer auf das einzelne Kind zurückgeführt werden.

- Der überwiegende Teil der Leistungen im Sachunterricht ist nicht als Endprodukt erkennbar; vielmehr sind die dynamischen und prozessualen Gesichtspunkte des Lernens, Einstellungen, Handlungen und Fertigkeiten im Sachunterricht bedeutsam. Methodische oder methodologische Dimensionen menschlicher Tätigkeit sind jedoch äußerst schwierig zu bewerten; gleichwohl sind sie unabdingbar für kindliches Lernen und dessen Fortschritt.

- Ästhetische, motorische und taktile Leistungen, die Dispositionen also, die das Fundament für die Wahrnehmungstätigkeiten des Kindes, für seine Produktivität und Soziabilität bilden, entziehen sich einer äußerlichen Leistungsbeurteilung; sie sind trotzdem die mitentscheidenden Grundlagen für das Lernen im Grundschulalter, das auf Sachlichkeit und Mitmenschlichkeit abzielt.

- Das Lernen im Sachunterricht ist mehr noch als das Lernen in anderen Gebieten der Grundschule beeinflußt durch außerschulische und lebensgeschichtliche Erfahrungen der Kinder. Der Sachunterricht soll gerade diese Verbindung von Leben und Schule nachhaltig festigen und stößt insbesondere in diesem Kontrast auf Probleme besonderer Art.

Es gilt deshalb im Sachunterricht jegliche Vereinseitigung bei der Erziehung zur Leistungsbereitschaft und Förderung des Lernens zu vermeiden. In allen Bereichen des Wissens und Könnens, der Fähigkeiten und Fertigkeiten sowie bei der Entwicklung positiver Einstellungen und Haltungen geht es darum, zu fördern und auszudifferenzieren. Alle Leistungsformen und -äußerungen des Kindes müssen angenommen und auf Konsequenzen für weiteres Lernen hin befragt werden. Hierbei verdient die individuelle Leistung dieselbe Anerkennung und Förderung wie die in Gruppen erbrachten Leistungen.

Erfolgskontrollen mündlicher oder schriftlicher Art haben im Sachunterricht nur einen begrenzten Stellenwert. Es sollte hingegen
angestrebt werden, daß die Schüler beurteilbare Leistungen in
situationsbezogenen Handlungen erbringen können. Hierbei gilt
insbesondere den epistemischen, prozessualen und heuristischen
Leistungen der Kinder das Augenmerk. Die Kompetenz, Situationen zu
bewältigen, die angetroffenen Fragen, Probleme, Phänomene, Konflikte oder Aufgaben anzugehen, sind höher einzuschätzen als die
Ergebnisse des Lernens. Durch differenzierte Zugangsmöglichkeiten
und individuelle Lernwege kann zielerreichendes Lernen gesichert
werden, bei dem der Schüler seine Erfolge so sinnhaft erfährt, daß
eine Fremdbestätigung zweitrangig wird. Die Leistungsbewertung ist
also eindeutig pädagogisch. Sie vermeidet - wo immer möglich - die
Erzeugung extrinsischer Motive für das Lernen und fördert sachliche Interessen des Kindes - also intrinsische Motive.

6.4 Außerschulisches Lernen im Sachunterricht

Bestimmte Aufgaben des Sachunterrichts sind ohne das Aufsuchen
außerschulischer Lernorte überhaupt nicht zu erfüllen, so z.B. die
Verkehrserziehung, die Entwicklung der räumlichen und zeitlichen
Vorstellungen oder die Entwicklung und Sicherung der Handlungsfähigkeiten in Institutionen wie Post, Bahn, Polizei, Feuerwehr
oder Dientsleistungsbetrieben wie Banken, Sparkassen, Museen ect.
Der Sachunterricht muß auch der Erfahrungsarmut der Kinder entgegenwirken und ihnen Kenntnisse durch "originale Begegnungen" und
konkretes Mittun und Mitwirken an handwerklichen, technischen oder
gesellschaftlichen Prozessen vermitteln.

6.4.1 Unterrichtsbeispiel

Im folgenden wird gezeigt, welche Probleme und positiven Lerner-
folge der Besuch außerschulischer Lernorte bei Kindern hat. Es
handelt sich um Besuche bei der Post und in einer Tapetenfabrik.

**6.4.1.1 Vorbereitung von Besuchen in der Post und in einer
        Tapetenfabrik**

mit einer Tapetenfabrik in einem Rollenspiel simuliert:

Zwei Schüler kommen an die Tafel, erhalten vorbereitete Karten mit
den nötigen Informationen für das Telefongespräch und spielen den
Anruf vor:

Kind spielt	Kind spielt
Schüler	Gesprächspartner

Wie ist das bei Ihnen? Funktioniert das? 23 Kinder sind wir, haben Sie dafür Platz?	Dann müssen wir anbauen.
Wann können wir kommen?	Dann müssen wir aber ein paar Maschinen rausnehmen.

Die anderen Schüler beklatschen die geführten Gespräche.

Die Kinder antizipieren hier bereits Probleme, die der Besuch bei
der Post und bei der Fabrik bringen kann, wenn die ganze Klasse
kommt. "Wenn so viele Kinder kommen, dann müssen wir anbauen."

Die Schüler bilden zwei Besuchergruppen.

Danach erfolgt eine Abstimmung, welches Kind das Telefongespräch
zur Terminabsprache mit der Post oder der Tapetenfabrik führen
darf.

Fünf Schüler melden sich zum Telefongespräch mit der Post. Die
Klasse stimmt darüber ab, wer das Gespräch führen darf. Weitere
fünf Schüler melden sich für das Telefongespräch mit der Tapetenfabrik. Es wird abermals abgestimmt.

Die beiden ausgewählten Schüler führen in der großen Pause die Telefongespräche (die Gespräche waren durch die Lehrerin vorher mit der Post und der Fabrik abgesprochen).

Die Kinder entscheiden sich alternativ zu einem der beiden Unterrichtsgänge, wobei diese zeitlich nacheinander liegen, um den organisatorischen Ablauf zu erleichtern.

Die "Postbesucher" treffen sich um acht Uhr und gehen gemeinsam zum örtlichen Postamt. Es bilden sich drei Gruppen, die während des Unterrichtsgangs verschiedene Aufgaben lösen.

6.4.1.2 Beobachtungsaufgaben und Befragungsbögen

1. Welchen Beruf haben Sie?
2. Um wieviel Uhr stehen Sie auf?
3. Wieviele Stunden arbeiten Sie am Tag?
4. Müssen Sie besondere Kleidung tragen?
5. Was arbeiten Sie?
6. Müssen Sie bestimmte Geräte mitnehmen?
7. Hatten Sie früher einen anderen Beruf?
8. Sind Sie bei der Arbeit gestreßt?
9. Gefällt Ihnen Ihr Beruf?

Der selbsterstellte Fragebogen wird zum Anlaß für ein Gespräch mit Angestellten und Beamten der Post genutzt. Das Interesse der Schüler und die lenkende Hilfe durch die vorgegebenen Fragen erleichtern ein Zugehen auf die fremden Erwachsenen.

Eine andere Gruppe bemüht sich um Nennung von Handlungsverben ("Beobachte, was die Menschen tun!"). Auch hier wird die Gruppe über die Aufgabe zum Fragenstellen und Gespräch ermuntert. Hinzu kommt, daß die Kinder im Gespräch genaue Angaben erhalten und somit in die "Fachsprache" dieser Arbeitsstätte eingeführt werden. "Lärm, Schmutz und Gefahren" sind die Beobachtungskriterien für die dritte Gruppe.

Das gelenkte Besichtigen eines Betriebes hilft Kindern dieser
Altersstufe, die neuen und überwältigenden Eindrücke von Vorgängen
und Handlungen hinter dem Schalter und in diversen Arbeitsräumen
kennenzulernen und schützt vor Reizüberflutung. Das Interesse der
Kinder bewirkt bei den Postbediensteten eine große Bereitschaft,
mit Zeitaufwand und Verständnis ihren Arbeitsplatz vorzustellen
und es den Kindern zu ermöglichen, Karten abzustempeln, hinter dem
Schalter zu sitzen und Informationsmaterial mit in die Schule zu
nehmen.

Auch bei der Besichtigung der Produktionsstätte Tapetenfabrik stehen die drei Aufgabenbereiche zur Lösung an, wobei die Ergebnis-
quantität und -qualität von den erschwerenden Bedingungen bei Pro-
duktionsstätten beeinflußt werden. Auch bei diesem Unterrichtsgang
helfen die Gruppenarbeiten den Kindern, einige Detailinformationen
zu erhalten und sie vor der Überflutung von Eindrücken zu schüt-
zen.

6.4.1.3 Besuch in der Post

Die Kindergruppe wird in der Post auf das Herzlichste willkommen
geheißen. Die Mitarbeiter werden kurz vorgestellt, und die Kinder
können sich nach einiger Zeit relativ frei bewegen.

Die Gruppe 1 befragt die Mitarbeiter der Post mit Hilfe des Fragebogens und findet im wesentlichen die berufstypischen Antworten
auf ihre Fragen. Auf eine detaillierte Dokumentation sei hier verzichtet.

Die Gruppe 2 protokolliert die Tätigkeit der Mitarbeiter.

Im folgenden wird das Wortprotokoll wiedergegeben:

"Der Mann stempelt Briefmarken.
Er spricht mit einer Frau.

Er trägt das Geld in eine Liste ein.
Er gibt den Menschen eine Briefmarke.
Er gibt einen Einschreibezettel.
Er stempelt die Briefmarken.
Eine Frau kauft fünf Briefmarken.
Er gibt Antwort auf die Frage nach Schmuckbriefmarken.
Er gibt Geld zurück.
Er nimmt Päckchen an.
Er antwortet auf Fragen.
Er spricht mit der Frau.
Er gibt etwas umsonst.
Er nimmt den ganzen Tag Geld an.
Er trägt das Geld in die Liste ein.
Alles sauber putzen tut eine Frau.
Briefe zurückschicken.
Stempel - man stempelt.
Man tut stempeln ."

Die dritte Gruppe beobachtet Gefahren, Lärm und Schmutz am Arbeitsplatz. Im folgenden wird das Wortprotokoll wiedergegeben:

"Die Frau bohnert, das wird zu glatt.
Die Autos draußen sind so laut.
Wenn Leute reinkommen, die krank sind, können die Postleute
sich anstecken.
Da stehen Kästen rum, bis unter die Decke gestapelt, wenn die
umfallen.
Die Stempelfarbe stinkt und ist dreckig.
Man kann sich mit dem Stempelhammer auf die Finger hauen.
Man kann von einem Paketwagen überfahren werden."

Nach einiger Zeit beginnt die Gruppe, ihre Feststellungen zu
wiederholen und flüchtet sich in abstrus scheinende Vorstellungen.

"Die Decke (des Hauses) kann einstürzen.
Wenn Stempelfarbe immer eingeatmet wird, dann kriegt man
Krebs.

Das Postauto kann gegen die Mauer rasen."
u.ä.m.

Der Eifer der Kinder, irgend etwas zur Aufgabe zu sagen, ist so
mächtig, daß wichtige Warnsignale bzw. -schilder übersehen werden,
z.B. Hinweise auf Rauchverbot, Verbote der Lagerung brennbarer
Stoffe und Hinweise auf Gefahren bei elektrischen Leitungen.

Nachdem die Arbeitsaufträge weitgehend erfüllt sind, wenden sich
die Kinder eigenen Interessen zu. Sie besuchen die Mitarbeiter
hinter der Theke und sehen im Stempelraum bei Stapelarbeiten zu.
Einige Kinder spielen an der Theke "Postbeamter und Kinder" und
simulieren die Vorgänge. Die Postbeamten zeigen sehr viel Einfühlungsvermögen in die Kinder.

Die größte Attraktion ist jedoch das Stempeln der Briefe. Bekanntlich ist ein Poststempel wie ein Hammer gebaut. Er hat eine
Feinmechanik, mit der bspw. das Datum verändert werden kann. Ein
Postbeamter erklärt die Informationen, die auf dem Poststempel
enthalten sind, Ort, Nummer des Postamtes und Tag und läßt dann
alle Kinder einmal stempeln. Diese Schläge mit dem "Hammerstempel"
machen den Kindern so viel Spaß, daß sie sich mehrfach anstellen,
um wiederholt zu stempeln.

6.4.1.4 Besuch in der Tapetenfabrik

Die vierte Gruppe befragt die Mitarbeiter der Tapetenfabrik mit
Hilfe des Fragebogens und findet im wesentlichen die berufstypischen Antworten auf ihre Fragen. Auf eine detaillierte Dokumentation sei hier verzichtet.

Die Dokumentation dieses Besuches ist äußerst schwierig. Aus
Sicherheitsgründen werden zwei Schülergruppen gebildet, die dann
zwei Mitarbeitern der Tapetenfabrik zugeordnet werden. Jeder der
beiden hat jedoch seinen Schwerpunkt in der Fabrik und setzt
dementsprechend Akzente:

Der Werkmeister, der für die Maschinen und Reparaturen zuständig
ist, geht andere Wege durch die Fabrik als derjenige, der als
Fachmann für die verschiedenen Druckverfahren verantwortlich ist.
Die Erfahrungen der Kinder sind somit sehr heterogen. Allerdings
drücken sie sich dennoch ähnlich aus, wenn es darum geht, Tätigkeiten zu beschreiben. So z.B. dann, wenn sie vor unverstandenen
Apparaturen stehen und Arbeitsschritte beschreiben:

"Der tut das Papier hinein.
Er nimmt etwas hoch und guckt.
Er drückt auf einen Knopf.
Hier wird geschweißt.
Der fährt mit dem Gabelstapler.
Er packt die Rollen in Kartons.
Er rührt Farben ein.
Er kontrolliert."

Bei der Beschreibung umfassender Arbeitsabläufe entsteht folgendes
Problem: Wenn die Apparate - es handelt sich um Druckerstraßen von
über 15m Länge und ca. 5-6m Höhe - unüberschaubar werden, dann
flüchten sich die Kinder auf rein äußerliche Beschreibungen. Die
Handlungen, die sie beobachten, haben kein "Objekt", weil die
Kinder es nicht erkennen können. Dadurch "fehlt" oftmals auch der
Sinn der Handlung. Ferner ist es so, daß pädagogisch nicht ge-
schultes Personal einen Fachjargon benutzt, den Kinder nicht verstehen. Teils geschieht es, daß der Mitarbeiter den Kindern nicht
den Sachverhalt aufdeckt, sondern den anwesenden Lehrern eine
Einführung in die Berufskunde bietet. Die Kommunikationskanäle
stimmen streckenweise nicht. Der angestrebte Dialog "Kind- Arbeit-
nehmer" findet nicht statt.

In diesem Zusammenhang hat es dann natürlich diejenige Gruppe
leichter, die ohne viele Erklärungen Lärm, Schmutz und Gefahren
registrieren muß. Hier ein Ausriß aus dem Ergebnisprotokoll dieser
Gruppe, der relativ gute Wahrnehmungsfähigkeiten zeigt:

Papieranlieferung

"Die Rollen können umfallen.
Man muß Sicherheitsschuhe tragen.
Wenn das (Säcke) runterrutscht.
Eine Rolle wiegt 400-500 kg.
Hier ist es nicht sehr laut.
Das Geräusch kommt vom Kompressor.
Schmutz gibt es nicht sehr viel hier."

Farbherstellung

"Hier stinkt es, hier ist es schmutzig, staubig.
In die Maschine, in der Farbe gerührt wird, darf nichts rein-
fallen.
Wenn die Maschine läuft, macht das ganz schön Krach.
Hier muß man Handschuhe und Sicherheitsschuhe tragen."

Tapetendruck - Siebdruck

"Hier ist es sehr laut, die Maschine macht viel Krach.
Hier stinkt es ganz doll.
An den Walzen muß man vorsichtig sein, weil sie sich drehen
und man sich klemmen kann.
Das Papier ist an den Rändern scharf, man kann sich
schneiden.
Hier ist es warm.
Die Leute, die hier arbeiten, können Lärmschutz tragen -
Ohrenstopfen."

Tiefdruck

"Hier stinkt es.
Die Luft, die die Leute atmen, ist ungesund.
Es wird immer gemessen, wie schlecht die Luft ist.
Die Leute werden ganz oft vom Arzt untersucht.
Hier ist es sehr laut, viele Männer tragen Ohrenstopfen.

Farbe und Schmutz fließen am Boden.
Automatische Feuertür."

Tapetenverpackung

"Bei der Verpackungsmaschine muß man aufpassen, daß man nicht
mit den Händen hineinkommt."

Werkstatt

"Schmutz!
Hier wird geschweißt, man braucht Schutzkappen und Brillen."

Drehbank

"Blechschere, man kann sich schneiden.
Drehspäne sind sehr scharf.
Gefährlich mit weiter Kleidung und langen Haaren, weil sie
sich in den Walzen verfangen können.
Kohlensäure.
Feuerlöschanlage.
Beim Ertönen der Warnhupe oder beim Einströmen von Kohlensäure
Raum sofort verlassen!
Erstickungsgefahr.
Vor dem Wiederbetreten Raum lüften.
Hochspannung.
Vorsicht Lebensgefahr.
Daneben hängt ein Plakat über Erste Hilfe bei Unfällen mit
elektrischem Strom.
Gabelstapler - gefährlich."

Büro

"Zeichenbüro - Hier ist es schön (hell, Blumen, Musik, leise).
An der Schneidemaschine ist ein Schutz, damit man sich nicht
schneidet."

6.4.1.5 Didaktische und methodische Folgerungen

In bezug auf die "Postgruppe" kann festgestellt werden, daß die
Kinder aufgrund ihrer Alltagserfahrung sehr schnell die entscheidenden Arbeitsvorgänge identifizieren und die Zwecke auch gut
erfassen können.

Anders ist der Sachverhalt in der Tapetenfabrik. Hier stehen die
Kinder ratlos vor den Maschinen und Druckerstraßen und sind eben
nicht in der Lage, den Gesamtablauf zu verstehen oder gar eine
Einzelaktion irgendwie vernünftig zuzuordnen.

Wenn man an eine Alternative denkt, die den Besuch und die damit
angestrebten Lernprozesse brauchbarer machen könnte, fällt die
Elementarisierung auf eine modellhaft vereinfachte Darstellung
einer Druckstraße ein, an der man das Bedrucken eines Papiers mit
mehreren Streifen und Mustern durchführen könnte, um den Weg des
Papiers in einer Druckstraße zu verdeutlichen.

Allerdings bedeutet die Entwicklung einer Alternative in diesem
Sinne eine Abkehr von den Zielvorstellungen, die die Lehrerin den
Unterrichtsgängen zuordnet. Ihre Absicht ist es, die Bedingungen
des Menschen am Arbeitsplatz von den Kindern herausfinden zu
lassen, ganz in dem Sinne, den der Fragebogen und die Arbeitsaufträge widerspiegeln. Sie will also auf die soziale Komponente des
Themas abheben. Kinder zeigen sich eine Zeitlang durchaus an
solchen Fragestellungen interessiert. Sie schwenken dann aber sehr
gerne auf die Arbeitsprozesse um, z.B.:

"Was macht der da jetzt?
Wozu ist die Maschine gut?
Wie kommt die Farbe auf das Papier?
Können wir das nicht mal anhalten und da hineingehen?
Wozu sind die großen Stahlrollen gut?
Wie mischen Sie die Farben zusammen, zeigen Sie uns das einmal?
Was passiert, wenn eine Rolle kaputtgeht?
Warum ist es an dieser Maschine so heiß?

Trocknet Tapetenfarbe schneller, wenn sie warm ist? Warum?
Wie finden Sie aus dem Lager die richtigen Tapetenrollen
heraus, wenn die geholt werden müssen?"

Solche Fragen und viele weitere, die von den Kindern gestellt
werden, zeigen das starke Interesse der Schüler an Arbeitsprozes-
sen: "Was passiert, wann, in welcher Folge und zu welchem Zweck?",
Fragen nach der sinnvollen Verknüpfung von Handlungen, Objekten
und Zielen (AEBLI, H. 1985, S.179 - 203).

Der Aufgabenschwerpunkt "Arbeitsstätten und Berufe" kann nicht
nur unter einem Gesichtspunkt, bspw. dem gesellschaftlichen Aspekt, angegangen werden. Vielmehr sind es die in der Sache liegenden technischen und beruflichen Akzente sowie die Interessen der
Kinder, die im Zusammenhang mit der Frage nach den sozialen Dimensionen den Zugriff auf die Lebenswirklichkeit vollgültiger machen
(vgl. hierzu auch SOOSTMEYER, M. 1986, S. 49f).

In der Diskussion innerhalb der Lehrerarbeitsgruppe um diese Probleme wurde moniert, daß der Unterricht nicht so recht die Belastungen der Menschen am Arbeitsplatz gezeigt habe , und daß es
Pflicht des Lehrers sei, gesellschaftliche Zwänge, Gefahren und
Belastungen, denen arbeitende Menschen ausgesetzt sind, in das
Bewußtsein der Kinder zu heben. Gegen solche Absichten spricht gar
nichts. Nur wenn die Kinder in allen Fällen auf die Frage 8 des
Arbeitsbogens: "Sind Sie bei der Arbeit gestreßt?" negative Antworten bekommen und bei der Frage 9: "Gefällt Ihnen Ihr Beruf?"
positive Reaktionen hören, erscheint es problematisch, dann -
gleichsam in Kontraposition zur authentisch erfahrenen Wirklichkeit - zu unterrichten. Diese Feststellung ist wichtig, weil Kinder in einigen Fällen kritisch nachgefragt haben, ob der Mitarbeiter auch die Wahrheit sage oder nicht.

6.4.1.6 Auswertung der Unterrichtsgänge

Die Arbeitsergebnisse werden ausgewertet: An der Wand hängen un-
geordnet Schilder mit Tätigkeiten, die in der Post bzw. in der

Tapetenfabrik beobachtet wurden.

Drei Gruppen haben Erfahrungen recht unterschiedlicher Art gemacht, wobei zwei Gruppen in ein und demselben Betrieb waren. Die
Kinder sollen sie ordnen, aber die Lehrerin will keine Kriterien
vorgeben. Die Kinder sollen sie noch selbst entdecken.

Es ergibt sich folgender Verlauf des Unterrichts:

Das erste von den Kindern gefundene Kriterium ist die Zugehörigkeit zu einer Gruppe: "Post, Tapetenfabrik I, Tapetenfabrik II ".
Der Ordnungsversuch ergibt drei Felder, von denen zwei miteinander
so eng korrespondieren, daß sich die Kinder gegenseitig die Karten
und damit die Auswertung ihrer Lernerfahrungen streitig machen.

Der Ordnungsversuch mißlingt.

Es zeigt sich, daß Kinder dieses Alters sich nicht vorstellen
können, daß ein Gesprächspartner andere Erfahrungen hat als sie
selbst. Kinder sind dann so befangen in ihren eigenen Ideen und
Vorstellungen, daß es ihnen nur sehr schwer gelingt, sich von
ihnen zu lösen, ein Phänomen, das Jean PIAGET (1979/1923/30, S.
80 - 92) ausdrücklich dargestellt und eindringlich diskutiert hat.
Indizien dafür sind z.B. die Äußerungen: "Du warst doch auch in
der Tapetenfabrik. Das mußt du doch gesehen haben!" oder "Der
Postbeamte hat uns das gesagt. Das ist doch ganz klar, du bist
doch dabei gewesen." Natürlich führt solches zu Meinungsstreit,
zur Gegendarstellung und Klärung der eigenen Position, die z.B.
dadurch bedingt ist, daß man innerhalb der Gruppe mit speziellen
Aufgaben: "Befragen, Tätigkeiten beobachten und Lärm, Gefahren
ect. registrieren" betraut war.

Ein Mädchen, das am Tage des Unterrichtsganges erkrankt war,
durchschaut die Schwierigkeiten. Es ist in der Lage, klar auszu-
sprechen, daß lediglich zwei Gruppen: die "Textil-Fabrik" und die
"Postgruppe" gebildet werden müssen, weil sonst ein "Durcheinan-
der" (wörtl.) entsteht. Die Klärung kommt somit durch ein Kind,

das sich nicht von irgendwelchen Erfahrungen lösen muß und sich
bewußt auf die Mitteilungen beider Schülergruppen einstellen muß,
um an deren Lernerfahrungen zu partizipieren. Diese Situation
führt zu einem andauernden Klärungsprozeß unter den Kindern, der
folgende Stationen durchläuft:

- Klärung, daß beim Unterrichtsgang drei Gruppen gebildet
  wurden, weil die Tapetenfabrik aus Sicherheitsgründen kleine
  Besuchergruppen wollte,
- Klärung der Frage, daß man die beiden "Tapetenfabrik-Grup-
  pen" so behandeln könne, als ob sie eine Gruppe seien,
- Ordnung der Begriffe, Tätigkeiten nach dem Raster "Post -
  Tapetenfabrik"

Dieser Ordnungsversuch gelingt, weil nun alle Kinder verstehen,
worüber gesprochen wird - und wer es sagt. Das Verstehen ist auch
gesichert, weil jetzt jeder, der etwas zu sagen weiß, sich an-
strengt, sich in Wort, Gestik und Pantomime für alle verständlich
zu äußern.

Die soziale Funktion dieser Lernsequenz: sich über Gesagtes, Beobachtetes und Protokolliertes zu verständigen, ist unverkennbar.
Dominanzprobleme unter den Kindern treten im späteren Klärungsver-
such nicht mehr auf.

Hier ein kurzer Ausriß aus der Diskussion:

"Mit der Luft ist es deswegen ungesund: Die Paste muß
erstmal heiß gemacht werden, bevor die auf die Tapete
kommt. Was ist Paste? - Farbe!
Wir hatten auch Farbe in der Post. Die stank! - Nein! Die
roch gar nicht so doll! - Aber gefährlich ist die auch!"
"In der Fabrik fahren auch die Stapler rum. Die haben
auch Abgase. - In der Post sind auch so Paketwagen, die sind
auch gefährlich."
Wir müssen die Schilder ordnen! Das nützt sonst
nichts!"

Hier einige Sentenzen, die von den Kindern zur Post und zur Tapetenfabrik ausgesprochen werden:

- "Die Menschen sind so laut, da kann man sein eigenes Wort nicht verstehen. Da schreit man sich die Kehle aus dem Hals.
- Mein Papa arbeitet ja auch, bei uns auf dem Boden, der schleift.
- In der Tapetenfabrik gibt es auch eine Schlosserei. Eine Maschine tut da auch schleifen.
- Es wird ein Muster gezeichnet. Auf die Walzen werden bestimmte Muster und Farben aufgetragen. Dann kommt eine leere Rolle rein.
- Das ist ein Labor, die tun die Farben herstellen."

Ein Junge hat - beeindruckt vom Siebdruckverfahren - nachgefragt, wie es funktioniert. Er kann es hinreichend erklären:

"In eine Rolle - die sieht so aus wie ein rundes Sieb - wie eine Röhre - da wird Farbe rein getan. Die Rolle ist wirklich wie ein Sieb, nur mit Mustern drauf. Die Farbe in der Röhre fließt da so rum und wird von einer Walze durch das Sieb auf die Tapete gedrückt."

Aber sein Bericht wird nicht verstanden, er muß sich auf seine Gestik und auf seine zeichnerischen Talente verlassen. Er wiederholt das Ganze in Variation und stellt eine Skizze her, die schlichtweg beindruckend ist und die das abgebildete Schema (leider ist das Original nicht erhalten geblieben) widerspiegelt.

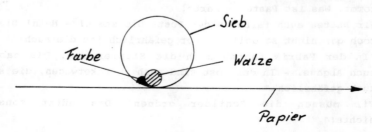

Natürlich liegt hier eine Hochform kindlicher Beobachtungsfähig-
keit und eine ebenso gute Interpretation technischer Sachverhalte
vor.

Die Kinder, die die Post besucht haben, schildern ihre
Erfahrungen und Beobachtungen folgendermaßen:

"Da war ein Tresor.
Wir durften stempeln. Das ist sehr gefährlich. Da kann man
sich auf die Finger hauen.
Der Stempel sieht so ähnlich aus wie ein Hammer. Der hat
vorne keine Spitze, sondern ein rundes Ding.
Jetzt fragt ihr auch sicher, wie man das Datum einstellen
kann." (Er will es erklären, bekommt den Sachverhalt aber
nicht mehr hin.)
Ausdruck für Stempelbewegung : "Bau", "paff."
Ich hab' hier Sonderbriefmarken.
Der in der Post hat uns ein Schnippchen geschlagen. Da
stehen noch kleine Zahlen."

6.5 Fächerübergreifendes Lernen

Der Sachunterricht ist ein wichtiger Beitrag zur gesamten Bildungsarbeit in der Grundschule. Diese aber kann sich m.E nicht in
der fachlichen Vereinzelung des Wissens und Könnens erschöpfen,
sondern muß darum bemüht sein, die vielfältigen Möglichkeiten, die
Lebenswirklichkeit zu verstehen und zu interpretieren, miteinander
zu verknüpfen. Der Sachunterricht darf daher nicht für sich isoliert verstanden werden, sondern nur im Kontext mit den anderen
Fächern und der mit ihnen angesprochenen Form der Wirklichkeitsinterpretation:

- **Natur, Arbeit, Technik,**
- **Individuum, Gruppe, Gesellschaft,**
- **sinnliche Wahrnehmung, Kunst, Ästhetik,**
- **Weltdeutung, Religion, Glaube, Ethik**

(vgl. hierzu KM. NW. 1985, S. 12 u. 13).

Der Unterricht muß das Kind in einem grundlegenden Sinne hand-lungsfähig machen. Dies aber verlangt Verarbeitungsformen und Lernprozesse, die wesentlich über den Sachunterricht hinausgehen. So sind die angestrebte Handlungskompetenz und die ihr nachgeordneten Sozial- und Sachkompentenzen ohne sprachliche, mathematische, musische, künstlerische, ethische und ggf. religiöse bzw. weltanschauliche Komponenten überhaupt nicht begründbar.

Der Sachunterricht ist bereits aufgrund seiner Aufgaben:

- **Erwerb grundlegenden Wissens und elementarer Fertigkeiten,**
- **Erziehung zu Sachlichkeit und zu Mitmenschlichkeit**

in übergreifende geistige Bezüge hineingestellt.

Ferner verwirklicht er bereits im Zuge des handelnden Lernens unterschiedliche Zugriffsweisen auf die Lebenswirklichkeit, so z.B. die sprachliche, bildhafte und mengenmäßige Darstellung, aber auch die Erfassung von Problemen, Verhältnissen und Fragestellungen mit Hilfe von Bewegung, Mimik, Gestik, durch Modellieren, Zeichnungen, Schaubilder und Tabellen. Hierbei wendet der Sachunterricht sowohl Methoden als auch inhaltliche Elemente des Unterrichts anderer Fächer an. Dies geschieht in der Absicht, die im Unterricht behandelte Thematik so umfassend und klar wie möglich darzustellen und das Kind in unterschiedliche Formen und Möglichkeiten der Wirklichkeitsinterpretation und Daseinsbewältigung einzuführen.

Die Analyse der pädagogischen Dimensionen der Lebenswirklichkeit zeigte, daß das Kind alle Formen der Wirklichkeitserschließung ausleben muß: Es braucht Sprache, Gestaltung, Spiel, Symbol, Maß, Zahl und Form. Diese Zugriffsweisen auf die Wirklichkeit kommen dem Sachunterricht ebenso zu wie anderen Fächern in der Grundschule. Im Sachunterricht sollen z.B. auf unterschiedliche Weise Situationen, Vorgänge und Abläufe dargestellt werden. Dies kann geschehen z.B. durch Mimik, Gestik und Bewegung, durch Malen,

Zeichnen, Modellieren und Bauen, durch Schaubild, Tabelle und
Zahl. Wegen der vielen Möglichkeiten sprachlichen Handelns fördert
der Sachunterricht immer auch die Sprachkompetenz.

Die o.g. Zugriffsweisen vollziehen sich in der Praxis nicht isoliert voneinander; sie sind eher themen- und problembedingt als
fachabhängig. Aus der Sicht des Sachunterrichts versteht sich
deshalb fachübergreifender Unterricht als integrierende, die Fächer verflechtende, von der Sache her strukturierte Arbeit.

Besonders geeignete Unterrichtsformen zur Verwirklichung integrie-
render, die Fächer verknüpfender Arbeit im Sachunterricht sind
Vorhaben und Projekte. Da ihr Gelingen in der Grundschule von der
Verwirklichung spontaner Ideen der Schüler und des Lehrers abhängt, können sie nicht inhaltlich festgelegt werden.

6.5.1 Analyse eines Unterrichtsbeispiels

Im Kapitel 4.3.2.1.1 dieser Arbeit wurden am Beispiel der Erarbeitung eines Schätzverfahrens zur Erfassung von Stempelabdrücken die
Bezüge sachunterrichtlichen Lernens zur Mathematik deutlich. Hierbei ist das sachunterrichtliche Lernen bereits in sich differenziert; es enthält arbeitstechnische, materialkundliche und soziale
Aspekte. Wichtig ist auch der gestalterisch-ästhetische Bezug des
Sachunterrichts, der an diesem Beispiel deutlich wird. Die Kinder
eines 2. Schuljahres werten die Ergebnisse ihrer Druckarbeiten zunächst unter rein quantitativem Aspekt aus. So ermitteln sie eine
"Siegergruppe". Sie haben aber auch das Bedürfnis, ästhetische Gesichtspunkte bei der Bewertung zu berücksichtigen.

Sogar einigen Mitgliedern der "Siegergruppe" reicht die Quantität
als alleiniges Bewertungskriterium nicht aus. Sie und andere Kinder fragen nach der "Schönheit" der Produkte. Ein Junge aus der
"Gummiwalzen-Gruppe" stellt fest: "Wir haben zwar viel geschafft -
aber auch viel geschmiert. Das sieht ja nicht besonders gut aus!
Wenn man nach dem Aussehen geht, was so richtig schön ist, dann
haben eigentlich die Papprollen- und die Korkstempeldrucker gewon-

nen." Ein anderes Kind bemerkt, daß die "Korkstempler" die eigentlichen Sieger seien, da sie ohne Maschine "ziemlich viel und auch
schön" gearbeitet hätten. Die soziale Dimension, die hier sichtbar
wird, ist überzeugend inhaltlich gefüllt. Deutlich wird aber auch,
daß die Kinder nicht ausschließlich auf die mengenmäßige Erfassung
aus sind, sondern daß ihr ästhetisches Bewußtsein scharf entwickelt ist und entsprechende Handlungen hervorruft. Ästhetische
Erziehung und Sachunterricht schlagen hier so ineinander um, daß
der von mir geforderte Methodenpluralismus verwirklicht wird (vgl.
Kapitel 4.2.7.4 dieser Arbeit und DALLMANN, G. EUCKER, J. 1987 und
SCHREIER, H. 1986 u. 1987), daß Kinder ihre Ereknnntisformen erweitern ihr Sozialverhalten sowie ihre Bewertungsschemata ändern:

> Die Kinder haben zielbezogen und auf Sieg hin gearbeitet.
> Sie sind stolz auf ihre Produkte, und dennoch akzeptieren
> sie ein Kriterium, das ihnen den Sieg eigentlich wieder
> nimmt. Ehrgeiz, Konkurrenzdenken und übertriebene Einschät-
> zung der eigenen Arbeiten sind nicht zu beobachten.

Es überzeugt auch, daß während des Wettbewerbes selbst die Mit-
glieder der konkurrierenden Gruppen alles unterlassen, was die jeweils agierende Gruppe stören könnte. Im Gegenteil - mittelbare
Hilfen zu gewähren wie Platz einzuräumen und Störungsversuche zu
unterlassen, ist für die Kinder selbstverständlich.

Ich möchte im Sinne einer These schlußfolgern: Sach-, Situations-
und Handlungsorientierung im Sachunterricht schließen die Orientierung an der Kunst resp. an der ästhetischen Erziehung nachdrücklich ein, ihre gegenseitige Ergänzung ist pädagogisch unabdingbar. Es geht in Anlehnung an WAGENSCHEIN um die Ineinssetzung
der künstlerischen und wissenschaftsbezogenen Grundkräfte des Kindes mit dem Ziel der Humanisierung des Lernens.

Solches Lernen wird nicht nur allein der kindlichen Geistesverfassung gerechter als eine durchgängig monodisziplinäre Sichtweise
der Welt, sondern entspricht auch der "Einheit des Wirklichen", die
Carl Friedrich von WEIZSÄCKER herausgearbeitet hat (1961, S. IX).

6.5.2 Begriffsbildung und Sachunterricht

Ohne jeden Zweifel kommt der Begriffsbildung im Sachunterricht
eine bedeutende Rolle zu, denn die Forderung nach dem Erwerb
grundlegenden Wissens und von Orientierungs- und Handlungsfähigkeiten durch das Kind beinhaltet auch die Vermittlung von Sprachkompetenz in Verknüpfung mit der Sachkompetenz. Die Redewendung:
"Eine Sache, einen Sachverhalt oder ein Problem auf den 'Begriff'
bringen", verdeutlicht den engen Zusammenhang zwischen beiden genannten Kompetenzen.

6.5.2.1 Eigenschaften von Begriffen

Die ordnungsstiftende Funktion der Sprache ist eng mit der Begriffsbildung verknüpft. AEBLI stellt drei Kriterien für die
"Güte" eine Begriffes heraus:

- Ein Begriff erlaubt uns eine bestimmte Erscheinung wieder-
  zuerkennen, dies vermittelt Freude und Sicherheit bei der
  Orientierung innerhalb der Wirklichkeit. "Es ist die Befriedigung des "Das kenn' ich ja", die theoretische
  Schwester des "Den kenn' ich auch" (AEBLI, H., 1981, S.
  88).

- Ein Begriff erfaßt Züge von Erscheinungen, die mit Zügen
  anderer Phänomene systematisch zusammenhängen. Im Begriff
  selbst sind dann jene Züge erfaßt, die eine innere Einheit
  bilden. Diese Einheit versetzt das Kind in die Lage, systematische Zusammenhänge (z.B. perzeptive, funktionale, genetische, emotionale, raum-zeitliche) zu weiteren Erscheinungen zu erkennen und diese zu identifizieren. Insofern
  ist ein Begriff fruchtbar, weil er früher oder später
  solche Zusammenhänge eröffnet und innerhalb der Wirklichkeit Ordnungen und damit Handlungs- und Orientierungsmöglichkeiten schafft.

- Ein Begriff bezeichnet einen Tatbestand oder eine Größe,
  der bzw. die über Veränderungen der äußeren Erscheinungen
  hinweg "unverändert" bleibt (z.B. der Begriff der Energie
  oder der Verantwortung). Ein solcher Begriff erlaubt die
  gleiche Behandlung trotz Wechsel der Erscheinungsformen, er
  vereinfacht das Bild der Wirklichkeit und gibt den Blick
  frei auf "stabile Züge im Vielerlei der Erscheinungen".

Diese Kriterien zeigen recht eindrucksvoll, daß die Begriffsbildung bezogen auf die Aufgaben des Sachunterrichts nicht sorgfältig
genug bedacht bzw. betrieben werden kann.

Wenn jemand sagt: "Ich sehe ein Rad!", dann schildert er mit
diesem Sprechakt nicht seine aktuelle Wahrnehmung, sondern er
interpretiert sie vor dem Hintergrund eines umfassenden Erfah-
rungsschatzes, den er inzwischen in bezug auf Phänomene gewonnen
hat, die mit dem Begriff "Rad" bezeichnet werden.

Diese Erfahrungen sind sehr viel differenzierter und umfangreicher
als es der Begriff ausdrückt. So unterscheidet der Redner mit
diesem Begriff nicht zwischen bestimmten Rädern, z.B. Rad mit
Gummi- oder Eisenbereifung, Gummi- oder Holzrad, Rad mit Speichen
oder Vollkörper. Er spricht auch nicht die Herkunft des Rades an,
z.B. Autorad, Rad eines Fahrrades, Kinderwagens, Rollers oder
Motorrades. Ferner läßt er Funktionen oder Spezifikationen anderer
Art außer acht wie z.B. Lenkrad oder Zahnrad und Wind- oder Was-
serrad. Ebenso unterschlägt er Merkmale wie Farbe, Größe und ggf.
das erkennbare Alter.

Seine Rede beschränkt sich im Augenblick der Aussage auf die wichtigsten Merkmalsattribute: "kreisförmig, drehbar und auf einer
Welle oder Achse lagernd".

Er wählt mit dem Begriff "Rad" eine abstrakte, selektive und
generalisierende Darstellung anstelle einer vollständigen und
detaillierten Schilderung dessen, was er sieht. Ein Begriff ist
also eine Interpretation der Wirklichkeit und nicht ihr Abbild.

6.5.2.2 Verfahren der Begriffsbildung

6.5.2.2.1 Begriffsbildung durch Abstraktion

BRUNER, GOODNOW und AUSTIN (1956, vgl. hierzu die ausführliche Behandlung bei OERTER, R. 1972, S. 19ff) haben die Prozesse der Bildung von konjunktiven und disjunktiven - also logischen Begriffen experimentell untersucht und drei Strategien beobachten können:

- die Begriffsfindung durch konservatives Fokussieren (conservative focussing); hierbei geht die Versuchsperson von einem typischen Beispiel aus, das den Begriff repräsentiert, und versucht durch Vergleich mit anderen Beispielen, Merkmal für Merkmal miteinander zu vergleichen. Diese Strategie ist ziemlich sicher, aber zeitraubend.

- die Begriffsfindung durch spielerisches Fokussieren (focus gambling); hierbei geht eine Person ähnlich vor wie oben, allerdings nimmt sie mehrere Exemplare zugleich und versucht ferner, mehrere Merkmale zu erfassen. Diese Strategie ist risikoreicher, aber nicht so zeitaufwendig.

- die Begriffsfindung durch sukzessives Prüfen (succesive scanning); hierbei versucht eine Person, unmittelbar durch Raten Begriffe zu verifizieren. Diese Strategie ist die risikoreichste und zugleich die unergiebigste. Raten führt nicht zu Informationen, die beim Scheitern eines Testes verwertet werden könnten. Man ist immer auf weiteres Raten angewiesen und kommt nur durch Zufall oder durch Ausschöpfung aller möglichen Hypothesen zum Ziel.

Das Finden disjunktiver Begriffe stellt die Versuchsperson vor wesentlich größere Schwierigkeiten, auf die jedoch an dieser Stelle nicht eingegangen werden soll. Entsprechende Untersuchungen können hier nicht weiter diskutiert werden, zumal ihre Forschungsdesigns einige Probleme mit sich bringen (vgl. AUSUBEL, D.P. 1974,

S. 526 - 594 und OERTER, R. 1972, S. 20 - 131).

In natürlichen Lebenssituationen kann man bei sich selbst und bei Kindern eine wohl hauptsächlich induktive Strategie der Begriffsbildung ausfindig machen, die sich focussierender Verfahren bedient. Durch die Begegnung z.B. mit unterschiedlichen Formen, Farben, Rassen und Größen von Hunden im Vergleich mit anderen Tieren - um ein weiteres Beispiel zu nennen - bildet ein Kind den Begriff "Hund" und füllt ihn allmählich auf. Dabei wird das Kind in grundlegender Form psychische Prozesse wie diskriminative Unterscheidung, Abstraktion, Differenzierung, Hypothesenbilden und -testen sowie Verallgemeinerung und Subsumption weiterer Erfahrungen unter den Begriff "Hund" leisten (vgl. hierzu AUSUBEL, D.P. 1974, S. 567ff oder OERTER, R. 1972, S. 20ff). Das tragende Moment ist die Abstraktion auf die wesentlichen Merkmale, die einen Hund von anderen Tieren unterscheiden. Notwendig zu dieser Abstraktion ist aber auch die ständige Fähigkeit zur Konkretisierung, z.B. wenn es darum geht, sich eine bestimmte Hunderasse zu vergegenwärtigen oder von anderen zu unterscheiden (vgl. hierzu AUSUBEL, D.P. 1974, S. 567ff oder OERTER, R. 1972, S. 20ff).

Deutlich wurde, daß solche Klassifikationsregeln nur durch Verallgemeinerungen und zunehmende Abstraktion zu erreichen sind. Dementsprechend charakterisiert AEBLI (1981, S. 90ff und 1983, S. 246ff) sie als "Begriffsbildung durch Abstraktion" in "geschlossenen Situationen". Er kennzeichnet damit zugleich die Probleme und Mängel der psychologischen Untersuchungen und stellt heraus, daß diese kaum etwas über Begriffsbildungen aussagen. AEBLI bezweifelt sogar, daß es sich überhaupt um Begriffe handelt, die mit Hilfe der o.g. Strategien gebildet werden, denn die Beispiele, Materialien und Aufgaben sind lebensfremd und atypisch in bezug auf die praktischen Probleme und Lebensvollzüge (AEBLI, H. 1983, S. 251). AEBLI spricht im Einklang mit BRUNER von dem Prozeß der "Problemfindung".

Halten wir jedoch zuerst einmal fest, daß Begriffsfindungen und Klassifikationen sowie Oberbegriffe durch die genannten Strategien gebildet werden können und die Anwendung dieser Verfahren didaktisch sinnvoll sein kann, wie Rolf OERTER herausstellt (1972, S. 64). M.E. liegt die Stärke dieser Strategien darin, daß das Kind Regeln lernt, nach denen es die raum-zeitlichen Relationen, die Geschehnisse und Ereignisse ordnen kann. Diese Regeln, Ordnungen oder Klassifikationen entsprechen dann logischen Operationen mit den Begriffen von Raum und Gegenstand, Zahl und Zeit, Zweck und Mittel sowie Kausalität und Zufall. So zeigt sich, daß die von BRUNER u.a. gefundenen abstrahierenden und focussierenden Verfahren besonders geeignet erscheinen, Oberbegriffe zu bilden an vorgegebenen Objekten.

Man kann das an mehreren Beispielen verdeutlichen: Wenn wir die Klasse der Vögel bilden, werden wir an einem prototypischen Beispiel - dem Star vielleicht - die Merkmale feststellen, die ein Tier als Vogel erkennen lassen. Zugleich werden wir an einem untypischen Vertreter dieser Tierklasse - einem Pinguin oder einer Ente - diejenigen Merkmale festmachen, an denen wir unsere Grenzen ziehen. Bei Fischen werden wir einen Zander oder einen Hering sicherlich als typische Vertreter ihrer Klasse verstehen. Ein Aal, der sich durch eine nasse Wiese schlängeln kann, ist dagegen ein eher untypischer Vertreter.

Bedeutsam sind die genannten Strategien auch in bezug auf die bei Kindern so beliebten Sachrätsel, z.B.: "Was haben Klavier, Geige und Harfe gemeinsam? Was haben Messer, Schere, Glasscherbe, Rasenmäher, Rasierklinge und Schwert gemeinsam? Worin sind sich Kirsche, Apfel, Birne und Zuckerbonbon gleich?" Außerdem spielen sie bei Begriffsbildungen, die es erlauben, z.B. Apfel, Birne, Kirsche und Pfirsich in die Klasse "Obst", Wirsing, Kohl, Erbsen, Bohnen, Karotten in die Klasse "Gemüse" einzuordnen, eine wichtige Rolle. Weitere sachunterrichtliche Beispiele ließen sich an dieser Stelle sehr leicht finden, es soll aber darauf verzichtet werden. Allgemein kann man feststellen:

"Begriffe können psychologisch verstanden werden als Klassifikationsregeln für die Zusammenfassung von Objekten nach Merkmalen" (OERTER, R. 1972, S. 31).

6.5.2.2.2 Begriffsbildung durch Verknüpfung

Bedeutsamer noch als die ordnenden Valenzen eines Begriffes erscheint die Frage nach seinem "inneren Aufbau". AEBLI spricht in diesem Zusammenhang von einem "Aufbauprozeß" (1981, S. 97 - 124) oder von der "Begriffsbildung durch Verknüpfung" (1983, S. 250 u. 253ff, vgl. hierzu Kapitel 4.3.2.1.4 dieser Arbeit).

Durch den Sachunterricht müssen Kindern solche Bezüge und Möglichkeiten zur Inbeziehungsetzung eröffnet werden, damit neue Begriffe keine Worthülsen bleiben. An dieser Stelle wird dementsprechend ein wichtiger Bezugspunkt zwischen Sach- und Sprachunterricht deutlich.

Am Beispiel des Themas "Kleidung" kann dargestellt werden, was sich hinter alltäglichen Begriffen und Bezeichnungen in und an Textilien für Erwachsene verbirgt und welche didaktischen Perspektiven für die Bildung von Begriffen im Sachunterricht erkennbar sind (vgl. hierzu ausführlicher HENDRICKS, J., SOOSTMEYER, M. 1987, S. 48 - 75, dort auch weitere Beispiele).

Hinter der einfachen Kennzeichnung "reine Wolle" oder aber auch hinter der alltäglichen Wendung: "Mein Pullover ist aus Wolle" stehen für wie selbstverständlich Klassifikationsschemata wie: naturreines Schurprodukt und Herkunft: entweder von Schaf, Heidschnucke, Angoraziege, Lama, Angorakaninchen oder Kamel - unabhängig vom Eindruck, den die Farbe des Materials vermittelt. Erwachsene kennen auch in der Regel die Nachweismethoden für Baumwolle, Schurwolle, Seide oder synthetische Fasern.

Für Kinder sind diese Handlungsmöglichkeiten und das Vorwissen nicht vorhanden. Bei ihnen werden in der Regel die Farbe des Garnes oder seine äußere Beschaffenheit die entscheidenden Kriterien sein. Die anderen zur Klassifikation und zur Ordnung von Garnen notwendigen Kriterien muß das Kind noch lernen.

An einem Naturprodukt - der Wolle - kann dargestellt werden, welche Handlungsstrukturen und Venetzungen sich hinter dem Begriff "Wolle" oder der o.g. Redewendung verbergen und welche Handlungen diesen Begriff Wolle ausmachen. In Anlehnung an die Untersuchung von AEBLI wird folgendes Bild sichtbar:

Der Mensch braucht Kleidung, er

züchtet und schert	→	Schafe
		Kamele
		Lamas
		Angorakaninchen
		Angoraziegen
		↓
wäscht, trocknet und streckt	→	Rohwolle
		↓
verspinnt	→	Fasergut
		↓
färbt	→	Garn
		↓
webt, schneidert oder strickt	→	Garn
		↓.
gewinnt	→	Gewebe und Kleidung

(Quelle: HENDRICKS, J., SOOSTMEYER, M. 1987, S. 49)

Dieses Handlungsgefüge ist dem Erwachsenen vertraut und mehr oder
weniger bewußt, wenn er sich über die Beschaffenheit und Qualität
der Textilien vergewissert. Die Tatsachen und Handlungen sind
Grundelemente seines praktischen Weltwissens. Als Handlungsstruktur ist dieses Wissen auch übertragbar. Man denke hier einmal an
den Begriff "Baumwollbekleidung". Sehr rasch wird man den Hand-
lungszusammenhang konstruieren können.

Kinder müssen solches Wissen erst noch erwerben. Das bedeutet, daß
sie in dem hier behandelten Falle den Hintergrund lernen, der für
diese Bezeichnungen bedeutsam ist. Sie vollziehen die Handlungen
nach, die zum Verständnis des Wortes "Wolle" bzw. "Kleidung aus
Wolle" notwendig sind.

Karl POPPER hat die These formuliert, daß wir ein Verständnis der
Begriffe und ihrer Aussagekraft nur dann erwerben, wenn wir sie
aktiv nachmachen bzw. nachvollziehen (vgl. Kapitel 4.3.2 und
4.4.2.1 dieser Arbeit). Diese These ist m. E. eine der Zentralaus-
sagen für die Begriffsbildung im Sachunterricht.

Machen wir uns an einem Etikett in einem Kleidungsstück weitere
Gesichtspunkte menschlichen Handelns und der Begriffsbildung durch
Verknüpfung klar. Es soll sich um ein Kleidungsstück handeln, das
aus Schurwolle besteht, die mit synthetischen Fasern gemischt
ist.

Ausgangspunkt ist wieder der Mensch, der Kleidung braucht, aber
erkennt, daß die natürlichen Ressourcen knapp und teuer sind. Er
ist also gezwungen, den Naturstoff mit anderem zu mischen, wobei
er danach trachtet, die positiven Eigenschaften der Schurwolle
nicht durch die Wahl ungeeigneter Materialien zu verderben (modi-
sche Willküreakte sollen hier einmal außer acht gelassen werden,
paßten aber zwanglos in den Handlungkontext hinein).

Der Mensch braucht Kleidung, er

züchtet und schert   →   Schafe
                                       Kamele
                                       Lamas
                                       Angorakaninchen
                                       Angoraziegen
                                       ↓
wäscht, trocknet und streckt   →   Rohwolle
                                       ↓
erkennt quantitativen Mangel,
sucht nach passendem Fasergut,
findet synthetische Fasern,
fügt sie dem Rohwollfasergut
bei und verspinnt   →   mehr Fasergut
                                       ↓
färbt   →   Garn aus
                                       Schurwolle
                                       und
                                       Synthetik
                                       ↓
webt, schneidert und verstrickt →   Garn
                                       ↓
gewinnt   →   Gewebe und
                                       Kleidung

(HENDRICKS, J., SOOSTMEYER, M. 1987, S. 49)

Diese beiden einfachen Beispiele zeigen deutlich die Vernetzungen
menschlichen Handelns und seiner Begriffsbildung. Beim Lesen eines

Aufdruckes, z.B. "50% Wolle, 50% Synthetics", ist uns dieser Kontext mehr oder minder bewußt.

Es wird aber auch deutlich, daß Begriffe nichts anderes sind als Handlungen, die verinnerlicht, d.h. von ihren konkreten Vollzügen und Gegenständen abgehoben sind, wie AEBLI treffend herausarbeitet. Sie sind Netze von Sachzusammhängen, wie die obigen Beispiele zeigen. Der Sachunterricht hat die Aufgabe, in ersten Ansätzen durch die Schüleraktivitäten die Grundlage für die Begriffsbildung zu schaffen und darauf zu achten, daß die Sprache, die im Unterricht gesprochen wird, ständig auf den konkreten Handlungskontext bezogen bleibt. Nur so können grundlegendes Wissen und elementare Verfahren im Sinne bedeutungserschließenden Lernens vom Schüler erworben werden.

Unter entwicklungspsychologischer Perspektive ist folgendes anzumerken: Kinder im Alter von sechs Jahren beziehen etwa die Hälfte aller Fragen, die sie zur natürlichen und gemachten Umwelt stellen, auf finale oder funktionale Sachzusammenhänge (vgl. SOOST-MEYER, M. 1978, S. 85 u. S. 258).

Bei einer Darstellung der Sachzusammenhänge und ihrer Vernetzungen, die der kindlichen Sicht gerecht wird und sie weiterführt, ist als Ausgangspunkt zu wählen: Der Mensch braucht je nach Situation wärmende, kühlende, winddichte, wasserundurchlässige, schlagfeste ... Kleidung und sucht entsprechende Materialien.

Der Erwerb "elementarer Verfahren" durch das Kind (vgl. Kapitel 4.3.2 dieser Arbeit) ist eine zentrale Zieldimension des Sachunterrichts. Bei der Vermittlung solcher Verfahren sind curriculare Ansätze in den Irrtum verfallen , das Sammeln, Ordnen, Klassifizieren u.ä. als Selbstzweck zu betreiben. Verfahren werden hier nur formalisiert gesehen. Sie werden abgehoben von den Fragestellungen, Problemen und Sachen, an denen und zu deren Erhellung sie durchgeführt werden. Dadurch wird die Problemlösekompetenz solcher Verfahren verschleiert (vgl. Kapitel 1.4.5.2 und 3.5 dieser Arbeit).

Wir wissen, daß das Handeln von Erwachsenen und Kindern im Alltag
zielgerichtet ist. Es dient z.B zur Problemlösung, Begriffsbildung oder - wie hier - zur Herausarbeitung von Stoffeigenschaften
im Sinne materialkundlicher Einsichten. Kinder neigen von sich aus
eher zu der Entwicklung einer vernünftigen Handlungsstrategie als
zur bloßen Anwendung von Verfahren, wenn sie das an sinnfälligen
Fragestellungen tun dürfen. Aus diesem Grunde kann man im Unterricht z.B. die Einrichtung einer Garnsammlung vorsehen, die mehrere plausible Gliederungen umfaßt:

- die Perspektive der Benennung: "Wie wird das Garn genannt, z.B.
  Baumwolle, Kunstseide, Rohseide, Wolle usw.?"
  (nominaler Aspekt),
- die Perspektive der äußeren Wahrnehmung: "Wie sieht das Garn
  aus,   und wie fühlt es sich an, z.B. dick, dünn, noppig, glatt,
  rauh,   glänzend, matt usw.?"
  (phänomenologischer Aspekt),
- die Perspektive der Verwendung bzw. des Gebrauches: "Wozu wird
  das Garn gebraucht, zum Stricken, Häkeln, Weben, Stopfen   usw?"
  (funktionaler oder finaler Aspekt).

Natürlich korrespondiert der nominale Aspekt in diesem Falle sehr
eng mit der Frage nach der Herkunft der Fasern, z.B. "künstlich
oder natürlich".

Im Unterricht können Versuche durchgeführt werden, die den Kindern
zeigen, ob es sich um ein Naturprodukt (Wolle, Baumwolle) oder um
ein Kunstprodukt (synthetische Fasern) handelt. Unterschiedliche
Fasern zeigen bekanntlich beim Verbrennen verschiedene Reaktionen
(vgl. ADEBAHR - DÖREL, L. 1977, S. 55ff)

Leider sind diese Reaktionen nicht immer eindeutig. Häufig liegen
Mischprodukte vor, oder die Bleich - und Färbemittel beeinflussen
die Verbrennung. Der süßliche Geruch bei den künstlichen Fasern
ist indes recht eindeutig, so daß gegebenenfalls die Ordnung nach
Benennung ergänzt werden könnte durch eine Gruppierung wie: "natürlich gewachsen" und "künstlich hergestellt".

Ein Sinn von elementaren Verfahren kann in der Sprache und in den
Begriffen liegen. Aus diesem Grunde kann man in Fortsetzung sowie
in der Sicherung der Begriffsbildung durch Vernetzungen eine
Stoffsammlung mit Kindern erstellen, die unter mehreren Gliederungsaspekten aufgearbeitet werden kann:

- die Perspektive der Benennung: "Wie wird der Stoff genannt, z.B.
  Baumwollstoff, Seide, Loden, Samt, Cord usw. ?"
  (nominaler Aspekt),
- die Perspektive der äußeren Wahrnehmung: "Wie sieht der Stoff
  aus und wie fühlt er sich an, z.B. dick, dünn, glatt, rauh,
  glänzend, matt usw.?"
  (phänomenologischer Aspekt),
- die Perspektive der Verwendung bzw. des Gebrauches "Wozu wird
  der Stoff gebraucht? bzw. Von welchen Kleidungsstücken stammt
  er, von der Leibwäsche, der Oberbekleidung wie Hemd, Bluse,
  T-Shirt, Rock, Jacke, Hose, Mantel, Regenbekleidung u.ä.m.?"
  (funktionaler oder finaler Aspekt).

Der nominale Aspekt bietet - wie die Erfahrungen zeigen - einige
Schwierigkeiten. Während z.B. bei Seide (Seidenraupe) und Baumwollstoff (Baumwolle) die Textilstoffbezeichnungen die Ursprungs-
beziehungen noch verdeutlichen, sind sie aus den Bezeichnungen
Jeans, Batist u.ä. nicht mehr ablesbar. Das bedeutet, daß die
Kennzeichnung von Textilstoffen, anders als im Falle des Faser-
gutes und des Garnes, nicht ganz eindeutig ist. In einigen Fällen
hängt die Bezeichnung mit den Veredlungsprozessen zusammen, die
das Rohprodukt durchläuft. Es soll aber an dieser Stelle nicht
näher darauf eingegangen werden.

Auch bei der funktionalen Perspektive können im Unterricht einige
Schwierigkeiten auftauchen. Sie erfordert u.a. von den Kindern
eine interne Klassifikation der Kleidung nach Unter- bzw. Leibwäsche, Oberbekleidung und Kleidzubehör. Bei der Oberbekleidung ergibt sich eine weitere Problematik: Wir zählen z.B. Oberhemden, T-
Shirts, Blusen und Pullover ebenso zur Oberbekleidung wie Anzüge,
Kleider und Mäntel. Hier haben Kinder leichte Schwierigkeiten,

weil ein und derselbe Oberbegriff für recht unterschiedliche Kleidungsstücke gebraucht wird, deren Funktionen auch voneinander dif-
ferieren. Die funktionale und finale Sichtweise ist den Kindern - zieht man
die psychologische Forschung zur Entwicklung des kausalen Denkens
heran - vertraut, bzw. sie wird allmählich immer ausgeprägter.
Hier liegen aber auch Probleme für den Sachunterricht. Kinder
erkennen das künstlich hergestellte Produkt als sinnvoll an, weil
es einen bestimmten Zweck erfüllt. Die Frage nach den möglichen
Ursachen dafür, daß ein Stoff so ist, wie er ist (z.B. wärmedäm-
mend, wasserdicht oder schlagfest), kann daher von den Kindern als
unbedeutend angesehen werden. Das aber kann dazu führen, daß
Kinder z.B. Wenn - Dann - Beziehungen lediglich finalistisch interpretieren. Diese wichtigen Formen der kindlichen "Präkausali-
tät" müssen aber unbedingt im Sachunterricht gepflegt werden.
Das vielleicht eindrucksvollste Beispiel für Kinder ist die Ölhaut, z.B. bei den weitverbreiteten gelben Regenumhängen bzw. -
mänteln. Hier können Kinder deutlich sehen, daß ein Gewebe mit
einer geschmeidigen Plastikschicht überzogen wurde, um Regenschutz
zu gewährleisten.

Es ist natürlich angezeigt, die Sammlung möglichst breit zu
streuen, damit sehr viele unterschiedliche Textilstoffe von den
Kindern in die Hand genommen, befühlt, mit der Schere zerschnitten
und teils bis auf das Fasergut aufgeribbelt werden können. Nur
über die haptischen Erfahrungen kann z.B. die Festigkeit eines
Mantelstoffes - im Unterschied zur Luftigkeit eines Batists - den
Kindern eindringlich erfahrbar gemacht werden. Als besonders
günstig für Untersuchungen dieser Art haben sich z.B. Parkerstoffe
erwiesen, die gefüttert sind. Kinder stellen hier sehr schnell
fest, daß die Außenhaut des Parkers widerstandsfähig und wasserab-
weisend ist, während der Futterstoff in der Innenseite des Parkers
anschmiegsam, weich oder flauschig ist.

Bei der Durcharbeitung einer Textilstoffsammlung stellten Kinder
bei der Ölhaut heraus, daß man leicht in ihr schwitzt. Eine Stoff-
art dieser Beschaffenheit - so die weitere Einsicht - ist sicher-

lich nicht dazu geeignet, Unterwäsche abzugeben. An diesem Beispiel, wie auch im Falle von Arbeitsbekleidung, stellen die Kinder
relativ schnell fest, worin die Zweckbestimmung der Beschaffenheit
von Textilstoffen liegt.

Diese Beispielsanalyse sollte zeigen, daß Begriffsbildungen Ergebnisse von Handlungen, von Problemlösungen, Vergleichen und Ord-
nungsversuchen sind. Im Kontext mit dem Erwerb elementarer Verfahren stellen sie ein wesentliches Element einer Didaktik der Denkerziehung dar.

6.6 Sprachbildung und Sachunterricht

Das Verhältnis von Sach- und Sprachunterricht erschöpft sich nicht
allein in der Begriffsbildung oder in der Begriffsfindung. In pro-
grammatischen Äußerungen zu diesem Problem heißt es zumeist:
"Jede Sachunterrichtsstunde ist zugleich auch eine Deutschstunde".

Um eine erste Annäherung an das Verhältnis von Sach- und Sprachunterricht zu ermöglichen, muß auf die nicht mit Sprechen, aber mit
menschlicher Sprache zusammenhängenden affektiv-emotionalen, motorischen und kognitiven Fähigkeiten eingegangen werden, mit denen
das Kind seine Lebenswirklichkeit auf- und ausbaut.

Kinder begreifen und verstehen auf einem intuitiven Niveau Sachen,
Sachverhalte, Zusammenhänge, Ereignisse, Lebewesen, Menschen,
zwischenmenschliche Beziehungen, gesellschaftliche Verhältnisse
und lebensgeschichtliche Verflechtungen.
Dieses Verstehen und Begreifen geschieht durch Sprechen, Handeln,
Explorieren und Durchleben von Erfahrungen sowie durch Empfindungen wie Freude, Schmerz, Trauer und mit Hilfe individuell verschiedener Schemata, mit denen das Kind die Wirklichkeit antizipiert und die in ihr vorfindlichen Phänomene und Ereignisse ordnet. Sicherlich spielen hierbei die im Kapitel 4.2.6 dieser Arbeit
dargestellten Lebensbedürfnisse und die aus ihnen entspringenden
Handlungen eine bedeutende Rolle.

Diese für die Sprach- und Denkentwicklung bedeutsamen Aktivitäten
gehen dem gesprochenen Wort voraus. Sie liegen vielmehr in dem
Bereich von Empfindungen, Gestik, Mimik, Spiel und Handlungen, den
das Kind noch versprachlichen wird, und sie sind Ausdrucksformen
kindlicher Weltbegegnung. Deshalb zählen diese Aktivitäten eindeutig zum Aufgabengebiet der leiblich-ästhetischen Erziehung, die in
Kapitel 4.4 dieser Arbeit dargestellt worden ist. Ihnen gebühren
Akzeptanz, Freiräume und positive Unterstützung durch die gesamte
Unterrichtsorganisation, z.b. durch Spielecken im Klassenzimmer,
durch Unterrichtsgänge, entsprechende Medien und durch die Schaffung einer anregenden Lernumwelt in der Schule (vgl. hierzu
z.B.UNSELD, G. 1977, S. 211 - 229).

Die vorsprachlichen Formen der kindlichen Wirklichkeitserschlies-
sung treten nicht nur auf einer sehr frühen Stufe der kognitiven
Entwicklung auf, sondern immer wieder dann, wenn das Kind neuen
Phänomenen, Sachen oder Ereignissen begegnet. Wir beobachten dann
Regungen wie Staunen, Sich-Wundern, Neugier, spontanes Betasten,
Manipulieren, Sympathie, Antipathie, Abscheu oder Ablehnung. Das
bedeutet, daß der Sachunterricht sich nicht nur in seinen ersten
Anfängen der vorsprachlichen Formen der Wirklichkeitserschließung
annehmen muß, sondern über die gesamte Grundschulzeit hinweg.

Es muß daher nachdrücklich festgestellt werden: Die Gegenstände
kindlicher Erfahrungen, die darauf bezogenen Aktivitäten und Interessen müssen immer wieder neu ausfindig gemacht und zur Sprache
gebracht werden. Vernünftigerweise kann dieses Ausfindigmachen nur
in einem kommunikativen Prozeß, in einem sozialen Geschehen also,
das sprachlich verfaßt ist, geleistet werden, indem das Kind durch
Handlungen und Gespräch verdeutlicht, was Gegenstand seiner Erfahrung ist.

Versteht man Sprache als eine Interpretation der Welt, und erkennt
man mit MAURER (1985) an, daß die Lebenswirklichkeit sprachlich
verfaßt ist, dann ist es evident, daß Sach- und Sprachunterricht
durch den Aufgriff von Erfahrungen der Kinder mehr leisten können

als nur die bloße Gewinnung von Unterrichtsinhalten, die "kindge-
mäß" erscheinen. Durch das Aufarbeiten von Empfindungen, Handlungen und Interessen sowie durch das "zur Sprache bringen" kann ein
entscheidender Beitrag zur Selbstorganisation und zum Aufbau eines
Selbstkonzeptes beim Kind geleistet werden. Das Kind bekommt den
notwendigen Freiraum und die aktive Hilfestellung des Lehrers, um
seine ganz individuellen Zugriffe auf die Wirklichkeit darzustellen und damit zu zeigen, wie es die Wirklichkeit interpretiert,
die zuerst einmal subjektiv erfaßt wird.

Denkt man weiterhin an den Aspekt der Dezentrierung, dann kann
festgestellt werden, daß das Kind durch das Bemühen um eine adres-
satenbezogene Darstellung seiner Vorstellungen genötigt ist, sich
verständlich auszudrücken. Es erscheint daher möglich, durch Kommunikation über Sachverhalte das Bemühen des Kindes um verständlichen Dialog und um das Verstehen von Gedanken, die nicht seine
eigenen sind, zu unterstützen und die egozentrischen Sprachelemen-
te allmählich in intersubjektiv austauschbare Sprachformen überzu-
führen. Gestützt wird die Spracherziehung im Sachunterricht durch
den Willen der Kinder, miteinander und mit Erwachsenen zu sprechen
und den Sinn dessen, was ge- bzw. besprochen wird, zu verstehen.
Ganz deutlich wird an dieser Stelle die grundlegende Bedeutung der
WAGENSCHEINschen Vorstellung vom wissenschaftsverständigen Lernen
als soziale Prozesse, in denen jeder alles sagen darf, aber verpflichtet ist, dafür zu sorgen, daß ein jeder ihn versteht (vgl.
Kapitel 1.4.5.7.1 dieser Arbeit).

An dieser Stelle entstehen Freiräume, die es dem Kind erlauben,
seine Erlebnisse und Vorstellungen, seine Sorgen und Freuden zu
thematisieren und im Dialog mit anderen darzulegen. Hierbei kann
es erfahren, daß andere Kinder und Erwachsene auch ihre jeweils
eigene Weltsicht haben, die es wert ist, aufgenommen, durchdacht
und zur Modifikation der eigenen Wirklichkeitsinterpretation herangezogen zu werden (vgl. KUBLI, F. 1974).

Zur weiteren Klärung des Verhältnisses von Sach- und Sprachunterricht ist es notwendig, einige weitere Feststellungen zur kindli-

chen Wirklichkeitsinterpretation zu treffen sowie didaktische und
methodische Folgerungen zu ziehen.

Die kindliche Wirklichkeitsinterpretation geschieht ungefächert -
also nicht nach natur- und gesellschaftswissenschaftlichen oder
sogar fachlichen Gesichtspunkten. Kinder schlagen offensichtlich
"Schneisen des Verstehens" in die Wirklichkeit, die lediglich in
einem als "offen" zu bezeichnenden Korrespondenzverhältnis zu
fachlichen Betrachtungsweisen der Wirklichkeit stehen.

In der Vergangenheit wurde die kindliche Sichtweise nicht ganz zu
Unrecht als ganzheitlich bezeichnet, wobei diese Charakterisierung
allerdings wesentliche Merkmale verdeckt. Die Ganzheitlichkeit der
Wirklichkeitsauffassung bei Kindern im Grundschulalter bedeutet
nicht, daß diese gestaltlos, undifferenziert und diffus ist. Die
Wirklichkeitsauffassung bei Grundschülern ist nicht mehr synkre-
tisch (vgl. Piaget, J. 1979, S. 160), vielmehr zeigt sie einige
weitgehend invariante Merkmale, deren Darstellung an dieser Stelle
hilfreich sein kann:

Kinder lehnen Sinnleere und Bedeutungslosigkeit ab. Sie verweigern
die Zuwendung zu Inhalten im Unterricht, wenn diese ihnen nichts
zu sagen haben, also bedeutungslos sind. Sie lassen ebenso auch
von Aktivitäten und Lernbemühungen ab, wenn ihnen nicht klar ist,
was diese bezwecken sollen.

Kinder lehnen Sinnleere und Bedeutungslosigkeit nicht nur ab, sie
versuchen sogar, sie durch Sinnproduktion und freies Bedeutungs-
schaffen - z.B. im Spiel - zu überwinden (vgl. DANNENBERG, H.
1977, S. 29 - 47).

Das Kind unterwirft die Dinge seiner Umwelt also erst einmal
individuellen Sinnbedeutungen mit dem Ziel, Ordnung im Phänomen-
und Ereignisbereich zu schaffen. Natürlich sind die spontanen
Ordnungsversuche nicht dauerhaft, sie bleiben beim Kind häufig auf
die jeweilige Situation bezogen. Sie besitzen aber die wichtigen
Elemente, die im Zuge der Explikation des Begriffs der "Situa-

tionsorientierung" des Sachunterrichts dargestellt worden sind
(vgl. Kapitel 4.4.2 dieser Arbeit).

Mit zunehmendem Alter lernt das Kind, seine Erfahrungen aufeinan-
der zu beziehen. Es betreibt eine Phänomenologie der Wirklichkeit,
die nach dem Wesen von belebter und unbelebter Natur, nach dem
Sinn und nach der Bedeutung der Dinge und Ereignisse fragt (vgl.
SCHIETZEL, K. 1973): "Wozu ist das gut? Welchen Sinn hat das?
Warum ist das geschehen?"

Beim Kind im Grundschulalter ist die Fähigkeit weit entwickelt,
Dinge, Handlungen und Ereignisse miteinander zu vergleichen. Beim
Vergleichen greifen Kinder auf Kriterien wie "Farbe, Form, Ge-
schmack", "individuelles Wertschätzen und Liebhaben", "Beanspruchung und Funktion" und auf "Namen und Begriffe" zurück. Sie
bilden in der hier genannten Reihenfolge der Kriterien perzeptive,
affektive, funktionale und nominale Äquivalenzen (vgl. hierzu
MOSHER, F.A., HORNSBY, J.R. 1971 u. SOOSTMEYER, M. 1979.) Von
besonderer Bedeutung ist an dieser Stelle, daß Kinder bei 60%
aller Äquivalenzbildungen die Beanspruchung und Funktion ansprechen. Sie befragen und ordnen die Dinge, Ereignisse und gesellschaftlichen Gebilde auf der Grundlage z.B. folgender Fragestellungen: "Was tut das Ding, das Gerät, das Werk- bzw. Spielzeug?
Was haben Vater, Mutter oder andere mit dem Ding gemacht? Wer hat
das Gerät gebraucht, welche Arbeit hat er damit verrichtet? Welcher Handwerker oder welcher Beruf braucht das? Was kann ich mit
den Dingen und Materialien machen?"

Die kognitiven Aktivitäten, die in diesen Fragestellungen gespie-
gelt werden, zeigen, daß die Kinder sich auf zweierlei Weisen der
Funktion der Dinge nähern. Einmal dadurch, daß sie sich des objektiven oder intersubjektiven Zweckes der Dinge versichern und zum
anderen dadurch, daß sie die Inanspruchnahme der Sachen für eigene
Zwecke im Auge haben, wenn sie den Zeugcharakter der Dinge und die
gesellschaftliche Funktion von Institutionen hinterfragen.

Alle bisher diskutierten Aktivitäten zeigen sehr deutlich, daß
Kinder bei ihren Sachauseinandersetzungen bemüht sind, selektive
Ordnungsmuster zu entwickeln. Hierbei kommt es dem Kind darauf an,
daß diese Ordnungsmuster dauerhaft sind. Sie streben daher solche
Muster an, die sich als treffend erweisen und die daher intersubjektiv austauschbar sind. Sie erleichtern die Wirklichkeitserschließung. Das Entwickeln solcher Muster geschieht durch die
Sprache, die das Kind aufbaut, übernimmt und benutzt. Denn erst
die Sprache ermöglicht es, Situationen und Erfahrungen miteinander
zu vergleichen, Ding- und Ereigniskonstanten in verschiedenen Le-
bensvorgängen auszudrücken und damit zu erkennen. Nur sie ist
flexibel und übergreifend genug, um Erfahrungen, die das Individuum in anderen Lebensvollzügen gemacht hat, mit neuen Erfahrungen
zu verbinden. Auch für das Kind ist die Sprache ein Erkenntnis-
und ein Kommunikationsapriori. Die Sprache, die das Kind entwickelt und anwendet, wird anfänglich bildhaft, konkret-anschau-
lich, handlungsbetont, emotional gefärbt, vital und situationsbezogen sein. Mit zunehmendem Alter wird sich eine Sprache aus Konzepten niederer Ordnung, grundlegenden Begriffen, integrierenden
Ideen und aus Verben ausbilden, die es dem Kind ermöglicht, die
Gegenstände, Handlungen und Erfahrungen, die in unterschiedlichen
Lebensvollzügen, in Vergangenheit, Gegenwart und Zukunft auftreten, in sinnvoller Weise aufeinander zu beziehen.

Es wurde deutlich, daß die Betrachtungsweise des Grundschulkindes
als sorgsam, gestalthaft, differenziert sowie als kognitiv und
emotional anspruchsvoll zu kennzeichnen ist. Das Grundschulkind
verfügt über Ordnungsmuster, mit denen es sich die Umwelt erschließt. Diese Ordnungsmuster, die auch als antizipierende Erkenntnisschemata des Kindes charakterisiert werden können, müssen
durch den Sach- und Sprachunterricht ausdifferenziert, ausgeweitet
und weiterentwickelt werden.

Wenn der Sachunterricht die Lebenswirklichkeit der Kinder aufsuchen soll, dann stellt sich das Problem der sog. "Alltagssprache".
Es ist wichtig, auf einen weit verbreiteten Irrtum aufmerksam zu

machen, der darin besteht, die kindliche Alltagssprache mit dem
sog. "common sense" gleichzusetzen, also mit der Alltagssprache,
die von Erwachsenen, Jugendlichen und in öffentlichen Medien gesprochen wird. Diese Alltagssprache existiert aber nur in verschiedenen Sprachkontexten und dort in jeweils spezifischen Aus-
prägungen. Es ist nicht möglich, an dieser Stelle die einzelnen
Sprachkontexte und deren Wirkungen auf die Grundschulkinder genau
darzulegen. Im folgenden werden daher nur Umrisse dargestellt:

Die Sprache im Bereich von Presse, Rundfunk und Fernsehen besitzt
eine sehr große Anzahl an Anglismen und Verballhornungen ausländi-
scher Sprachkonstrukte. Sie zeichnet sich daher durch Fremdwort-
wust, Satzverstümmelungen und Abstraktheit aus. Ihr hauptsächli-
ches Kriterium besteht in der Reduktion von Sprache auf Information, die unreflektierte Kenntnisse über vieles, nicht aber die
eigenen Erfahrungen voraussetzt. Es ist nun unmittelbar einsichtig, daß Kinder, obgleich sie dieser Sprache tagtäglich ausgesetzt
sind, kaum von ihr profitieren, weil sie sie nicht verstehen. Sie
können diese Sprache allenfalls kopieren, sie aber nicht in ein-
sichtiger Weise zur Interpretation ihrer Lebenswirklichkeit verwenden. Nicht wesentlich verschieden hiervon ist das Verhältnis
des Kindes zu der Alltagssprache, die die Erwachsenen untereinander pflegen. Diese ist zwar etwas unpräziser als die Sprache in
den öffentlichen Medien, sie ist auch ein wenig pragmatisch, was
den Bereich der alltäglichen Besorgungen anbelangt. Sie ist dem
Kind aber kaum zugänglicher, denn sie behandelt zumeist Themen aus
der Arbeitswelt, Politik und Gesellschaft, die dem Kind ohne
Aufbereitung durch den Erwachsenen nichts oder nur sehr wenig
sagen. Auch der Sprachkontext, in dem sich die Jugendlichen und
Adoleszenten bewegen, ist dem Grundschulkind beinahe unzugänglich.
Hier herrschen Themen und Probleme aus dem Bereich der Sekundar-
stufenschulen, der Arbeitswelt, der Beteiligung an aktuellen ge-
sellschaftlichen und kulturellen Fragestellungen vor, die dem
Grundschulkind ebensowenig sagen wie die Themen im öffentlichen
Medienbereich. Die jeweiligen Abstraktionshöhen, der Grad der
Komplexität und die Verbundenheit der Informationen zu den jewei-
ligen Themen übersteigen das Auffassungsvermögen des Grundschul-

kindes bei weitem. Die Kindersprache hat ein anderes Vokabular.
Sie basiert weniger auf dem Bescheidwissen über vieles, sondern
auf Erfahrungen und Erlebnissen, über die sich die Kinder verständigen. Diese Sprache zielt weniger auf die effektive Information,
sondern vielmehr auf das Erzählen von Erlebnissen und selbsterfun-
denen Geschichten.

Die kindliche Alltagssprache steht aber nicht isoliert da. Das
Kind hat Teil an allen genannten Sprachkontexten, es hört Rundfunk, es sieht fern. Es spricht mit den Eltern, Geschwistern und
Freunden und fragt diese dann nach Unverstandenem und solchen
Problemen, zu denen es keinen eigenen erlebnismäßigen Zugang besitzt. Viele Erklärungen werden aber von den Kindern nicht verstanden und falsch interpretiert. Die Wörter und Begriffe stehen
dem Kind jedoch zur Verfügung, und das Kind, das immer etwas erwachsener und älter sein möchte als es ist, gebraucht eine Sprache, die eigentlich nicht die seine ist.

Die störenden Auswirkungen auf das Verhältnis zwischen Kind und
Wirklichkeit sind offensichtlich, wenn man hier die realitäts-
konstituierende Funktion der Sprache berücksichtigt. Durch das
Hineindrängen von unverstandenen Wörtern, Begriffen, Meinungen und
Vorurteilen, von scheinbaren Selbstverständlichkeiten und krassen
Mißdeutungen schiebt sich eine sprachliche Folie zwischen das Kind
und die Wirklichkeit, die sein Verhältnis zur Realität gefährdet.
Hier liegen die Probleme des Sachunterrichts, der sich auf die
Alltagssprache des Kindes einlassen muß. Er kann sich nicht mehr
in allen Teilen darauf verlassen, daß das Kind sein Verhältnis zur
Welt ohne unbewußte Vorgaben ausdrückt und darstellt.

Sach- und Sprachunterricht müssen also die in der Alltagssprache
liegenden Vorurteile, das, was "man" für richtig hält oder zu
wissen glaubt, die voreiligen Abstraktionen und unzulänglichen
Generalisierungen, die "Selbstverständlichkeiten" und die Mißdeutungen der Realität aufdecken. Ferner muß der Unterricht die in
der Alltagssprache vorhandenen bewußtseinsbildenden Plausibilitä-
ten und das unzulängliche und oberflächliche Bescheidwissen kriti-

sieren und überwinden. Er muß versuchen, die Kindersprache von
solchen Sprachkonstrukten zu befreien, die einer rationalen Sichtweise der Wirklichkeit und damit auch der Herausbildung der Ich-
Identität des Individuums im Wege stehen.

Beim animistischen, anthropomorphen und voluntaristischen Sprachgebrauch angesichts unbelebter Phänomene handelt es sich um
Sprachkonstrukte, die zwar eine rationale Interpretation der Wirklichkeit erschweren können, die aber gänzlich anders zu gewichten
sind als die soeben charakterisierten Konstrukte, und zwar aus
folgenden Gründen:

Das Erkenntnisapriori des Kindes ist der Leib. Mit ihm macht das
Kind seine allerersten Erfahrungen wie Wohlbefinden, Glücklich-
sein, Hunger, Durst oder Müdigkeit. Wenn das Kind nun an Phänomene der belebten Natur herangeht, wie z.B. an das Verhalten von
Menschen und Tieren, kann es ziemlich eindeutige Bezüge zur eigenen leiblichen Verfaßtheit erlernen. Im Sinne einer ersten Wirklichkeitsinterpretation, die sich zudem auch bewährt hat, überträgt das Kind die auf dem Leibapriori der Erkenntnis gewonnenen
Erklärungsmuster auf die nicht belebte Natur: "Die Dinge verhalten
sich genauso, sie können einen eigenen Willen haben, sie werden
wie ich müde, empfinden Freude, sie ärgern und freuen sich genauso, wie ich es tue." Es wäre ein fatales Mißverständnis, diese
Formen der Wirklichkeitserschließung als primitiv abzutun, denn
wie soll das Kind, das nach Erklärungen und nach Ordnungsgesichts-
punkten sucht, das also rational vorgeht, anders reagieren können?
Für den Sachunterricht bedeutet dieser anthropologisch und er-
kenntnistheoretisch wichtige Befund, daß er die von den Kindern
benutzten Erklärungsversuch erst einmal annimmt und allmählich in
rationale Formen überführt. Hierbei müssen Sach- und Sprachunterricht auf sehr sorgsame Weise vorgehen. Sie können die kindlichen
Erklärungsversuche ähnlich behandeln wie Hypothesen. Hypothesen
besitzen immer nur eine beschränkte Gültigkeit, sie müssen aufgegeben, korrigiert und der Wirklichkeit neu angepaßt werden, wenn
sie ihr nicht mehr entsprechen.

Sorgsames Vorgehen bedeutet für den Unterricht dann folgendes: Er
kann die konkreten Erfahrungen der Kinder mit der unbelebtem Natur
ausweiten, den Meinungsaustausch unter den Kindern fördern und
dabei den Kindern erfahrbar machen, daß die anthropomorphen oder
animistischen Erklärungen die Wirklichkeit nicht treffen. Dies
kann dadurch geschehen, daß die in der Sprache enthaltenen Unter-
stellungen, unbelebte Dinge hätten einen Willen und besäßen
menschliche Fähigkeiten, aufgedeckt werden. Dies wird den Kindern
helfen, realitätsgerechtere Ausdrucksformen zu finden. Der Sachunterricht kann dann ganz im Sinne des wissenschaftsverständigen
Lernens vorgehen und dabei die Voraussetzungen offenlegen, die unser Sprechen über die Wirklichkeit hat.

In einem engen Zusammenhang mit dem soeben besprochenen Problem-
kreis stehen die kindlichen Formen der Darstellung von Erlebnissen
und Erfahrungen, die Kindererzählungen. Wenn man diese Formen der
Wirklichkeitsdarstellung einmal näher untersucht, dann stellt man
fest, daß in ihnen die vitalbezogenen, egozentrischen, anthropomorphen, erlebnishaften, situationsbezogenen und expressiven Formen dominieren. Dies ist daran erkennbar, daß die Kinder das
gesprochene Wort mit Mimik, Gestik, mit Hilfe von Handlungen und
Nachahmungen von Geräuschen begleiten. Diese für Kinder charakte-
ristische Form der Darstellung von Erlebnissen und Erfahrungen:
die Kombination von szenischem Spiel, von Handlung und Sprache,
m.a.W. die Kombination von enaktiver und symbolischer Repräsenta-
tion der Wirklichkeit bleibt über die gesamte Grundschulzeit (und
weit darüber hinaus) erhalten. Durch diese Kombination versucht
das Kind eine möglichst detailgetreue Darstellung seiner Erfahrungen, wobei es natürlich seine Empfindungen und seine subjektiven
Sichtweisen zur Sprache bringen will.
Ein wichtiges Merkmal der kindlichen Sprache ist ihre relativ geringe Reichweite. Sie zielt ausschließlich auf die konkrete Situation, nicht auf situationsübergreifende Darstellungen, denn die
Wiedergabe einer Handlung durch das szenische Spiel reicht in der
Regel nicht über die Situationsbeschreibung hinaus, sie beab-
sichtigt auch nicht den Aufweis von Strukturen.

Die Sprache im Unterricht muß daher ständig auf die konkret-
empirischen Erfahrungen bezogen sein und darf sich nicht in Abstraktionen und voreiligen Generalisierungen der Alltagssprache
verlieren. Eine pädagogisch zu rechtfertigende Sprachbildung im
Kontext von Sachunterricht scheint nur folgendermaßen möglich zu
sein: die Sprache entwickeln zu einem beweglichen Instrument der
Wirklichkeitsinterpretation, ohne daß sie die Grundbezogenheit auf
die Erfahrungen verliert, weil sie das Abstraktionsniveau zu hoch
gesetzt hat.

Es bleiben zum Schluß der Darlegungen einige Aspekte übrig, die,
obgleich sie über weite Strecken hinweg die Diskussion der Thesen
wesentlich mitbestimmt haben, nicht ausdrücklich genannt worden
sind. Die gesamten Darlegungen gehen von einer positiven Korrela-
tion zwischen Sprachkultivierungen und den vorsprachlichen Formen
der Sachauseinandersetzung sowie der Bildung eines Selbstkonzeptes
aus. Dies gilt auch für die dialogischen und kommunikativen Formen
der Auseinandersetzungen mit anderen Menschen und für die kognitive Bewältigung von Konflikten und Problemen. Für den Unterricht
bedeutet das, daß er die genannten Aktivitäten im vorsprachlichen
Bereich: das Spiel, die Empfindungen und Handlungen vorsichtig,
sorgsam reflektiert und den Kindern bewußtmacht. Natürlich geschehen dieses Bewußtmachen und die Reflexion durch Sprache und
durch den Aufweis der situationsübergreifenden und strukturellen
Aspekte, die den Handlungen, den Dialogen und den kindlichen Wirklichkeitsinterpretationen zugrunde liegen.

An dieser Stelle wiederum kann man in Übereinstimmung mit dem
kindlichen Bemühen um die Herstellung sinnvoller Beziehungen die
Bedeutung der o.g. Aktivitäten erschließen. "Warum haben wir eine
Probe, einen Text oder ein Experiment gemacht? Welchen Zweck
hatten die Veränderungen, die wir an einem Gerät vorgenommen
haben? Hat uns unser Gespräch geholfen, bestimmte Wörter und
Bezeichnungen besser zu verstehen? Haben uns Beobachtungen weiter-
geholfen, um z.B. ein Tier mit seiner Beziehung zur Umwelt besser
zu verstehen? Was haben wir wann und mit welcher Absicht wie
ausgewertet?" Diese und ähnliche Fragen weisen deutlich in die

Richtung von durch Sprache reflektierte und damit verbesserte
Handlungs- und Sachkompetenzen, wobei diese Kompetenzen wesentlich
durch die Sprachkompetenz bezogen auf Sachen und Handlungen ergänzt, gestützt und ausgeweitet werden.

6.7 Die Funktion von Hausaufgaben im Sachunterricht

Hausaufgaben dienen dazu, unmittelbar an die Interessen und Erfahrungen der Kinder anzuknüpfen und das vor- und außerschulische
Lernen mit den schulischen Lernanstrengungen zu verbinden. Eine
der wichtigsten Funktionen der Hausaufgaben besteht darin, das
Gelernte auf neue Sachverhalte zu übertragen - also den Transfer
zu schulen, indem insbesondere durch Formen des handelnden Lernens
gestalterische und konstruktive Fertigkeiten, Einsichten, Haltungen und elementare Verfahren angewandt, eingeübt und gesichert
werden können.

6.8 Lehr- und Lernmittel
6.8.1 Aspekte des Einsatzes enaktiver, ikonischer und symbolischer Medien

Programmatisch lautet die These:" Der Sachunterricht ist kein
Buchunterricht, sein bestes Medium ist die Sache selbst." Bereits
ROTH hat die "originale Begegnung" mit den Sachen als einen tra-
genden didaktischen und methodischen Grundsatz formuliert.
Gleichwohl übernehmen die Medien auch im Sachunterricht wichtige
Funktionen. Im folgenden wird versucht, wichtige Elemente des
Medieneinsatzes im Sachunterricht darzustellen.
Unter dem Begriff "Medium" sind "Träger und Vermittler von Infor-
mationen" zu verstehen. Mit diesem Begriff sind andere Begriffe
gekoppelt, wie "Erarbeitungsmittel, Lehrmittel, Lernmittel, An-
schauungsmittel, Übungsmittel, Lehrwerkzeug" usw., die jeweils
besondere didaktische Aspekte der Medien betonen.

Um diesem Gewirr von Begriffsbestimmungen zu entgehen, möchte ich
die Medien in ihrem allgemeinen Sinn als Träger von Informationen
behandeln, die in der Hand des Lehrers als Lehrmittel und in der

Hand des Schülers als Lernmittel gedacht sind. Durch sie soll nach
BRUNER ein Wissens- und Erfahrungserwerb auf dem enaktiven Weg
durch handelnden Umgang mit konkreten Objekten, auf dem ikonischen
Weg durch Wahrnehmungen, Vorstellungen, Bilder und auf dem symbolischen Weg durch Symbole und gedankliche Operationen ermöglicht
werden. Demgemäß muß der Lehrer den Schülern Medien zur Verfügung
stellen, die eine Auseinandersetzung mit dem Lehrstoff auf enaktiver, ikonischer und symbolischer Ebene zulassen.

Dabei ist allerdings folgender Hinweis BRUNERs zu beachten:
"Selbstverständlich sind Handlungen, Bilder und Symbole als
Ausdrucksmittel verschieden schwierig und verschieden brauchbar je
nach dem Alter, den Vorkenntnissen oder dem Lernstil der
Schüler" (BRUNER, J.S. 1974, S. 49).

Für den Grundschullehrer bedeutet dies, daß er Wert auf den
handelnden Umgang mit konkreten Objekten durch die Schüler legen
muß, da sich die Schüler, folgt man PIAGET, mehr oder weniger in
den Stadien des anschaulichen Denkens (4. bis 7. Lebensjahr) und
der konkreten Denkoperationen (7. bis 11. Lebensjahr) befinden, in
denen das Denken noch auf konkret gegebene Sachverhalte und ausgeführte Handlungen angewiesen ist.

Wenn auch die verbalbegrifflichen Denkleistungen im Laufe der
Grundschulzeit stark zunehmen, so bedeutet dies nicht, daß sie von
ihrem anschaulichen Hintergrund in früher ausgeführten Handlungen
und Wahrnehmungen losgelöst sind. Vielmehr ist die begriffliche
Lösung eines Problems nur dann möglich, wenn das Problem der
Erfahrungswelt des Kindes entstammt. Aus diesem Grund ist die
Verwendung enaktiver Medien unumgänglich, zum einen, um den Schülern vorab die Möglichkeit des Erfahrungserwerbs zu geben und zum
anderen, um bei der Lösung komplexer, schwieriger Probleme, die
durch gedankliche Überlegungen noch nicht geleistet werden kann,
geeignete Lösungshilfen anzubieten.

Um allerdings den Vorkenntnissen und dem Lernstil der einzelnen
Schüler entgegenzukommen, sollten enaktive, ikonische und symboli-

sche Medien kombiniert angeboten werden. Letztere natürlich nur in
dem Umfang, den die Schüler beherrschen. Das hat den Vorteil, daß
jeder Schüler gemäß seiner kognitiven Entwicklung entsprechende
Medien vorfindet. Das praktisch veranlagte wie auch das sprachbe-
gabte Kind haben dadurch die Möglichkeit, die Leistungsanforderun-
gen der Schule zu erfüllen und zu Erfolgserlebnissen zu gelangen,
die auf das weitere Lernen motivierend wirken.

Außerdem ist es gemäß dem entwicklungsfördernden Auftrag der
Schule angebracht, zur Entwicklung der kognitiven Fähigkeiten
Medien mit sich steigerndem Abstraktionsgrad (enaktives, ikoni-
sches, symbolisches Medium) einzusetzen.

"Entwicklungsfördernder Unterricht muß das Kind mit Problemen konfrontieren, an denen es erleben kann, daß seine
eigenen Strategien zwar sinnvoll, aber nicht ausreichend
sind, ohne daß das Kind überfordert wird" (HUBER, G.L.,
MANDL G. 1980, S. 80).

Beim Kind sollen also durch Problemstellungen ungleichgewichtige
Äquilibrationsprozesse in Gang gesetzt und nicht durch Überforderung gelähmt werden bzw. durch Unterforderung einer positiven
Veränderung der Denkstrukturen entgegenstehen. Es kommt also auf
den sinnvollen und angemessenen Einsatz von Medien der unterschiedlichen Repräsentationsformen an (vgl. hierzu das Prinzip
der Passung bei HECKHAUSEN, H. 1969).

Die nun folgende Aufstellung soll einen kleinen Überblick über die
im Sachunterricht verwendbaren Medien geben. Sie erhebt keinen
Anspruch auf Vollständigkeit, da dies sicherlich über den Rahmen
dieser Arbeit hinausginge. Ferner bleibt sie im wesentlichen auf
naturwissenschaftliche Medien bezogen. Es wurde mehr die "soft-
ware", d.h. die Informationsträger berücksichtigt, als die "hard-
ware", worunter die zur Informationsvermittlung notwendigen Geräte
zu verstehen sind. Die tabellarische Übersicht (siehe die folgende
Seite) orientiert sich in groben Zügen an der von OSTERTAG und
SPIERING (1975) veröffentlichten Grafik.

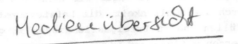

Medienübersicht

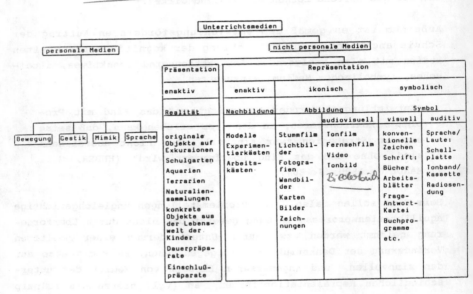

Unterrichtsmedien						
personale Medien		nicht personale Medien				
		Präsentation	Repräsentation			
		enaktiv	enaktiv	ikonisch	symbolisch	
		Realität	Nachbildung	Abbildung		Symbol
				audiovisuell	visuell	auditiv
Bewegung Gestik Mimik Sprache		originale Objekte auf Exkursionen Schulgarten Aquarien Terrarien Naturaliensammlungen konkrete Objekte aus der Lebenswelt der Kinder Dauerpräparate Einschlußpräparate	Modelle Experimentierkästen Arbeitskästen	Stummfilm Lichtbilder Fotografien Wandbilder Karten Bilder Zeichnungen	Tonfilm Fernsehfilm Video Tonbild *Bilderbuch*	konventionelle Zeichen Schrift: Bücher Arbeitsblätter Frage-Antwort-Kartei Buchprogramme etc.	Sprache/ Laute: Schallplatte Tonband/ Kassette Radiosendung

6.8.2 Personale Medien

Bewegung, Gestik, Mimik und Sprache sind personale Medien, da sie
mit der menschlichen Person verbunden sind. Auch in ihnen zeigt
sich eine Tendenz zur Abstraktion von der ausgeführten Bewegung
zur abstrakten Sprache. Bewegung, Gestik und Mimik sind Mittel der
Körpersprache, über die der Lehrer Informationen über seine Stim-

mungen und Absichten den Schülern vermittelt. So kann er beispielsweise seine Zustimmung durch Kopfnicken mitteilen, Aufforde-
rungen durch bestimmte Handbewegungen andeuten und Lob durch ein
Lächeln unterstreichen. Zur Unterrichtsführung selbst ist man aber
auf die Sprache angewiesen, denn Sprache ist ein universelles
Medium des Unterrichts und des Verstehen-Lehrens, das die Konstruktion und Produktion neuer Ideen und Begriffe ermöglicht.

6.8.3 Tiere, Pflanzen und Sachen

Natürlich ist es günstig, wenn die Unterrichtsgegenstände den
Schülern in ihrer realen Gegebenheit direkt zugänglich gemacht
werden können, da die Schüler dadurch die Möglichkeit haben,
Objekte und Lebewesen in ihrer Dreidimensionalität und Lebendigkeit kennenzulernen, anstatt sie nur über Bilder zu erfassen. Die
Schüler können Handlungen an ihnen ausführen, auf sie einwirken
und so ihre Eigenschaften erfahren. Auch dynamische Prozesse können auf diese Weise besser verfolgt und verstanden werden. Es gibt
zwei Möglichkeiten, dies zu erreichen: zum einen durch
Unterrichtsgänge, die von der Schule weg in die reale Umgebung des
Unterrichtsgegenstandes führen, zum anderen durch originale Medien, die in der Schule präsentiert werden. Unterrichtsgänge sind
der Präsentation in der Klasse vorzuziehen, da hierbei der Unterrichtsgegenstand nicht isoliert, sondern in seiner natürlichen
(Biologie: Waldspaziergang) oder auch künstlich arrangierten (Physik: Besichtigung einer Wetterstation) Umgebung erfahrbar wird.
Der Lehrer sollte allerdings beim Unterrichtsgang darauf achten,
daß nicht zu viele Objekte behandelt werden. Dies wird unweiger-
lich zu einer Überforderung der Schüler führen. Um die günstigsten
Beobachtungsperspektiven herauszufinden, ist es angebracht, wenn
die Lehrperson den Unterrichtsgang vorher allein durchführt und
eventuell Farbdiapositive anfertigt, die bei der Nachbesprechung
des Unterrichtsganges zur Dokumentation dienen. Aber nicht allein
eine Nachbesprechung, auch eine Vorbesprechung ist erforderlich:
Während das eine Kind nur "Bäume " sieht, weiß das andere zwischen
Buche, Birke, Esche und Linde zu unterscheiden.

Notwendig ist auch bei einem Waldspaziergang die Mitnahme von Schreibmaterial, Lupe und Kescher, damit die Schüler unterwegs Notizen machen und Untersuchungen durchführen können. Vom Unterrichtsgang können Gegenstände, Pflanzen und kleine Tiere, wie Insekten, Froschlaich (Genehmigung notwendig) mitgebracht werden, die in der Schule in eine Sammlung eingehen (Pilzbank, Mineraliensammlung) oder im Schulgarten, in Aquarien und Terrarien in ihrer Entwicklung und in ihrem Verhalten beobachtet werden.

Dadurch, daß die Schüler die Objekte selbst gesammelt haben, besteht zu ihnen eine viel engere Beziehung als zu fertigen, "vorgesetzten" Objekten, da mit dem selbst Gesammelten bestimmte Erlebnisse verbunden werden: der Unterrichtsgang an sich, die Fundstelle, Probleme des Transportes und ähnliches. In der Schule sind anschließend die in Sammlungen eingehenden Gegenstände zu ordnen und zu beschriften sowie Tiere und Pflanzen in ihre entsprechenden Lebensräume einzusetzen.

Neben den auf Unterrichtsgängen gesammelten Objekten sollen im Unterricht natürlich auch diejenigen vertreten sein, mit denen die Schüler in ihrer Lebenswelt konfrontiert werden, so daß sie tiefere Einsichten in ihre Lebenswirklichkeit gewinnen und Handlungskompetenzen erwerben.

Wird z.B. die Funktionsweise der Waage behandelt, so gehören die verschiedene Arten in den Unterricht, wie Balkenwaage, Babywaage, Personenwaage, Briefwaage, Haushaltswaage. Ebenso könnn natürlich alle anderen Dinge des Alltags eingsetzt werden; Werkzeuge, Materialien, Geräte. Des weiteren können im naturwissenschaftlich-technischen Sachunterricht Dauerpräparate und Einschlußpräparate eingesetzt werden, wobei auf die Sensibilität der Schüler Rücksicht genommen werden muß. Möglicherweise tun ihnen ausgestopfte oder in Kunstharz eingeschlossene Lebewesen leid. Während Dauerpräparate mehr für die Demonstration vor der Klasse gedacht sind, eigenen sich Einschlußpräparate für die Hand des Schülers. Die eingeschlossenen Teile sind von allen Seiten gut zu sehen und können auch mit der Lupe oder dem Mikroskop betrachtet werden.

6.8.4 Nachbildung und ihre Funktionen

Die Gruppe der Nachbildungen wie die der Abbildungen dienen dazu,
originale Gegenstände und Sachverhalte zu vertreten, die räumlich
oder zeitlich zu weit entfernt sind, die zu groß oder zu klein
sind, zu rasch oder zu langsam ablaufen oder zu unübersichtlich
sind. Modelle haben den Vorteil, daß sie wie die originalen Gegenstände dreidimensional und deshalb von allen Seiten zu betrachten
sind. Sie können so angelegt sein, daß sie entweder der Wirklichkeit naturgetreu nachgebildet sind (bis auf die Größe je nach Gegenstand) oder durch das Fehlen verwirrender Einzelheiten den originalen Gegenstand vereinfacht repräsentieren. Deshalb sollte man
nach der Behandlung des Modells den Gegenstand oder Sachverhalt,
wenn möglich, in seiner realen Umgebung aufsuchen, um ihn den
Schülern so zu zeigen, wie er wirklich ist. Man unterscheidet
drei Arten von Modellen:

- das Massivmodell, das den äußeren Aufbau des Gegenstandes
  wiedergibt,

- das Querschnittsmodell, das die innere Gliederung darlegt,

- das arbeitende mechanische Modell zur Demonstration der Funktion und des Verlaufs eines Themas.

Beispiele dafür sind Würfel, Querschnittsmodell eines Auges und
Wippe. Daneben existieren natürlich auch Kombinationen dieser drei
Modellarten. Beispielsweise das Modell eines Herzens, das zum
einen die äußere Gestalt eines Herzens wiedergibt und zum anderen
durch Trennung der zwei Modellhälften die Sicht ins Innere erlaubt. Das Erlebnis wird noch intensiver durch die Eigenanferti-
gung von Modellen durch die Schüler selbst, da die Schüler hierbei
keine Hilfe durch die fertig vorliegenden Einzelteile haben,
sondern sie sich diese stattdessen selbst entwickeln müssen.

6.8.5 Experimentelle Medien

Explorieren und Experimentieren sind grundlegende Bestandteile des Erkenntnisprozesses   und sollten deshalb im Sachunterricht angewendet werden. Man sollte beim Experimentieren von Problemen ausgehen, die für die Schüler wichtig sind bzw. die sie für wichtig halten. Nachdem den Schülern das Problem bewußt geworden ist, sind Lösungswege zu überlegen. Dies sollte der Lehrer möglichst nicht alleine tun und damit den Schülern eine fertige Versuchsanordnung vorlegen, sondern stattdessen diese zusammen mit den Schülern erarbeiten, denn einem Experiment sollte ein entsprechendes Gedankenexperiment vorausgehen. Die gedankliche Durchführung des Experimentes   bedarf bei Grundschülern der konkreten Gegenwart von Experimentiergeräten und -materialien. Das führt zur Frage nach den Medien. Die für das Experiment notwendigen Materialien und Geräte können aus der Erfahrungswelt der Kinder und aus Experimentierkästen stammen. Die Experimentierkästen (z.B. CVK-Experimentierbox "Wind und Wetter") enthalten vollständig das für die Erarbeitung von Sachverhalten eines bestimmten Lehrganges notwendige Material. Diese Materialien sind aber schon so perfektioniert, daß die produktiven Irrtümer und Unterschiede in den Versuchsaufbauten und Versuchsergebnissen ausscheiden, die die Kinder zum Umdenken, Überprüfen und zu Neukonstruktionen der Versuchsaufbauten oder zum Interpretieren unterschiedlicher Versuchsergebnisse führen könnten. Außerdem sind ihre Einsatzmöglichkeiten sehr begrenzt. Durch den Gebrauch alltäglicher Geräte werden den Schülern die teilweisen Unzulänglichkeiten der Alltagsgeräte bewußt, so daß dies zum Verständnis und zum Gebrauch von Spezialisten, den Bauelementen physikalisch-chemischer Experimentalkonstruktionen führt.

6.8.6 Abbildung

Der Film hat gegenüber statischen Bildern den Vorteil, daß durch
ihn dynamische Vorgänge wiedergegeben werden können wie Bewegungen, Handlungen und Prozesse. Er kommt der Realität sehr nahe, gewährt sogar durch Zeitlupenaufnahme eine größere Einsicht, aber
ersetzt die direkte Begegnung mit der Wirklichkeit nicht. Wenn
die Schüler z.B. die Fortbewegung von Tieren in einem Film oder
bei einem Zoobesuch studieren, dann stellt der zweite Fall sicher
das größere Erlebnis dar.

Neben der Dynamik und Lebendigkeit in der Übertragung hat der Film
weitere besondere Eigenschaften. Er kann Inhalte, die in der
Wirklichkeit sehr schnell oder sehr langsam ablaufen, durch die
Zeitlupe verlangsamen und durch den Zeitraffer beschleunigen. Der
Zeitlupeneffekt wird erreicht, indem die Anzahl der Bilder pro
Zeiteinheit bei der Aufnahme des Films heraufgesetzt wird und die
Wiedergabe im Normaltempo erfolgt. Diese Art der Darstellung eignet sich für schnell ablaufende Prozesse und Bewegungsabläufe, wie
z.B. die Fortbewegung des Menschen und der Tiere. Die
Zeitrafferaufnahmen eignen sich für sehr langsam ablaufende Vorgänge: das Wachstum von Pflanzen, der Sonnenlauf eines Tages oder
das Aufziehen eines Gewitters. Weitere Besonderheiten des Films
sind Trickfilme, Röntgenfilme und Mikrofotofilme. Trickfilme werden dazu angefertigt, um komplizierte Prozesse vereinfacht darzustellen oder Einblick in Vorgänge zu geben, die normalerweise
nicht sichtbar sind, z.B. der Kreislauf des Wassers in seinem gesamten Ablauf. Röntgenfilme können Prozesse zeigen, die in Körpern
ablaufen, z.B. die Funktion des Ellbogengelenkes. Bei Mikrofoto-
filmen ist die Kamera in ein Mikroskop eingebaut, so daß Mikroob-
jekte und, falls vorhanden, ihre Bewegung sichtbar werden, z.B.
Zellaufbau, Leben in einem Wassertropfen. Außerdem ist es durch
den Film möglich, gefährliche oder sehr aufwendige Experimente auf
diese Weise zu zeigen.

Die bisher angesprochenen Bilder, ob Film oder Lichtbild, haben
eines gemeinsam: Sie sind flüchtig. Für den Lernerfolg ist es
jedoch günstiger, wenn den Schülern ein den Unterrichtsgegenstand
betreffendes, konkretes Bild vorliegt, da "jeder Unterricht, der
das konkrete Bild entzieht, die Sicherheit der Vergewisserung
schwächt" (OSTERTAG, H.P., SPIERING, T. 1975, S. 8). Falls Filme
oder Lichtbilder gezeigt werden, ist es sinnvoll, wenn die
Abbildungen auf den Arbeitsblättern mit denen im Film oder auf den
Lichtbildern übereinstimmen. Jedem Schüler liegt auf diese Weise
ein eigenes Arbeitsblatt vor. Weitere Formen, in denen Bilder in
der Klasse vorkommen, sind großformatige Wandbilder, Tafelbilder,
Karten, Fotografien, Poster, Abziehbilder für die Pinwand, Post-
karten, selbstgemalte Bilder der Schüler und Zeichnungen, die zum
einen ein längeres Verweilen vor dem Dargestellten und dessen
intensiveres Betrachten ermöglichen, wenn sie längere Zeit in der
Klasse hängen bleiben, und zum anderen den Klassenraum schmücken.

Für den methodischen Einsatz von Bildern im Unterricht sind folgende Überlegungen anzustellen: Bilder nehmen im Prozeß der Ver-
innerlichung von Handlungen zwischen Handlungen und Symbolen eine
Mittlerstellung ein. Sie knüpfen in Form von Fotografien und
wirklichkeitstreuen Bildern eng an die Handlung an und führen über
immer abstrakter werdende Darstellungen zur symbolischen Repräsen-
tation. Fotografien und wirklichkeitstreue Bilder sind dadurch gekennzeichnet, daß sie die Wirklichkeit, so wie sie sich darstellt,
in allen Einzelheiten abbilden. Sie können die Schüler motivieren,
wenn sie interessant gestaltet sind. Das setzt voraus, daß die
Bilder nicht sehr bekannt sind, der Handlungsablauf nicht vollständig zu erkennen und das Geschehen nicht direkt durchschaubar
ist. Andenfalls wird die Situation vom Bildbetrachter schnell erfaßt, sie regt nicht oder kaum zum Nachdenken oder zu Fragen an,
weil alles selbstverständlich ist.
Wirklichkeitstreue Bilder und Fotografien sind aber häufig nicht
günstig, da sie die dem Sachverhalt zugrunde liegende Struktur
nicht genügend aufdecken. Dazu eignen sich besser solche Bilder,
die auf unwesentliche Einzelheiten verzichten und einfach und
übersichtlich das Wichtige hervorheben (Detailzeichnung,

Strichzeichnung). Bilder sollten niemals mit neuen Informationen
überladen sein, denn wenn ein Bild

"zu viele Informationen, für die der Betrachter noch kein
Begriffspotential besitzt, (enthält), tritt besonders beim
Schüler der Primarstufe ein sogenannter Einrasteffekt auf,
der die weitere Informationsaufnahme blockiert" (GERHARDT,
H.J., SCHMITZ, J., 1975, S. 8).

6.8.7 Audiovisuelle Medien

Audiovisuelle Medien nehmen eine Sonderstellung ein, da sie weder
reine ikonische noch reine symbolische Medien sind, sondern beide
Repräsentationsformen enthalten. Im Tonfilm, Schulfernsehen und
Tonbild sind bildhafte und symbolische Darstellung vereinigt.

Es gibt:

- Einzelsendungen, deren Themen sich am Lehrplan orientieren
  und auf bestimmte Jahrgänge und Fächer zugeschnitten sind,

- Reihen von Sendungen, die in sich geschlossen ein Rahmenthe-
  ma betreffen,

- Einzelsendungen oder Reihen, die eine intensive Unterweisung
  mit teilprogrammierten Arbeitsmaterialien anstreben und

- direkte Unterrichtsprogramme, die sich in schulischen Dar-
  bietungsformen präsentieren und von programmierten Arbeitsmaterialien begleitet werden. Die Lehrperson sollte sich bei
  der Übertragung von Sendungen im Unterricht nicht nur als
  ausführendes Organ verstehen, weil die Sendungen außerhalb
  der Schule an zentraler Stelle ohne ihren Einfluß entwickelt
  worden sind. Erst durch die Analyse der Sendung durch den

Lehrer ist optimaler Einsatz im Unterrichtsverlauf gewährleistet.

Als letztes Element der audiovisuellen Medien ist das Tonbild
zu nennen, das eine Kombination von statischer Bildprojektion
und auditiver Begleitung darstellt. Dabei sind der Ton und
die Impulse für den Bildwechsel entweder auf einem Tonband
gespeichert (Vollautomatik) oder auf dem Dia selbst ist die
Tonspur angebracht, wodurch ein Umstellen der einzelnen
Dias und damit eine Anpassung an Lernziele und Adressaten
möglich ist. Dennoch wird das Tonbild in den Schulen kaum
genutzt, da das aufwendige Tonbildsystem günstig durch den
normalen Diaprojektor und Lehrerkommentar ersetzt werden
kann.

6.8.7.1 Visuelle Medien zur Vermittlung von Symbolen

Symbole stehen für etwas, sie repräsentieren Gegenstände, Sachverhalte, Handlungen. So kann beispielsweise ein Haus durch das Wort
"Haus", der Sachverhalt "kleiner als" durch das mathematische
Zeichen "<" oder eine bestimmte Anzahl von Gegenständen durch ein
mathematisches Zahlzeichen vertreten werden. Eine Note steht für
einen Ton und den entsprechenden Handgriff auf einem Musikinstru-
ment, ein rotumrahmtes Dreieck für die Aufforderung "Vorfahrt achten". Diesen Symbolen liegt eine gesellschaftliche Übereinkunft
(Konvention) über ihre Bedeutung zugrunde, da aus den Symbolen
selbst die Bedeutung nicht immer direkt abgeleitet werden kann.
Ein Ziel des Unterrichts besteht darin, den Schülern Symbole und
ihre Bedeutungen zu vermitteln, wobei besonderer Wert auf den Erwerb der Kunstsprache "Mathematik" und der Schriftsprache gelegt
wird. Medien, die konventionelle Zeichen und Schriftsprachliches
enthalten, sind zum einen die bereits behandelten audiovisuellen
Medien, zum anderen Sachbücher, Arbeitsbücher und -hefte, Nach-
schlagwerke und Zeitschriften, in denen die Schrift neben Bildern
großen Raum einnimmt. Dem Lehrer obliegt es nun, den Schülern
Freude und Interesse am Lesen der speziell in den letztgenannten
Medien enthaltenen Texte zu vermitteln. Das setzt voraus, daß sich

die Schüler für das dem Text zugrunde liegende Thema interessieren. Wie man weiß, muß dies nicht unbedingt das Nahe, das aus der
Erfahrungswelt der Schüler Stammende sein, sondern kann auch das
zeitlich oder räumlich Entfernte betreffen: Wie lebten die India-
ner? Wie ernähren sich Eisbären? Den Schülern sollten ihre das
spezielle Thema betreffenden Wissenslücken bewußt werden. Sie
werden veranlaßt, diese auszugleichen. Dazu eignet sich die Lektüre von Texten, die den Schülern jedoch nicht einfach "vorge-
setzt" werden sollten. Stattdessen ist es besser, die Lektüre von
den Schülern zusammenstellen und vortragen zu lassen. Nur so lernen sie die Methoden der Informationsbeschaffung. Aber auch die
Herstellung eigener Texte ist zu fördern. Durch die Anfertigung
eines eigenen Textes sind die Schüler gezwungen, sich intensiv mit
dem Sachverhalt auseinanderzusetzen, denn die inneren Zusammenhänge eines Sachverhaltes müssen erst verstanden worden sein, um ihn
erklären zu können. Deshalb sollte man die von den Schülern ver-
faßten Texte in der Klasse vortragen und diskutieren lassen.

Eine weitere Form, Symbole visuell zu vermitteln, liefern Frage-
Antwort-Karteien, die aus Karten bestehen, auf deren Vorderseite
die Frage und auf deren Rückseite die Antwort steht, und Buchpro-
gramme, durch die der Schüler in linearer oder verzweigter Form in
Einzelarbeit durch graduelle Annäherung, d.h. durch ein Prinzip
der kleinen Schritte, an ein vorher exakt bestimmtes Lehr- und
Lernziel herangeführt wird. Sie haben den Vorteil, daß der einzelne Schüler sein Lerntempo selbst bestimmen kann und das erfolg-
reiche Lösen von Aufgaben regelmäßig bestätigt wird.

6.8.7.2 Auditive Medien zur Vermittlung von Symbolen

Symbolisch-auditiv sind solche Symbole, die nicht über den Ge-
sichtssinn, sondern über den Gehörsinn wahrgenommen werden. Das
ist vor allen Dingen die gesprochene Sprache, das sind aber auch
andere Laute, wie z.B. Morsezeichen und Vogelstimmen.

6.8.8 Medienkombinationen

In der bisherigen Darstellung wurden die speziellen Merkmale der
einzelnen Medien, ihre besonderen Vor- und Nachteile herausgestellt, wobei eine separate Behandlung der einzelnen Medien unumgänglich war. Diese isolierte Darstellungsform soll aber nicht auf
die Verwendung der Medien im Schulalltag übertragen werden. Hier
sind Medien einzusetzen, die möglichst alle Sinne ansprechen, gemäß der goldenen Regel von COMENIUS,

"daß alles soviel als möglich den Sinnen vergegenwärtigt werde,"

um dadurch neue Sachverhalte und Gegebenheiten besser erfahren und
in das bereits vorhandene Wissen integrieren zu können. Dazu ist
es günstig, wenn man Medien verschiedener Form- und Inhaltsquali-
täten zusammenwirken und multivalente Lösungssituationen in ver-
stärktem Maße eröffnen   läßt. Einfache Beispiele in diesem Sinne
sind Kombinationen von Gegenstand und Wort, Bild und Wort in
illustrierten Büchern, Bildergeschichten, Buch und Schallplatte,
z.B. Vogelstimmen auf der Schallplatte und Ausführungen über Lebensraum und -gewohnheiten sowie Abbildungen im Buch oder Kombinationen von Schulfernsehen und Begleitbüchern. Größere Zusammen-
schlüsse stellen Multi-Media-Verbundsysteme dar, die aus einem Zu-
sammenschluß verschiedener Medien einschließlich Äthermedien wie
Fernsehen oder Rundfunk bestehen. Beispielsweise die Verbindung
von TV-Sendereihe, Studienmaterial und Kollegtag oder von Schulfunk, Lehrer, programmiertem Tonband, Begleitmaterial und Telefon-
feed-back zur Sendestation.   Diese Medienkombinationen sind auf-
wendig gestaltet, entsprechen aber nicht den Anforderungen der
Grundschüler, da sie enaktive Darstellungen der Wirklichkeit vermissen lassen. Handeln und Experimentieren am konkreten Sachverhalt sind aber die dem Entwicklungsniveau der Grundschüler entsprechenden Formen der Wissens- und Erfahrungsaneignung. Besonders
die Schüler des 1. und 2. Schuljahres sind darauf angewiesen,
selbst Erfahrungen zu machen, da sie noch nicht von denen anderer

profitieren können. Aus diesem Grund sind Mediensysteme folgender
Art vorzuziehen: konkreter Gegenstand, Modell, Folien für den
Tageslichtprojektor, Film, Schulfunk, Texte und Arbeitsblätter.
Neben der Betrachtung von Medienkombinationen aufgrund ihrer Be-
rücksichtigung der verschiedenen Repräsentationsformen kann man
sie auch nach ihrem Verhältnis von Inhalten und Zielen beurteilen.
KNÖRR und LUDWIG unterscheiden dabei zwischen Verbundsystemen,
Kontextmodellen und Kommunikationsmodellen. Verbundsysteme sind
Medienkombinationen, die dem Lehrer Informationen zu einem bestimmten Thema, also Inhalte liefern und dadurch die Unterrichtsführung erleichtern sollen, wobei mindestens eine Komponente
lehrerunabhängig einzusetzen ist (vgl. 1979, S. 20 - 23). Da solche Verbundsysteme aber meistens keine Informationen über ihre
Entstehung, ihre Ziele und ihre methodischen Möglichkeiten enthalten, können sie nicht immer unter Ausschöpfung ihrer Wirksamkeit
eingesetzt werden. Deshalb entwickelte man in Lehrmittelverlagen
Kontextmodelle, die die Medien allgemeinen sowie detaillierten
Zielen zuordneten, z.B. der programmierten Unterricht. Das führte
aber dazu, daß sich der Lehrer nur noch als ausführendes Organ
verstand. Dagegen werden die Interessen des Lehrers und der Schüler in Kommunikationsmodellen berücksichtigt, die auf der Grundlage der Selbstbestimmung von Inhalten und Zielen durch Lehrer und
Schüler Medien anbieten, durch die die Fähigkeiten der Kommunikation, der Assimilation und Akkomodation zwischen Umwelt und Ich
und die Fähigkeit zur Entscheidung für bestimmte Ziele, Objekte
und Probleme weiter ausgebildet werden.

Zusammenfassend kann man folgende Funktionen der Medien im Sachunterricht nennen:

  - sie ermöglichen handelnden Umgang (Baukästen,
    Materialien, Werkzeug),
  - sie machen Vorgänge und Abläufe erfahrbar, die in
    Wirklichkeit nur als Endergebnisse beobachtet werden
    können (Filme, Video, Erzählung, Schulfunk und
    -fernsehen),

- sie machen komplexe Gegenstände und Vorgänge
  durchschaubar (Trickfilm, Zeitlupe, Zeitraffer, Bild,
  Modell, Karte, Versuch),
- sie helfen, Erfahrungen und Beobachtungen, die in der
  unmittelbaren Auseinandersetzung mit der Sache gemacht
  werden, zu verarbeiten, zu verstehen und zu vertiefen
  (Bild, Text, Zeichnung, Modell),
- sie bahnen Abstraktions- und Verallgemeinerungs-
  prozesse an (Gegenstand, Modell, Bild, Symbol,
  Begriff).

Inhaltliche Aspekte

7.0 Der didaktische Zuschnitt des Sachunterrichts

Zur näheren Erläuterung der folgenden Aufteilung muß an dieser
Stelle auf pädagogische Erfahrungen und auf entwicklungspsychologische Grundlagen zurückgegriffen werden, die in Kapitel 4.1.6
dieser Arbeit ausführlich dargestellt sind.

Betrachtet man unter diesen Perspektiven die kognitive Organisation von 6 bis 8-jährigen Kindern, dann stellt man fest, daß der
hauptsächliche Aspekt ihres Wissenserwerbs empirisch ist, wobei
der kindliche Empirismus dieses Alters eher episodisch verläuft,
d.h. die Kinder beziehen ihre Erfahrungen nicht unbedingt aufeinander. So können Kinder im 1. und 2. Schuljahr relativ wenig von
den Erfahrungen anderer profitieren, sie müssen sie selbst machen.
Deshalb steht in den ersten beiden Schuljahren das spielerische
Entdecken, das Sammeln von Erfahrungen, das konkrete, sachbezogene
Handeln und Probieren, der unmittelbare Dialog, die Konfliktlösung
am konkreten, erlebnishaft verankerten Fall sowie das unmittelbare
Aushandeln von Regeln und Konventionen im Vordergrund der Unter-
richtsarbeit. Nur so ist die Basis an konkret-empirischen Erfahrungen zu legen.

Mit zunehmendem Alter nimmt bei Kindern auch die Fähigkeit zu,
Erfahrungen aufeinanderzubeziehen, die grundlegenden Gemeinsamkeiten bei sozialen Fällen oder bei Naturphänomenen zu erkennen und
zu benennen. Die Kinder bilden zunehmend Begriffe und auch schon
Oberbegriffe, unter die sie neue Erfahrungen oder Phänomene subsumieren. Sie werden in zunehmendem Maße zur Organisation ihres
Wissenskörpers fähig, indem sie ihn aufbauend konstruieren und
differenzieren.

In den Klassen 3 und 4 erhält das Herausarbeiten umfassender und
begrifflich geordneter Zusammenhänge und Beziehungen von Menschen,
anderen Lebewesen, Sachen und Sachverhalten in der Lebenswirklichkeit eine zunehmende Bedeutung für das kindliche Lernen.

Die Anordnung der Aufgabenschwerpunkte innerhalb der einzelnen
Schuljahre ist Aufgabe des Lehrers. Er entscheidet auch darüber,
ob einzelne Aufgaben intensiver als andere zu behandeln sind oder
ob andere thematische Schwerpunktsetzungen für die inhaltlichen
Vorgaben vorzunehmen sind. Solche Entscheidungen werden von den
situativen und personalen Bedingungen der Klasse, den örtlichen
Gegebenheiten sowie von der Entscheidung des Lehrers für eine
lehrgangsorientierte oder projektorientierte Vorgehensweise abhän-
gen.

Die in den Aufgabenschwerpunkten dargestellten Inhalte, Handlungen, Verfahren und Beziehungen zeigen jeweils beispielhaft, wie
das Lernen in Zusammenhängen geschehen kann, wenn der Sachunterricht im Interesse der Erziehung zu Sachlichkeit und Mitmenschlichkeit sowie der Vermittlung grundlegender Kenntnisse und
elementarer Verfahren die Verschränkung der natürlichen und sozialen Erscheinungen zur Geltung bringt. Entscheidend wird dabei
sein, daß alle Bestimmungsstücke und Maßgaben, die die wissenschaftliche Begründung des Sachunterrichts abgeben, auch in der
Praxis eingelöst werden.

7.1 Inhalte in den Schuljahren 1 und 2

Schule und Schulweg	- verkehrsgerechtes Verhalten,
	- Personen in der Schule,
	- Regeln des Schullebens,
	- Pflege und Ausgestaltung von Räumen,
	- Funktionen von Personen und Räumen,

395

Inhaltliche Aspekte

Zu Hause und auf der Straße	- räumliche Orientierung in der Wohnumgebung, - Aufgaben innerhalb der Familie, - Gefahren und Sicherheitsregeln, - Spiel- und Verkehrsraum Straße, - verantwortungsbewußtes Verhalten,
Kleidung und Körperpflege	- Materialeigenschaften, Funktionen von Kleidung, - Kleidungsgewohnheiten, - Pflege der Kleidung, - Grundsätze der Körperpflege und Hygiene,
Essen und Trinken	- Eßgewohnheiten und Tischsitten, - verantwortungsvoller Umgang mit Nahrungsmitteln, - Grundsätze gesunder Ernährung,
Pflanzen und Tiere	- Erscheinungsbilder von Pflanzen und Tieren, - Lebensbedingungen, - artgerechte Versorgung, - Bedeutung der Pflanzen für Mensch und Tier, - Bedeutung der Tiere und Pflanzen für den Menschen, - Gefährdungen durch Pflanzen und Tiere,
Arbeitsstätten und Berufe	- Arbeitsstätten und Berufe im Heimatraum, - Bedeutung von Waren und Dienstleistungen, - Bedeutung der Arbeitsteilung,

Inhaltliche Aspekte

Werkstoff und Werkzeug	- Materialeigenschaften und Funktionen einfacher Geräte und Spielzeuge, - Sicherheitsregeln, - sach- und funktionsgerechter Gebrauch, - Kostengesichtspunkte,
Zeiteinteilung und Zeitablauf	- Zeiteinteilungen, Zeitmessung, - Wechsel der Jahreszeiten in seiner Bedeutung für Mensch, Tier und Pflanze, - zeitliche Abläufe im Familienleben, - Abfolgen in den überschaubaren Generationen,
Ich und die anderen	- eigene Einstellungen, Interessen und Verhaltensweisen, - Rücksicht auf andere, - gewaltfreie Konfliktlösungen, - Hilfe annehmen und geben,
Mädchen und Jungen	- körperliche Gemeinsamkeiten und Unterschiede, - Auseinandersetzung mit der Geschlechterrolle, - Mutterschaft,

7.2 Inhalte in den Schuljahren 3 und 4

Wohnumgebung und Heimatort	- Lage- und Raumvorstellungen, - Verkehrsablauf, - öffentliche Einrichtungen - ihre Funktionen und Nutzung,

Inhaltliche Aspekte

- kulturelle und landschaftliche
  Besonderheiten,
- Veränderungen und ihre Gründe,

Stadt und Land	- wichtige Großlandschaften und Siedlungsformen, - Unterschiede, Gemeinsamkeiten und wechselseitige Abhängigkeiten von Stadt und Land, - Bedeutung für Mensch, Tier und Pflanze, - unterschiedliche Formen der Gütererzeugung und ihre Auswirkungen auf das Leben und auf die Arbeit der Menschen,
natürliche und gestaltete Umwelt	- Abhängigkeit der Menschen, Tiere und Pflanzen von den Umweltbedingungen, - Anpassung der Tiere und Pflanzen, - unterschiedliche Formen der menschlichen Umweltgestaltung als Kulturleistungen, - Eingriffe des Menschen und ihre Folgen,
Geburt und Aufwachsen	- Zeugung, Schwangerschaft und Geburt im Zusammenhang mit menschlichen Beziehungen, - Veränderung von Körperbau und Verhalten im Verlaufe der Kindheit, - Lebensumstände und Verhaltensweisen anderer Kinder zu anderen Zeiten und in anderen Ländern,

398

Inhaltliche Aspekte

Körper und Gesundheit	- Bedingungen und Gefahren für Gesundheit, Wachstum und Wohlbefinden, - Verständis für Leiden und Behinderungen, - elementare Grundkenntnisse zur Ersten Hilfe, - lebensrettende Institutionen und ihre Benachrichtigung im Notfall,
Fahrrad und Straßenverkehr	- verkehrssicheres Fahrrad, - Funktionen und Funktionsweisen am Fahrrad, - einfache Wartungsarbeiten, - Vorfahrtsregeln und Verkehrszeichen, - situationsgerechtes und verantwortungsbewußtes Verhalten,
Früher und Heute	- Veränderungen der Lebens- und Arbeitsbedingungen sowie der Wohnverhältnisse, - Informationsquellen über geschichtliche Abläufe, - wichtige Ereignisse im Leben der Kinder,
Materialien und Geräte	- Verwendungsmöglichkeiten von Materialien und Geräten, - Zwecke und Wirkprinzipien einfacher Geräte, - Lösung einfacher konstruktiver Probleme, - handwerkliches Geschick,

Inhaltliche Aspekte

Versorgung und Entsorgung	- Abhängigkeit von Versorgung und Entsorgung, - Ver- und Entsorgung als gesellschaftliche und individuelle Aufgabe,
Medienwirkung und Mediengebrauch	- Informationen in den Medien als vermittelte Aussagen zur Lebenswirklichkeit, - Zwecke und adressatenbezogene Wirkung, - eigener Umgang mit Medien,
Luft, Wasser und Wärme	- Schülerversuche, - Luft, Wasser, Wärme in ihrer Bedeutung für Mensch, Tier und Pflanze, - Nutzungsmöglichkeiten von Luft, Wasser und Wärme, - Gefahren und Möglichkeiten, ihnen zu begegnen,
Wetter und Jahreszeiten	- Wetterfaktoren und ihre Beziehungen untereinander, - Auswirkungen auf die Natur und auf den Menschen - jahreszeitlich bedingte Veränderungen, - witterungsgerechtes Verhalten.

Selbstverständlich sind hier nur Akzentsetzungen im Sinne einer Grobstruktur vorgenommen. Sie bezieht sich auf die repräsentativen Inhalte und deren Schwerpunkte in Anlehnung an den Lehrplan Sachunterricht in Nordrhein-Westfalen (vgl. KM. NW. 1985). Ausdifferenzierungen sind möglich. Diese werden im Zuge der Darlegungen zu den Intentionen des Sachunterrichts bei der Arbeit in den Ausschnitten der Lebenswirklichkeit dargestellt.

8.0 Darstellung des situations-, handlungs- und sachorientierten Ansatzes zum Sachunterricht

Im folgenden wird der in dieser Arbeit entwickelte Ansatz in einer Kurzfassung dargestellt, die dem formalen Aufbau des dritten Kapitels entspricht. Inhaltlich konkretisiert sich dieser Ansatz weitgehend in dem Lehrplan Sachunterricht für die Grundschule in Nordrhein-Westfalen aus dem Jahre 1985 (vgl. KM. NW. 1985).

1.0 **Pädagogische** **Intentionen** **Bildungs-** **begriff**	grundlegend, wissenschaftlich und pragmatisch / Ausdifferenzierung und Erweiterung des Daseins mit dem Ziel, den einzelnen zur Teilnahme an allen gesellschaftlichen Prozessen: Alltagsleben, Kultur, Wirtschaft, Politik und Wissenschaften zu befähigen / Mitmenschlichkeit und Sachlichkeit sind Grundbegriffe
Ziele für **die** **Grundschule**	Grundlegung der Orientierungs- und Handlungsfä- higkeit in der kindlichen Lebenswirklichkeit / Befähigung, sich mit natürlichen, technischen und sozialen Phänomenen und den Beziehungen zwischen ihnen auseinanderzusetzen / Vermittlung von Sach- lichkeit, Mitmenschlichkeit, grundlegenden Kenntnissen und elementaren Verfahren / Erweite- rung der Lebenspraxis der Kinder / Hinführung zum Lernen des Lernens
Zielformu- **lierungen**	nicht operationalisiert / Zielverben werden mit Inhalten verknüpft, haben in dieser Form heu- ristischen Wert / verbindlich ist das Vorgehen nach genetischen Grundsätzen, bezogen auf die Zielsetzungen (s.o.) unter Berücksichtigung der Grundsätze einer handlungsorientierten, offenen Unterrichtsgestaltung, die das Kind in seiner Individualität annimmt und fördert
Verbindlichkeit **der** **Ziele**	verbindlich sind nur die Ziele des Sachunter- richts (s.o), die als Aufgaben bezeichnet werden und das Arbeiten in Ausschnitten der Lebenswirk- lichkeit / verbindlich sind handelndes Lernen, Differenzierung, fächerübergreifendes und außer- schulisches Lernen

Situations-, Handlungs- und Sachorientierung

Funktionen der Ziele	Umgang mit Menschen / Zeitwahrnehmung / Umgang Sachen, Gütern, Geld, mit der belebten und unbelebten Natur / Nachdenken über sich selbst / Belastung der Umwelt erkennen, Probleme in der Welt wie Hunger und Krieg / Zusammenleben mit Ausländern / Wertvorstellungen und Normen / die Dichte und Fülle der bildhaften und sprachlichen Informationen
2.0 Didaktische Schwerpunkte	Wirklichkeit unter den Perspektiven der indivi- duellen, sozialen und sachlichen Bedeutsamkeit / Fragestellungen aus Natur und Gesellschaft / Frage nach der Ich-Identität im Kontext zur Per- sonen- und Dingwelt / Bezug zu Sozial-, Natur- und Humanwissenschaften sowie ökonomischen Frage- stellungen und aktuellen politischen Problemen
Fachbezug	Inhalte aus dem Erfahrungsbereich der Kinder / Behandlung soll zum Aufbau der Handlungs- und Orientierungsfähigkeit führen / anhand einfacher und grundlegender Fälle allmähliche Überführung der kindlichen, erlebnisbetonten, individuellen und situationsverhafteten Sichtweise in kognitiv anspruchsvollere Sichtweisen, die auf intersub- jektive Gültigkeit, zunehmende Partizipation an gesellschaftlichen Prozessen und Übernahme von Verantwortung zielen
Funktion der Inhalte	Inhalte und Verfahren im Unterricht sind Gegen- stand kindlicher Sachauseinandersetzung / kindge- mäßes Lernen zielt auf kognitiv anspruchsvollere Formen der Sachauseinandersetzung und auf verant- wortlichen Umgang mit Personen und anderen Lebe- wesen / kindgemäßes Lehren unterstützt diesen Prozeß / Lehren und Lernen sind komplementär in der Situationsbewältigung, im Handlungsbezug und in der Sachorientierung
Lehr- oder Lerngegenstand	Wissenschaften und ihre Methoden haben wirklich- keitserschließende Funktionen / Wissenschaftso- rientierung als Prozeß, in dem Kinder von situa- tiv bedingten, subjektiven Aussagen allmählich zu allgemeingültigen gelangen / induktives und gene- tisches Vorgehen
Bedeutung der Wissen- schaften	alle im Entdeckungs- und Begründungskontext ko- gnitiv anspruchsvoller Aussagen auftretende Me- thoden: Beobachten, Explorieren, Spielen, Raum- und Objekterkundung, experimentell-induktive, verstehende, interpretative, narrative und heu- ristische Methoden, verantwortliche Konfliktlö- sung, Szenarien, Begriffsbildung, Sprachgestal- tung, konstruktive und gestalterische, normen- und ideologiekritische Verfahren

Situations-, Handlungs- und Sachorientierung

3.0 **Methodische** **Akzente** Methodik allgemeine Typisierung	entdeckerische und sichernde Formen: Anregung und Festigung des kindlichen Forscherdranges durch eigenes Problemlösen / dialogische und verstehende Formen: Förderung der Zuwendung zum Mitmenschen und zu anderen Lebewesen / gestalterische Formen: Verbesserung des Werkens und der konstruktiven Sprachhandlung
Vorgehen	handelndes Lernen an Sachen, die Sachen des Kindes sind / Individualisierung / Differenzierung / Anschaulichkeit / Lebensnähe / Umweltbezogenheit / Gesellschaftsorientierung / Situationsbezogenheit / Offenheit / induktives und genetisches Vorgehen im Kontext von Handlungsorientierung = Wissenschaftsorientierung / Kindzentriertheit
Unterrichts- prinzipien	Handeln als Grundlage kindlichen Lernens / kindliches Handeln prägt sich aus in entdeckenden, dialogischen, gestaltenden, verstehenden und festigenden Formen / aus anfänglich spielerischen, intuitiven Aktivitäten entwickelt sich bewußtes Handeln / aktives Lernen, das auf Einsicht, Bedeutungserschließung und methodische Bewußtheit zielt
4.0 **Lernen und** **Lehren** Lernprozesse Lehrprozesse	Lehrer darf nichts vorgeben, was Kinder durch eigenes Handeln selbst lernen können / muß entspannte Arbeitsatmosphäre und anregende Lernumwelt schaffen / Zeitplanung / Differenzierung durch Projekte, freie Arbeit und Wochenplanunterricht
Bedeutungser- schließung	Bedeutungsschaffen, Sinnerschließung durch die Kinder selbst / Dialog, Einsichtnehmen, Nachmachen, Konstruieren, Srachgestaltung sind dem Bedeutungsschaffen der Kinder zugeordnet / Hilfen durch den Lehrer, falls Sinndefizite nicht aufgearbeitet werden können
Medien	Grundthese: kein Buchunterricht / erstes und bestes Medium ist die Sache selbst / Anregung zu Medieneinsatz sind notwendig / außerschulische Lernorte werden empfohlen, um originale "Sachbegegnung" zu erreichen
5.0 **Psycho-** **logische** **Grundlagen**	kognitive und kritische Handlungstheorie / Persönlichkeitspsychologie / differenzierte Aussagen aus Anthropologie und Wissenschaftstheorie zum Ethos der Sachlichkeit und Mitmenschlichkeit / spezifische Untersuchungen zur kindlichen Handlungsfähigkeit

Situations-, Handlungs- und Sachorientierung

lerntheoret. Grundlagen	Kognitionspsychologie / Denkpsychologie / psychologische Befunde zur Kreativitätsforschung, zum problemlösenden Denken und zur Entwicklung des moralischen Bewußtseins / insbesondere Rückgriff auf die kognitive Handlungstheorie und auf die Denkpsychologie
6.0 Abschl. Kennzeichnung	begründet in den Lebenserfahrungen der Kinder / Raum für kindliches Handeln im Sinne des entdeckenden, dialogischen, gestalterischen, verstehenden und sichernden Lernens / paidotrop, aber handlungstheoretisch akzentuiert mit anthropologischem Grundkonzept / fächerübergreifend / kindgemäße Wissenschaftsorientierung / Methodenvielfalt / Exemplarität / Brauchbarkeit

9.0 Zu den Intentionen des Sachunterrichts in Ausschnitten in der Lebenswirklichkeit

Im Kapitel 4.2.4 wurden kindliche Aktivitäten als wirklichkeitsstiftende Handlungen dargestellt:

- mit vertrauten und mit fremden Menschen umgehen,
- am Leben innerhalb und außerhalb der Schule teilnehmen,
- die heimatliche Umgebung erkunden,
- am Verkehr teilnehmen,
- Veränderungen im Verlauf der Zeit wahrnehmen,
- mit Spielsachen, Werkzeugen, Materialien und Geräten umgehen,
- mit Gütern, Geld und Medien umgehen und Dienstleistungen in Anspruch nehmen,
- mit der belebten Natur umgehen,
- sich mit Naturerscheinungen und der gestalteten Umwelt auseinandersetzen und
- über sich selbst nachdenken.

Im Kapitel 4.2.5 wurden Probleme in der Gesellschaft und Politik als wirklichkeitsstiftende Elemente dargestellt, die außerhalb des kindlichen Subjektes liegen:

- die zunehmende Belastung der Umwelt,
- die knapper werdenden Rohstoffe in der Welt,
- Hunger und Krieg in der Welt,
- Zusammenleben mit Ausländern,
- Probleme bei der gerechten Verteilung der Arbeit,
- konkurrierende Wertvorstellungen und Normen,
- die Dichte und Fülle der bildhaften und sprachlichen Informationen.

Im folgenden geht es um die prinzipiellen pädagogischen Absichten
des Sachunterrichts, wobei die zentralen Zielsetzungen des Sachunterrichts bedacht werden, die im Kapitel 4.3 dargstellt wurden:

- Erziehung der Kinder zu Sachlichkeit und
  Mitmenschlichkeit
  und
- Sicherung des Erwerbs grundlegenden Wissens und
  elementarer Fertigkeiten.

Es geht des weiteren um die mit diesen Intentionen verbundenen
didaktischen und methodischen Implikationen sowie um Anregungen
für den Unterricht und die Gestaltung des Klassenzimmers unter der
Perspektive eines handlungsorientierten und sachlich abgesicherten
Sachunterrichts, der den Kindern und ihren Lebenserfahrungen verpflichtet ist. Hilfreich ist in diesem Kontext der Fragenkatalog
des Kapitels 5.2, der die Planung für offenen und situationsbezogenen Unterricht beinhaltet.

Ich werde mich im folgenden darum bemühen, die pädagogischen Absichten des Sachunterrichts im Kontext der Ausschnitte in der Lebenswirklichkeit darzustellen, die durch diese Handlungen bzw.
durch die gesellschaftlichen Probleme gebildet werden. Dabei werde
ich nicht versuchen, "operationalisierte Lernziele" oder "Endkom-
petenzen" zu beschreiben, die das Kind nach dem Unterricht in den
Aufgabenfeldern und in den Ausschnitten in der Lebenswirklichkeit
haben soll. Ein derartiger Versuch wäre unpassend, er stünde im
krassen Widerspruch zum offenen Charakter, den der Sachunterricht
m.E. haben soll.

9.1   Umgang mit vertrauten und fremden Menschen

Dieser Ausschnitt in der Lebenswirklichkeit betrifft die mit-
menschliche und gesellschaftliche Dimension der kindlichen Erfahrungen sowohl im engeren familiären und sozialen Umfeld als auch
im Klassenverband und im weiteren sozialen Umfeld.

Unter der Perspektive der pädagogischen Absichten geht es hier um
die Entwicklung der Zuwendungsbereitschaft des Kindes zu anderen
Menschen, um die Pflege und Steigerung seiner kommunikativen Fähigkeiten, um die Befähigung zur Toleranz und Solidarität, aber
auch darum, daß das Kind lernt, seine eigenen Interessen zu vertreten und Konflikte gewaltfrei auszutragen.

Die Erziehung zur Sachlichkeit und Mitmenschlichkeit schließt die
Förderung der Einsatzbereitschaft für andere, die Pflege der Mit-
leidsfähigkeit und Hilfsbereitschaft beim Kind ein. Der Grundsatz
der Handlungsorientierung ermöglicht es, diese Intentionen z.B.
durch Patenschaften für neu in den Klassenverband eintretende
Schüler, für ausländische Kinder oder Behinderte zu verwirklichen.

Möglich, weil sie dem kindlichen Wunsch nach unmittelbarem Handeln
entspricht, ist auch die Beteiligung der Kinder an Sammlungen
(Papier-, Altkleider-, Nahrungsmittelsammlungen ect.) für carita-
tive Vereinigungen und soziale Hilfsorganisationen sowie die aktive Mitwirkung an Wohltätigkeitsveranstaltungen innerhalb und
außerhalb der Schule.

9.2 Teilnahme am schulischen und außerschulischen Leben

Mit diesem Ausschnitt in der Lebenswirklichkeit sind hauptsächlich
diejenigen Erfahrungen angesprochen, die die Kinder in der Schule,
in der Lerngruppe und in außerschulischen Bereichen, z.B. Kir-
chengemeinden, Vereinen, Kinder- und Jugendgruppen machen.

Die Kinder sollen zunehmend dazu befähigt werden, aktiv unter
Wahrung eigener und mit Respekt vor anderen Interessen am Leben
innerhalb und außerhalb der Schule teilzunehmen, Regeln für das
Zusammenleben in der Schule und in anderen Sozialverbänden zu
vereinbaren, einzuhalten und sie ggf. zu verändern, wenn sie sich
als unzulänglich erwiesen haben.

Dieser Ausschnitt in der Lebenswirklichkeit impliziert besonders
die Probleme und Fragestellungen, die sich im Zusammenhang mit der

Einschulung ergeben und die damit verbundenen Aufgaben des Lehrers. Jedes Kind muß sich angenommen wissen und lernen, daß die
Schule ein Erfahrungs- und Lebensraum ist, der im Unterschied zu
anderen dem planvollen Lernen dient. Hierbei ist darauf zu achten, daß das schulisches Lernen sich nicht von der Lebenswirklichkeit der Kinder entfernt. Besonders in den ersten Wochen darf sich
der Unterricht nicht von den familiären und anderen vorschulischen
Erfahrungen der Kinder ablösen.

Zu den Problemen der Einschulung zählt im Sachunterricht die
Erziehung zur Verkehrssicherheit: Die Kinder müssen dazu befähigt
werden, ihren Schulweg sicher zurückzulegen. Sie lernen, die Verkehrsregeln einzuhalten und sich an Ampeln, Straßenkreuzungen und
beim Überqueren der Straße richtig zu verhalten. Die Kenntnis der
für den Fußgänger und Radfahrer wichtigen Verkehrszeichen ist unerläßlich, ebenso die Befähigung, gefährliche Verkehrssituationen
zu erkennen und zu meiden. Hier erweist sich das Aufsuchen außerschulischer Lernorte als unbedingt notwendig, wie auch der Kontakt
mit der örtlichen Verkehrspolizei, die häufig Hilfestellungen an-
bietet.

Im Bereich des schulischen Lebens geht es im Anfangsunterricht um
die Vermittlung erster Orientierungen in der Schule, also um
grundlegende Erfahrungen und Kenntnisse, damit das Kind sich in
der Schule zurechtfindet: das Kennenlernen der dort tätigen Personen und ihrer Aufgaben, die Kenntnis der Räume und ihrer Funktionen. Darüberhinaus sollen die Kinder an der Einrichtung des Klassenraumes und ggf. auch der Schule beteiligt werden, z.B. beim
Ausschmücken mit Bildern und Pflanzen oder bei der Einrichtung mit
Regalen für Leseecken, Spielesammlungen, Medien, Ausstellungsmög-
lichkeiten für Schülerarbeiten und Ergebnisse von Projekten.

Unter der Perspektive "an der Wirklichkeit für die Wirklichkeit zu
lernen" spielen die außerschulischen Lernorte eine bedeutende
Rolle. An ihnen werden die Unterschiede solcher Lebens-, Erfah-
rungs- und Lernräume zur Schule in prägnanter Weise deutlich. Daher sind z.B. Aufgabenfelder wie: Kleidung und Körperpflege, Ar-

beitsstätten und Berufe, Wohnumgebung und Heimatort, Stadt und
Land, Natur und Umweltschutz, Versorgung und Entsorgung, Medien-
gebrauch und Medienwirkung wichtig. Sie bieten Möglichkeiten, das
Lernen in der Schule mit dem außerschulischen Lernen zu verknüpfen.

9.3 Erkunden der heimatlichen Umgebung

Hier sind Erfahrungen angesprochen, die das Kind an seinem Wohnort
und in der engeren heimatlichen Umgebung macht. Es geht darum,
die Orientierungs- und Handlungsfähigkeit des Kindes mit Hilfe von
Kenntnissen über den Ort, in dem es wohnt, auszuweiten. Hierzu
zählen Kenntnisse über kulturelle, geschichtliche, wirtschaftliche
und landschaftliche Gegebenheiten der heimatlichen Region. Aus-
gangselemente sind die in den lebensgeschichtlichen Erfahrungen
des Kindes gewonnenen, subjektiv bedeutsamen Kenntnisse, z.B. über
die Lage der Wohnung innerhalb des Wohnortes, die Kenntnis der
Straßenlage und -namen sowie der Wege zu Einkaufsmöglichkeiten, zu
Spiel- und Sportplätzen und zur Schule. Auf ihnen aufbauend lernen
die Kinder ferner die Lage der wichtigsten Gebäude, Straßen,
öffentlichen Einrichtungen, Kirchen, Freizeitmöglichkeiten und die
landschaftlichen Besonderheiten kennen. Durch Erkundungsgänge zu
öffentlichen Einrichtungen wie Post, Rathaus, Stadthaus, Freizeit-
einrichtungen u.ä.m. gewinnen die Kinder wirklichkeitsgetreue Vorstellungen über deren Lage im Wohnort. Sie lernen Wege und Wegzei-
ten kennen. Der Verkehr, die Bebauung und das Umfeld zeigen, ob
es sich um Wohn- oder um Gewerbegebiete handelt. Die architektoni-
sche Gestaltung der Gebäude verdeutlicht den Kindern Elemente der
geschichtlichen Entwicklung, und Gespräche mit den dort lebenden
und arbeitenden Menschen vermitteln erste Einsichten in die Lebensumstände am Wohnort. Im Zuge solcher außerschulischen Aktivitäten werden den Kindern die wirtschaftlichen Grundlagen des Wohnortes erfahrbar.

Darüber hinaus sollten Kinder auch die wichtigsten öffentlichen
Einrichtungen wie Museen, Theater, Ausstellungen und Büchereien,
Mediotheken, Tiergärten und botanische Gärten kennenlernen. Für

Notfälle und für die Inanspruchnahme von Dienstleistungen und Schutz erscheint auch für Kinder die Kenntnis von Benachrichtigungsmöglichkeiten, z.B. von Rufsäulen und Telefonhäusern, wichtig. Ferner sollten sie die Lage von Krankenhäusern, Feuerwehr, Polizei ect. kennen.

In diesem Zusammenhang sollte das Kind in die Lage versetzt werden, Wegeskizzen, Lagepläne und Karten anzuwenden und ggf. selbst herzustellen. Zunehmend wird der Unterricht den Bereich des Wohnortes verlassen und sich je nach Lage entweder den spezifischen Erscheinungsformen eines ländlichen oder eines städtischen Lebensraumes zuwenden mit dem Ziel, den Schüler mit beiden Lebensräumen vertraut zu machen und wesentliche Merkmale der Wechselbeziehungen zwischen Stadt und Land darzustellen.

9.4 Wahrnehmen von Veränderungen im Verlaufe der Zeit

In diesem Zusammenhang werden recht schwierige Probleme der Zeitwahrnehmung, des geschichtlichen Bewußtseins und der Erfahrungen angesprochen, die Personen im Verlauf ihrer Lebensgeschichte machen. Diesbezügliche Fragen und Problemstellungen sind im Lebensvollzug allgegenwärtig, z.B. bei der Einteilung des Tages, bei sportlichen Wettkämpfen, Rythmen oder periodisch wiederkehrenden Naturerscheinungen wie Sonnenauf- und -untergang, die Wiederkehr von Jahreszeiten und der in ihnen feststellbaren Veränderungen in der Natur. Aber auch in den für die Kinder so wichtigen Erzählungen der Erwachsenen haben die Erinnerung und zeitliche Abläufe tragende Bedeutung. Kriterien dafür, daß Zeit verstrichen ist, sind im wesentlichen die Veränderungen, die an den Mitmenschen und an Sachen wahrgenommen werden. Daher muß das Bewußtsein des Kindes für zeitliche und für geschichtliche Zusammenhänge an subjektiven Erlebnissen entwickelt werden, so z.B. am Wachsen, Altern und Vergehen, an Phasen von Wachheit und Müdigkeit sowie des Schlafes, aber auch an Wahrnehmungen wie Schnelligkeit, Langeweile und Kurzweil. Wichtig sind dann auch vergleichende Beobachtungen, die das Kind an konkret vorhandenen Objekten, an alten und neuen Dingen sowie an Tieren und Pflanzen durchführt. Hierbei kann es

die Unterschiede zwischen ihnen feststellen, so z.B. das altmodi-
sche Aussehen veralteter Kleidungsstücke und Geräte im Vergleich
zu neuen Sachen, Abnutzungserscheinungen an alten Spielzeugen,
gebrauchten Geräten, Werkzeugen und Kleidungsstücken. Ebenso sind
auch die Beobachtung und Interpretation von Gebrauchsspuren und
von Oxidationserscheinungen wie Rost und Patina an Werkstoffen,
Materialien und Geräten wichtig.

Das Arbeiten in diesem Ausschnitt in der Lebenswirklichkeit der
Kinder kann sich insbesondere auf die Verstärkung der kindlichen
Handlungs- und Orientierungsfähigkeit konzentrieren, indem es auf
methodische Elemente des aktiven Lernens im Sachunterricht abhebt
und elementare Verfahren beim Kind grundlegt, die für das weitere
Lernen, für die Befähigung zu selbständigem Problemlösen unerläßlich und für wissenschaftliches Arbeiten wichtig sind.

Elementare Verfahren in diesem Sinne sind das Beobachten,
Vergleichen, Unterscheiden, Ordnen und der zunehmende Gebrauch von Begriffen, mit denen zeitliche und räumliche
Beziehungen gekennzeichnet werden. Bedeutsam sind das Messen und die Darstellung von Zeitabläufen in Zeichnungen und
"Zeitleisten". Kenntnisse der Uhr, Einteilung der Tageszei-
ten und des Jahres müssen vermittelt werden. Dies dient
dazu, die subjektiv empfundene Zeit mit gemessenen Zeiten
zu vergleichen und die gemessene Zeit als intersubjektiv
vereinbarte Größe bewußt zu machen.

Für die Anbahnung eines geschichtlichen Zeitverständnisses muß
die Zeitspanne so gewählt werden, daß sie für das Kind überschau-
bar bleibt. Die Arbeit wird sich an der Lebensgeschichte der
Kinder orientieren und in der Regel allenfalls bis in die
Großelterngeneration zurückgreifen.

Grundlegende Verfahren hierbei sind z.B. das Auswerten von
Quellen jeder Art mit erhellendem Charakter, z.B. Texte,
Briefe, Zeitungen, altes Spielzeug, Werkzeug und Gerät

sowie Fotographien, alte Kleidung und alter sowie neuer
Hausrat. Von großer Bedeutung sind hier auch Befragungen
der Eltern, Großeltern, anderen Verwandten und Bekannten
und die Auswertung der Geschichten, die von ihnen erzählt
werden.

9.5 Teilnahme am Verkehr

Dieser Ausschnitt in der Lebenswirklichkeit umfaßt die Erfahrungen, die das Kind als Teilnehmer am Straßenverkehr macht. Unter
Berücksichtigung der dort stets vorhandenen Gefahren ist die Erziehung zu verkehrssicherem Verhalten und die Vermittlung eines
Gefahrenbewußtseins bei Kindern unerläßlich.

Die Kinder müssen dazu befähigt werden, sicher am Verkehr teilzunehmen. Dazu müssen sie die grundlegenden Verkehrsregeln, Verkehrszeichen und die wichtigsten Verhaltensweisen im Straßenverkehr beherrschen. Vor allem in den ersten Wochen zur Zeit der
Einschulung müssen die Kinder nachhaltig auf die Gefahren ihres
Schulweges hingewiesen werden. Sie müssen Gefahrensituationen
erkennen und meiden lernen. Zu den Aufgaben des Sachunterrichts
zählen in diesem Zusammenhang ausdrückliche Hinweise auf Fehlver-
halten, das für Kinder besonders gefährlich ist, wie z.B. Überqueren der Fahrbahn an unübersichtlichen Stellen und aus Abständen
zwischen parkenden Autos heraus, Überqueren der Fahrbahn bei roter
Ampel und Spielen auf der Straße sowie Nichtbenutzung des Zebra-
streifens.

Notwendig im Verlaufe des Schuljahres erscheinen Hinweise auf
jahreszeitlich bedingte Gefährdungen im Straßenverkehr durch Was-
serglätte, Schnee und Eis, aber auch Hinweise darauf, daß das
Verhalten mancher Erwachsener im Straßenverkehr nicht nachah-
menswert, teils sogar gefährlich ist.

Im fortgeschrittenen Sachunterricht der dritten und vierten Schuljahre gehören die Vorbereitung und Durchführung der Fahrradprüfung
zu den Aufgaben der Verkehrserziehung. Hierbei werden die bereits

vorhandenen Fähigkeiten und Verhaltensweisen, die der Verkehrssicherheit dienen, gefestigt und neue erlernt, die die spezifischen Notwendigkeiten der aktiven Teilnahme am Straßenverkehr als
Fahrradfahrer und die Verkehrssicherheit des Fahrrades selbst
betreffen. In diesem Zusammenhang wird der Sachunterricht auch
wichtige technische Problemstellungen aufgreifen, damit das Kind
selbst für die Verkehrssicherheit seines Rades sorgen kann.

9.6 Umgang mit Gütern, Geld, Medien und Inanspruchnahme von Dienstleistungen

Dieser Auschnitt in der Lebenswirklichkeit umfaßt die Erfahrungen,
die das Kind als Konsument und als Sparer macht. Kinder verfügen
häufig über Taschengeld; sie sind als Konsumenten bereits Ziel-
gruppe der Werbung für bestimmte Produkte des Medienmarktes, z.B.
für Kinderzeitschriften, Comic-Serien und Videospiele. Viele Kinder haben auch Taschengeldkonten. Sie sind demzufolge Sparkassen-
oder Bankkunden. Außerdem sind sie Empfänger von Dienstleistungen
im Gesundheitsbereich, in Verkehrsmitteln und Ver- und Entsorgungseinrichtungen.

Unter pädagogischer Perspektive soll das Kind lernen, sorgsam und
wirtschaftlich mit Geld umzugehen. Dazu braucht es Kriterien, mit
denen es die nötigen Güter, z.B. Lebensmittel, Wohnung, Kleidung
und Information von solchen unterscheidet, auf die ohne Not verzichtet werden kann.

An konkreten Beispielen werden den Kindern deshalb die Unterschiede zwischen den Grundbedürfnissen und den abgeleiteten Bedürfnissen des Menschen verdeutlicht. Der Sachunterricht wird den
Zusammenhang von Werbung und Konsumgewohnheiten darstellen und die
Suggestivwirkung der Werbung aufdecken mit dem Ziel, die Kinder
kritik- und widerstandsfähig gegen Werbeeinflüsse, aber auch gegenüber den eigenen Kaufentscheidungen zu machen.

Unter der Perspektive der Medienerziehung, die insbesondere vor
dem Hintergrund der modernen Lebensumstände zu einer der wichtigsten Aufgaben des Sachunterrichts wird, geht es darum, den Kindern erste Kriterien zu vermitteln, mit deren Hilfe sie z.B. Kinderzeitschriften und -illustrierte, Tonbänder, Filme und Videopro-
duktionen auf ihren Gehalt und ihre Qualität hin überprüfen können.

Bei der kritischen Bewertung solcher Produkte wird es insbesondere
darauf ankommen, mit Kindern diejenigen Elemente in Zeitschriften,
Videoaufzeichnugen u.ä.m. herauszuarbeiten, die Suggestivwirkungen
ausüben und gegen die Aufgaben des Sachunterrichts, d.h. gegen die
Ausweitung der Formen der Daseinsbewältigung und Daseinserweiterung, gerichtet sind, z.B. problematische Rollenbilder, Gewalt-
verherrlichungen, Diffamierungen von Ausländern oder Darstellungen, die die Beziehung zwischen den Generationen und den
Geschlechtern vorsätzlich negativ belasten. Bei gegebenem Anlaß
müssen Darstellungen angesprochen werden, die den Sexualbereich
betreffen und dort ebenfalls zu Fehleinschätzungen hinsichtlich
der menschlichen Sexualität führen können. Diese Analyse der
Inhalte, die durch Medien vermittelt werden, soll dem Kind dazu
verhelfen, zunehmend kritisch und verantwortlich mit Medien umzugehen.

Im Hinblick auf alltagspraktische und ökonomische Verhaltensweisen
sind Kenntnisse notwendig, die bei   täglichen Verrichtungen und
Besorgungen anfallen, z. B. beim Einkaufen, Telefonieren,   bei
Gängen zur Post sowie bei der Benachrichtigung von Notdiensten und
Polizei in Notfällen. Damit die Kinder soziopolitische Einrichtungen verstehen und mit ihnen umgehen können, müssen sie lernen,
daß solche Einrichtungen Aufgaben für die Gesellschaft übernehmen,
die von Einzelpersonen nicht gelöst werden können, z.B. die Versorgung mit Trinkwasser, Elektrizität, Wärme, Rohstoffen, Nah-
rungsmitteln und Informationen, die Beförderung von Personen und
Gütern durch Verkehrsbetriebe oder die Entsorgungsleistungen bei
der Abwasser- und Müllbeseitigung. Dabei lernt das Kind auch,

verantwortlich mit Dienstleistungen umzugehen. Es wird über die
Angebote des Recyclings nachdenken und gegebene Möglichkeiten wie
Altglasbehälter u.ä. nutzen.

9.7 Umgang mit Spielsachen, Werkzeugen, Materialien und Geräten

Dieser Ausschnitt in der Lebenswirklichkeit der Kinder betrifft
Erfahrungen, die das Kind beim Spielen mit Spielzeug und beim
Gebrauch von Haushaltsgeräten wie Kochplatten, Ofen, Mixer,
Schere, Nähmaschine, Hammer, Nagel usw. macht sowie seine Erfah-
rungen bei der Benutzung von Apparaten und Instrumenten, z.B.
Fotoapparat, Radio, Tonband und Videogerät oder Fernrohr, Taschen-
lampe, Fahrrad u.ä.m. Außerdem geht es somit um Handlungen wie das
Manipulieren, Herumprobieren, Untersuchen von Objekten, das
Basteln und Werken, Reparaturversuche, das Erproben von Spielsa-
chen und die Benutzung von Geräten und Werkzeugen.

Es erscheint notwendig, daß der Sachunterricht die Gefahren darstellt, die sich auch und gerade im Umgang mit Materialien und
Geräten im Haushalt ergeben, z.B. bei elektrischen Geräten: defekte Kabel oder Gebrauch in falschen Räumen (Badezimmer). Die große
Gruppe der sog. Haushalts-Chemikalien wie Reinigungsmittel, Farben, Pflegemitteln, Herbizide, Insektizide, Medikamente u.ä. darf
ebenfalls nicht vergessen werden, weil von ihnen bei falschem Gebrauch Gefährdungen ausgehen. Die Kinder sollten die gebräuch-
lichsten Symbole für die Kennzeichnung von ätzenden, leicht
flüchtigen, brennbaren, und giftigen Stoffen im Haushalt kennenlernen und darüber belehrt werden, daß sie diese Stoffe nicht ohne
Hilfe von Erwachsenen verwenden dürfen.

Andererseits muß aber angesichts solcher Einschränkungen der Selb-
ständigkeit im häuslichen Bereich die Spielfähigkeit des Kindes
und sein Neugierverhalten verstärkt werden. Dem kindlichen Wunsch,
Gegenstände zu untersuchen, muß Raum und Zeit gegeben werden.
Erfahrungsgrundlagen beim Kinde sind auszuweiten und zu sichern.
Darüberhinaus muß die kindliche Eigeninitiative im häuslichen

Bereich gefördert werden.

Der Sachunterricht wird hier häufig kompensatorisch wirken müssen, da viele Kinder eingeschränkte Erfahrungen beim Gebrauch selbst einfacher Werkzeuge wie Schere, Zange, Messer, Laubsäge und Hammer haben. Die Motorik des Umganges mit solchen Werkzeugen und Geräten muß aufgebaut werden, damit die Kinder ohne Selbstgefährdung eigene Ideen selbsttätig verwirklichen können. Dazu gehört auch, Einsichten in die Beschaffenheit von Materialien zu vermitteln, indem Kinder deren Einsatzmöglichkeiten testen.

Im Interesse der kindlichen Handlungsfähigkeit, aber auch der Sprachentwicklung muß es das zentrale Anliegen des Sachunterrichts sein, durch spielerischen Umgang grundlegende handwerkliche, konstruktive und planerische Fähig- und Fertigkeiten aufzubauen und zu sichern. Hierzu müssen im Unterricht Spielsachen, einfache Geräte, Werkzeuge und auch Maschinen einfacher Art von den Kindern benutzt werden. Vor dem Hintergrund der Analyse der kindlichen Spielmöglichkeiten angesichts einer unzugänglichen technischen Umwelt muß festgestellt werden, daß nur so die wichtigen handwerklich naturwissenschaftlichen Grunderfahrungen beim Kind überhaupt entstehen können. Dem manuellen Tun mit Schere, Klebmaterialien, Lineal, Papier, Pappe, Plastillin, Gips, Farbe und Ton, später mit Laubsäge, Sperrholz, Leim, Hammer, Drillbohrer, Nägeln und Schrauben muß im Interesse sowohl der Verfeinerung der kindlichen Motorik als auch der Grundlegung der o.g. Erfahrungen viel Zeit eingeräumt werden, wenn der Sachunterricht den entwicklungsmäßigen Notwendigkeiten gerecht werden und ein vorrangig verbalisierendes Vorgehen vermeiden soll. Selbstverständlich wird der Lehrer hierbei für die Einhaltung der Sicherheitsregeln sorgen und Grundsätze der Unfallvorsorge einhalten.

Auf einer weiteren Ebene, die indes nur auf der soeben dargestellten Grundlage konkret-empirscher Erfahrungen aufgebaut werden kann, muß der Unterricht über den bloßen Gebrauch und das Nachdenken über die Verwendungsmöglichkeiten von Werkzeugen und Geräten hinausgehen. An ausgewählten Beispielen müssen die Funk-

tionsweisen von Werkzeugen herausgearbeitet und die zugänglichen
Wirkprinzipien - z.B. das Hebelgesetz an der Zange oder der Schere
- anschaulich dargestellt werden. Hierzu dienen auch die fünf einfachen Maschinen: der Flaschenzug, der Hebel, das Rad, die
Schraube und die schiefe Ebene.

Ferner wird der Sachunterricht einfache und grundlegende Beschreibungen und Erklärungen geben und auf natürliche sowie technische
Grundsachverhalte und Phänomene verweisen wie z.B. Kraftübertra-
gung, Wärmewirkung des elektrischen Stromes, Stromkreis, Regel-
kreis und Steuerung. Dies soll dazu dienen, die Kinder in die Lage
zu vesetzen, Phänomene in der physischen Realität sachlich angemessen zu beschreiben, in Versuchen darzustellen und zu verstehen
sowie auch anspruchsvollere Konstruktionen zu planen, zu verwirklichen und entsprechende Funktionsmodelle zu erproben.

Diese pädagogische Intention ist nur dann einlösbar, wenn der
Klassenraum als eine Lern- und Anregungslandschaft ausgestattet
ist, die den bastelnden, handwerklichen und konstruktiven Umgang
mit Sachen unmittelbar herausfordert. Es ist somit unerläßlich,
das Klassenzimmer mit "didaktischen Kabinetten", d.h. Spiel- und
Arbeitsecken sowie mit anspruchsvollen Sammlungen von Spielsachen,
Werkzeugen, Geräten, Instrumenten, Modellen, Verbrauchsmaterialien
und "alten" Sachen einzurichten. Da die Kinder auch zum selbstän-
digen Erwerb von Informationen und zur Auswertung entsprechender
Medien angeleitet werden sollen, erscheint die Einrichtung von
Sammlungen mit Lexika, Bildern, Abbildungen und unterschiedlichen
Sachbüchern notwendig. Ferner bieten sich die Sammlung von Pro-
spektmaterialien und die Einrichtung von Arbeitsdateien an, mit
denen die Kinder jeweils individuell arbeiten können.

Ziel dieser Einrichtungen muß es sein, im Sachunterricht ein
differenziertes Angebot an konkreten Materialien, anschaulichen
Medien und Nachschlagewerken bereitzustellen, damit das Kind alle
ihm möglichen Formen des Erwerbs, der Verarbeitung und Anwendung
von Informationen und Kenntnissen ausüben und verbessern kann.
Daher muß beiden Möglichkeiten kindlichen Handelns innerhalb

dieses Kontextes Rechnung getragen werden, dem freien phantasievollen Gestalten mit nicht definierten Materialien und dem Spiel
mit vorstrukturiertem Material, z.B. mit Baukästen und Bauelementen, die weitgehend montiert werden können.

Indes ist nicht nur das handelsübliche didaktische Material hier
von Bedeutung, oftmals schüchtert es die Kinder sogar ein und
beschränkt somit das kindliche Handeln. Kinder sind in der Regel
stolz auf ihre eigenen Werke, seien es nun Berichte und Zeitungen
über kleine Projekte, Modelle, Spielzeugnachbauten oder Bilder.

Sammlungen der genannten Art im Klassenraum müssen unbedingt auch
Platz bieten für die von den Kindern selbst hergestellten Geräte,
Werkzeuge, Medien und Funktionsmodelle. Nur so kann dem Werkstolz
der Kinder pädagogisch sinnvoll begegnet und entsprechende Motiva-
tionen aufrecht erhalten werden.

9.8 Umgang mit der belebten Natur

Hiermit sind im wesentlichen diejenigen Erfahrungen angesprochen,
die das Kind im Umgang mit anderen Menschen, mit Tieren und Pflanzen macht.

Kinder haben Freude an Pflanzen und Tieren, sie interessieren sich
für die unterschiedlichen Pflanzen- und Tierarten. Sie wollen die
Namen, die Lebensweise, die Heimat und die Lebensform der Pflanzen und Tiere kennen. Oft entsteht der Wunsch, z.B. das Klassenzimmer mit Blumen und anderen Pflanzen zu schmücken oder ein Tier
zu halten bzw. Vivarien einzurichten. Diese Motive fordern zu
weiterem Wissenserwerb über die artgerechte Hege und Pflege von
Pflanzen und Tieren, über Düngung bzw. Ernährung und Verhalten
sowie auch über Fortpflanzung, Entwicklung und gezieltes Anwenden
von Vermehrungsmethoden heraus. Der Sachunterricht muß diese Motive aufgreifen, indem er den Kindern erste Handlungsmöglichkeiten
eröffnet und erste Ordnungen vermittelt, mit deren Hilfe sie
spezifische Erscheinungen in der Pflanzen- und Tierwelt unterscheiden können. Die Kinder sollen an ihnen zugänglichen Beispie-

len und Versuchen wichtige Bedingungen für das Wachstum der Pflanzen herausfinden und beobachten. Sie sollen den Körperbau, die
Art der Fortbewegung sowie die Nahrung und das Freßverhalten bei
Tieren als Anpassungserscheinung an den jeweiligen Lebensraum
interpretieren können. Ferner sollen sie die Fortpflanzung bei
Tieren und bei Blütenpflanzen kennenlernen, Veränderungen bei
Tieren und Pflanzen beobachten und sie als Ausdruck von Entwick-
lungsverläufen und artspezifischen Verhaltens interpretieren können.

Tiere, Pflanzen und Menschen leben in Wechselbeziehungen; die
Kenntnis solcher Beziehungen erscheint zunehmend wichtig in
bezug auf ökologische Fragestellungen, die der Sachunterricht
notwendigerweise aufgreifen muß, wenn er den aktuellen und auch in
Zukunft wichtigen Aspekten des Schutzes der Natur und der gestalteten Umwelt gerecht werden und Kinder auf diese Aufgaben vorbe-
reiten soll.

Der Grundsatz des handelnden Lernens legt nahe, Vivarien im Klassenzimmer einzurichten, unterschiedliche Pflanzen und Kulturen zu
pflegen und auf Lehrwanderungen und Besuchen, z.B. in botanischen
Gärten, Gärtnereien, zoologischen Gärten und auf Bauernhöfen das
Wissen auf vielfältige Weise zu erweitern.

Für die Heranbildung eines realistischen Weltbildes beim Kind
müssen auch die in diesem Ausschnitt in der Lebenswirklichkeit
eingeschlossenen Wechselbeziehungen zwischen Menschen, Tieren und
Pflanzen dargestellt und hinterfragt werden - soweit dem Kind dies
möglich ist. Diese Wechselbeziehungen bestehen z.B. darin, daß der
Mensch Pflanzen und Tiere wirtschaftlich nutzt für die Gewinnung
von Nahrung und Bekleidung, zur Verrichtung von Arbeit oder als
Partner beim Sport und in der Freizeit. Das mehrdimensionale Ge-
flecht zwischen Menschen, Tieren und Pflanzen, das die ökonomische
Nutzung und die liebevolle Hinwendung zu Tieren und Pflanzen
ebenso einschließt wie die Vernichtung von Pflanzen duch Herbizide
und die teils erbarmungslose Ausrottung von Tierarten durch Jagd
oder durch die Vernichtung ihrer Lebensräume, erscheint hier be-

sonders wichtig.

Die Kinder sollen daher an exemplarischen Zusammenhängen erkennen, daß das Verhältnis des Menschen zur belebten Natur notwendigerweise auch utilitär ist und seine Eingriffe in die Tier- und
Pflanzenwelt zur Gefährdung von Arten und zur Bedrohung ganzer
Ökosysteme geführt haben. Diese Kenntnisse sollen die Grundlage
dafür legen, daß die Kinder Achtung vor dem Leben und Verantwortungsgefühl gegenüber der belebten Natur entwickeln. Solche
Probleme können den Kindern auch zeigen, daß Wissen, wenn es unbe-
dacht angewandt wird, z.B. im Falle der Insektenvertilgung, unbe-
absichtigte Konsequenzen haben kann, weil bestimmten Vogelarten
die Nahrungsgrundlage entzogen wird. Durch Kontakte mit Tier-
schutzvereinen und Organisationen, die sich mit dem Schutz der
Umwelt befassen, kann der Sachunterricht solche Motive verstärken
und entsprechende Kenntnisse erweitern.

Neben den üblichen Sammlungen von Tierpräparaten u.ä. sind das
Sammeln und Ordnen von Bildern oder Zeitungsartikeln über Tiere
und Pflanzen sowie die Pflege- und Hegeanleitungen wichtig. Das
Schulprogramm sollte alle für den Unterricht bedeutsamen Adressen
von Tierparks, Schutzorganisationen und Zooschulen enthalten, die
von den Kindern besucht werden können. Eine Datei über wichtige
Filmaufzeichnungen von Tieren und Pflanzen, aber auch bezogen auf
humanbiologische und anthropologische Fragestellungen sollte ebenfalls angelegt und den Schülern zugänglich gemacht werden.

Zu diesem Ausschnitt in der Lebenswirklichkeit zählt außerdem die
Auseinandersetzung mit dem Menschen. Zum einen ist hier die Ge-
sundheitserziehung, z.B. richtige Ernährung, angemessene Kleidung,
Körperpflege und Hygiene und eine gesunde Lebensführung mit aus-
reichend Schlaf und Bewegung sowie einem sinnvollen Wechsel von
Anspannung und Entspannung von grundlegender Bedeutung für das
Kind. Darüberhinaus hat der Sachunterricht an dieser Stelle die
Aufgabe, solche Fragestellungen aufzugreifen, die im Zusammenhang
mit der Sexualerziehung stehen. Zu den grundlegenden Kenntnissen
der Kinder zählen: Unterschiede zwischen Jungen und Mädchen bzw.

Mann und Frau, Fragen der Elternschaft, der Entstehung menschlichen Lebens und des Verlaufes der Schwangerschaft. In diesem
Zusammenhang wird der Sachunterricht u.a. auf unterschiedliche
Normen und Wertvorstellungen zur menschlichen Sexualität eingehen
müssen. Er wird Fragen beantworten müssen, die Kinder angesichts
von Darstellungen geschlechtlicher Beziehungen in Medien stellen.
Besondere Aufmerksamkeit wird er auch der Kultivierung der kindlichen Sprache und der Pflege der Kommunikationsfähigkeit zwischen
den Geschlechtern widmen.

9.9 Auseinandersetzung mit Naturerscheinungen und mit der
gestalteten Umwelt

Hiermit sind die vielfältigen Erfahrungen angesprochen, die das
Kind mit der natürlichen (im Sinne der physischen und unbelebten
Natur) und mit der gemachten Umwelt macht. Es geht also um Natur-
erscheinungen wie Sonne, Gestirne, Mond, Feuer, Blitz und Donner,
Schnee, Eis, Wasser und Energie, außerdem um Naturprodukte, z.B.
Holz, Wolle, Seide, Baumwolle, Ton, Sand, Steine, Mineralien,
Kohle, Mineralöle, Stoffe und bestimmte Metalle und deren feste
oder flüssige Verbindungen. Nicht immer sind "Naturprodukte" oder
Rohstoffe ohne menschliche Bearbeitung in der Lebenwirklichkeit
vorhanden. Viele Metalle kommen z.B. in der Natur nicht gediegen
vor, es sind behandelte Naturstoffe, deren Erscheinung sich wesentlich von dem Urzustand unterscheidet. Hinzu kommen künstlich
hergestellte Stoffe wie Papier, Glas, Porzellan, Steingut, Me-
tallegierungen, Lösungen, Mischungen, Farben und die große Anzahl
der modernen Kunststoffe.

Zu den Stoffen in der Natur bzw. zu den aus ihr gewonnenen zählen
auch die Nahrungsmittel wie Getreide und Mehl, Brot, Milch, Fette
und Wasser. Beinahe alle diese Stoffe müssen durch Backen, Kochen
oder Garen aufbereitet werden, damit sie für den Menschen genieß-
bar sind; sie müssen also entweder eine Form- oder eine Stoffver-
änderung erfahren haben.

Zu den hier angesprochenen Erscheinungen zählen auch Phänomene und Ereignisse wie das Schweben, Schwimmen und Sinken, der Vogelflug und der Flug künstlicher Gebilde wie Flugzeug, Windvogel, Ballon und Montgolfiere. Unmittelbar in der Erfahrung der Kinder liegen Phänomene wie Geräusche, Licht, Leuchten, Hitze und Kälte, Klima und Wetter, elektrische Beleuchtung, Wärmestrahlung usw.

Angesichts dieser Fülle an Sachen, Ereignissen und Sachverhalten muß der Sachunterricht den Kindern erste Ordnungsmöglichkeiten eröffnen, die aus dem Beobachtbaren hergeleitet sind und lebenspraktische Bedeutung für das Kind haben:

-- Die Bildung von Stoffeinteilungen aufgrund der Herkunft und Beschaffenheit der Stoffe (fest, biegsam, geschmeidig, weich, plastisch, zähflüssig, flüssig, flüchtig, gasförmig) oder nach ihrer Verwertbarkeit (eßbar, ungenießbar, giftig, schlagfest, bruchsicher, reißfest, wasserundurchlässig, wärmeisolierend, lichtdurchlässig oder verdunkelnd).

-- Das Unterscheiden und Ordnen von Vorgängen, Ereignissen und Erscheinungen aufgrund der Sinne, mit denen sie wahrgenommen werden (hörbar, sichtbar, mit dem Temperatursinn wahrnehmbar), mit den dazugehörigen Begriffen (Geräusche, Töne, Schall, Lärm, Farben, Licht, Leuchten, Kälte, Hitze, Temperatur). Hierbei kann allerdings keine vollständige "Fachsprache" angestrebt werden. Teilweise erscheint die alltagssprachliche Bedeutung der Begriffe angezeigt.

- Die wichtigen Maße, die zur mengenmäßigen Erfassung der Dinge und Erscheinungen gebraucht werden, sind: Gewichtsmaße (umgangssprachlich), Längenmaße, Hohlmaße, Zeitmaße, Flächenmaße, Raummaße und der Schnelligkeitsbegriff. Meßgeräte (Waage, Zollstock, Lineal, Metermaß, Litermaße, Uhren, Kalender, Einheitsquadrate und -würfel sowie der Geschwindigkeitsmesser (Tachometer)) müssen dabei benutzt und auf anschauliche Weise erklärt werden.

- Natürliche und technische Sachverhalte müssen auf einfache
  und grundlegende Erklärungen zurückgeführt werden. Zu die-
  sen zählen u.a. die Kreis- bzw. die Kreislaufmodelle zum
  Wasser, zum elektrischen Strom, zur Nahrung, zum Gasaus-
  tausch, zur Warmwasserheizung usw. Darüberhinaus erscheinen
  Erklärungen mit Hilfe von Wenn-Dann-Beziehungen oder Zweck-
  Mittel-Zusammenhängen, die Frage nach den stofflichen Ver-
  änderungen und nach der zweckmäßigen Gestaltung sowie nach
  Anpassungserscheinungen grundlegend für weiterführendes
  Lernen.

- Elementare Verfahren, die das Kind unbedingt in problemhaltigen Situationen und einsichtigen Zusammenhängen exemplarischen Zuschnittes - also nicht in formalisierter Form
  - lernen soll, sind z.B.: eigene und fremde Meinungen
  nicht ungeprüft für richtig halten, Beobachtetes von Meinungen unterscheiden, die Erkundung von Räumen und Objekten, das Verändern der Bedingungen, unter denen eine Erscheinung auftritt, die Formulierung von Vermutungen, der
  Austausch von Meinungen über Sachverhalte, das Isolieren
  von Variablen, das Fragenstellen, die Versuchsplanung, -
  durchführung und -auswertung, die kritische Vergewisserung
  dessen, was getan wurde, um ein Ergebnis zu finden, das
  Sammeln, Ordnen und Klassifizieren, Probieren, Reparieren
  und Testen, Planen, Konstruieren und Bauen sowie die artgerechte Hege und Pflege von Pflanzen und Tieren.

- Zu den im weiteren Sinne bedeutsamen Verfahren, die das
  Kind im Rahmen dieses Ausschnittes erlernen soll, zählen
  die Formen der Dokumentation und der Darstellung von Lern-
  ergebnissen (z.B. von Daten, Ereignissen, Versuchsergebnissen und Beobachtungen) in Bildern, protokollarischen Berichten, in unterschiedlichen Formen der graphischen Darstellung (Skizzen, Zeichnungen, Tabellen, Karten, Netzab-
  bildungen, Säulen-, Venn-, Sektoren- oder Kreisausschnitt-
  diagrammen). Damit das Kind auch die Informationen entschlüsseln kann, die z.B. in geographischen oder wetter-

kundlichen Karten enthalten sind, erscheint es sinnvoll,
daß es die Bedeutung der einfachen und grundlegenden Symbole solcher Karten, Zeichnungen und Pläne erlernt. Neben
diesen eher traditionellen Verfahren der Dokumentation und
Informationsauswertung muß der Sachunterricht auch moder-
nere Möglichkeiten bei der Dokumentation von Lernergebnis-
sen aufgreifen, wie z.B die Fotographie die Film- und
Videoaufzeichnungen.

Für die Ausgestaltung des Klassenzimmers mit Medien unter der
Perspektive des Arbeitens in diesem Ausschnitt in der Lebenswirklichkeit gilt, daß neben den herkömmlichen experimentellen Medien
insbesondere differenzierte und reichhaltige Sammlungen eingerichtet werden müssen, z.B. von Mineralien, Gesteinen, Rohstoffen
und Fertigprodukten, damit die Kinder vergleichende Beobachtungen
machen können. Bedeutsam erscheinen hier Sammlungen, die z.B. Erz
und Eisen, Rohöl und dessen Fraktionen (Benzin, Äther, Teer), Roh-
baumwolle und Baumwollprodukte enthalten oder auch solche, in
denen der Weg einzelner Rohstoffe bis zu den Endprodukten dargestellt wird. Nachschlagewerke, vielfältiges Bild- und Sachbuch-
material ergänzen die Sammlungen an konreten Dingen im Klassenzimmer.

Das Schulprogramm sollte die Adressen der wichtigsten naturkundli-
chen, handwerklichen und technischen Museen sowie der in der Nähe
befindlichen Abteilungen von Industriemuseen enthalten und die für
die Kinder besonders zugänglichen Ausstellungstücke bzw. Ört-
lichkeiten vermerken.

9.10 Nachdenken über sich selbst

Dieser Ausschnitt betrifft die Selbsterfahrungen der Kinder und
geht auf diejenigen Lernprozesse ein, die im Zusammenhang mit der
allmählichen Herausbildung eines Weltbildes beim Kind, der Entwicklung seiner sozialen Fähigkeiten und seines moralischen Bewußtseins sowie mit seiner Suche nach Identität stehen.
Kinder denken über sich selbst nach, sie versuchen beispielsweise

ihre Stellung im Klassenverband, in der Familie und in Kindergruppen zu bestimmen. Lehrerinnen und Lehrer, die ein erstes Schuljahr gehabt haben, wissen aus Erfahrung, daß diese Orts- und Positionsbestimmungen im wesentlichen narrativ von seiten der Kinder erfolgen durch häufig phantasievolle Erzählungen über Erlebnisse, über die Eltern und Geschwister und über die eigenen Befähigungen und Interessen. Hierebi sind die Kinder sich ihrer Vorstellungskraft nicht immer bewußt. Sie können oft nicht zwischen Realität, Traum,

Mit zunehmendem Alter kommen beim Grundschulkind Fragen auf, die auf die eigene Herkunft, auf lebensgeschichtliche Zusammenhänge zielen. In ersten Ansätzen fragen Kinder auch nach dem Sinn der eigenen Existenz.

Beim Arbeiten mit Kindern in diesem Ausschnitt in der Lebenswirklichkeit kann der Sachunterricht diese Fragen nicht unbeantwortet lassen, obgleich es ihm nicht ansteht, sie endgültig beantworten zu wollen. Er wird   mit den Kindern die spezifisch menschliche Fähigkeit herausarbeiten, Fragen nach dem Sinn der Existenz zu stellen und nach dem Wissen, nach den Grundlagen verantwortlichen Handelns, nach den eigenen Wünschen, Hoffnungen und nach sich selbst zu fragen.

Im Interesse der Herausbildung eines Selbstkonzeptes und der zunehmend realistischen Selbsteinschätzung muß der Sachunterricht das Nachdenken des Kindes über sich selbst ernst nehmen. Er wird dabei versuchen, das Kind zu befähigen, sich selbst zu beobachten, die eigenen Bedürfnisse, Möglichkeiten, Fähigkeiten und Grenzen wahrzunehmen und sich entsprechend darauf einzustellen. Er wird die Rollenbilder, in die Jungen und Mädchen hineinwachsen, mit den Kindern kritisch beleuchten. In diesem Zusammenhang muß der Unterricht auch Fragen nach Normen und Werten nachgehen. Er wird unterschiedliche Normenvorstellungen kritisch abwägen und Probleme darstellen, die menschliches Handeln hervorruft, z.B. die Ausbeutung der Erde, kriegerische Auseinandersetzungen und das Zusammenleben ethnologisch unterschiedlicher Gruppen.

Der Lehrer wird dabei den Kindern verdeutlichen, daß das menschliche Handeln den Ansprüchen der Sachen genügen muß und daß alle
anderen Menschen ihre jeweils eigenen Vorstellungen haben, daß sie
nach Glück suchen, eine sinnerfüllte Existenz anstreben und daher
Anspruch auf Solidarität haben. Hierdurch erscheint es möglich,
die Erziehung zur Sachlichkeit und zur Mitmenschlichkeit zu vertiefen und im Selbstkonzept der Kinder zu verankern.

Ein für das Arbeiten mit Grundschulkindern in diesem Ausschnitt
in der Lebenswirklichkeit bedeutsames Verfahren ist die narrative
Darstellung dessen, was das Kind bewegt. Durch Erzählen lernt das
Kind, seine Sicht der Lebenswirklichkeit zu thematisieren und
seine Erlebnisse, Eindrücke, Erfahrungen, Ängste, Hoffnungen und
Meinungen in eine intersubjektiv verständliche Sprache zu fassen.
Dies ist in einer Phase, in der sich das Kind vom egozentrischen
Denken und Handeln ablöst, eine wichtige Befähigung. Im Dialog mit
anderen lernen Kinder nicht nur zu diskutieren oder Gespräche zu
führen, sondern auch dem anderen zuzuhören, seine Meinung zur
Kenntnis zu nehmen und ihn zu verstehen. Kinder erwerben somit
zunehmend hermeneutische Fähigkeiten, so daß sie in die Lage
kommen, sich die Bedeutung dessen zu erschließen, was der andere
meint oder zu verstehen, warum er in bestimmten Situationen in
ganz bestimmter Weise gehandelt hat. Ein weiteres Verfahren intui-
tiver Art ist das Rollenspiel. Auch in der szenischen Darstellung
von Erlebnissen und Erfahrungen kann das Kind seine Auffassung der
Realität verdeutlichen, zugleich aber kann es durch Nachstellen
von Rollen und durch Spielen von fiktiven oder aber auch wirklich
erlebten Situationen bestimmte Rollenbilder und Klischees konter-
karieren und somit implizit hinterfragen und kritisieren. Diese
Verfahren stehen innerhalb dieses Ausschnittes in der Lebenswirklichkeit im engen Zusammenhang mit Fragen der Herausbildung eines
wachen Selbstbewußtseins beim Kind, das sich zunehmend kritisch
den Anforderungen stellt, die von vermeintlich sanktionierten
Rollenbildern und gesellschaftlichen Konventionen ausgehen.

Literaturverzeichnis

Ackermann, P. 1975: Die gesellschaftlich - politische Dimension des Sachunterrichts. Eine Bestandsaufnahme der Lehrpläne und Richtlinien 1969 - 1974, in: Die Grundschule 1975, S. 240 - 249

Ackermann, P. 1976: Einführung in den sozialwissenschaftlichen Sachunterricht, München 1976

Aebli, H. 1968: Grundformen des Lehrens, Stuttgart 1961, 5. Aufl. 1968

Aebli, H. 1969: Die geistige Entwicklung als Funktion von Anlage und Reifung, Umwelt und Erziehungsbedingungen, in: Roth, H. (Hrsg.) 1969: Begabung und Lernen, Deutscher Bildungsrat Gutachten und Studien der Bildungskommission, Bd.4, Stuttgart 1969, S. 151 - 191

Aebli, H. 1970: Psychologische Didaktik, Didaktische Auswertung der Psychologie von Jean Piaget, Stuttgart o.J., 4. Aufl. 1970

Aebli, H. 1980: Zur Einführung, in: Piaget, J. 1980: Das Weltbild des Kindes. Mit einer Einführung von Hans Aebli, Frankfurt a.M., Berlin, Wien 1980, S. 9 - 12

Aebli, H. 1980/1981: Denken - Das Ordnen des Tuns, Bd.I 1980, Bd.II 1981, Stuttgart

Aebli, H. 1982: Bildungsfeindlicher Verbalismus, in: Geissler, E. (Hrsg.) 1982: Bildung und Erziehung. Notwendige Korrekturen im Schulverständnis, Köln, Hanns Martin Schleyer - Stiftung, 1982, S. 38 - 46

Aebli, H. 1983: Zwölf Grundformen des Lehrens, Stuttgart 1983

Aebli. H. 1985: Handelndes Lernen und Problemstellung, in: Einsiedler, W. (Bearb.) 1979: Konzeptionen des Grundschulunterrichts, Bad Heilbrunn 1979, S. 34 - 38

Andreas, R. 1982: Subjektive Handlungstheorien bei Kindern, Beltz Forschungsberichte, Weinheim, Basel 1982

Antenbrink, H. 1979: Das Prinzip des Verstehens von Lernstoffstrukturen, in: Wöhler, K. 1979 (Hrsg.): Didaktische Prinzipien, Begründung und praktische Bedeutung, München 1979, S. 44 - 56

Apel, K.O. 1963: Das Leibapriori der Erkenntnis, in: Archiv für Philosophie, Bd. 12. Stuttgart 1962, S. 152 - 172

Apel, K.O. Geschichtliche Phasen der Herausforderung der praktischen Vernunft und Entwickungsstufen des moralischen Bewußtseins, in: Funkkolleg Praktische Philosophie/Ethik 1980: Studienbegleitbrief Nr. 1, Weinheim, Basel 1980, S. 38 - 60

Arbeitsgruppe für Unterrichtsforschung Göttingen, 1971: Weg in die Naturwissenschaft. Ein verfahrensorientiertes Curriculum im 1. Schuljahr, Stuttgart 1971

Arbeitsgruppe für Unterrichtsforschung Göttingen (Hrsg.) 1977: Kinder und ihre natürliche Umwelt. Naturwissenschaftlich orientiertes Curriculum für den Sachunterricht in der Grundschule, Planungshilfen und Unterrichtsbeispiele, 1. Schuljahr, 1. und 2. Halbband Frankfurt a.M., Berlin, München 1977

Literaturverzeichnis

Arbeitsgruppe für Unterrichtsforschung Göttingen (Hrsg.) 1979:
Kinder und ihre natürliche Umwelt. Naturwissenschaftlich
orientiertes Curriculum für den Sachunterricht in der Grundschule, Planungshilfen und Unterrichtsbeispiele, 2. Schuljahr, 1. und 2. Halbband Frankfurt a.M., Berlin, München 1979
Arcken, M.M. van 1984: Das Tier in der Welt des Vorschulkindes,
in: Danner, H., Lippitz, W. (Hrsg.) 1974: Beschreiben, Ver-
stehen, Handeln. Phänomenologische Forschungen in der Pädago-
gik, München 1984, S. 31 - 40
Aries, P. 1975: Geschichte der Kindheit, München, Wien 1975
Ausubel, D.P. 1974: Psychologie des Unterrichts, Bd.1 und Bd.2,
Weinheim 1974
Auwärter, M. 1983: Kinder sind meistens traurig, Interviews mit
vier- bis zehnjährigen, In Kursbuch 72, Berlin 1983,
S. 113 - 129
Bauer, H.F. u.a 1972: Fachgemäße Arbeitsweisen in der Grundschule,
Bad Heilbronn 1972
Bauer, H.F. 1972: Der physikalische und chemische Aspekt im
Sachunterricht der Grundschule, in: Bauer, H.F. u.a 1972:
Fachgemäße Arbeitsweisen in der Grundschule, Bad Heilbrunn
1972, S. 112 - 165
Bauer, F., Köhnlein, W. (Hrsg.) 1984: Problemfeld Natur und
Technik, Bad Heilbrunn 1984
Bauer, F. 1984: Das Thermometer, in: Bauer, F., Köhnlein, W.
(Hrsg.) 1984: Problemfeld Natur und Technik, Bad Heilbrunn
1984, S. 42 - 64
Bäuml - Roßnagl, M.A. 1979: Sachunterricht in der Grundschule:
Naturwissenschaftlich - technischer Bereich, München 1979
Bäuml-Roßnagl, M.A. 1985: Verlorene Sinnlichkeit?, in:
Pädagogische Welt 1985, S. 145
Bäuml-Roßnagl, M.A. (Hrsg.) 1988: Sachunterricht, Bildungsprin-
zipien in Geschichte und Gegenwart, Bad Heilbrunn 1988
Beck, G., Claussen, C. 1976: Einführung in Probleme des Sachunter-
richts, Kronberg 1976
Becher, H.R.(Hrsg.) 1981: Taschenbuch des Grundschulunterrichts,
Baltmannsweiler, 1981
Beck, G. 1982: Zur Entwicklung von Regelverständnis im
Grundschulalter, in: Lauterbach, Marquardt, B. (Hrsg.) 1982:
Sachunterricht zwischen Alltag und Wissenschaft, Frankfurt
a.M. 1982, S. 272 - 287
Beekman, T., Polakow, V. 1984: Welt der Kinder, nur eine Spiel-
welt?, in: Danner, H., Lippitz, W. (Hrsg.) 1984: Beschreiben,
Verstehen, Handeln. Phänomenologische Forschungen in der
Pädagogik, München 1984, S. 69 - 80
Belser, H., Roeder, P.M., Thomas H. (Hrsg.) 1972: Kinder, Schule,
Elternhaus. Eine Untersuchung über das englische Primarschul-
wesen (Plowden Report) , Frankfurt a.M. 1972
Benenedik, 1985: Betrifft: Wasserversorgung, in: Einsiedler, W.
(Bearb.) 1979: Konzeptionen des Grundschulunterrichts, Bad
Heilbrunn 1979, S. 61 - 75
Bergius, R. 1964: Übungsübertragung und Problemlösung, in: Bergius,
R. (Hrsg.) 1964: Handbuch der Psychologie, Bd. 1,2.Halbband:
Lernen und Denken, Göttingen 1964, S. 284 - 325
Berlyne, D.E. 1973: Neugier und Erziehung, in: Neber, H. (Hrsg.)
1973: Entdeckendes Lernen, Weinheim 1973, S. 89 - 106

428

Bernstein, B. 1971: Klassifikation und Vermittlungsrahmen im
    schulischen Lernprozeß, in: Zeitschrift für Pädagogik 1971,
    S. 145ff
Bildungsplan für die Grundschulen, hrsg. v. Kultusministerium
    Badem-Württemberg. Villingen-Schwenningen 1977 (Kultus und
    Unterricht. Lehrplanheft 3/1977 v. 10. Juni 1977)
Biester, W. 1981: Sachunterricht, Ideen, Modelle, Methoden,
    Materialien für die Unterrichtspraxis, Freiburg i.Br. 1981
Bittner, G. (Hrsg.) 1981: Selbstwerden des Kindes, Ein neues
    tiefenpsychologisches Konzept, Fellbach 1981
Blättner, F. 1937: Die Methoden des Unterrichts in der
    Jugendschule 1937, Weinheim 1966
Bohnsack, F. 1976: Erziehung zur Demokratie. John Deweys Pädagogik
    und ihre Bedeutung für die Reform unserer Schule, Ravensburg
    1976
Brügelmann H. 1972: Offene Curricula, in: Zeitschrift für Pädago-
    gik 1972, S. 95 - 118
Bolscho, D. 1978: Lehrpläne zum Sachunterricht, Köln 1968
Bolscho, D. 1980: Sachunterricht in Lehrplänen, in: Ziechmann, J.
    (Hrsg.) 1980: Sachunterricht in der Diskussion, Konzepte und
    Projekte des modernen Sachunterrichts, Braunschweig 1980,
    S. 8 - 26
Bono, E. de 1975: Der Denkprozeß. Was unser Gehirn leistet und was
    es leisten kann, Hamburg 1975
Brügelmann, H., Brügelmann, K. 1973: Offene Curricula - ein leeres
    Versprechen?, in: Die Grundschule 1973, S. 165 - 174
Bruner, J.S. 1959: Lernen und Denken. in: Rumpf, H. (Hrsg.) 1971:
    Schulwissen. Probleme der Analyse von Unterrichtsinhalten,
    Paedagogica, Daten, Meinungen und Analysen, Bd.8, München
    1971, S. 57 - 67
Bruner, J.S. 1961: Bereitschaft zum Lernen, in: Weinert, F.
    (Hrsg.) 1974: Pädagogische Psychologie, Neue Wissen-
    schaftliche Bibliothek, Köln, Berlin o.J., 4. Aufl. 1974,
    S. 105 - 117
Bruner, J.S. et al 1971: Studien zur kognitiven Entwicklung,
    Stuttgart 1971
Bruner, J.S. 1973: Der Prozeß der Erziehung, Düsseldorf 1973
Bruner, J.S. 1974: Entwurf einer Unterrichtstheorie, Düsseldorf
    1974
Bruner, J.S. et al 1971: Studien zur kognitiven Entwicklung,
    Stuttgart 1971
Bruner, J.S. 1971: Die Wichtigkeit der Struktur, in: Tütken, H.,
    Spreckelsen, K. (Hrsg.) 1971: Zielsetzung und Struktur des
    Curriculums. Naturwissenschaftlicher Unterricht in der
    Grundschule, Bd. 1, Frankfurt.a.M., München Berlin o.J.
    2.Aufl. 1971, S. 67 - 77
Buber, M. 1953: Reden über Erziehung, Heidelberg 1953
Buck, P. 1984: Planung für situativen Unterricht, in: Bauer, H.F.,
    Köhnlein, W. (Hrsg.) 1984: Problemfeld Natur und Technik, Bad
    Heilbrunn 1984, S. 134 - 155
Bullens, H. 1982: Zur Entwicklung des begrifflichen Denkens, in:
    Oerter, R., Montada, L. (Hrsg.) 1982: Entwicklungspsycholo-
    gie, München 1982, S. 425 - 474
Burk, K.H. 1976: Grundschule: Kinderschule oder Vorschule der
    Wissenschaft, Frankfurt 1976

Literaturverzeichnis

Burk, K.H. 1977: "Lernbereich", was ist das? Eine didaktische
Aufgabe (nicht nur) für die Grundschule, in: Westermanns
Pädagogische Beiträge 1977, S. 28 - 34

Buytendijk, F.J.J. 1972: Das menschliche Spielen, in: Gada-
mer, H.G., Vogel, P. (Hrsg.) 1972: Neue Anthropologie, Band
IV, Kulturanthropologie, Stuttgart 1972

Claussen, C. 1985: Die Klasse stellt ein Umweltspiel her, in:
Einsiedler, W., Rabenstein, R. (Hrsg.) 1985: Grundlegendes
Lernen im Sachunterricht, Bad Heilbrunn 1985, S. 104 -117

Ciel - Forschungsgruppe Reutlingen 1974 f.: Stücke zu einem
mehrperspektivischen Unterricht, Bd. 1 - 12, Stuttgart
1974 ff

Ciel - Forschungsgruppe Reutlingen 1976: Stücke zu einem
mehrperspektivischem Unterricht, Einführung, Nutzungsvor-
schläge, Implementationsprogramm, Stuttgart 1976

Ciel Forschungsgruppe Reutlingenen 1977: Stücke zu einem
mehrperspektivischen Unterricht, Stuttgart 1977

Copei, F. 1962: Der fruchtbare Moment im Bildungsprozeß, hg.von
Sprenger, H., Heidelberg 1962

Dallmann, G., Meißner, K. 1980: Beiträge des COLFS - Projektes
zur Entwicklung und Umsetzung einer situationsorientierten
Didaktik im Sachunterricht, in: Ziechmann, J. (Hrsg.) 1980:
Sachunterricht in der Diskussion, Konzepte und Projekte des
modernen Sachunterrichts, Braunschweig 1980, S. 96 - 136

Dallmann, G., Eucker, J. 1987: Ästhetische Erziehung und
Sachunterricht, in: Die Grundschulzeitschrift 1987, S. 5 -11

Tannenberg, H. 1977: Entdeckendes Lernen als das Schaffen von
Bedeutungen und Konstituieren von Sinn in den Feldern der gesellschaftlichen Alltagswirklichkeit, in: Neff, G. (Hrsg.)
1977: Praxis des entdeckenden Lernens, Kronberg 1977,
S. 29 - 47

Danner, H., Lippitz, W. (Hrsg.) 1974: Beschreiben, Verstehen, Handeln. Phänomenologische Forschungen in der Pädagogik, München
1984

Danner, H. 1985: Erziehung vermittelt "Sinn", in: Lippitz, W.,
Beekman, A.J. (Hrsg.) 1985: Phänomenologisch - Pädagogische
Verhandlungen, Utrechtse Pedagogische Cahiers 1985, Nr.7,
Utrecht 1985, S. 23 - 52

Dearden, R.F. 1979: Kindzentrierte Erziehung, in: Einsiedler, W.
(Bearb.) 1979: Konzeptionen des Grundschulunterrichts, Bad
Heilbrunn 1979, S. 60 - 70

Derbolav, J. 1970: Das exemplarische Lernen als didaktisches Prin-
zip, in: Gerner, B. (Hrsg.) 1970: Das exemplarische Prinzip,
Beiträge zur Didaktik der Gegenwart, Darmstadt 1963, 4.erg.
Aufl. 1970, S. 28 - 49

Derbolav, J. 1970: Prinzipien einer kategorialen Didaktik, in:
Gerner, B. (Hrsg.) 1970: Das exepmlarische Prinzip. Beiträge
zur Didaktik der Gegenwart, Darmstadt 1963, 4.erg. Aufl. 1970

Derbolav, J. 1977: Was heißt "wissenschaftsorientierter" Unterricht, in: Zeitschrift für Pädagogik 1977, S. 935 - 945

Deutscher Ausschuß 1959: Rahmenplan zur Umgestaltung und
Vereinheitlichung des allgemeinbildenden öffentlichen Schul-
wesens, Stuttgart 1959

Deutscher Bildungsrat 1971: Empfehlungen der Bildungskommission,
Strukturplan für das Bildungswesen, Stuttgart 1971

Literaturverzeichnis

Deutscher Bildungsrat 1974: Empfehlungen der Bildungskommission zur Förderung praxisnaher Curriculum - Entwicklung, Stuttgart 1974

Dewey, J. 1951: Wie wir denken, Zürich 1951

Dietrich, T. 1984: Zur Vorgeschichte des Lernbereiches Naturwissenschaft/Technik, in: Bauer, F., Köhnlein, W. (Hrsg.) 1984: Problemfeld Natur und Technik, Bad Heilbrunn 1984, S. 11 - 22

Dollase, R. 1979: Das Prinzip der Situationsbezogenheit, in: Wöhler, K. 1979: Didaktische Prinzipien, Begründung und praktische Bedeutung, München 1979, S. 130 - 149

Dörr F. 1979: Antizipation - ein didaktisches Prinzip? in: Wöhler, K. 1979: Didaktische Prinzipien. Begründung und praktische Bedeutung, München 1979, S. 172 - 186

Drunkemühle, L., Pollert, M. 1980: Differenzieren läßt sich lernen, Frankfurt a.M., Berlin, München 1980

Dunker, L. Holberger, G. 1980: Mehrperspektivität und Handlungsfähigkeit. Konzeption und Beispiele zu einer alltagsorientier ten Didaktik, in: Ziechmann, J. (Hrsg.) 1980: Sachunterricht in der Diskussion, Konzepte und Projekte des modernen Sachun terrichts, Braunschweig 1980, S. 59 - 95

Einsiedler, W. Rabenstein, R. 1984: Grundlegendes Lernen im Sachunterricht der Grundschule, Ziel- und Methodenprobleme, Berichte und Arbeiten aus dem Institut für Grundschulforschung der Universität Erlangen - Nürnberg 1984

Einsiedler, W. 1984: Problemlösen als Ziel und Methode des Sachunterrichts in der Grundschule, in: Grundlegendes Lernen im Sachunterricht der Grundschule, Ziel- und Methodenprobleme, Berichte und Arbeiten aus dem Institut für Grundschulforschung der Universität Erlangen - Nürnberg 1984, S. 19 - 42

Einsiedler, W. 1973: Arbeitsformen im modernen Sachunterricht der Grundschule, Donauwörth 1971, 4. Aufl. 1973

Einsiedler, W. 1979: Zum Selbstverständnis des Grundschulunterrichts, in: Einsiedler, W. (Bearb.) 1979: Konzeptionen des Grundschulunterricht, Bad Heilbrunn 1979, S. 7 - 32

Einsiedler, W. 1985: Sachunterricht der Grundschule zwischen Sachanspruch und Schülergemäßheit, in: Pädagogische Welt 1985, S. 530 - 533

Einsiedler, W., Rabenstein, R. (Hrsg.) 1985: Grundlegendes Lernen im Sachunterricht, Bad Heilbrunn 1985

Einsiedler, W., Schirmer, G. 1986: Auswirkung der Sachunterrichtsreform auf die Unterrichtsgestaltung, aufgezeigt an Schülerarbeitsmappen von 1968 - 1981, Berichte und Arbeiten aus dem Institut für Grundschulforschung der Universität Erlangen - Nürnberg 1986

Ennever, L., Harlen, W. (chief authors) 1972: With objectives in mind, Guide to Science 5/13, London 1972

Fahn, K. 1983: Sachunterricht in der Grundschule: Soziokultureller Lernbereich, München 1983

Faust, W. 1984: camera obscura, in: Bauer, F., Köhnlein, W. (Hrsg.) 1984: Problemfeld Natur und Technik, Bad Heilbrunn 1984, S. 155 - 163

Fiege, H. 1969: Der Heimatkundeunterricht, Bad Heilbrunn 1967, 2.Aufl. 1969

Literaturverzeichnis

Fiege, H. 1974: Sachunterricht in der Grundschule, Bad Heilbrunn 1974, 4. Aufl.

Fiege, H. 1985: Die kategoriale Bildung, in: Einsiedler, W., Rabenstein, R. (Hrsg.) 1985: Grundlegendes Lernen im Sachunterricht, Bad Heilbrunn 1985, S. 25 - 33

Flitner, W. 1977: Verwissenschaftlichung der Schule, in: Zeitschrift für Pädagogik 1977, S. 947 - 955

Flügge, J. (Hrsg.) 1970: Zur Pathologie des Unterrichts. Befragung des pädagogischen Fortschritts, Bad Heilbrunn 1970

Forster, J. 1974: Aktives Lernen, Konzeption des entdeckenden Lernens im Primarbereich, Ravensburg 1974

Fromm, E. 1977: Haben oder Sein. Die seelischen Grundlagen einer neuen Gesellschaft, Stuttgart 1977

Funkkolleg Praktische Philosophie/Ethik 1980: Studienbegleitbrief Nr.1, Weinheim, Basel 1980

Gagne', R.M. 1969: Die Bedingungen des menschlichen Lernens, Hannover 1969

Gärtner, F. 1958: Neuzeitliche Heimatkunde, München 1958

Garlichs, A. Heipcke, K., Messner, R., Rumpf, H. 1974: Didaktik offener Curricula, Weinheim, Basel 1974

Geissler, E. (Hrsg.) 1982: Bildung und Erziehung. Notwendige Korrekturen im Schulverständnis, Köln, Hanns Martin Schleyer - Stiftung, 1982

Gerner, B. (Hrsg.) 1970: Das exemplarische Prinzip, Beiträge zur Didaktik der Gegenwart, Darmstadt 1963, 4. erg. Aufl. 1970

Giel, K. 1968: Operationelles Denken und sprachliches Verstehen, in: Zeitschrift für Pädagogik, 1968, 7.Beiheft, S. 111 - 124

Giel, K. 1976: Der konstruktive Aufbau der Realität in Modellen, in: Halbfas, H., Maurer, H., Popp, W. (Hrsg.) 1976: Neuordnung des Primarbereichs, Band 4. In Modellen denken, Stuttgart 1976, S. 230 - 261

Girgensohn, J. 1981: Was soll die Grundschule leisten, in: Landesinstitut für Curriculumentwicklung, Lehrerfortbildung, und Weiterbildung, Neuss (Hrsg.) 1981: Soester Grundschulsymposium, Neuss 1981, S. 11 - 30

Griebel, M. (Hrsg.) 1971: Weg in die Naturwissenschaft, Ein verfahrensorientiertes Curriculum im 1. Schuljahr, Stuttgart 1971

Große, B., Lippitz, W. 1985: Technische Phänomene in Kinderzeichnungen, in: Lippitz, W., Beekman, A.J. (Hrsg.) 1985: Phänomenologisch - Pädagogische Verhandlungen, Utrechtse Pedagogische Cahiers 1985, Nr.7, Utrecht 1985, S. 88 - 108

Guardini, R. 1963: Die Lebensalter, Würzburg 1963

Gümbel, G., Messer, A., Thiel, S. 1978: Sachunterricht. Entwicklung, Ansätze und Perspektiven, Ravensburg 1978

Halbfas, H., Maurer, P. Popp, W. 1976: Neuorientierung des Primarbereiches, Bd. 4. In Modellen denken, Stuttgart 1976

Hansen, W. 1959: Die Entwicklung des kindlichen Weltbildes, München 1938, 5. überarb. Aufl. 1959

Hansen, W. 1968: Kind und Heimat, München 1968

Haupt, W., Peters, D. 1983: Kindgemäßer, wissenschaftsorientierter und erziehender Sachunterricht, Bad Salzdetfurth 1983

Hänsel, D., Klemm, D. 1977: Lernen in der Grundschule, Ziele und Konsequenzen der Grundschulreform, Weinheim 1977

Literaturverzeichnis

Hänsel, D. 1980: Didaktik des Sachunterrichts. Sachunterricht als Innovation der Grundschule, Frankfurt a.M., Berlin, München 1980

Heckhausen, H. 1969: Förderung der Lernmotivierung und die intellektuellen Tüchtigkeiten. in: Roth, H. 1969: Begabung und Lernen, Deutscher Bildungsrat, Gutachten und Studien zur Bildungskommission, Bd. 4, Stuttgart 1969, S. 193 - 228

Heidegger, M. 1971: Schellings Abhandlung über das Wesen der menschlichen Freiheit (1809), Tübingen 1971

Heiland, H. 1979: Das didaktische Prinzip der Wissenschaftsorientierung, in: Wöhler, K. 1979: Didaktische Prinzipien, Begründung und praktische Bedeutung, München 1979 , S. 26 - 43

Heitler, W. 1970: Naturphilosophische Streifzüge, Braunschweig 1970

Heitler, W, 1966: Der Mensch und die naturwissenschaftliche Erkenntnis, Braunschweig, o.J. 4.Aufl. 1966

Heisenberg, W. 1971: Schritte über Grenzen, München 1971

Helmann, W. 1962: Wörterbuch der Psychologie, Stuttgart 1962

Hildebrand, D. v. 1959: Christliche Ethik, Düsseldorf 1959

Hemmer, K.P. 1982: Sachunterricht - Gesellschaft 1 - 4, München 1982

Hempel, C.G. 1970: Erklärung in Naturwissenschaft und Geschichte, in: Krüger, L. 1970: Erkenntnisprobleme der Naturwissenschaft, Neue Wissenschaftliche Bibliothek, Philosophie, Köln, Berlin 1970, S. 212 - 238

Hendricks, J., Soostmeyer, M. (Hrsg.) 1987: Lehrerbuch zum Klassenkasten Sachunterricht, 1./2. Schuljahr Heinsberg 1987

Hengstenberg, H.E. 1966: Philosophische Anthropologie, Stuttgart, Köln, Berlin, Mainz 1957, 3.Aufl. 1967

Hengstenberg, H.E. 1969: Grundlegung der Ethik, Stuttgart, Köln, Berlin, Mainz 1969

Henningsen, J. 1976: Strukturalismus für Leser, Lehrer und Kinder, in: Halbfas, H., Maurer, H. Popp, W. (Hrsg.) 1976: Neuordnung des Primarbereichs, Band 4. In Modellen denken, Stuttgart 1976 S. 194 - 229

Hentig, H.v. 1971: Erbliche Umwelt oder Begabung zwischen Wissenschaft und Politik, in: Neue Sammlung 1971, S. 51 - 71

Hentig, H.v. 1977: Erkennen durch Handeln - Zur Rehabilitierung der Erfahrung im Lernen, in: DDS 1977, S. 495 - 515

Hentig, H.v. 1975: Vorwort zu Aries, P. 1975: Geschichte der Kindheit, München, Wien 1975, S. 7 - 44

Herbert, M., Meiers, K. 1981: Leben und Lernen im ersten Schuljahr, Stuttgart 1980, 2. Aufl. 1981

Hess-Krug, E. 1934: Die Kunde in der Pädagogik, Göttinger Studien zur Pädagogik, Heft 23, Langensalza 1934

Hiller, G.G. 1973: Konstruktive Didaktik, Düsseldorf 1973

Hiller, G.G. 1976: Alltägliche Modellvorstellungen und didaktische Rekonstruktion, in: Halbfas, H., Maurer, H., Popp, W. (Hrsg.) 1976: Neuordnung des Primarbereichs, Band 4. In Modellen denken, Stuttgart 1976 S. 144 - 169

Hiller - Ketterer, I. 1972: Wissenschaftsorientierter und mehrperspektivischer Sachunterricht, in: Die Grundschule 1972, S. 321 - 328

Literaturverzeichnis

Hiller - Ketterer, I., Scholz, O. 1979: Fächerübergreifender
   Unterricht als didaktisches Prinzip, in: Wöhler, K. 1979
   (Hrsg.): Didaktische Prinzipien, Begründung und praktische
   Bedeutung, München 1979, S. 85 - 110
Höfling, O. 1976: Physik, Bd.I, Bonn 1976, 13. Aufl.
Höfling, O. 1976: Physik, Bd.II, Bonn 1976, 11. Aufl.
Jensen, A. 1971: Erblicher IQ oder Pädagogischer Optimismus vor
   einem anderen Gericht, in: Neue Sammlung 1971 S. 71 - 76
Jeziorsky, W. 1956: Allgemeinbildender Unterricht in der
   Grundschule, Braunschweig 1965
Jeziorsky, W. 1972: Physik in der Grundschule. Kritische
   Betrachtungen zu einem konzeptdeterminierten naturwissen-
   schaftlichen Sachunterricht in der Grundschule, in: Naturwis-
   senschaften im Unterricht, 1972, S. 501 - 502
Joerger. K 1976: Einführung in die Lernpsychologie, Freiburg 1976
Jung, W. 1968: Das Nuffield Junior Science Projekt, In: Die
   Grundschule, 1968, H. 3, S. 45 - 50
Jung, W. 1970: Beiträge zur Didaktik der Physik, Frankfurt
   1970
Jung, W. 1978: Zum Problem der "Schülervorstellungen", in:
   physica didactica 1978, S. 125 - 146 u. S. 231 - 248
Jung, W. 1979: Aufsätze zur Didaktik der Physik und Wissen-
   schaftstheorie, Frankfurt a.m. 1979
Karnik, R. 1962: "Redet um Sachen", Weinheim 1962
Katzenberger, L. F. 1973: Integrierende Unterrichtseinheiten im
   Sachunterricht der Grundschule, in: Katzenberger, L.F.
   (Hrsg.) 1973: Der Sachunterricht der Grundschule in Theorie
   und Praxis. Ein Handbuch für Studierende und Lehrer, Teil II,
   Ansbach 1973
Kaiser, A. 1981: Alltagswende in der Pädagogik, Programm und
   Kritik, in: Pädagogische Rundschau, 1981, S. 111 - 122
Kayser, B., Haller, H.D., Nowack, I. 1980: Sachunterricht als ein
   Problemfeld für ein Curriculumprojekt "Kinder und ihre natür-
   liche Umwelt", in: Ziechmann, J. (Hrsg.) 1980: Sachunterricht
   in der Diskussion. Konzepte und Projekte des modernen Sachun-
   terrichts, Braunschweig 1980, S. 27 - 59
Klafki, W. 1970: Grundformen des Fundamentalen und Elementaren,
   in: Gerner, B. (Hrsg.) 1970: Das exemplarische Prinzip.
   Beiträge zur Didaktik der Gegenwart, Darmstadt 1963, 4.erg.
   Aufl. 1970, S. 152 - 177
Klafki, W. 1984: Thesen zur Wissenschaftsorientierung des Unterrichts, in: Pädagogische Rundschau 1984, S. 79 - 87
Klewitz, E., Mitzkat, H. 1973: Science 5/13. Ein Projekt für den
   technisch - naturwissenschaftlichen Unterricht in der Grund-
   schule, in: Die Grundschule 1973, S. 341 - 347
Klewitz, E., Mitzkat, H. 1976: Geschlossene und offene Konzeptionen
   im naturwissenschaftlichen Unterricht in der Primarstufe. Ein
   Vergleich der Projekte "Science A Process Approach "und "Nuffield Junior Science, in: Halbfas, H., Maurer, H., Popp, W.
   (Hrsg.) 1976: Neuordnung des Primarbereichs, Band 4. In Modellen denken, Stuttgart 1976 S. 68 - 89
Klewitz, E., Mitzkat, H. (Hrsg.) 1977: Wir und unser Körper, Wir
   entdecken Farben, Stuttgart 1977
Klewitz, E., Mitzkat, H. (Hrsg.) 1978: Thema: Umwelt, Stuttgart
   1978

Literaturverzeichnis

Klewitz, E. Mitzkat, H. (Hrsg.) 1979: Praxis des naturwissenschaftlichen Unterrichts, Protokolle aus den Klassen 1 - 6,
Stuttgart 1979

Knerr G., Ludwig, J. 1979: Lernen mit Bildern. Eine Einführung
für Kindergarten und Grundschule, München 1979

Knoch, P. 1985: Entdeckendes Lernen im geschichtlichen Unterricht,
in: Einsiedler, W., Rabenstein, R. (Hrsg.) 1985: Grundlegendes Lernen im Sachunterricht, Bad Heilbrunn 1985, S. 91 - 103

Knoll, J. 1985: Die Orientierung des grundlegenden Biologieunter-
richts an einem wissenschaftstheoretischen Modell und die
sich daraus ergebende Gefahr des Schematismus, in: Einsiedler, W. (Bearb.) 1979: Grundlegendes Lernen im Sachunterricht, Bad Heilbrunn 1985, S. 47 - 60

Kohlberg, L. 1974: Zur kognitiven Entwicklung des Kindes,
Frankfurt 1974

Köhler, B., Schreier, H. 1981: Sachunterricht Natur 1 - 4,
München 1981

Köhnlein, W. 1984: Die Hinwendung zu einem naturwissenschaftlich
orientierten Sachunterricht in der Grundschule, in: Bauer,
F., Köhnlein, W. (Hrsg.) 1984: Problemfeld Natur und Technik,
Bad Heilbrunn 1984, S. 23 - 37

Köhnlein, W. 1984: Zur Konzipierung eines genetischen,
naturwissenschaftlich bezogenen Sachunterrichts, in: Bauer,
F., Köhnlein, W. (Hrsg.) 1984: Problemfeld Natur und Technik,
Bad Heilbrunn 1984, S. 193 - 215

Köhnlein, W. 1985: Ansatzpunkte naturwissenschaftlichen Denkens
bei Kindern, in: physica didactica 1985, S. 46 - 50

Köhnlein, W. 1986: Phänomene lehren, Ansätze naturwissenschaftlichen Denkens im Sachunterricht. Science is self - conscious
common sense, in: physica didactica Sonderheft 1986,
S. 119 - 128

Köhnlein, W. 1986: Kinderfragen als Ansatzpunkte des Naturverstehens, in: physica didactica 1986, S. 69 - 86

Köhnlein, W. 1986: Kinder auf dem Wege zum Verstehen, in: Neue
Sammlung 1986, S. 465 - 479

Köhnlein, W. (Hrsg.) 1984: Fächerübergreifender naturwissenschaftlich - technischer Sachunterricht in der Grundschule,
Hildesheim 1984

Krüger, L. 1970: Erkenntnisprobleme der Naturwissenschaft. Neue
Wissenschaftliche Bibliothek, Philosophie, Köln, Berlin
1970, S. 212 - 238

Kückelhaus, H. 1979: Organismus und Technik - Gegen die Zerstörung
der menschlichen Wahrnehmung, Frankfurt 1979

Kümmel, F. 1976: Aspekte einer elementaren Denkerziehung in der
Primarstufe, in: Halbfas, H., Maurer, H., Popp, W. (Hrsg.)
1976: Neuordnung des Primarbereichs, Band 4. In Modellen
denken, Stuttgart 1976, S. 172 - 193

Kubli, F. 1979: Piaget's Cognitive Psychology and its Consequences
for the Teaching of Science, in: European Journal of Science
Education, 1979, S. 5 - 20

Kubli, F. 1986: Faszinierende Natur - auch im Unterricht?, in:
Zeitschrift für Pädagogik 1986, S. 375 - 384

Kuhn, H. 1954: Begegnung mit dem Sein, Tübingen 1954

Kuhn, T.S. 1967: Die Struktur wissenschaftlicher Revolutionen,
Frankfurt 1967

Literaturverzeichnis

Kultusminister des Landes Nordrhein-Westfalen (Hrsg.) 1973:
    Richtlinien und Lehrpläne für die Grundschule in Nordrhein-
    Westfalen, Ratingen 1973
Kultusminister des Landes Nordrhein-Westfalen (Hrsg.) 1985:
    Richtlinien und Lehrplan Sachunterricht, Schriftenreihe des
    Kultusministers, Heft 2002, Düsseldorf 1985
    zitiert: KM. NW., 1985, Seitenzahl
Kurowski, E., Soostmeyer, M. 1986: Mögliche Modellierungen des
    Sachunterrichts. Handreichungen für die konkrete Unter-
    richtsplanung, in: Wittenbruch, W. (Hrsg.) 1986: Kurzkommen-
    tar zu den Lehrplänen in Nordrhein - Westfalen, Heinsberg
    1986, S. 75 - 123
Kimmel, F. 1976: Aspekte einer Denkerziehung, in: Halbfas, H.,
    Maurer, P., Popp, W. 1976: Neuorientierung des Primarberei-
    ches, Bd. 4. In Modellen denken, Stuttgart 1976, S. 172 - 193
Landesinstitut für Curriculumentwicklung, Lehrerfortbildung, und
    Weiterbildung, Neuss (Hrsg.) 1981: Soester Grundschulsympo-
    sium, Neuss 1981
Langeveld M., 1955: Das Ding in der Welt des Kindes, in: Zeit-
    schrift für Pädagogik 1955, S. 69 - 83
Langeveld M., 1956: Studien zur Anthropologie des Kindes, Tübingen
    1956
Lauterbach, R. Marquardt, B. (Hrsg.) 1982: Sachunterricht zwischen
    Alltag und Wissenschaft, Frankfurt a.m. 1982
Lehrplanentwurf Sachunterricht für Grundschulen, hrsg. v.
    Kultusministerium Rheinland-Pfalz, Grünstadt 1979
Lehrplan für die Grundschule, in: Amtsblatt des Bayerischen
    Staatsministeriums für Unterricht und Kultus. Teil I, Sonder-
    nummer 20 v. 16. Juli 1981, München 1981
Lehrplan Grundschule und Vorklasse in Schleswig-Holstein, hrsg. v.
    Kultusministerium des Landes Schleswig-Holstein, Kiel
    2. Fassung 1975, 3. Fassung 1978
Lichtenstein - Rother, I. 1969: Schulanfang, Frankfurt a.M, Berlin,
    München, 7.Aufl. 1969
Lichtenstein - Rother, I. 1980: Lernen lernen und Wissenschafts-
    orientierung in der Grundschule, in: Landesinstitut für Cur-
    riculumentwicklung, Lehrerforbildung und Weiterbildung Neuss,
    1980, S. 8 - 34
Lichtenstein - Rother, I. 1980: Inhalte grundlegender Bildung zwi-
    schen Fachanspruch und Erziehungsauftrag, in: Haarmann, D.
    (Hrsg.) 1980: Die Grundschule der achtziger Jahre, Bilanz und
    Perspektiven, Frankfurt a.M. 1980, S. 185ff
Lichtenstein - Rother, I. 1980: Jedem Kind seine Chance, Freiburg,
    Basel, Wien 1980
Lichtenstein - Rother, I. 1981: Die Grundschule in der Spannung
    zwischen Kindorientierung und Leistungsanforderung - Erzie-
    hung als Lernhilfe, in: Landesinstitut für Curriculument-
    wicklung, Lehrerfortbildung, und Weiterbildung, Neuss
    (Hrsg.) 1981: Soester Grundschulsymposium, Neuss 1981,
    S. 31 - 60
Lichtenstein - Rother, I. 1981: Zusammen lernen - miteinander
    leben, Freiburg, Basel, Wien 1981
Lichtenstein - Rother, I., Röbe, E. 1982: Grundschule - Der
    pädagogische Raum für Grundlegung der Bildung, München, Wien,
    Baltimore 1982

436

Literaturverzeichnis

Lichtenstein - Rother, I. 1982: Orientierung in der Lebenswirklich-
keit - Sachunterricht und Lehrerausbildung im Kontext der
Grundschulreform, in: Lauterbach, Marquardt, B. (Hrsg.)
1982: Sachunterricht zwischen Alltag und Wissenschaft, Frank-
furt a.M. 1982, S. 77 - 89
Lichtenstein - Rother, I. 1985: Sachunterricht (Arbeitstitel eines
masch. geschr. Manuskriptes) Augsburg 1985, liegt dem
Verfasser vor
Lippitz, W., Meyer - Drawe, K. 1982 (Hrsg): Lernen und seine Hori-
zonte, Königstein 1982
Lippitz, W., Meyer - Drawe, K. (Hrsg.) 1984: Kind und Umwelt.
Phänomenologische Studien zur Pädagogik, Königstein 1984
Lippitz, W., Beekman, A.J. (Hrsg.) 1985: Phänomenologisch - Päda-
gogische Verhandlungen, Utrechtse Pedagogische Cahiers 1985,
Nr.7, Utrecht 1985
Lippitz, W. 1986: Kind und Technik, in: Neue Sammlung 1986,
S. 259 - 279
Litt, T. 1968: Naturwissenschaft und Menschenbildung, München
1959, 5. Aufl. 1968
Loser, F. 1968: Sachunterricht als Sprachunterricht, in: Päda-
gogische Rundschau 1968, S. 393 - 411
Löffler, G. 1985: Weg in die Naturwissenschaft - ein bruchloser Weg?
in: physica didactica 1985, S. 39 - 45
Lubowsky, G. 1967: Der pädagogische Sinn des Sachunterrichts,
München 1967
Luckmann, T. 1981: Einige Überlegungen zu Alltagswissen und
Wissenschaft, in: Pädagogische Rundschau 1981, S. 91 - 109
Marquardt, B. 1982: Kind- und Wissenschaftsorientierung, in: Lauterbach, R., Marquardt, B. (Hrsg.) 1982: Sachunterricht zwi-
schen Alltag und Wissenschaft, Frankfurt a.M. 1982, S. 45 -
54
Maurer, F. 1985: Sachunterricht als Erschließen der Lebenswirk-
lichkeit. Zur anthropologischen Grundlegung des Sachunter-
richts, in : Beck, G. et al 1985: Sachunterricht, Grundbau-
stein. Zur Pädagogik des Heimat- und Sachunterrichts, Deut-
sches Institut für Fernstudien an der Universität Tübingen,
Tübingen 1985, S. 45 - 61
Maslow, A. 1981: Motivation und Persönlichkeit, Reinbeck 1981
Mason, S. F. 1974: Geschichte der Naturwissenschaft, Stuttgart
2. Aufl. 1974
Mayer, W.G. 1983: Der fächervermeidende Sachunterricht in der
Grundschule oder die "Erforschung der Blubblubbs",
Heinsberg 1983
Mayer, W.G. 1985: "Tat-"Sachen. Beiträge zur Erstellung des
Schulprogrammes für den Sachunterricht in der Grundschule
Mertens, S. 1970: Das Forschen eines Kindes, in: Neue Sammlung
1970, S. 427 - 436
Meyer - Drawe, K. 1982: Lernen als Umlernen. Zur Negativität des
Lernprozesses, in: Lippitz, W., Meyer - Drawe, K. 1982
(Hrsg.): Lernen und seine Horizonte, Königstein 1982,
S. 6 - 16

Literaturverzeichnis

Meyer - Drawe, K. 1984: Der fruchtbare Moment im Bildungsprozeß. Zu Copeis phänomenologischem Ansatz pädagogischer Theoriebildung, in: Danner,H., Lippitz, W. (Hrsg.) 1974: Beschreiben, Verstehen, Handeln. Phänomenologische Forschungen in der Pädagogik, München 1984, S. 91 - 106

Metzger, W. 1962: Schöpferische Freiheit, Frankfurt a.M. o.J., 2. Aufl. 1962

Montessori, M. 1968: Grundlagen meiner Pädagogik, Heidelberg 1968, 4. Aufl.

Mosher, F.A., Hornsby, J.R. 1971: Über Äquivalenz, in: Bruner, J.S. et al 1971: Studien zur kognitiven Entwicklung, Stuttgart 1971, S. 117 - 134

Muth, J. 1974: Beurteilungs- und Auswahlkriterien für Unterrichtsmedien, in: Die Grundschule 1974, S. 268 - 272

Mutschler, D., Ott, H. 1977: Über den Zusammenhang von Lehren und Lernen. Didaktische Implikationen gegenwärtiger Lerntheorien, in: Neff, G. (Hrsg.), 1977, Praxis des entdeckenden Lernens in der Grundschule, Scriptor Taschenbuch, S. 123, Grundschule, Kronberg 1977

Neff, G. (Hrsg.) 1977: Praxis des entdeckenden Lernens, Kronberg 1977

Nelson, P.A. 1972: Naturwissenschaftlicher Unterricht in der Grundschule, Stuttgart o.J., 2. Aufl. 1972

Nestle, W. 1973: Didaktik der Zeit und Zeitmessung, Stuttgart 1973

Nestle, W. 1979: Das Prinzip der Mehrperspektivität, in: Wöhler, K. 1979: Didaktische Prinzipien, Begründung und praktische Bedeutung, München 1979, S. 111 - 129

Neuhaus, E. 1974: Reform des Primarbereichs, Düsseldorf 1974

Neuhaus - Siemon, E. 1985: Zur Entwicklung des Sachunterrichts, in: Beck, G. et al 1985: Sachunterricht, Grundbaustein. Zur Pädagogik des Heimat- und Sachunterrichts, Deutsches Institut für Fernstudien an der Universität Tübingen, Tübingen 1985, S. 9 - 30

Neufassung des Lehrplans für die Grundschule, in: Amtsblatt des Bayerischen Staatsministeriums für Unterricht und Kultus. Teil I, Sondernummer 12 v. 9. September 1976, München 1976

Neumann, K. (Hrsg.): Kindsein. Zur Lebenssituation von Kindern in modernen Gesellschaften, Göttingen 1981

Nowack, I. 1980: Entwicklungskonzept , Gestaltungsmerkmale und Aufbau des Curriculums, in: Kayser, B. u.a. 1980: Sachunterricht als Problemfeld für ein Curriculumprojekt "Kinder und ihre natürliche Umwelt", in: Ziechmann, J. (Hrsg.) 1980: Sachunterricht in der Diskussion, Braunschweig 1980, S. 27 - 58

Olver, R.R., Hornsby, J.R. 1971: Über Äquivalenz, in: Bruner, J.S. et al 1971: Studien zur kognitiven Entwicklung, Stuttgart 1971, S. 97ff

Oerter, R. 1972: Psychologie des Denkens, Donauwörth 1971, 3. Aufl. 1972

Oerter, R., Montada, L. (Hrsg.) 1982: Entwicklungspsychologie, München 1982

Oser, F. 1986: Zu allgemein die Allgemeinbildung, zu moralisch die Moralerziehung?, in: Zeitschrift für Pädagogik 1986, S. 489 - 502

438

Ostertag, H.P., Spiering, T. 1975: Unterrichtsmedien. Technologie und Didaktik, Ravensburg 1975, Workshop Schulpädagogik

Peccei, A. (Hrsg.) 1979: Das menschliche Dilemma. Zukunft und Lernen, Wien 1979

Petersen, G. 1983: Kinder - Schäden. Über Ursachen und Therapie psychischer Defekte, in: Kursbuch 72, Berlin 1983, S. 131 - 142

Piaget, J. 1973: Die Entwicklung des Erkennens II. Das physikalische Denken, Stuttgart 1973

Piaget, J. 1981: Urteil und Denkprozeß des Kindes, Frankfurt, Berlin, Wien 1981

Piaget, J. 1983 <1965>: Das moralische Urteil beim Kinde, suhrkamp taschenbuch wissenschaft 27, Frankfurt 1983

Piaget, J. 1979: Sprechen und Denken des Kindes (1923/30 Neuchatel) , Internationale Studien zur pädagogischen Anthropologie, Bd. 1, hrsg. von W. Loch, Düsseldorf 1953, 2. Aufl. 1979

Piaget, J. 1980: Das Weltbild des Kindes. Mit einer Einführung von Hans Aebli, Frankfurt a.m., Berlin, Wien 1980

Piaget, J. 1983a: Einführung in die genetische Erkenntnistheorie, Frankfurt a.M. 1983

Piaget, J. 1983b: Meine Theorie der geistigen Entwicklung, Frankfurt a.M. 1983

Pietschmann, H. 1981: Personale Verantwortung und die Struktur naturwissenschaftlichen Denkens, Vortrag für die Akademie - Sitzung der Humboldt Gesellschaft in Konstanz, 4. April 1981, 16-seitiges masch.geschr. Manuskript, Wien 1981, liegt dem Verfasser vor

Pietschmann, H. 1984 : Weltbilder und Wissenschaft, in: Hameyer, U., Kapaune, T. (Hrsg.) Weltall und Weltbild, Kiel 1984, S. 99 - 107

Petter, G. 1976: Die geistige Entwicklung des Kindes im Werk von Jean Piaget, Bern, Stuttgart, Wien 1966, 2. Aufl. 1976

Pfänder, W. 1976: Physik der Grundschule in Unterrichtsbeispielen, Reihe Exempla, Bd.8, Donauwörth 1974, 2. Aufl. 1976

Popp, W. 1971: Reform des Sachunterrichts in der Grundschule, in: Roth, H., Blumenthal, A. (Hrsg), 1971: Die Reform der Grundschule Teil II, Auswahl Reihe A, Nr. 11, Hannover 1971, S. 24 - 37

Popp, W. 1976: Orientierungsrahmen für die Analyse und Planung sozialen Lernens in der Schule, in: Halbfas, H., Maurer, H., Popp, W. (Hrsg.) 1976: Neuordnung des Primarbereichs, Band 4. In Modellen denken, Stuttgart 1976, S. 120 - 143

Popp, W. 1985: Erfahren, Handeln, Verstehen, in: Beck, G. et al 1985: Sachunterricht, Grundbaustein. Zur Pädagogik des Heimat- und Sachunterrichts, Deutsches Institut für Fernstudien an der Universität Tübingen, Tübingen 1985, S. 63 - 122

Popper, R., Eccles, J.C. 1982: Das Ich und sein Gehirn, München 1977, 2. Aufl. 1982

Postman, N. 1979: Das Verschwinden der Kindheit, Weinheim, Basel 1982

Rabenstein, R., Haas, F. 1972: Die Darstellungseinheit im Sachunterricht. Ein methodisches Modell für den Unterricht in der Grundschule, Bad Heilbrunn 1971, 3. Aufl. 1972

Rabenstein, R. 1984: Aspekte grundlegenden Lernens im Sachunter-

Literaturverzeichnis

richt, in: Grundlegendes Lernen im Sachunterricht der
Grundschule, Ziel- und Methodenprobleme, Berichte und Arbei-
ten aus dem Institut für Grundschulforschung der Universität
Erlangen - Nürnberg 1984, S. 7 - 18
Rabenstein, R. 1985: Aspekte grundlegenden Lernens im Sachunterricht, in: Einsiedler, W., Rabenstein, R. (Hrsg.): Grundlegen-
des Lernen im Sachunterricht, Bad Heilbrunn 1985, S. 9 - 25
Rahmenrichtlinien für die Grundschule, hrsg. v. Niedersächsischen
Kultusministerium. Hannover 1975 und 1982
Rahmenrichtlinien Primarstufe, Sachunterricht. Aspekt Gesellschaftslehre, hrsg. v. Hessischen Kultusminister, Frankfurt
1979
Rahmenrichtlinien Primarstufe, Sachunterricht. Naturwissen-
schaftlich-technischer Aspekt, hrsg. v. Hessischen Kultusmi-
nister, Frankfurt 1976
Ramseger, J. 1982: Umgang mit Sachen - Sachunterricht, in: Lauter-
bach, R., Marquardt, B. (Hrsg.) 1982: Sachunterricht zwischen
Alltag und Wissenschaft, Frankfurt a.m. 1982, S. 101 - 111
Rauschenberger, H. 1985: Kinderfragen - Entwicklung, Bedeutung und
pädagogische Hermeneutik, in: Zeitschrift für Pädagogik 1985,
S. 759 - 771
Reed, J.L. 1976: Kinder erklären Naturphänomene, in: Halbfas, H.,
Maurer, P., Popp, W. 1976: Neuorientierung des Primarberei-
ches, Band 4. In Modellen denken, Stuttgart 1976, S. 32 - 65
Reichwein, A. 1964: Schaffendes Schulvolk. Neu herausgegeben von
seinen Freunden, Braunschweig 1964
Retter, H. 1975: Reform der Schuleingangsstufe, Bad Heilbrunn 1975
Richtlinien für den Unterricht in den vier unteren Jahrgängen der
Volksschulen, in: Vogt, Fritz: Die vier unteren Jahrgänge der
Volksschule. Lehr- und Stoffverteilungspläne, Literatur,
Winke und Ratschläge der Richtlinien v. 10. April 1937,
Osterwieck/Harz/Berlin 1937, S. 104 - 109
Richtlinien für die Volksschulen des Landes Niedersachsen,
Hannover 1964
Richtlinien und Lehrpläne für die Grundschule in Nordrhein-
Westfalen, Ratingen 1973 (Die Schule in Nordrhein-Westfalen,
Heft 42)
Rieger, H. 1976: Senkrecht - waagrecht, ein Beispiel zum
Sachunterricht im 3. Schuljahr, in: Halbfas, H., Maurer, H.
Popp, W. (Hrsg.) 1976: Neuordnung des Primarbereichs, Band 4.
In Modellen denken, Stuttgart S. 90 - 103
Robinsohn, S. B. (Hrsg.) 1974: Curriculumentwicklung in der
Diskussion, Düsseldorf, Stuttgart 1972, 2. Aufl. 1974
Rother, I. 1954: Schulanfang, Frankfut a.M. 1954
Roth, H. 1970: Pädagogische Psychologie des Lehrens und Lernens,
Hannover 1970
Roth, H. 1969: Revolution in der Schule? Die Lernprozesse ändern,
Auswahl Reihe A, Nr. 9
Roth, H. (Hrsg.) 1969: Begabung und Lernen, Deutscher Bildungsrat.
Gutachten und Studien der Bildungskommission, Bd.4, Stuttgart
1969
Rösler, W. 1983: Alltagsstrukturen - kognitive Strukturen -
Lernstoffstrukturen. Zur phänomenologischen Kritik an der
kognitivistischen Lerntheorie, in: Zeitschrift für Pädagogik
1983, S. 947 - 960

Literaturverzeichnis

Rumpf, H. 1971: Zweifel am Monopol des zweckrationalen
    Unterrichtskonzeptes, in: Neue Sammlung 1971, S. 393 - 411
Rumpf, H. (Hrsg.) 1971: Schulwissen, Probleme der Analyse von
    Unterrichtsinhalten, Paedagogica, Daten, Meinungen und Analy-
    sen, Bd.8, München 1971
Rumpf, H. 1973: Divergierende Unterrichtsmuster in der
    Curriculumentwicklung, in: Zeitschrift für Pädagogik 1973,
    S. 391 - 416
Rumpf, H. 1979: Inoffizielle Weltversionen - Über die subjektive
    Bedeutung von Lehrinhalten, in: Zeitschrift für Pädagogik
    1979, S. 209 - 230
Rumpf, H. 1981: Die übergangene Sinnlichkeit, München 1981
Sachsse, H. 1972: Technik und Verantwortung, Freiburg 1972
Saxler, J. 1973: Der Mensch in der modernen Physik, Essen 1973
Saxler, J. o.J. : Die Denkweise der Physik unter didaktischem As-
    pekt, in: Wissenschaft in der Lehrerbildung, Essener Päda-
    gogische Beiträge, Essen o.J., 2.Folge, S. 257 - 272
Schietzel, C. 1973: Exakte Naturwissenschaften in der Grundschule,
    in: Die Grundschule 1973, S. 153 - 164, auch abgedruckt in:
    Bauer, F., Köhnlein, W. (Hrsg.) 1984: Problemfeld Natur
    und Technik, Bad Heilbrunn 1984, S. 114 - 133
Scheuerl, H. 1958: Die exemplarische Lehre, Tübingen 1958
Scheuerl, H. 1979: Das Spiel, Untersuchung über sein Wesen, seine
    pädagogischen Möglichkeiten und Grenzen, Weinheim, Basel
    1954, 9. Aufl. 1979
Schmidt, R. 1970: Sachlichkeit und Sachunterricht in der
    Grundschule, Bad Heilbrunn 1970
Schoof, J. 1973: Curriculumreform und Naturwissenschaften, in:
    Schoof, J. u.a. (Hrsg.) 1973: Neue Curricula in den Naturwis-
    senschaften, Auswahl Reihe C, Bd. 1. Hannover 1973,
Schoof, J. 1973: Curriculumreform und Naturwissenschaften, in:
    Schoof, J., u. a., 1973: Neue Curricula in den Naturwissen-
    schaften, Auswahl Reihe C, Bd. 1, Hannover 1973
Schoof, J. 1977: Projektorientierter Unterricht, Beipiel Biologie,
    Braunschweig 1977
Schreier, H. 1974: Wir klassifizieren Blätter. Versuch der
    projektorientierten Arbeit mit einem didaktischen Seminar,
    in: Sachunterricht und Mathematik in der Grundschule 1974, S.
    425 ff.
Schreier, H. 1982: Die Sache des Sachunterrichts, Paderborn,
    München, Wien, Zürich 1982
Schreier, H. 1981: Die Sache. Das Kind und die Wissenschaften,
    in: chim. did. 1981. S. 125 - 134
Schreier, H. 1984: Interdisziplinarität - Einige Bemerkungen zum
    Verhältnis von Problem und Disziplin sowie zur didaktischen
    Legitimität des Begriffes, in: Köhnlein, W. (Hrsg.) 1984:
    Fächerübergreifender naturwissenschaftlich - technischer
    Sachunterricht in der Grundschule, Hildesheim 1984,
    S. 38 - 44
Schreier, H., Köhler, B. (Hrsg.) 1985 : Sachunterricht, Ideen,
    Beispiele, Anregungen Bd. 1, Identität aufbauen, Seelze 1985
Schreier, H., Köhler, B. (Hrsg.) 1985 : Sachunterricht, Ideen,
    Beispiele, Anregungen Bd. 2, Zusammenleben mit anderen
    lernen, Seelze 1985

Literaturverzeichnis

Schreier, H., Köhler, B. (Hrsg.) 1985c: Sachunterricht, Ideen,
    Beispiele, Anregungen Bd. 3, Sachverhalte und Dinge erkunden,
    Seelze 1985
Schreier, H. 1986: Wege zum Naturschönen, in: Die Grundschule
    1986, S. 20 - 22
Schreier, H. 1987: Aufsteigende Ströme, in: Die Grundschulzeit-
    schrift 1987, S. 15 - 16
Schreier, H. 1987: Waldboden, in: Die Grundschulzeitschrift 1987,
    S. 37 - 38
Schreier, H. 1987: Die Natur, das Kind und die Naturwissenschaft,
    in: Die Grundschulzeitschrift 1987, S. 46 - 48
Schuy, A., Schuy, H. 1985: Schüler befragen Schüler, "Wohnen und
    sich erholen im Wohnumfeld", in: Einsiedler, W. (Bearb.) 1979:
    Konzeptionen des Grundschulunterrichts, Bad Heilbrunn 1979,
    S. 75 - 91
Schwedes, H. (Hrsg.) 1976: Lernziele - erste Erfahrungen.
    Bausteine für ein offenes Curriculum, Naturwissenschaftli-
    cher Unterricht - Primarstufe, Stuttgart 1976
Schwedes, H. (Hrsg.) 1977: Holz und Bäume, Stuttgart 1977
Senator für Schulwesen, Berufsausbildung und Sport (Hrsg.)
    1986: Vorläufiger Rahmenplan für Unterricht und Erziehung in
    der Berliner Schule, Grundschule, Klasse 1 - 4, Vorfachlicher
    Unterricht, Sachkunde, Berlin 1986
Science 5/13, Macdonald Educational 1976: Change,
    Stages 1 + 2, A Unit for teachers, London, Milwaukee 1976,
    2. Aufl.
Science 5/13, Macdonald Educational 1977: Like and unlike,
    Stages 1 + 2, A Unit for teachers, London, Milwaukee 1980,
    3. Aufl.
Science 5/13, Macdonald Educational 1980: Learning through
    Science, Formulating a School Policy with an Index to
    Science 5/13, London, Milwaukee 1980
Science 5/13, Macdonald Educational 1980: Time,
    Stages 1 + 2 and background information, A Unit for teachers,
    London, Milwaukee 1980
Science 5/13, Macdonald Educational 1980: Science, models and
    toys, Stages 1 + 2 A Unit for teachers, London, Milwaukee
    1980, 5. Aufl.
Science 5/13, Macdonald Educational 1980: Science, models and
    toys, Stage 3 A Unit for teachers, London, Milwaukee 1976,
    2. Aufl.
Science 5/13, Macdonald Educational 1980: Holes, gaps and
    cavaties, Stages 1 + 2, A Unit for teachers, London,
    Milwaukee 1980, 4. Aufl.
Science 5/13, Macdonald Educational 1981: Coloured things, Stages
    1 + 2, A Unit for teachers, London, Milwaukee 1981, 4. Aufl.
Science 5/13, Macdonald Educational 1981: Ourselves, Stages 1 + 2,
    A Unit for teachers, London, Milwaukee 1981, 7. Aufl.
Science 5/13, Macdonald Educational 1980: Working with wood,
    Stages 1 + 2, A Unit for teachers, London, Milwaukee 1980,
    4. Aufl.
Science 5/13, Macdonald Educational 1980: Children an plastics,
    Stages 1 + 2, A Unit for teachers, London, Milwaukee 1980,
    4. Aufl.

Literaturverzeichnis

Science 5/13, Macdonald Educational 1980: Metals, Stages 1 + 2,
A Unit for teachers, London, Milwaukee 1980, 4. Aufl.
Science 5/13, Macdonald Educational 1980: Trees, Stages 1 + 2,
A Unit for teachers, London, Milwaukee 1980, 5. Aufl.
Science 5/13, Macdonald Educational 1981: Structures and forces,
Stage 3, A Unit for teachers, London, Milwaukee 1981,
4. Aufl.
Science 5/13, Macdonald Educational 1981: Minibeasts,
Stages 1 + 2, A Unit for teachers, London, Milwaukee 1981
Science 5/13, Macdonald Educational 1981: With objectives in mind,
Guide to Science 5/13, London, Milwaukee 1981
Sime, M. 1978: So sieht ein Kind die Welt. Piaget für Eltern und
Erzieher, Olten, Freiburg 1978
Skiera, E. 1985: Schulen ohne Klassen. Gemeinsam lernen und leben.
Das Beispiel Jenaplan, Heinsberg 1985
Skowronek, H. 1970: Psychologische Grundlagen einer Didaktik der
Denkerziehung, Hannover 1968, 2. Aufl. 1970
Slotta, G. 1970: Die Prinzipien des " Exemplarischen", des
"Elementaren" und der "Aufklärung des gelebten Lebens" als
didaktische Grundkategorien, in: Gerner, B. (Hrsg.) 1970:
Das exemplarische Prinzip, Beiträge zur Didaktik der Gegen-
wart, Darmstadt 1963, 4.erg. Aufl. 1970, S. 178 - 195
Soostmeyer, M. 1978/79: Probleme der Konstituierung des
naturwissenschaftlich - technischen Lernbereichs in der Pri-
mar - und Orientierungsstufe, Teil I, in: Sachunterricht und
Mathematik in der Primarstufe (SMP) 1978, S. 386 - 392, Teil
II, in: SMP 1979, S. 82 - 88, Teil III, in: SMP 1979,
S. 250 - 255
Soostmeyer, M. 1983: Kritik an dem Richtlinienentwurf für den
Grundschulunterricht im Land Nordrhein - Westfalen. Der Sach-
unterricht unter den Vorgaben der Richtlinien für die Grund-
schule, Teil 1, in: Sachunterricht und Mathematik in der
Primarstufe 1983, S. 74 - 80
Soostmeyer, M. 1983: Wissenschaftsorientierung und Lebensorientie-
rung des Sachunterrichts - Der Sachunterricht unter den Vor-
gaben der Richtlinien für die Grundschule, Teil 2, in: Sach-
unterricht und Mathematik in der Primarstufe 1983,
S. 108 - 112
Soostmeyer, M. 1978: Problemorientiertes Lernen im Sachunterricht,
Paderborn 1978, UTB 837
Soostmeyer, M. 1978: Abriß einer pädagogischen Konzeption der
Kindheit in Relation zum naturwissenschaftlich - technischen
Sachunterricht, Probleme der Konstituierung des naturwissen-
schaftlich - technischen Lernbereichs in der Primar- und
Orientierungsstufe, Teil 1, in: Sachunterricht und Mathematik
in der Primarstufe, 1978, S. 386 - 392
Soostmeyer, M. 1979: Der Begriff der Komplementarität als Grundlage
des Prinzips der Wissenschaftsorientierung. Probleme der
Konstituierung des naturwissenschaftlich - technischen Lern-
bereichs in der Primar- und Orientierungsstufe, Teil 2, in:
Sachunterricht und Mathematik in der Primarstufe, 1979,
S. 82 - 88

Literaturverzeichnis

Soostmeyer, M. 1979: Vermittlung der Elemente der pädagogischen
Konzeption der Kindheit mit dem Prinzip der Wissenschaftsorientierung. Probleme der Konstituierung des naturwissenschaftlich - technischen Lernbereichs in der Primar- und
Orientierungsstufe, Teil 2, in: Sachunterricht und Mathematik
in der Primarstufe, 1979, S. 250 - 255

Soostmeyer, M. 1979a: Reflexionen über die Bildungsziele des
naturwissenschaftlich - technischen Lernbereichs und über die
didaktischen und methodischen Möglichkeiten ihrer Verwirklichung, in chim. did. 1979, S. 1 - 36

Soostmeyer, M. 1980: Überlegungen zu einer didaktischen Theorie des naturwissenschaftlich - technischen Sachunterrichts,
in: chimica didactica 1980, S. 223 - 224

Soostmeyer, M. 1983: Kritik am Richtlinienentwurf für den
Grundschulunterricht im Land Nordrhein - Westfalen. Der
Sachunterricht unter den Vorgaben für die Grundschule, Teil
1, in: Sachunterricht und Mathematik in der Primarstufe
1983, S. 74 - 80,

Soostmeyer, M. 1983: Wissenschaftsorientierung und Lebensorientierung des Sachunterrichts. Der Sachunterricht unter den Vorgaben der Richtlinien für die Grundschule, Teil 2, in: Sachunterricht und Mathematik in der Primarstufe 1983,
S. 108 - 112

Soostmeyer, M. 1985: Die Konzeption des Lehrplanes Sachunterricht
in Nordrhein - Westfalen und ihre Auswirkungen auf die Unterrichtspraxis, I, in: Erziehungswissenschaft - Erziehungspra-
xis 1985, S. 36 - 42

Soostmeyer, M. 1980a: Zehn Jahre Reform des naturwissenschaftlich/
technischen Sachunterrichts, Rückblick und Perspektiven, Teil
1 und 2, in: Sachunterricht und Mathematik in der Primarstufe 1980, Teil 1, S. 374 - 380, Teil 2, S. 414 - 420

Soostmeyer, M. 1983: Wissenschaftsorientierung und Lebensorientierung des Sachunterrichts , Der Sachunterricht unter der Vorgaben der Richtlinien für die Grundschule,Teil 2, in: Sachunterricht und Mathematik in der Primarstufe 1983, S. 108 -
112

Soostmeyer, M. 1985: Die Konzeption des Lehrplanes Sachunterricht
in Nordrhein-Westfalen und ihre Auswirkungen auf die Unterrichtspraxis, I, in: Erziehungswissenschaft - Erziehungspra-
xis 1985, Teil I, Heft 1, S. 36 - 42

Soostmeyer, M. 1985: Die Konzeption des Lehrplanes Sachunterricht
in Nordrhein-Westfalen und ihre Auswirkungen auf die Unterrichtspraxis, I, in: Erziehungswissenschaft - Erziehungspra-
xis 1985, Teil II, Heft 2, S. 36 - 42

Soostmeyer, M. 1986a: Darstellung der neuen didaktischen und bildungstheoretischen Grundlagen des Sachunterrichts im Kontext
von Kreativität und Leistung, in: Adam, K. (Mitverf.) 1986:
Kreativität und Leistung - Wege und Irrwege der Selbstverwirklichung, Köln 1986, S. 267 - 276

Soostmeyer, M. 1986: Didaktik des Sachunterrichts, in: Wittenbruch, W. (Hrsg.) 1986: Kurzkommentar zu den Lehrplänen in
Nordrhein - Westfalen, Heinsberg 1986, S. 5 - 51

Soostmeyer, M. 1987: Was bedeuten die Begriffe "grundlegende Kenntisse und elementare Verfahren" für den Sachunterricht, Teil 1: Problemaufriß und Teil 2: Darstellung möglicher Lösungansätze, in: Sachunterricht und Mathematik in der Primarstufe 1987, S. 482 - 486

Soostmeyer, M. 1987: Was bedeuten die Begriffe "grundlegende Kenntisse und elementare Verfahren" für den Sachunterricht, Teil 2: Darstellung möglicher Lösungansätze, in: Sachunterricht und Mathematik in der Primarstufe 1987, S. 533 - 540

Spitta, G. 1985: Das Spielzeugbuch, in: Schreier, H., Köhler, B. (Hrsg.) 1985c: Sachunterricht: Ideen, Beispiele, Anregungen, Band 1. Identität aufbauen, Seelze 1985, S. 15 - 20

Spranger, H. 1952: Der Bildungswert der Heimatkunde 1923, 3. Aufl. 1952

Spranger, E. 1967: Der Bildungswert der Heimatkunde, Stuttgart 1967, 7. Auflage

Spranger, E. 1963: Der Eigengeist der Volksschule 1963, Heidelberg 1963, 5. Auflage

Spreckelsen, K. 1973: Physik/Chemie: Basiskonzepte, in: Katzenberger, L. F. (Hrsg.) 1973: Der Sachunterricht der Grundschule in Theorie und Praxis. Ein Handbuch für Studierende und Lehrer, Teil II, Ansbach 1973

Spreckelsen, K. 1974: Beziehungsvolles Lernen im Sachunterricht, in: Die Grundschule 1974, S. 578 - 584

Spreckelsen, K. 1975: Das Problem des naturwissenschaftlich- technischen Lernbereichs in der Grundschule, in: Sachunterricht und Mathematik in der Grundschule 1975, S. 157 - 161

Spreckelsen, K. 1979: Das Prinzip des beziehungsvollen Lernens, in: Wöhler, K. 1979 (Hrsg.): Didaktische Prinzipien, Begründung und praktische Bedeutung, München 1979, S. 57 - 84

Spreckelsen, K. 1984: Strukturorientierung in der Didaktik des physikalischen Lernbereiches, in: Bauer, F., Köhnlein, W. (Hrsg.) 1984: Problemfeld Natur und Technik, Bad Heilbrunn 1984, S. 110 - 104

Ständige Konferenz der Kultusminister der Länder der Bundesrepublik Deutschland 1985: Tendenzen und Auffassungen zum Sachunterricht in der Grundschule, in: Einsiedler, W., Rabenstein, R. (Hrsg.) 1985: Grundlegendes Lernen im Sachunterricht, Bad Heilbrunn 1985, S. 117 - 125

Steck, A. 1985: Ein Buch über und für unsere Klasse, in: Schreier, H., Köhler, B. (Hrsg.) 1985: Sachunterricht: Ideen, Beispiele, Anregungen, Band 3. Sachverhalte und Dinge erkunden, Seelze 1985, S. 13f

Thiel, S. 1976: Zum Problem der Vereinfachung und der Vorstellungen bei Martin Wagenschein, in: Halbfas, H., Maurer, H., Popp, W. (Hrsg.) 1976: Neuordnung des Primarbereichs, Band 4. In Modellen denken, Stuttgart S. 22 - 31

Thiel, S. 1985: Grundschulkinder zwischen Umgangserfahrung und Naturwissenschaft, Kinder sprechen über Naturphänomene "Kann Wasser auch den Berg hinauffließen?", in: Bauer, F., Köhnlein, W. (Hrsg.) 1984: Problemfeld Natur und Technik, Bad Heilbrunn 1984, S. 88 - 99

Literaturverzeichnis

Thomson, B. S. , Voelker, A. M., 1973: Science Curriculum Improvement Study, in: Tütken, H., Spreckelsen, K. (Hrsg.), 1973: Konzeptionen und Beispiele des naturwissenschaftlichen Unterrichts. Naturwissenschaftlicher Unterricht in der Grundschule, Bd. 2, Frankfurt a.m., Berlin, München 1973, S. 61 - 77

Turner, C.H. 1982: Modelle des Menschen. Ein Handbuch menschlichen Bewußtseins, Weinheim und Basel 1982

Tütken, H, Spreckelsen, K. (Hrsg.) 1971: Zielsetzung und Struktur des Curriculums, Naturwissenschaftlicher Unterricht in der Grundschule, Band 1, Frankfurt a.m., München, Berlin o.J. 2. Aufl. 1971

Tütken, H., Spreckelsen, K. (Hrsg.) 1973: Konzeptionen und Beispiel des naturwissenschaftlichen Unterrichts, Frankfurt a.m. 1973

Tütken, H. 1981: Wissenschaftsorientierung und Lebensorientierung - eine Scheinalternative, in: Pädagogische Rundschau 1981, S. 123 - 146

Unseld, G. 1977: Lernen und Lernraum, in: Neff, G. (Hrsg.) 1977: Praxis des entdeckenden Lernens, Kronberg 1977, S. 211 - 227

Vester, F. 1978/83: Unsere Welt - ein vernetztes System, Stuttgart 1978, München 1983

Vriens, L. 1984: Das ist ja wohl kein Krieg mehr. Krieg und Frieden in der Kinderkultur als Problem des Friedenserziehers, in: Danner, H., Lippitz, W. (Hrsg.) 1974: Beschreiben, Verstehen, Handeln. Phänomenologische Forschungen in der Pädagogik, München 1984, S. 59 - 68

Voigt, E., Heyer, P. 1975: Das Fliegen. Planungsbeispiel für eine sachkundliche Unterrichtseinheit, in: Heimann, P., Otto, G., Schulz, W. 1975: Unterricht, Analyse und Planung. Auswahl Reihe B, Bd. 1/2, Hannover 1965, 7. Aufl. 1975, S. 59 - 78

Voit, H. (Hrsg.) 1980: Geschichtsunterricht in der Grundschule, Bad Heilbrunn 1980

Vollmer, G. 1980: Evolutionäre Erkenntnistheorie. Angeborene Erkenntnisstrukturen im Kontext von Biologie, Psychologie, Linguistik, Philosophie und Wissenschaftstheorie, Stuttgart 1980

Wagenschein, W. 1968: Verstehen lehren, Weinheim, Berlin 1968

Wagenschein, M. 1970: Ursprüngliches Verstehen und exaktes Denken, Band 1, Stuttgart 1965, 2. Aufl. 1970

Wagenschein, M. 1970: Ursprüngliches Verstehen und exaktes Denken, Bd.II, Stuttgart 1970

Wagenschein, M., Banholzer, A., Thiel, S. 1973: Kinder auf dem Wege zur Physik, Stuttgart 1973

Wagenschein, M. 1971: Die pädagogische Dimension der Physik, Braunschweig 1971

Wagenschein, W. 1980: Naturphänomene sehen und verstehen. Genetische Lehrgänge, Stuttgart 1980

Wagenschein, W. 1984: Kinder auf dem Wege zur Physik, in: Bauer, F., Köhnlein, W. (Hrsg.) 1984: Problemfeld Natur und Technik, Bad Heilbrunn 1984, S. 65 - 77

Wagenschein, W. 1983: Erinnerungen für Morgen. Eine pädagogische Autobiographie, Weinheim, Basel 1983

Wasem, E. 1971: Medien der Schule. Impulse für moderne Lehr- und Lernmittel, München 1971

Literaturverzeichnis

Wasem, E. 1974: Medien in der Schulpraxis. Anregungen für ihre
    Integration in die moderne Schule, Freiburg/Breisgau 1974
Weinert, F., Graumann, C.F. u.a. (Hrsg.) 1974: Funkkolleg
    Pädagogische Psychologie, Bd. 1, Frankfurt a.M. 1974
Weizsäcker, C.F.v 1948: Das Experiment, in: Studium Generale 1948,
    S. 3 - 9
Weizsäcker, C.F.v 1961 : Geleitwort, in: Heimendahl, E. 1961:
    Licht und Farbe, Ordnungen und Funtionen der Farbwelt, Berlin
    1961
White, S. , Notkin - White, B. 1983: Kindheit. Das Alter der
    Entdeckungen, Weinheim, Basel 1983,
Whorf, B.L. 1963: Sprache, Denken, Wirklichkeit, Reinbek 1963
Wilhelm, T. 1985: Allgemeinbildung ist tot, Es lebe die Allgemein-
    bildung! in: Neue Sammlung 1985, S. 120 - 150
Winnenburg, W. 1984: Zur Bedeutung der genetischen
    Kognitionspsychologie für den naturwissenschaftlichen
    Sachunterricht, in: Bauer, F., Köhnlein, W. (Hrsg.) 1984:
    Problemfeld Natur und Technik, Bad Heilbrunn, 1984
    S. 173 - 192
Witte, R. 1982: Konzeptdeterminierte Curricula in der
    Grundschule?, in: Lauterbach, R., Marquardt, B. (Hrsg.) 1982:
    Sachunterricht zwischen Alltag und Wissenschaft, Frankfurt
    a.M. 1982, S. 13 - 33
Wittenbruch, W. (Hrsg.) 1984: Das pädagogische Profil der Grund-
    schule. Überarbeitete Richtlininen in Nordrhein - Westfalen,
    Impulse für die Weiterentwicklung der Grundschule, Heinsberg
    1984
Wittenbruch, W. 1986: Einleitung: Richtlinien und Lehrpläne bilden
    eine Einheit, in: Wittenbruch, W. (Hrsg.) 1986: Kurzkommentar
    zu den Lehrplänen für die Grundschule in Nordrhein - Westfa-
    len, Heinsberg 1986, S. 7 - 15
Wöhler, K. 1979 (Hrsg.): Didaktische Prinzipien, Begründung und
    praktische Bedeutung, München 1979
Wöhler, K. 1979: Didaktische Prinzipien: Zu ihrer unterrichtswis-
    senschaftlichen Begründung und praktischen Relevanz, in:
    Wöhler, K. 1979 (Hrsg.): Didaktische Prinzipien, Begründung
    und praktische Bedeutung, München 1979, S. 13 - 25
Wygotski, L.S. 1979: Denken und Sprechen (Moskau 1934/56)
    Frankfurt a.M. 1964/1977, 2. Aufl. 1979
Ziechmann, J. (Hrsg.) 1980: Sachunterricht in der Diskussion,
    Konzepte und Projekte des modernen Sachunterrichts,
    Braunschweig 1980
Ziechmann, J. 1982: "Integration" und "Offenheit" als konstitutive
    Elemente einer Didaktik des Sachunterrichts, in: Lauterbach,
    R., Marquardt, B. (Hrsg.) 1982: Sachunterricht zwischen All-
    tag und Wissenschaft, Frankfurt a.M. 1982,
    S. 90 - 100
Zietz, K. 1963: Kind und physische Welt, München o.J., 2. Aufl.
    1963

Sachregister

STUDIEN ZUR PÄDAGOGIK DER SCHULE

Hrsg. von Rudolf Biermann und Wilhelm Wittenbruch

Band 1 Josef Fellsches: Erziehung und eingreifendes Handeln. Eine Grundlegung pädagogischer Praxis. 1981.

Band 2 Rudolf Biermann (Hrsg.): Unterricht - ein Programm der Schüler. 1981.

Band 3 Hubert Steinhaus: Hitlers pädagogische Maximen. "Mein Kampf" und die Destruktion der Erziehung im Nationalsozialismus. 1981.

Band 4 Reinhard Fischer: Lernen im non-direktiven Unterricht. Eine Felduntersuchung im Primarbereich am Beispiel der Montessori-Pädagogik. 1982.

Band 5 Dieter Schulz: Pädagogisch relevante Dimensionen konkurrierender Schulentwicklungsplanung. Bestandsaufnahme und qualitative Analyse der Schulentwicklungsplanung in den Ländern der Bundesrepublik. 1981.

Band 6 Ingrid Fähmel: Zur Struktur schulischen Unterrichts nach Maria Montessori. Beschreibung einer Montessori-Grundschule in Düsseldorf. 1981.

Band 7 Doris Bosch/Wilhelmine Buschmann/Reinhard Fischer: Beziehungstheoretische Didaktik. Dimensionen der sozialen Beziehung im Unterricht. 1981.

Band 8 Roswitha Abels: Einstellungen und Veränderung der Einstellungen von Eltern zur Gesamtschule. Eine empirische Untersuchung an der Gesamtschule Bochum 1978/79. 1983.

Band 9 Wolf-Eberhard Allihn: Schülererwartungen an den Pädagogik-Unterricht am Gymnasium. 1983.

Band 10 Horst Haecker/Walter Werres: Schule und Unterricht im Urteil der Schüler. Bericht einer Schülerbefragung in der Sekundarstufe I. 1983.

Band 11 Franzjörg Baumgart / Käte Meyer-Drawe / Bernd Zymek (Hrsg.): Emendatio rerum humanarum. Erziehung für eine demokratische Gesellschaft. Festschrift für Klaus Schaller. 1985.

Band 12 Kornelia Möller: Lernen durch Tun. Handlungsintensives Lernen im Sachunterricht der Grundschule. 1987.

Band 13 Wilfried Plöger (Hrsg.): Naturwissenschaftlich-technischer Unterricht unter dem Anspruch der Allgemeinbildung. 1988.

Band 14 Michael Soostmeyer: Zur Sache Sachunterricht. Begründung eines situations-, handlungs- und sachorientierten Unterrichts in der Grundschule. 2. Auflage. 1992.

Band 15 Elke Sumfleth: Lehr- und Lernprozesse im Chemieunterricht. Das Vorwissen des Schülers in einer kognitionspsychologisch fundierten Unterrichtskonzeption. 1988.

Band 16 Eva Müller: Bildnerische Eigentätigkeit im Religionsunterricht der Primarstufe. Entwicklung einer Lernform. 1990.

Band 17 Ortwin Nimczik: Spielräume im Musikunterricht. Pädagogische Aspekte musikalischer Gestaltungsarbeit. 1991.

Band 18 Wilfried Plöger: Allgemeine Didaktik und Fachdidaktik. Modelltheoretische Untersuchungen. 1992.

Peter Klose

Verwendung und Rezeption staatlicher Lehrpläne in Schulen
Eine empirische Untersuchung am Beispiel
des Sachunterrichts

Frankfurt/M., Bern, New York, Paris, 1988. X, 633 S.
Europäische Hochschulschriften: Reihe 11, Pädagogik. Bd. 360
ISBN 3-631-40543-X   br./lam. DM 100.--

Verwendung und Rezeption eines staatlichen Lehrplans werden am Beispiel der Niedersächsischen Rahmenrichtlinien für den Sachunterricht genauer beschrieben, analysiert und teilweise erklärt. Die Ergebnisse der empirischen Untersuchungen erheben nicht nur die weitgehend unbekannte Situation des Sachunterrichts, sondern sind auch auf andere Fächer und Schularten übertragbar. Erziehungswissenschaftler, Lehrplanentwickler und Curriculumforscher werden Anregungen zur Analyse, Entwicklung, Erporbung, Einführung etc. von Lehrplänen entnehmen können. Lehrer, Schulleiter und Schulverwaltungsbeamte können die Ergebnisse zur Aufklärung ihrer Handlungsfelder nutzen und zu einem kritisch-konstruktiven Umgang mit staatlichen Lehrplänen angeregt werden.

Aus dem Inhalt: Staatliche Lehrpläne als Systeme von Einflußfaktoren (z.B. Doppelcharakter als staatliche Erlasse und didaktische Dokumente) – Die Schulwirklichkeit im Vergleich zu den Vorgaben eines staatlichen Lehrplans (u.a. an den Beispielen Unterrichtsthemen, Unterrichts- und Arbeitsformen) – Die Verwendung eines staatlichen Lehrplans bei der Unterrichtsplanung und -gestaltung (u.a. im Vergleich mit anderen Hilfsmitteln wie Schulbücher) – Urteile der Lehrer über einen staatlichen Lehrplan – Erklärung der Verwendung und Rezeption eines staatlichen Lehrplans (z.B. durch didaktische Meinungen und Einstellungen der Lehrer, individuelle Merkmale der Lehrer und schulische Bedingungen) – Vorschläge zur Gestaltung und Entwicklung staatlicher Lehrpläne – Perspektiven für eine kritisch-konstruktive Verwendung und Rezeption staatlicher Lehrpläne

Verlag Peter Lang Frankfurt a.M. · Bern · New York · Paris
Auslieferung: Verlag Peter Lang AG, Jupiterstr. 15, CH-3000 Bern 15
Telefon (004131) 321122, Telex pela ch 912 651, Telefax (004131) 321131
– Preisänderungen vorbehalten –